한국 외교 전략의 역사와 과제

김기정

연세대학교 정치외교학과 교수로 연세대학교 정치외교학과 학사. 미국 커네티컷 대학 (University of Connecticut)에서 정치학 석사, 박사 학위를 취득했다. 외교부, 국방부, 통일부의 정책자문위원과 외교부 공공외교자문위원장을 지냈다. 연세대학교 학생복지처장, 동서문제연구원장, 행정대학원장을 역임했으며, 한국정치학회 및 한국국제정치학회 부회장, 청와대 안보실 제2차장을 역임했다. 2003년 한국국제정치학회 학술장려상을 수상한 바 있다. 『외교정책 공부의 기초』(2019),『1800자의 시대 스케치』(2011), 『경쟁과 공존』(2011, 공저), 『미국의 동아시아 개입의 역사적 원형과 20세기 한미관계』(2003), 『동아시아 지역질서』(2005, 공저) 등의 저서와 "광복 70년의 한국 현대사" (2016, 공저), "한국전쟁 영화와 공감 기획" (2015), "한미관계 130년" (2011), "전환기의 한미동맹" (2008) 등의 논문이 있다. 『꿈꾸는 평화』(2003, 2015)『귀향』(2015) 『통영』(2017)의 시집을 발표했다. 에세이집으로 『풍경을 담다』(2019)가 있다.

서강학술총서
123

한국 외교 전략의
역사와 과제

김기정 지음

서강대학교출판부

서강학술총서 123

한국 외교 전략의 역사와 과제

초판 1쇄 발행 | 2019년 12월 28일
2쇄 발행 | 2023년 11월 3일

지 은 이 | 김기정
발 행 인 | 심종혁
편 집 인 | 하상응
발 행 처 | 서강대학교출판부
등록 번호 | 제2002-000170호

주 소 | 서울특별시 마포구 백범로 35(신수동)
전 화 | (02) 705-8212
팩 스 | (02) 705-8612

ISBN 978-89-7273-362-1 94340
ISBN 978-89-7273-139-9(세트)

값 30,000원

* 잘못된 책은 구입하신 곳에서 바꿔드립니다.

* '서강학술총서'는 SK SUPEX 기금의 후원으로 제작됩니다.

책머리에

'한국의 미래는 외교에 달려있다'.

단언적이고 선언같은 이 말이 다소 과장되게 들릴지도 모른다. 국가가 생존을 안정적으로 보장받고, 번영을 구가할 수 있게 만드는 요소들은 국가 운영을 위한 종합적 프로젝트다. 그러나 특별히 외교의 역할을 강조하는 것은 동북아에서 한국이 처해있는 지정학적 위치 때문이기도 하지만, 한국의 근현대사 궤적에서 한국인의 운명에 결정적 영향을 미쳤던 요인이 상당부분 국제정치 영역으로부터 왔다는 사실 때문이다.

근대 이후, 한국의 역사적 운명을 결정해 왔던 거대한 동력은 대부분 국제환경 조건으로 왔다. 제국주의 열강들의 침탈 대상으로 지목되어 결국 식민지로 전락했던 사실이나, 냉전기 한반도의 분단과 전쟁, 그리고 그로 인한 남북한의 끝없는 증오와 불신의 심리현상도 상당부분 대결 위주의 국제정치적 환경으로부터 영향을 받은 것이었다. 요컨대 한국과 한국인의 정치적 운명은 국제정치 영역의 결정에 의해 조형되어 왔다. 그리고 그런 방식으로 조형되었던 한국의 운명은 대부분이 비극의 색(色)이 짙었다. 한국인들이 한국 외교사를 반추할 때, 가장 먼저 떠올리는 단어들은 '우물 안 개구리' '망국(亡國)' '경술국치' '일제 침탈 36년' '허리 잘린 한반도' '동족상잔의 비극' '멸공' '적화통일 위협' 등의 말로 가득한 잿빛 이미지들이다. 적대감정도 고스란히 묻어 있다. 물론 한국은 20세기 후반 세계정치경제의 미담(美談) 스토리의 주인공이기도 하다. 그 과정에서 한국 외교가 성공신화의 최전선에 서 있었다는 점도 부인하기 어렵다. 그러나 보통사람들에게는 국가 존립에 실패했었다는 기억, 둘로 나눠진 반도에서 불길같은 적대감으로 세월을 채워왔다는 기억이 더 강하다.

한국의 운명이 변해왔던 궤적에 주로 비극의 장면들로 채워진 것은 그 주된 결정의 동력들이 나라 밖으로부터 가해졌다는 사실 때문이다. 비극은 어디서부터 시작되었을까? 일차적 원인은 지리적으로 주변국가들, 지역에 영토는 존재하지 않으나 정치 경제 군사적 이익을 가진 관련 국가들이 한반도에게 덧씌웠던 '전략적 민감성'이라는 지정학적 인식 때문이었다. 한반도는 동북아에서 전략적으로 민감한 지점에 위치하고 있다. '민감하다'고 판단하는 주체는 우리가 아니라 한반도를 둘러싼 주변 국가들이다. 해양세력과 대륙세력이 접점을 이루는 곳에 한반도가 위치하고 있다고 묘사하고 그렇게 인식한다. 한반도에 살고 있는 우리의 의사와는 관계없이 주변강국들의 지정학적 인식이 그런 방식으로 지속되어 왔다.

비극의 원인이 국제정치적 요인으로부터 왔다는 사실을 지적하는 것은 그 숱한 비극적 장면들의 원인 제공자들이 오로지 타국이었다는 점을 강조하려는 것은 물론 아니다. 밖으로부터의 도전들을 이겨낼 지혜와 용기들이 제대로 조직되고 정비되어 있었느냐의 질문도 함께 던져야 한다. 돌이켜보면 개항 이후 국내적으로 국제환경의 거대한 파고를 헤쳐 나갈 '힘'들을 제대로 정비하지 못한 탓도 있었다. '힘'은 방어 능력, 군사력, 경제력만을 의미하지는 않는다. '전략'도 힘이다. '외교전략'이 어떤 상황에서 어떻게 구상되고 실천되었는지를 재조명하는 일도 빠뜨릴 수 없다. '한국의 미래는 외교에 달려있다'는 이 선언적 주장에는 한국이 살아야 할, 살아서 번영을 구가해야 할 조건에 '외교전략'이 핵심적이라는 사실을 다시 상기시키기 위함이다. 이 책의 제목을 '한국 외교 전략의 역사와 과제'라고 붙이고 싶었던 것도 그런 이유에서다.

전략을 '해석적 기획' (interpretative plan)이라는 시선에서 보려고 한다. 전략이라는 단어는 광의의 의미도 지니고, 협의적 의미도 있다. '전략적 사고', '전략적 행위' 라는 말에도 두 가지 의미가 다 내포되어 있다. 이 책에서는 외교 전략이라는 개념을 국가 대외 행동의 가이드라인이 되는 '큰 그림' '방향의 기획'이라는 의미로 사용한다. 말하자면, 국제환경 영역으로부터 가해지는 도전에 대해 어떻게 대응할 것인가의 '사고(思考)와 의도'의 집합이라는 의미로 사용하려 한다. 외교 전략이 구상되어야 그 기획의 기반 위에서 '외교정책'이 만들어 질 수 있다. 그러므로 외교 전략 구상에는 시대적 필요성 (역사적 좌표의 확인), 미래 목표에 대한 비전 (상상력)과 목표, 주어진 국내외적 상황과 조건에 대한 판단, 가용한 자원에 대한 판단 등이 포함되어야 한다.

개항(1876)을 한국 근대 외교사의 시작 지점이라고 한다면, 이후 약 150년에 이르는 기간 동안 한국인의 불편한 기억은 두 지점으로 귀착된다. 하나의 일본에 의한 강제병합이고, 다른 하나는 분단이다. 이 두 개의 역사적 지점들은 국제정치 동력이 한반도를 강제했던 사건이었다. 한반도를 둘러싼 국제정치적 갈등, 경쟁구도가 빚어낸 결과였다. 외부로부터 가해지는 무거운 동력들을 어떻게 이겨내느냐 하는 것이 외교전략의 핵심이었다. '이겨낸다는 것'은 '휘말리고 싶지 않다'는 의지도 포함한다. 한반도의 지정학적 조건 때문에 한국인들에게 '갈등 연루의 회피'는 숙명처럼 각인되어 왔다. 주변 열강들이 벌이는 경쟁과 갈등에 휘말리지 않으려면 '중립 전략'을 선언하고 추진하는 것도 방법이다. 이론적으로는 그렇다. 그러나 중립의 외교전략은 자강(自彊)이 뒷받침되지 않으면 전략으로서 유효하기 어렵다. 더욱이 중립외교의 선언이 작동하려면 관련 국가들이 수용하겠다는 전제가 필요하다. 중립화(neutralization)는 특정 국가(즉 한반도)를 중립지대로 두자는, 그래서 중립성을 인정하자는 국제적 합의다. 두 가지 모두 발신하는 측의 의지보다 수용하는 측의 의지가 더 결정적이다. 중립에 관한 한국인의 기억이 불편한 것은 20세기 초 이미 한 번의 실패 경험이 있기 때문이다. 20세기 중반, 냉전이 시작된 이후에는 실천 가능성은 말할 것도 없고, 상상조차 금기시 되었던 것이 중립전략이다. '갈등 회피'를 위한 중립(화)전략은 그러므로 아직까지 이론적 영역으로만 남겨져 있다. 다만, 휘말려서 고통을 당하고 싶지 않다는 생각은 여전히 살아남았다.

갈등에 연루되는 것을 최대한 피하기 위해, 그리고 갈등으로부터 생존을 확보하기 위한 한국이 고심했던 전략은 다양한 의사로 표현되고 실천되었다. 속방체제를 이용하여 중국으로부터 보호를 받는 방안도 고려했고, 열강들 세력 균형점의 칼날 위에 서서라도 생존을 도모하겠다는 '균세전략'도 실천하려 하였다. 사실, 균세전략은 '중립을 통한 갈등회피'와 동전의 앞뒤면 이기도 했다. 그랬던 외교 전략의 실패는 일본의 강제병합으로 귀결되었다. 그런 비극의 무게 때문인지, 1948년 정부 수립이후 한국 외교 영역에서는 생존 담론이 지배적이었다. 전쟁으로 정부 존립이 위태로워지는 지경까지 경험한 후 선택했던 외교 전략은 '동맹'이었다. 한미동맹을 근간으로 짰던 외교 전략의 큰 그림으로 생존(안보)은 보장받았다. 그러나 유연성의 결핍을 낳았다. 심리적 의존도는 날로 심화되었다.

생존담론은 한국전쟁과 냉전구도를 경험하면서, 그리고 한미동맹을 중심으로 확대되고 재생산되었다. 동맹 유지가 곧 생존이라는 인식은 동맹이 생존의 '수단'이라는 최초의 등식을 뛰어넘어 버렸다. 정부수립 이후 지금까지 한미동맹을 완전히 이탈하고 싶은, 이탈하려는 정권은 없었다. 사실, 동맹을 유지하면서 동시에 주변국들과 갈등에 연루되지 않겠다는 의지는 순수 전략적 의미에서는 모순에 가깝다. 지역 갈등의 개시, 증폭, 관리는 모두 미국의 의지에 달려 있다. 동맹국인 미국이 갈등을 결정하면, 한국은 그 갈등에 연루되게 되어 있다. 그 종속성이 야기한 모순 때문에 외교 전략의 현실 영역에서는 동맹과 병행이 가능하다고 믿는 외교 전략들을 모색해 왔다. 이를테면 김대중 정부의 '1동맹 3우호체제'가 그러했고 노무현 정부의 '동북아 균형자론'이 그런 의지를 담았다. 박근혜 정부의 '균형외교론', 문재인 정부의 '교량국가론' '흔들리지 않는 한국' 등의 표현들은 모두 그러한 배경에서 제안되었던 외교 전략들이다. '갈등에 연루되고 싶지 않다'는 의지의 소박한 표현이었다.

분단 문제는 한국 외교 전략의 성격과 범위를 결정해 왔던 요인이었다. 만약 당분간 한반도 양국체제를 유지하는 것이 피할 수 없는 경로라면 동맹의 외교 전략은 여전히 중요한 선택이다. 1954년에도 그랬고 지금까지도 생존을 위협하는 주된 요인은 북한이었다. 그런 상황에서 동맹은 최적의 선택이다. 그러나 남북한 문제는 본질적으로 이원적 성격을 가지고 있다. 국가 대(對) 국가의 문제이기도 하지만, 민족 내부의 영역도 있다. 게다가 한국 어느 정부라도 통일을 포기하겠다고 선언한 정부는 없었다. 완전포기는 더더욱 상상할 수 없다. 궁극적으로 통합을 지향하면서도 적대적 관계만이 유일한 대안이 아니어야 하는 것이 대북정책 영역이다. 북한에 대한 적대적 대립이 주류적 환경일 때, 동맹의 외교 전략과 대북정책은 상충되지 않는다. 그러나 남북한 군사 긴장을 완화시켜 '평화공존'으로 진행하고자 할 때, 동맹의 외교 전략은 기존 패턴으로부터 세심한 눈금 조정이 불가피하다. 한반도 평화는 매우 절실한 시대적 요청이다. 전쟁의 일상화에서 평화의 일상화로 패러다임을 바꾸어 가는 일, 그 일차적 책임은 한국의 몫이다. 평화공존을 위해 동맹국 미국을 외교적으로 설득하는 일, 북한으로 하여금 동맹이 한국의 주권사안 임을 주지시키는 일, 남-북-미 3각 구도에서 악순환 구도가 아니라 선순환 구도를 창출하는 일 등이 그것에 해당된다. 이런 조건 속에서 한국의 외교 전략은 새롭고 창의적인 시선이 필요하다. 한반도 평화공존, 더 가능해지면 한반도 통합을 위한 국제 정치적 조건을 만들어야 하는 것이 외교 전략의 목표가 되어야 한다.

정부수립 이후 반세기가 훨씬 넘는 기간 동안 한국은 생존과 번영, 두 가지 목표를 달성하는 것에 성공을 거두었다. 객관적으로 보더라도 한국은 20세기 후반 민주화와 산업화라는 두 가지 목표를 성취한 국가가 되었으며, 세계 11위권의 경제력, 국방력을 가진 국가로 성장했다. 2019년 현재 한국은 세계에서 7번째로 30-50 클럽 (국민소득 30,000만불 이상, 그리고 인구 5000만명 이상 국가)의 주인공이 되었다. 7번째 국가지만 특이하게도 다른 6개의 국가들과는 달리 과거 식민지를 운영한 경험이 없는 유일한 국가이며, 더 나아가 식민지를 경험했던 유일한 30−50 클럽의 국가가 대한민국이다. 한 때 세계 최빈국의 하나였던 한국은 21세기 들어 세계가 주목하는 국가가 되었다. 민주주의와 산업화를 동시에 성취한 국가라는 이미지를 가지게 되었다. 요컨대 최빈국에서 중견국 반열에 올라선 국가이며, 20세기 후반기 세계정치경제 성공담의 주인공이 되었다. 생존과 번영이라는 국가 목표가 성공적 달성되어 왔던 과정에 외교 전략도 중요한 기둥의 하나였다. 그러나 성공 신화의 이면에 감춰두었던 묵은 과제들과 상처들을 진지하게 성찰해야 할 필요성도 동시에 남았다.

21세기 초, 한국의 외교 전략은 패러다임의 변화 (paradigm shift)를 요구받고 있다. 국력의 성장과 함께 국제적 위상에 변화가 왔고, 그것에 따라 국제적 역할도 새로이 규정할 필요도 생겼다. 국가 내부의 역량도 변화하였고, 구성원들의 인식도 변화했다. 더 이상 '부끄러움'과 '굴욕'을 강요당하지 않겠다는 의지는 눈에 띄게 강해졌다. 한국의 새로운 외교 전략의 패러다임은 의존성에 기반했던 순응이나 배타적 신중상주의 국익론을 넘어서는 새로운 담론이어야 한다. 배타적 인식을 넘어 세계 및 지역질서 변화에 건설적 역할로 자임하는 방향이어야 한다. 한국에게 불리해지는 환경은 타개하면서 유리한 국제 환경을 조성해 나가는 능동적 전략이어야 한다. 물론, 한국 외교가 국제관계의 모든 사안에 주역이 되는 것은 쉽지 않다. 현실주의 담론이나 베스트팔렌적 담론이 국제관계의 작동원칙의 한 축으로 남아 있는 한, 그리고 그것이 다른 국가들의 외교 전략에 지배적 인식으로 작동하고 있을 때 한국의 외교 구상이 국제관계의 모든 사안을 주도해야 한다는 주장은 자폐론적 논리에 가깝다. 그러나 새로운 외교 전략을 구상함에 있어 기존 인식의 틀을 관성적으로 반복하는 것도, 한국 대외관계의 협착구도를 스스로 자초하는 것도 결코 바람직하지 못하다.

새로운 외교 담론은 개선이 필요한 요인들은 국가 영향력이 미치는 범위 내에서 과감하게 타개해 나가며, 국제질서를 협력과 상생의 구도로 변화시키는 과정에 공헌해야 한다는 것에 초점이 모아진다. 고립보다는 개방을, 갈등이나 배타적 대립보다는 협력적 관계를 조성하는 방향이어야 한다. 힘의 담론에 압도당하여 한국의 외교적 기동범위를 스스로 위축시키는 것은 시대정신과 맞지 않다. 협착구도를 벗어나 외교 기동성을 확보하겠다는 유연한 외교 전략 구상을 진지하게 고민해야 할 시대이기도 하다. 국제적 관계의 영역과 범위를 능동적으로 확대시키는 개방형의 외교전략, 그리고 공존공영을 위한 평화협력지향의 외교 전략이 새로운 외교 담론의 핵심이어야 한다.

인간의 삶이 그러하듯, 국가도 홀로 존립할 수가 없다. 다른 국가와 관계를 맺는 방식과 국제정치의 흐름을 독해하는 일은 그래서 매우 중요하다. 그 추세 속에서 한국 외교가 좌표와 방향을 확인해야, 미래를 향한 길이 보인다. 21세기 들어 국가 간 관계는 더욱 조밀해져 가고 있다. 지역은 물론 글로벌 거버넌스와 네트워킹의 양식도 한층 복잡해지는 시대다. 그런 만큼 불확실성의 범위도 함께 커지고 있다. 갈등이 촉발될 가능성도 그만큼 더 많아지고 있다고 봐야 한다. 미래 한국의 청사진을 모색함에 있어 국제적 환경과의 관계를 어떻게 설정하느냐는 그래서 더 중요한 과제가 된 것이다. '한국의 미래는 외교에 있다'는 논변은 과거 경험으로부터 배태된 것이지만, 미래를 열어가기 위한 선언이기도 하다. 지금까지의 생존과 발전의 경로를 고려할 때, 한국의 미래는 한국을 둘러싼 세계와 지혜로운 소통에 달려 있다고 해도 과언이 아니다. 국제사회에서 한국을 어떤 이미지의 국가로 자리매김할 것인가, 또 이를 위해 어떠한 외교 전략으로 총체적 국가 역량을 구축할 것인가가 한국의 미래를 결정하게 될 것이다.

이 책은 짧게는 지난 10여년 동안 연구 작업을, 좀 더 길게는 국제정치학 연구에 관심을 가지게 된 이후부터 지금까지 학문적 관심사를 정리한다는 심정으로 집필하였다. 돌이켜보니 경로의 최종 목적지는 결국 한국 외교 전략에 관한 연구를 지향하고 있었다는 사실을 깨달았다. 한국에서 태어나, 한국인으로서 한반도의 운명을 관찰해야 하는 숙명같은 것인지도 모른다. 몇몇 파트는 지난 연구 작업들을 새롭게 수정하였고, 나머지 부분은 새로이 집필하였다. 크게 4 주제로 나누었다. 한국 외교사의 경험, 그 경험이 남겨놓은 한국 외교 전략의 과제, 21세기 첫 10년간 한국 외교 전략에 대한 재조명, 그리고 미래 한국 외교 전략을 위해 고려해야 하는 주제들로 나누었다. 학술총서 형식으로 출판을 허락해준 서강대 출판부에 특별히 감사한다. 그동안 집필과정에 도움을 주었던 심찬구 대표, 천자현 교수를 비롯한 연희관 103호실의 모든 조교들, 특히 최근 몇 학기동안 수고해 준 김진욱, 장도경, 정혜윤 조교에게 지면을 빌어 고마움을 남겨두고 싶다.

2019년 9월

김 기 정

목 차

제1부

한국 외교 전략의 역사

1장

한국 외교 전략 소사(小史)

1. 한국 외교 전략의 역사와 인식 유산

2018년은 대한민국 정부수립 70년을 맞는 해였다. 1948년 이후 70년 동안 한국의 국제적 위상 변화는 한 편의 드라마와 같았다. 정부수립 당시 세계에서 가장 가난했던 신생국 대한민국이 70년 이후 경제적으로는 세계 11위권의 경제대국으로 발전하였다. 군사력수준에서 보더라도 국방비 세계 10위권 수준의 군사강국이 되었다. 20세기 후반기 민주화와 산업화를 동시에 성취하면서 세계사에 길이 남을만한 성공미담의 주인공이 한국의 스토리다. 아시아 대륙의 구석진 코너에 위치한 한국이라는 작은 나라가 보여줬던 것은 실패와 역경을 훌륭히 이겨낸 장엄한 서사시와 같은 것이었다.

그 서사적 감동은 정부수립 이후 70년의 스토리에만 국한되는 것이 아니다. 돌이켜 보면, 1876년 근대 국제질서에 편입된 이래 한국의 대외관계는 고난의 연속이었다. 개항하자마자 제국주의 열강의 침탈 경쟁의 타겟이 되었고 청일전쟁, 러일전쟁의 참혹한 전화(戰火)는 한반도를 직접 겨냥하고 있었다. 일본에 의한 식민지화, 일제 강점 36년, 해방과 분단, 그리고 동북아 냉전구도를 결정지었던 한국전쟁, 남북한 사이에 극성을 부렸던 증오와 적대감 등 실로 많은 상처들이 남았다. 대한민국은 그런 온갖 역경을 마침내 이겨낸 나라다. 보통사람들의 함성과 열망으로 산업화를 성공시켰고 민주주의를 이뤄냈다. 이 역경을 딛고 이겨내는 기간 동안 한국 외교 전략은 국가전략의 핵심 부분이었다. 한국의 성공과 실패, 양면에 모두 외교 전략이 작동했었다.

한 세기 반의 한국 외교 전략의 역사는 오늘날 한국 외교에게 어떤 유산을 남겼을까? 어떤 유산과 기억들이 한국 외교의 동력으로 작동해 왔을까? 한 가지 명확한 사실은 경제력과 군사력의 괄목할만한 성취 이후에도 한국인들은 변함없이 '더 강한 국가' '더 안전한 국가'를 갈구하고 있다는 점이다. 동북아 지정학적 조건 속에 주어진 불변의 사실은 한반도를 둘러싼 국가들이 우리보다 훨씬 더 크고 강한 나라들이라는 점이다. 샌드위치 되어있는 조건은 19세기말이나 지금이나 달라진 것이 없다. 나라 밖으로부터의 거대한 동력이 국가는 물론, 보통사람들의 운명을 결정지어 왔다는 인식이 한국인의 국제정치관을 지배해 왔다. 과거에도 그랬고, 어쩌면 미래에도 그 점은 변함이 없을 것이다. 그래서 생존 담론이 다른 어떤 담론보다 – 이를테면 평화담론보다 – 더 지배적으로 남아 있는지도 모른다. 강한 나라들에 의해 둘러싸여 있다는 포박의식, 샌드위치된 지정학적 조건 때문에 우리의 대외적 활동공간이 제한되어 있다는 인식, 이러한 요소들이 한국 외교 전략사 궤적들이 남긴 유산들이다.

취약성(vulnerability)에 대한 인식 혹은 두려움이 약소국 한국의 외교 전략에 늘 잠재되어 있다. 학문적 탐구대상으로서 약소국 외교정책은 국제정치학 분야에서 꽤 흥미롭고 동시에 어려운 주제의 하나다. 순수하게 이론적 관점에서 보자면 국가의 생존 전략은 두 가지 전략의 성공적 결합에서 나온다. 하나는 바깥으로부터의 도전에 대응하여 국가 내부적 요소들을 얼마나 효율적으로 동원하느냐다. 이것은 국력 요소, 또는(제한적이지만) 국력의 국내적 동원이라는 요소다. 그런데 국민들을 단합시키고 국가의 역량을 동원한다는 것은 이론보다 현실이 더 어렵다. 다른 하나는 외교 전략이다. 취약성을 극복하고 생존에 성공하기 위해서는 다시 두 가지 외교전략을 고려해야 한다. 자국의 생존을 담보하는 외부의 후원자(들)을 확보하든지, 아니면 기동력 있으면서 자율적인 외교 전략을 강구해야 한다. 이를테면 동맹전략이냐 혹은 자주적 외교 전략이냐의 선택으로 귀결되기도 한다. 물론 이 두 가지 전략이 반드시 상호배타적인 것은 아니다. 현실적으로는 이 두 가지 전략은 서로 복잡한 방식으로 결합되어 있다. 동맹을 유지하면서도 그 틀 안에서 자율적인 외교 전략을 추구할 수 있다. 그러나 이 두 가지를 너무 단순하게 이분법적으로 대비시키면 동맹과 자율성의 선택지가 대립적이고 갈등적으로 비춰지기도 한다. 한때 노무현 정부의 대미전략을 두고 자주파-동맹파간 대결이라고 규정했던 한국 언론의 인식 속에는 이 두 가지 전략이 대립적으로 각인되어 있었을 것이다.

군사력이나 경제력 등 국력 사이즈가 작은 국가들이 가져야 할 자산이 외교력이라면, 국가 이익을 최대한 확보하기 위하여 민첩하게 움직이는 외교 전략을 먼저 상상하게 된다. 그런 의미에서 명분보다는 실리외교 전략이 약소국에게 더 유용하다. 외교 유연성은 실리외교에 더 가깝다. 이러 저리 치이더라도 외교를 통해 살아남아야 하기 때문이다. 그런데 일부 한국인들에게 '외교적 유연성'은 결코 수용할 수 없는 일종의 금기(禁忌)와 같다. 위험부담이 크다는 것이다. 19세기 말에도 그런 방식의 전략이 결국 주권상실로 귀결되지 않았느냐의 나름의 성찰이 전제되어 있다.

사실, 19세기 말, 당시 지배층은 균세(均勢)전략에 대한 기대감을 갖고 있었던 것도 사실이다.[1] 지배층 내부는 친청, 친일, 친미, 친러 등 여러 갈래였다. 그것은 독립보전의 선책(善策)을 두고 벌어졌던 갈등이었다. 균세전략은 희망사항이었다. 어느 국가도 한반도를 독점하지 못하게 된다면 그 '균형상태'가 독립보전의 방편이라 믿었다. 그래서 균세는 중립외교와 앞뒷면을 이루기도 했다. 한국의 주권상실이 외교 전략의 실패 때문이었는지, 아니라면 제국주의 열강의 침탈압력이 약소국 한국의 외교 전략이 감당할 수 없을 정도였기 때문이었는지는 사실 아직도 결론내리기 쉽지 않다. 그러나 일부 한국인들은 지배층의 분열과 외교적 유연성에 기반한 균세전략을 굳이 구분해서 보지 않으려 한다. 중립은 현실적으로 어림없는 대안이며, 균세전략보다는 차라리 일국과의 동맹이 생존의 핵심이라는 것이 그들의 역사독해법이다.

사실, 한국은 지금까지 다양한 전략들을 고민하였다. 1880년대 초

1 장인성, "근대 한국의 세력균형 개념: '균세'와 '정립'," 『세계정치』 제25집(2)호 (2004).

반에는 전통질서를 재해석하면서까지 중국의 능력을 이용하여 독립을 유지하고 싶어 하기도 했다. 균세전략과 국외중립선언, 의병과 임시정부 등을 통한 일제에 대한 투쟁, 미국과의 동맹, 그리고 21세기형 균형외교 전략 등 실로 다양한 흔적들이 한국외교사 현장 곳곳에 존재한다. 어느 것이라도 생존을 위한 필사적 노력과 무관한 것은 없다. 역사적 기억은 외교정책 결정의 국내적 요소의 하나다. 외부 세력과 동맹을 강구하는 일과 외교 유연성을 확장하는 일 모두 '생존과 번영'이라는 동일한 목적을 위한 것이다. 한국은 세계 11위권의 강국이 되었다. 생존을 염려할 단계는 지난 듯 보이나, 한국인들의 기억에는 생존담론이 아직 진행형이다. 미국과의 동맹을 벗어나는 일은 아직 상상하기 어려워한다. 생존 실패에 대한 두려움이 여전히 강하게 작동하기 때문이다. 외교유연성 확대의 전략도 동맹유지라는 준상수(準常數) 위에서 필사적으로 펼쳐야 하는 고민들로 남아 있다.

이제, 개항이후 한반도를 둘러싼 국제정치적 조건 속에서 한국은 어떤 외교 전략의 길을 고민했고, 무엇을 선택했고, 어떤 선택들이 어떤 결과들을 만들었는지 그 역사의 궤적들을 따라가 보고자 한다.

2. 개항, 전환기 질서 변동과 조선의 대응

1876년 개항이후, 조선은 제국주의 질서로 빠르게 빨려 들어갔다. 폭력과 야만이 지배했던 시대, 조선은 그 파고(波高)를 이겨내기 위해서라도 빨리 근대국가로 변모하고 싶어 했다. 봉건사회의 축적된 모순을 극복하는 길도 근대국가 형성이라고 믿었다. 그 시기 대부분 비(非)서구지역 대부분의 국가들은 자국을 방어할 충분한 능력을 갖추지 못한 채 제국주의 질서 속으로 강제 편입되었다. 근대국가를 지향하고 싶었던 희망과 노력들은 비서구지역 어디서나 존재했다. 침탈에 저항하기도 했고, 때로는 서구세력을 모방하려고 했다. 그러나 그들 근대화의 노력들은 제국주의 국가들의 외압에 의해 번번이 좌절되었다. 유일한 예외가 있었다면 일본이었다. 일본의 근대화는 노력과 행운이 만들어준 결과였다.

중국이 개항한 것이 1842년, 일본의 개항은 1854년, 조선은 1876년에 일본에 의해 개항되었다. 그 시점은 각각 제국주의의 질서로의 편입 시점, 그리고 근대 국제질서로의 편입 지점이었다. 동양 3국의 개항을 둘러싼 국제정치적 조건, 그리고 개항 이후 근대국가 변혁기의 국제정치적 조건을 비교했을 때 일본에게는 확실히 '숨 쉴 수 있는 공간'(breathing space)이라는 행운이 있었다.[2] 일본에 대한 서구 제국주의 세력들의 외압이 이완되었던 시기동안, 일본 내 토막파(討幕派: 德川 막부에 대항했던 지방 정치세력)들은 명치유신이라는 정치변혁에 성공했다. 근대 국가로 변화할 정치적 준비를 갖춘 것이었다. 반면, 중국은 인구와 영토 등 시장으로서의 큰 가치가 더 화근이었다. 당시 인구 4억 명의 중국은 서구 제국주의 국가들에게 포기할 수 없는 하나의 거대한 시장이었다. 따라서 중국에 대한 서구의 정치군사적 외압은 일본에 가해

2 E. H. Norman, *Japan's Emergence as a Modern State(New York: Institute of Pacific Relations, 1940), p. 46.; Frances Moulder, Japan, China, and the World Economy(*Cambridge: Cambridge University Press, 1977).

졌던 외압에 비해 훨씬 강했다. 조선이 개항했을 무렵, 동아시아의 '강압질서'는 더욱 강화되어 있었다. 19세기 중반 제2차 산업혁명 시기를 지나면서 국력을 키웠던 국가들이 더 많아졌다. 그들간 경쟁이 치열해졌던 것은 필연적이었다. 조선이 직면했던 것은 세계적 수준에서 보다 치열해진 외압(다중심부 구조의 세계자본주의 구조적 경쟁)과 중국과 일본이 조선에 가하고 있었던 지역적 외압으로부터 받았던 이중적 외압이었다.[3]

'부국강병론' 혹은 '강병론적 근대화 전략'은 사실 동양 3국이 공유했던 목표였다. 서구 제국주의 열강들이 동아시아를 침탈했을 때 월등한 수준의 군사적 능력을 앞세웠다는 점, 그리고 그것에 이 지역 국가들이 속절없이 농락당했다는 점을 고려하면 동양 3국의 부국강병책의 근대화 프로젝트는 당연한 선택이기도 했다. 조선도 같은 길을 걷고자 했다. 개항 이후 지배층 내부의 개화파들의 고민도 부국강병책의 성공을 통해 조선의 독립을 유지하는 것이었다. 그러나 그 길은 결코 순탄하지 않았다. 1880년대 들어 조선이 대외관계를 본격적으로 확대하기 시작했을 무렵, 중국과 일본은 조선 지배를 두고 첨예한 경쟁구도를 만들기 시작했다. 아이러니한 일이었다. 서양 제국들에게 침탈당했던 방식을 그대로 모방하여 조선에 적용하려 했던 것이 중국과 일본이었다. 조선에 대한 정치적 군사적 압박이었다. 더욱이 소위 대륙세력과 해양세력의 중간지점에 위치한 것이 한반도의 지정학적 조건이었다. 조선은 자국의 의사와 관계없이 대륙세력과 해양세력이 서로 부딪히는 전

3 김기정, 『미국의 동아시아 개입의 역사적 원형과 20세기 초 한미관계 연구』(문학과지성사, 2003), pp. 83~87.

략적 민감성이라는 조건을 주변 국가들로부터 부여받게 되었다.

1880년대 초, 조선의 대외관계 확대를 제안했던 것은 중국이었다. 수신사로 일본을 방문했던 개화파 관료 김홍집이 중국 양무파 외교관이었던 황쭌셴(黃遵憲)으로부터 조선책략(朝鮮策略)을 건네받았다. 조선 조정은 그 제안을 진지하게 받아들였고 한미수교를 시작으로 한국의 근대 외교는 본격 시작되었다. 조선책략의 핵심은 "친청(親淸), 결일(結日), 연미(聯美)"였다.[4] 한반도를 국제정치 경쟁의 중심무대에 서게 만드는 시작점이었다. 그리고 그것은 근대 한국의 외교사에서 외교적 도전이 본격 시작된 시점이기도 했다. 그런데 조선에게 친청, 결일, 연미를 권고했던 중국의 의도는 중국 나름의 균세전략의 적용이었다. 이이제이(以夷制夷)의 19세기적 실천이었던 것이다. 중국이 한반도와 동북아에서 견제하고 싶었던 세력은 러시아였다. 조선을 각축전 속으로 밀어 넣으면서 미국과 일본 세력을 이용하여 러시아의 남하를 막고 싶어 했다. 한국 근대 외교 전략은 이렇듯 세력균형 추구를 권유받는 것으로부터 시작되었다. 그것은 반도에게 주어진 운명과 같은 것이기도 했을 것이다.

조선이 생존과 독립을 위한 외교 전략을 고민하기 시작한 그 시대는 동아시아 지역의 국제정치 원리가 이전 동아시아 전통질서에서 만국공법 질서로 전환되어 갔던 시대였다. 동아시아 전통질서는 중화질서가 요체였다. 중국(화 華)이 세계와 문명의 중심이라는 세계관이 기반이었다. 화(華)와 주변국가(이 夷)들이 맺고있는 관계는 유교적 질서원

4 황준헌 저, 조일문 역, 『朝鮮策略』(건국대학교 출판부, 2001).

리에 근거하고 있었고, 그 원리에 의해 운영되었던 질서가 동아시아 전통질서였다.[5] 화(華)와 이(夷)의 관계는 예치(禮治)와 덕치(德治)의 대상이었고, 조공(朝貢)과 책봉(冊封)이라는 제도적 틀로서 작동되었다. 주권(主權)이라는 개념은 존재하지 않았다. 주권은 서세동점과 함께 부여된 서구적 개념이었다. 주권 개념을 기본 원리로 한 근대 국제질서 양식이 동아시아에서 점점 압도적 힘을 갖기 시작하면서, 조선의 지배층들은 전략적 고민을 안게 되었다. 그것은 사상적 진통이기도 했다. 만국공법의 시류를 적극 수용할 것인가, 아니면 전통질서 속에서 오랜 기간 형성되어왔던 중국과의 관계를 이용해 볼 것인가의 고민이었다.

더 고민스러웠던 것은 그 무렵 중국의 행태 때문이었다. 양무파 정권이 근대국가로의 변혁을 시도하면서, 아니러니하게도 중국은 동아시아 지역에서 화이론적 질서, 즉 속방체제를 나름의 해석대로 강화시키고 싶어 했다. 특히 조선이 그 대상이었다. 1882년, 임오군란 무력진압을 계기로 중국은 한반도에 영향력을 확대하려고 시도했다. 그해 체결되었던 조청수륙무역장정에 중국의 의도가 명백하게 드러나 보였다. 중화질서의 원리를 교묘하게 강화하여 조선을 근대적 의미의 식민지로 삼고자 했던 것이었다.[6] 중국이 속방체제 강화를 통해 영향력을 높이려 하자 조선의 전략가들은 두 진영으로 나뉘었다. 김윤식을 비롯한 동도서기론의 개화파들은 그런 중국의 의도를 이용해서더라도 독립을 유지하고 싶었다. 중국이 종주국으로 행세하려 한다면 그것을 이용하여 조

5 전재성, 『동아시아 국제정치: 역사에서 이론으로』(동아시아연구원, 2011), pp. 111~148.

6 김기혁, 『근대 한·중·일 관계사』(연세대학교 출판부, 2007).

선의 보호가 불가능하지 않을 것이라고 봤던 것이다. 이른바 양편론(兩便論) 혹은 양득론(兩得論)의 주장이 그것이었다. 중국의 보호 속에서 조선의 안보도 보장받을 수 있고, 동시에 국제법으로 주권국가로서 역할도 가능할 것이라는 믿음이었다. 반면, 김옥균을 비롯한 문명개화론의 개화파들은 중국의 속방체제에서 벗어나 만국공법적 질서에 부합하는 길을 찾아야 독립이 보전될 것이라고 간주했다. 한반도에서 중국의 영향력 강화를 염려했던 일본은 문명개화론자들의 후원자를 자처했다. 지배층 내부는 친청파, 친일파 세력의 갈등으로 드러났지만, 사실 어떤 국제질서의 원리를 따를 것이냐를 두고 벌어졌던 사상적 충돌, 전략적 논쟁이기도 했다. 지배층 내부의 갈등은 단순히 정치적 갈등이 아니라 외교 전략을 둘러싼 논쟁이었던 것이다.

조선의 문명개화론자들이 추진했던 갑신정변(1884년)이 실패하면서 일본 세력을 이용하여 중국의 속방체제 강화를 견제하려했던 전략은 봉쇄되었다. 사실, 조선은 1880년대와 1890년대 중반까지 중국의 영향력 하에 놓여 있었다고 봐도 틀린 이야기가 아니다. 이 시기, 일본은 군사력을 빠른 속도로 강화하기 시작하였다. 조선 지배를 놓고 벌였던 중국과 일본의 정치외교적 경쟁은 점차 치열해졌다. 양국 모두 서구 제국주의와는 또 다른 형태의 제국주의였다. 당시, 중국과 일본 모두 아직 경제적으로는 산업화 이전단계였다. 그러나 조선에 대해서 가했던 정치군사적 외압은 이미 제국주의 형태를 띠고 있었다. '비(非)제국주의 국가의 제국주의적 실천'이었던 셈이다.[7] 중일 양국 모두 조선에

7 김기정(2003), pp. 82~87.

대한 지배권을 '강병론적 근대화'를 결정짓는 리트머스 시험이라고 간주했다. 결국 양국은 청일전쟁(1894-95)으로 직접 충돌하기에 이르렀다. 일본은 이 전쟁에서 국운을 건 총력을 기울였던 반면, 중국의 양무파 정권의 개혁은 내부적으로 많은 문제점을 안고 있었음이 드러나 버렸다. 중국의 속방체제를 조선 보호권 강화라는 전략으로 해석하고 이용하려 했던 동도서기론자들의 외교 전략은 청일전쟁에서 중국이 패배함으로써 좌절되었다.

3. 시험대에 올랐던 균세전략

청일전쟁 이후 일본의 조선 식민지화는 거의 기정사실인 듯 보였다. 국제정치적 분위기도 그러했다. 그러나 조선은 일본의 지배를 순순히 받아들일 마음은 없었다. 이때 새롭게 조선 지배층의 전략적 시야에 포착되었던 세력이 러시아였다. 러시아는 이미 19세기 중반부터 동방으로 진출을 추진했었고, 일부 국가들에게 그러한 러시아의 행태는 위협으로 인식되고 있었다. 특히 세계의 주요 지역에서 대립과 충돌 양상을 보이고 있었던 영국에게 러시아는 분명 위협세력이었다. 그 대립 구도가 한반도에 드러났던 사건이 거문도 점령사건(1885년)이었다. 청일전쟁이 끝난 직후, 러시아는 삼국간섭(1895년)을 통해 동북아 지역에 본격적으로 세력을 과시하기 시작했다. 삼국간섭으로 일본의 기세가 주춤거렸다. 일본의 강압이 러시아의 등장으로 제동이 걸리는 것으로 간파되자, 조선은 러시아를 일본의 대항세력으로 선택하였다. 조선 조정은 균세전략을 본격 추진하였다. 친러를 표방함으로써 일본의 지배를 막을 수 있다고 판단했던 것이다. 친러반일(親露反日)책이었다. 러시아를 끌어들여 일본을 견제한다는 의미로 인아거일(引俄拒日)전략이라고도 불렀다.[8] 친러파의 중심에 민비(閔妃)를 비롯한 핵심 지배세력이었던 민씨 가문이 있었다. 일본으로서는 친러 세력이 눈엣가시였다. 일본은 이성을 잃어가고 있었다. 결국 민씨를 제거하기로 함으로써 한일관계 오랜 역사에서 일본은 가장 무모하고 어리석었던 결정을 실행에 옮겼다. 을미사변(乙未事變)의 비극은 어쩌면 균세전략을 통한 독립보전에 필사적일 수밖에 없었던 한국 근대 외교사의 한 장면이기도 했다.

고종은 러시아 공관에 신변보호를 요청할 정도로 일본 세력의 한반도 진출을 저지하고 싶어 했다. 아관파천 이후 한반도 세력판도는 러시아 중심으로 오히려 역전되었다. 1896년 일본이 러시아와 맺었던 고무라-웨베르(小村-Weber) 각서, 모스크바 의정서 등을 보면 한반도에서 세력 주도권은 러시아에 있었음을 알 수 있다. 일본이 한반도에서 일본의 이익 보호를 위해 오히려 러시아에게 협력과 양해를 요청해야 하는 위치가 되었다. 1898년은 동북아 질서 변동에 중요한 전환점이었다. 독일의 중국 교주만 조차를 신호탄으로 제국주의국가들의 중국 침탈 방식이 보다 직접적이고 노골적 방식으로 바뀌었다. 중국의 영토분할이 개시되었던 것이다. 특히 러시아는 남만주 지역에서 자국 이익을 확장하려 했다. 이런 상황에서 일본과 러시아가 맺었던 니시-로젠(西-Rosen) 협약은 한반도에서 일본의 경제적 이익의 확대를 러시아가 반

8 이은주, "19세기 말 한국 외교정책 모델리티로서의 '균세(均勢)'와 인아거일(引俄拒日) 균세전략의 국제정치학적 분석" 『국제정치연구』 제20권(2)호(2017).

대하지 않는다는 내용을 담고 있었다. 러시아가 만주지역 세력 확장을 꾀할 때 일본의 반대를 사전에 무마할 계획을 가지고 있었기 때문이었다. 러시아의 부분적 양보는 한반도에서 반러 정서를 점화시켰다. 독립협회가 결성되고, 중립외교를 요구하기도 했다. 독립과 생존을 위한 전략적 모색은 정부만의 과제가 아닐 정도로 긴박한 상황이 되었다.

4. 균세전략과 중립외교, 결국 바랐던 것은 연루의 회피

청일전쟁에서 러일전쟁에 이르는 10년 기간 동안 대한제국의 외교전략은 러시아 세력을 이용하여 일본의 강압적 침탈 의도를 견제하는 균세전략이 기본 골격이었다. 그러나 한반도와 만주에서의 러일 경쟁은 제3국과의 군사동맹을 필요로 할 정도로 점점 치열해져 갔다. 선제적 공세는 일본으로부터 시작되었다. 일본은 한반도에서, 그리고 러시아는 만주에서 각각 우월지위를 상호 인정하자고 일찍이 제안했던 것은 일본이었다. 1898년 니시-로젠 협상과정에서 일본은 만한교환(滿韓交換) 방식을 러시아에게 제안했던 바가 있었다. 당시 한반도에서 우월적 지위를 가졌던 러시아는 그 방식을 거부했던 터였다. 그 보다 2년 전이었던 1896년 모스크바 의정서 체결 당시에 한반도의 분할을 제안했던 것도 일본이었다. 러시아는 그 제안도 거부했다. 한반도에서 일본보다 더 유리한 위상이라고 판단하고 있었기 때문이다.

1900년 중국에서 의화단 사건이 발생하였다. 중국 민중들의 반(反)제국주의 저항운동이었다. 전국적 규모의 군사봉기가 잇달았다. 제국주의 열강들은 그것을 무력적으로 제압하기 위해 연합육전대를 결성하였다. 중국내 저항세력(의화단)에 대한 군사력 사용을 계기로 일본은 만주와 한반도 교환방식을 통해 러시아와 협상한다는 전략을 만주와 한국을 결합(結合)하는 전략으로 바꾸었다.[9] 러시아의 만주 이익권을 일본이 양자협상을 통해 독자적으로 승인할 수 없게 되었다는 논리였다. 일본은 만주와 한반도 문제에 제3국을 끌어 들였다. 영국이 그 대상이었다. 영국은 러시아 위협론이라는 담론을 전 세계로 확산시켰던 진원지였다. 1902년 영일동맹이 체결되었다. 이에 질세라 러시아도 1894년 프랑스와 맺었던 노불동맹의 협력구도를 동북아 지역에서 재확인하였다.

이제 한반도는 러-일 양국이 아니라 동맹과 동맹 간의 격돌의 장이 되어 갔다. 고종의 대한제국은 동맹들 간 적대적 경쟁구도를 두려운 눈으로 관찰하고 있었다. 고종은 당시 급박한 정세변화를 상당히 우려하고 있었다. 그러면서도 고종은 그가 신임했던 주한 미국공사 알렌(Horace Allen)에게 "러시아와 일본이 한반도에서 서로 영향력을 균점해서 서로를 견제하게 된다면, 대한제국의 중립(neutrality)은 오랫동안 보장될 것"이라면서 균세전략에 기반한 생존책의 희망을 피력하였다.[10] 고종과 당시의 집권세력에게 중립과 균세전략은 동전의 양면이었다.

중립의 외교전략은 제국주의 침탈의 시대를 온 몸으로 견뎌야 했던 고뇌의 산물이었다. 일찍이 유길준도 『중립론』에서 유럽의 벨기에

9 최문형, 『국제관계로 본 러일전쟁과 일본의 한국병합』(지식산업사, 2004), pp. 99~158.

10 Allen to Hay, May 31, 1902, Despatches, Korea(M-134). 고종의 개인적 신임에도 불구하고 알렌은 고종의 중립 희구의 메시지를 상당히 냉소적으로 국무성에 보고하였다.

와 같은 중립을 꿈꾸기도 했다.[11] 유럽에서 벨기에는 독일과 프랑스 사이에 끼어 있는 국가다. 미국 유학시절, 세계사와 국제정치를 탐구했던 유길준은 벨기에의 지정학적 조건이 한국과 흡사하다고 봤다. 독립협회도 중립외교를 대한제국의 공식 외교 전략으로 채택하라고 제안하기도 했다. 중립외교론, 그리고 중립화 방안의 전략적 고뇌는 한반도의 지정학적 조건에 대한 고민에서 기인하는 바가 컸다. 주변 강대국들이 한반도를 전략적으로 민감한 지점이라는 인식했던 조건 때문이기도 했다. 주변국가들간 벌어지는 갈등에 휘말리고 싶지 않다는 의지의 표현이 중립이었다. '연루의 공포'(fear of entrapment)가 지배했던 것은 그 시대나 지금이나 변함이 없다. 러일전쟁이 발발하기 전, 대한제국은 대외 중립을 공식 표방하기에 이른다. 1904년 1월이었다. 러시아와 일본 사이에 어느 편에도 서지 않겠다는 의사를 관련국들에게 공식 통보하였다.

고종은 조미수호조약에 명기되어 있었던 '우호적 중재'(good office)의 조항도 독립보전의 방편이라 믿었다. "러시아와 일본 양국이 서로 싸움질 하는 것에 우리는 일절 관심 없습니다. 우리 황제폐하는 중립을 선포하셨고, 만약 우리의 중립이 깨진다면 우리가 요청하지 않더라도 열강들이 우리를 보호해줄 것입니다." 당시 궁내부 대신 이용익이 영국 언론인 맥켄지(Frederick A. McKenzie)에게 했던 말이다.[12] '우리가

---

11 강만길, "유길준의 한반도 중립화론," 『분단시대 역사인식』(창작과비평사, 1978); 정용화, 『문명의 정치사상: 유길준과 근대 한국』(문학과지성사, 2004).

12 F. A. McKenzie, *The Tragedy of Korea*(New York: E. P. Dutton & Co., 1908; reprint ed. A Series of Reprints of Western Books on Korea, no. 2,(Seoul: Yonsei University Press, 1969)), p. 109.

요청하지 않아도 우리를 보호할 것'이라는 기대는 바로 '우호적 중재'와 관련된 것이었음이 틀림없다. 그러나 이 모든 기대는 허망하게 끝났다. 대한제국의 국외 중립선포는 철저하게 무시되었다. 한반도는 러일전쟁의 전장이 되었고, 러일전쟁 기간 중 일본의 침탈은 내정간섭을 넘어 외교권마저도 유린하였다. 20세기 초반 동북아에서 전개되었던 피 말리는 국제정치 경쟁구도는 대한제국의 연루회피 전략을 철저히 무력화시켰다. 영국은 일본과 제국주의 동맹을 맺었고, 미국은 영일동맹의 준(準)회원국이었다. 제국주의 시대, 만국공법은 약소국에게 결코 정의(正義)를 보장하지 않았다. 만국공법이라는 외연적 표피 뒤에 작동하고 있었던 침탈의 동력은 대한제국이 '연루되지 않겠다'는 의지 표명만으로는 이겨 나가기에 너무나 버거운 것이었다.

5. 저항

"지배를 피할 수 없다면, 미국과 일본의 공동 지배를 받기를 원한다." 고종황제가 미국 대통령 루스벨트(Theodore Roosevelt)에게 썼던 밀서의 한 부분이다.[13] 그만큼 일본의 지배만큼은 피하고 싶었던 고종의 절박한 심정이 묻어있다. 강자가 약자를 '지배'하는 것이 자연의 원리라는 사회진화론이 인간의 머릿속에서 주류담론으로 횡행했던 시기, 러일전쟁이 일본의 승리로 끝나게 되면서 열강들은 일본의 한반도 지배

13 The Korea Emperor to Homer B. Hulbert, Dec. 11, 1905, Notes from the Korean Legation, File Microcopies of Records in the National Archives(Microfilm, M-166).

를 외교적으로 승인하기 시작했다. 처음 신호탄을 올린 국가는 미국이었다. 루스벨트는 1905년 7월 육군성 장관 태프트(William Taft)를 일본에 보내 카츠라-태프트 밀약을 맺었다. 미국은 한반도에 대한 일본의 독점적 지배권을 인정했다.[14] 1903년 여름 이후, 친일 정치인 루스벨트의 미국은 이미 일본 편에 서 있었다. 영국도 제2차 영일동맹을 체결하면서 일본의 지배권을 공식화했다. 곧이어 전쟁에서 패배한 러시아도 1905년 9월 포츠머스 강화조약을 체결하여 일본의 지배를 인정하기에 이르렀다. 일본에게 이제 남은 것은 고종과 대한제국 정부를 강압하여 보호국으로 만드는 일 뿐이었다.

고종은 무슨 수를 쓰더라도 이런 비극은 피하고 싶었다. 미국인 선교사 헐버트(Homer Hulbert)를 불러 루스벨트 대통령에게 밀서를 전달해 줄 것을 간곡히 부탁했다. 대외중립선언도 무시됐을 뿐 아니라, 공식채널을 통한 외교행위는 이미 봉쇄되어 있었다. 대한제국 정부는 이완용을 비롯, 친일파가 다수였다. 고종이 생각했던 마지막 카드는 조미수호조약의 우호적 중재 조항에 기대보는 것이었다. '체약국 중 한 나라가 다른 열강으로부터 부당하고 억압적인 침해를 받는다는 사실을 통보받는다면(on being informed of the case), 우호적 중재 행위를 실행해야 한다.'[15] 조약상 문구는 그렇게 쓰여 있었다. 고종은 그런 사실을 확인하고 싶었을 것이다.

이 밀서외교는 처음부터 어긋나기 시작했다. 헐버트는 미국으

14 김기정, "가쓰라-태프트 밀약의 진실" 『신동아』 554호(2005).

15 Department of State, *Treaties and Other International Agreements of the United States of America, 1776-1949*. 9(Washington D.C.: Government Printing Office, 1972), p. 470.

로 출발하기 전 이 밀서의 내용을 당시 주한미국공사 모오건(Edwin Morgan)에게 알려 주었고, 모오건 공사는 이 내용을 주한 일본공사에게 알려 주었다. 그가 본국 외무성에게 이 사실을 전달하지 않았을 리 없다. 이토 히로부미는 서둘러 방한하였다. 그리고는 군사적 시위까지 해가며 고종과 정부 각료들을 거칠게 몰아붙였다. 대한제국의 친일파 각료들은 너무나 쉽게 무너졌다. 결국 강압적 환경 속에서 을사보호늑약은 만들어졌다.[16] 고종의 기대와는 달리, 그의 밀서는 루스벨트 대통령에게 전달되지도 못했다.

을사늑약 이후에도 고종의 밀사외교를 통한 저항은 한 차례 더 시도되었다. 1907년 네덜란드 헤이그에서 개최된 제2차 만국평화회의에 이준, 이상설, 이위종 등 3명의 밀사를 파견하였다. 이때도 헐버트 선교사가 깊숙이 개입하여 이들을 도왔다. 이들은 헤이그에서 을사늑약의 강압성에 대해 세계 여론에 알리고, 일본의 한국지배가 부당함을 호소하려고 했다. 연설, 신문 기고 등 다양한 노력에도 불구하고 당시 회의에 참석한 제국주의 국가들은 지극히 냉담하였다. 결국 이 사건으로 일본은 고종을 강제 퇴위시켜 버렸다.

저항은 고종황제만의 몫은 아니었다. 장지연은 '시일야방성대곡'이라는 제목의 피눈물 맺힌 글을 썼고, 민영환은 죽음으로 저항하였다. 일본은 고종 강제퇴위와 정미7조약을 강제하여 대한제국 마지막 군대를 해산시켰다. 군대 해산 당일, 시위대 1대대장 육군참령 박승환이 자결로 항거했고, 이를 계기로 을사년(1905년)에 등장했던 의병활동은 전

---

16 을사늑약의 위법성에 대해서는 이태진, "한국병합은 성립하지 않았다" 이태진 편, 『한국병합, 성립하지 않았다』(서울: 태학사, 2001).

국적 규모로 다시 확산되었다. 의병활동에 참여했던 안중근 의사는 의군중장의 이름으로 일본 한반도 침략의 원흉 이토 히로부미를 하얼빈에서 저격하였다. 일본 제국주의를 저격했던 것이다.

경술국치, 부끄러움은 보통 사람들의 몫이었다. 대한제국 지배층 상당수는 눈앞의 사익(私益)만 좇아 친일파가 되어 갔다. 일제시기 독립을 회복하기 위한 저항은 민중의 함성으로 개시되었다. 3.1운동은 전국에 걸쳐 일어났던 비폭력저항운동이었고 평화적 시위였다. 강제병합의 무효를 주장했고 국권회복을 요구했다. 3.1운동은 그해 상해임시정부 수립의 기폭제가 되었다. 이후 일제강점기 기간 동안 독립을 위한 저항은 상해임시정부를 중심으로 전개되었다. 임시정부는 우리나라 최초의 공화정 원리를 헌법에 담았다. 대통령제를 도입하고 입법·행정·사법의 3권 분리를 제도화했다. 임시정부의 외무부는 1919년 파리강화회의에 참석하기 위한 외교적 노력을 기울이는 한편, 구미외교위원회를 두어 국제사회에 독립회복을 위한 다양한 노력을 기울였다. 외교적 노력은 당시 국제사회에 그다지 큰 호응을 받지는 못했다. 2차 대전이 발발하자 임시정부는 광복군을 조직, 무장투쟁을 통한 독립 쟁취의 방법도 실천에 옮겼다. 광복군은 중국 국민당군과 협력하여 대일 전투에 참여하기도 했다. 그럼에도 불구하고 임시정부를 '망명정부'로서 인정해주었던 국가는 중국뿐 이었다. 망명정부로서의 지위를 갖지 못한 채 해방이 되었고, 임시정부 요원들이 개인자격으로 귀국함에 따라 해방정국의 정치적 상황에 큰 변수로 작용하였다.

6. 해방, 분단, 그리고 연미책의 실현

태평양전쟁이 끝나고 한국은 일제 치하에서 해방되었다. 미국이 전쟁에서 이겼고, 소련도 종전 1주일 전 대일(對日) 선전포고로 전쟁에 참전했다. 미국이 한국 현대사의 변곡점에 다시 깊숙이 개입을 시작하는 대목이었다. 해방, 신탁통치와 통일정부수립, 38선 분단결정, 38선 이남에서의 단독정부 수립. 모두 미국의 기획이었다. 1948년 수립된 대한민국 정부로서는 이러한 국제정치적 셋팅을 피해나갈 수 없었다. 정부수립 후 한국의 70년 외교사는 '미국중심외교'(US-centered diplomacy)였다. 그것은 출발점에서의 환경적 조건으로부터 만들어 진 것이었다. 따지고 보면, 미국과의 결합전략은 냉전기 환경의 소산이기도 했지만, '국가생존'에 관한 한국인의 오랜 기억의 결과이기도 했다. 19세기 말, 일본침략을 견제하기 위한 양편론(兩便論) 구상[17]에서 출발하여, 균세전략, 대외중립, 그리고 저항에 이르기까지 한국인들의 머릿속에는 국가 생존 실패를 다시는 되풀이 하지 말아야겠다는 의지가 그득했을 것이다. 그 기억들이 해방 후 미국을 생존추구의 후원자로 선택하는 전략의 토대가 되었다.

38선 획정이후 미국이 남한에 군사정부를 수립하게 되자 19세기말과 20세기 초, 미국의 무관심으로 좌절되었던 '연미책(聯美策)'이 다시 부상했다. 해방정국에서 그 인식을 정략적으로 이용할 기회를 잡은 사

17 중국의 속방체계 강화를 조선 보호 의지로 해석하는 한편, 그것이 주권 개념의 만국공법의 원리와도 상충되지 않는다는 해석이었다. 두 가지 모두가 조선에게 득이 된다는 의미로서 '양득론'(兩得論)이라고도 부른다. 김동택, "근대 한국 주권 개념 연구," 『21세기 정치학회보』 제27집(2)호, (2017).

람이 이승만이었다. 미국도 남한정부가 친미정부이기를 원했고, 미 군정과 가깝게 연결되어 있었던 정치조직 한민당의 노선도 친미였다. 해방이전 독립운동 대부분의 기간을 미국에서 보냈던 이승만이었기 때문에 그의 선택은 처음부터 제한적이었다. 냉전이 시작되면서 보수적 정권과의 결합을 원했던 미국으로서도 친미노선을 표방한 이승만과 한민당은 적절한 '로맨스 파트너'였다. 이승만 정부는 반공(反共)을 적극 수용했다. 국내정치에도 확장했고, 대북정책의 기초로 삼았다. 해방정국에서 이 전략적 판단, 즉 미국과의 정치적 결합은 김구 중심의 통일정부 수립을 좌절시켰고, 한반도의 운명을 분단의 연장으로 끌고 갔다.

군정부터 한국전쟁에 이르기까지 미국의 대한정책은 흡사 진자운동 같이 급변하였다. 깊숙이 개입했는가하면 어느 순간에는 철수결정을 하는 등, 무관심해 보였다. 미국이 다시 한국에 개입을 확고히 했던 것은 1950년 6.25전쟁의 발발이었다. 미국은 군대를 즉시 파병했고 한국전쟁 전장의 주역이 되었다. 미국의 그 결정에 일본의 안전 확보가 주된 요인이었음을 부인할 수 없다. 한국전쟁은 미국의 세계전략을 재정비하는 것에 결정적 계기가 되었다. 롤백전략(Rollback strategy)을 실행에 옮기게 되어 군사화된 냉전구도가 시작된 배경에도 한국전쟁이 있었다. 한국을 동아시아에서 미국 중심 진영의 최전방으로 간주했다. 이승만 정부의 한국은 '생존위협'에 대응하는 방법으로써 미국의 군사력을 필요로 했다. 그 이익들의 결과로 만들어진 것이 한미동맹이었다.

한국에게는 미국과의 동맹을 통해 국가안보를 확보하는 일이 최우선 과제였다. 한미상호방위조약은 비단 한국의 안보 뿐 아니라 냉전초기 미국의 세계전략 및 동아시아 전략의 한 축이었다. 한국은 이러한 구도 속에서 미국의 세계전략에 편승해야만 생존할 수 있다고 판단했다. 이승만 정부가 한국전쟁 당시 군사지휘권을 유엔(미군)에게 이양하고 있는 상황임에도 불구하고 한미상호방위조약 체결의 과정이 순탄하게 이루어졌던 것은 결코 아니었다. 미국으로서도 이승만은 '골치 아픈' 친미파 정치가였다. 1953년, 현실적으로 불가능한 일이었음에도 불구하고 이승만 정부는 북진통일론을 다시 주장했다. 미국과 사전협의 없이 반공포로를 석방함으로써 휴전을 시도하던 미국을 압박하였다. 이승만 정부의 강경한 저항에 대하여 미국 정부는 만약 이승만이 합의의사록 조인을 거부하거나 중립국 감시단에 폭력을 가하는 경우 미국은 대한 원조를 중지하고 미군을 철수할 것임을 경고하였다. 또한 한국 내 다른 정치지도자들과 접촉하여 미국이 이승만 정부를 재평가할 수 있음을 통보하였다.[18] 이러한 우여곡절을 거쳐 이승만 정부는 결국 한국군을 유엔군사령부의 작전지휘권 하에 두는 것에 동의하였고, 미국은 한국에게 7억 달러에 달하는 군사, 경제 원조를 제공하는 것을 조건으로 한미 합의의사록에 조인하기에 이르렀다.

1954년 발효되었던 한미상호방위조약은 이후 한국 안보의 주춧돌이 되었을 뿐 아니라, 한국 외교의 기본틀이 되었다. 냉전기 초반, 전쟁과 생존위기를 겪으면서 한국외교에게는 사실 선택지가 많지 않았다. 1905년 이전의 연미책이 '일방적 연미책'이었다면 1945년 이후의 연미책은 '제한된 선택으로서 연미책'이었다.[19] 상호방위협정에 따라 주둔

18 "The Commander in Chief, United Nations Command(Hull) to the Chief of Staff, United States Army(Ridgway) Nov. 8, 1954" FRUS XV: 1952–1954, pp. 1911–12.

19 김기정, "연미에서 반미까지," 『진리·자유』(1990, 가을).

하게 된 주한 미군은 북한 도발을 억지하는 군사 능력의 의미로 충분히 역할을 수행해왔다. 미국이 제공하는 안보의 우산 속에서 한국의 경제 발전 추진전략도, 동시에 한국군 현대화 계획을 통한 자주국방의 구상도 실현시켜 나갔다. 한국군의 베트남전 파병도 한국의 안보에 대한 미국의 보장 약속을 전제로 결정되었다. 베트남전 파병이 한국에게 경제특수를 제공하여 경제발전 동력으로 작용했다는 점은 잘 알려진 사실이다.

한미동맹에 근거한 미국중심 외교 전략은 우여곡절을 거치면서 진화해왔다. 그런 와중에도 미국이 다시 한국으로부터 철수할지 모른다는 '포기의 공포'가 수시로 망령처럼 나타나곤 했다. 실제 미국은 닉슨 독트린 이후 주한미군 2개사단 중 1개 사단을 철수하기도 했다. 1970년대 중반, 박정희의 유신정권이 미국 국내에서는 물론 국제적 비판거리가 되었을 때, 미국의 카터(Jimmy Carter) 대통령은 주한 미군 철수를 공개 언급하기도 했다. 냉전에서 탈냉전으로 전격 이행되었을 때 미국은 유사한 대안을 고려했던 적도 있다. 2002년 장갑차 사건 이후 한국에서 반미정서가 높아졌을 때도 럼스펠드(Donald Rumsfeld) 국방장관이 주한미군 철수를 공개 언급했던 적도 있다. 그럴 때마다 한국인들은 포기의 공포감을 가졌다. 정부수립 이후 생존을 위해 동맹을 선택했을 때부터, 그리고 그 대안 외에 다른 외교 전략을 배제했을 때부터 배태된 공포감이었다. 공포감이 한국 사회의 수면 위로 올라올 때마다 미국에의 심리적 의존성을 그만큼 더 깊어졌다. 이를테면 노무현 정부에서 전시작전권 전환을 추진하려 했을 때 한국 예비역 장성들의 보여줬던 반대시위가 그런 심리를 잘 보여주는 삽화들이다.

지난 70여년 동안 보수정권이건 진보정권이건 한미동맹의 틀을 벗어난 적은 없다. 벗어나 보고자 과감히 시도했던 정권도 없었다. 한국의 안보와 외교전략에 있어 미국과의 동맹전략은 거의 상수(常數)에 가까웠다. '반미(反美) 좀 하면 어떠냐'라고 외쳤던 노무현 대통령이었지만 한미동맹 파기를 염두에 뒀던 발언은 결코 아니었다. 동북아 균형자론도 한미동맹을 근간으로 구상했던 구도였다. 이러한 점들은 미국을 중심으로 삼았던 한국 외교 전략의 경로종속성을 보여주는 단면이기도 했다.

냉전기동안 한국의 미국 중심외교는 자유세계의 일원이라는 정체성을 갖게 만들었다. 세계를 자유세계와 공산주의 세력으로 구분했던 이분법적 세계관이었다. 반공(反共)이념이 외교에도 가이드라인이 되었다. 대한민국 정부 탄생과 존립은 유엔의 결정에 기반을 두고 있었지만 한반도 내 정통성을 두고 북한과 외교경쟁을 벌이기도 했다. 북한과 수교한 국가들과는 수교하지 않는다는 '할슈타인 원칙'을 따랐던 시기도 있었다. 그러다가 1970년대에 한반도 문제가 매년 유엔에 상정되었을 때는 비동맹 국가들의 지지를 얻기 위하여 소위 '비동맹외교'에 열중했던 시기도 있었다.

한국 외교가 반공이념에 근거하여 자유세계의 일원으로 편입되었을 때, 일본과 외교관계 정상화도 고려되었다. 그러나 정상화까지는 시간이 꽤 오래 걸렸다. 일본의 식민지 지배가 끝난 지 얼마 되지 않았기 때문에 사회적 정서도 그러했고, 이승만 개인적으로도 반일정서가 강했다. 외교관계 정상화를 위해 예비회담에서부터 일본측은 식민지가 합법이었다는 망언을 늘어놓을 정도로 식민지 청산 문제는 한일 외교관계 정상화 과정에서 처음부터 난제였다. 그 무렵 미국이 만들어 작동시키고자 했던 동북아 진영의 한 축, 즉 남방삼각관계(미국–일본–한국)는 양자동맹이 근간이었다. 미일동맹은 1952년, 한미동맹은 1954년에 각각 성립되었다. 그러나 한국과 일본은 미국이 원했던 동맹은커녕 외교관계 조차 이루어지지 않고 있었다. 미국 입장에서 보면 삼각구도에서 한 변이 비워져 있었던 것이다. 1961년 군사쿠데타로 정권을 잡은 박정희는 외교정상화를 목표로 한일교섭을 재개했다. 박정희는 해방전 만주 군관학교 출신으로 만주국 장교로 근무한 바 있었다. 그의 신념체계나 역사관은 해방 전 일본 제국주의 시대에 거의 형성되었을 것이다. 따라서 일본과의 정서적 친밀도는 매우 높았다. 그 스스로가 5·16 군사쿠데타와 명치유신을 동일한 의미를 지닌 역사적 사건이라고 간주할 정도였다. 스스로를 두고 명치유신의 지사(志士) 운운하는 발언은 그런 심리적 배경에서 나왔다.

결국 한–미–일 삼각관계를 완성시키는 한일관계의 수립은 한국에서의 지배집단의 변화가 일어나고서야 가능했다. 박정희는 국내의 격렬한 반대를 무릅쓰고 1965년 한국과 일본은 외교관계를 정상화했다. 산업화의 초기단계에서 일본으로부터 식민지 배상금이 사업 자본으로 꼭 필요하다고 판단하고 있었다. 그러한 배경 때문이었는지, 한일 국교 정상화를 의미하는 1965년 체제는 처음부터 불완전했다. 식민지 청산과정은 일제 식민지가 불법이냐 합법이냐에 대해서조차 합의를 이루지 못했다. 합의했던 것은 각자 해석하기로 했다는 것 뿐 이었다. 이에 따라 위안부문제, 사할린동포 귀환문제, 강제징용 문제 등은 식민지 청산과정에서 아예 다루지 못했고, 후일 한일관계 외교적 현안으로 다시 논의되었을 정도였다. 이들 의제들이 65년 체제 밖에서 다루어졌다는 것은 65년 체제의 식민지 청산이 처음부터 불완전했다는 것을 의미한다. 더욱이 독도문제에 대해서는 '양국간 분쟁해결에 관한 교환공문'에 한국 협상단이 합의해 줌으로써 이후 일본 정부가 지속적으로 독도 영유권 문제를 제기하는 빌미를 제공하였다.

2장
동북아에서 벗어나고 싶었던 동북아 국가 (outreach beyond the corner)

동북아라는 지리적 공간을 넘어 외교적 지평을 확장하겠다는 의지는 세계정치경제에서 한국의 위상이 높아져 갔던 조건에 대한 현실적 처방과도 맞물려 왔다. 박정희 정부 시기에 수출지향의 산업화를 위해 기업의 경제적 활동과 외교 영역이 연계되었던 것은 자연스러운 일이었다. 어쩌면 정부보다 더 활발하게 경제영토를 개척했던 것은 기업들이었다. 박정희 정부 외교에서 특기할 만한 것은 '비동맹외교'였다. 대한민국은 유엔의 결정으로 탄생한 정부다. 정통성은 국제적으로 인정된 것이었다. 반면 북한이 내세웠던 정통성은 항일투쟁의 역사였다. 냉전이 심화되면서 미국과 소련, 어느 진영에도 속하지 않고 제3의 길을 가겠다고 선언한 정치세력이 등장했던 것은 1955년 비동맹회의였다. 이 비동맹회의에는 개발도상국들이 주류를 이루었지만 사회주의 진영의 국가들도 상당수 포함되어 있었다. 비동맹회의 회원국들은 한때 유엔에서 하나의 그룹으로(이를테면 G-77) 투표 행동을 하는 등 국제사회 여론형성에 상당한 영향력을 행사하였다. 1970년대에 들어 한반도 문제에 관한 결의안도 채택되었다. 북한의 외교가 이들 비동맹국가들에게 일정정도 성공을 거두었기 때문이었다. 더욱이 북한은 비동맹회의에 1975년 회원국으로 가입하는 데 성공했다. 그러면서 채택되었던 한반도 관련 성명은 한반도에서의 외국군대의 철수 등 북한의 입장을 지지하고 있었다. 이에 박정희정부는 비동맹회의 회원국들을 대상으로 한국이 한반도 내 유일합법정부임을 확인받으려는 외교 전략을 펼쳐야 했다. 국제사회에서 북한과의 외교경쟁은 불가피했다. 그것이 한국판 비동맹외교였다. 아프리카 정부수반들을 다수 한국에 초청했고 산업화 발전의 성과를 과시하였다. 비동맹외교는 부분적으로 성공을 거두었다.[20]

한국 외교의 지평이 동북아 협착구도로부터 벗어나는 것에 성공을 거두었던 사례는 노태우 정부의 '북방정책'이었다. 시대상황은 바야흐로 냉전에서 탈냉전으로 이행되고 있었던 시대였다. 이러한 시대변화에 적극 동참하여 외교적 공간을 확보하려 시도했던 전략이 북방정책이었다. 그 계기는 88서울하계올림픽이었다. 미소간 이념대립의 절정기에 절름발이 행사가 되어 버렸던 80년 모스크바 올림픽, 84년 로스엔젤레스 올림픽 이후 모처럼 동서간 화해분위기가 조성되었던 것이 88서울올림픽이었다. 세계적 해빙의 시작이었다. 그 분위기를 외교

20 1978년 제4차 비동맹회의 이후 한반도 문제는 '당사자 해결 원칙'을 내세워 북한에 대한 지지경향이 약화되었다.

적으로 적극 활용하려 했던 전략이 북방정책이었다. 할슈타인 원칙으로 사회주의 국가들과 수교가 금지되었던 스스로의 제한점을 뛰어넘어야 했다. 헝가리와 폴란드와는 1989년, 소련과 몽골과는 그 이듬해인 1990년, 그리고 중국과 베트남과 수교했던 것이 1992년이었다.

사실, 한국이 소련 및 중국과 외교관계를 맺었다는 것은 1970년대 중반 미국 국무장관 키신저(Henry Kissinger)가 주창했던 '교차승인'(cross recognition)에서 제안되었던 아이디어이기도 했다. 교차승인이란 공산 진영의 소련과 중국이 한국을 '외교적으로' 인정하는 것과 더불어 미국과 일본 또한 북한을 외교적으로 승인하여 외교관계를 수립하는 것을 골자로 한 대담한 구상이었다. 냉전기 진영화에 따른 편 가르기 구도를 해체해야 한다는 것이다. 새로운 평화는 거기서 출발할 수 있다는 것이 대(大)전략가 키신저의 생각이었다. 한국은 탈냉전기 환경에 적극 편승하여 담대하게 실천에 옮겼다. 그러나 미국 및 일본의 대북 수교는 실패했고 아직도 미완의 상태에 놓여있다. 냉전의 유산이 아직도 한반도에 남아 있는 이유이기도 하다. 한국은 1992년 북한과 기본합의서에 서명하는 등 남북관계 개선도 일부 이루어 냈으나 더 이상 진전을 이루지 못했다. 어쩌면 1980년대 후반 '북방정책'의 마지막 단계는 북한 고립화 구도를 해소하는 것일 것이다. 2018년에 들어 3, 4차 남북정상회담에 이어 북미정상회담이 개최되는 등, 90년대 이래의 미완의 과제들이 해결되려는 기미를 보이고 있다. 격세지감이 있지만 새로운 패러다임으로의 전환임에는 틀림없다.

김영삼 정부의 기간 중 가장 특기할 만한 것은 '세계화' 정책이었다. 당시 세계화(globalization) 담론이 세계적 추세였다. 보편화, 자유화, 국제화, 탈영토화 등의 의미를 담고 있는 세계화는 한국으로서도 거부할 수 없는 하나의 시대적 경향이기도 했다. 특히 한국은 경제성장 성과에 바탕하여 경제적 활동범위를 세계무대로 확대해야 한다는 요구가 많았다. 경제발전 이후 국민들의 자긍심을 외교영역에도 반영해야 한다고 믿었다. 세계적 수준으로 한국 외교를 격상시키기 위한 조치가 OECD 가입이었다. 개도국 지위를 교묘하게 활용해 왔던 기존 외교 프레임에서 전환이 시작되었던 시점이기도 했다. 그러나 OECD 진입의 속도가, 그 행보가 너무 빨랐다. 김영삼 정부는 국민적 자긍심을 외교영역에 표현하고 싶었을 것이다. 그 속도감 넘쳤던 진입로에 기다리고 있었던 것은 '외환위기'였다.

김대중 정부의 외교 전략은 경제발전과 민주화 이후 한국의 국제적 위상을 정립하는 것에 두었다. 외교 전략을 한반도 전략과 선순환적으로 맞물리게 만들었다. 김대중 정부는 '햇볕정책'이라는 이름으로 분단이래 처음으로 남북한 관계에 거대한 전기를 추진했던 정부였다. 비정치적 분야의 교류협력이 신뢰구축의 첫걸음이라는 통합이론적 구상을 실천에 옮겼던 시기였다. 처음으로 남북한 정상회담을 성사시켰고 '낮은 단계의 연방제와 국가연합이 공통점이 있음'을 확인하면서 점진적 통일을 향한 초석을 놓았다.

햇볕정책은 '1동맹 3우호체제'라는 외교 전략과 상호 연계되어 있다. 미국과의 동맹을 중시하되, 햇볕정책을 통해 한반도에서 냉전체제를 해소하려 할 때 일본, 중국, 러시아 등 주변 강국들의 외교적 지지가 필수적이라는 의미에서 '1동맹 3 우호체제'는 햇볕정책과 유기적으로 결합된 정책적 셋트였다. 일본과의 화해협력, 문화교류를 강조했던 김대중-오부치 선언(1998년)이 등장했던 것도 그런 배경에서였다. 이처럼 한반도와 동북아에 주안점을 두면서도, '동북아를 벗어나고자 하는 외교전략'을 구상하고 실천에 옮겼던 시기도 김대중 정부 시기였다. 외환위기로부터 시작된 김대중 정부의 임기는 동아시아 지역협력을 위한 외교정책을 적극적으로 구상하고 실행에 옮겼다. 동남아 국가연합(ASEAN)이 주도하는 지역경제협력에 참여함으로써 지역협력 확장을 위한 'ASEAN+3'라는 거버넌스를 만들어 냈다. 동북아가 아니라 동아시아 지역으로 한국 외교 전략의 지평이 확장되어야 한다는 것이 김대중 대통령의 철학이기도 했다. 2000년 치앙마이 구상을 통해 지역협력의 제도화 과정에도 한국 외교는 주도적 역할을 담당했다.

노무현 정부는 한반도 분단관리의 측면에서는 김대중 정부의 철학을 그대로 계승하였다. 역대 한국 정부 중에서 동북아 지역에서 한국의 갈등연루의 현실적 가능성을 가장 직접적으로 직시하고 이를 극복하기 위한 대안을 구체적으로 제시했던 정부가 노무현 정부였다. 한국이 주변국들의 갈등구조에 휘말리지 않고 한국이 주도적으로 동북아 안보협력 환경을 만들어 나가는 것이 필요하다는 것이 노무현 대통령의 철학이자 구상이었다. 그런 배경에서 등장했던 것이 '동북아 균형자론'이었다. 초점은 동북아라는 지역에 두고, 그 안에서 한국의 외교적 역할에 대해 비전을 제시한 것이 동북아 균형자론이었다. 외교전략 측면에서 동북아 균형자론의 등장은 매우 중요한 의미가 있었다. 한미 동맹은 유지하되, 역내 강대국들간의 갈등에 휘말리지 않겠다는 의지 표현이었기 때문이다. 대신, 동북아 평화 정착을 위한 촉진자 역할을 수행하고 싶다는 외교 전략이었다. 동북아 균형자론은 국내 보수 성향의 지식인, 언론들로부터 맹렬히 비판받았다. '균형자' 역할을 할 수 있는 '역량'이 되는가에서부터 한미동맹을 약화시킬 수 있다는 우려까지 다양하였다.(* 이 주제에 대해서는 뒤에 다시 자세히 언급하고 싶다) 외교 전략으로서 동북아 균형자론의 핵심은 한국이 동북아에서 중심(Hub)국가로서 평화적이고 안정적인 지역질서를 구축하는 과정에 일조하고 싶다는 것이었다. 동북아 균형자론에 내재되었던 전략 구상은 2019년에 들어 문재인 정부의 '교량국가론'으로 다시 부활하였다.

한국 외교의 지평을 동북아를 넘어 세계로 향하는 것을 목표로 설정했다는 점에서 이명박 정부의 '글로벌 코리아' 전략을 주목할 수 있다. 산업화 이후 경제발전에 따른 한국의 위상을 다시 한 번 확인하려는 시도였다. 한국의 국가경쟁력제고에 관한 관심이 화두의 하나였다. '국가브랜드위원회' 설치도 같은 맥락이었다. 그러나 이명박 정부가 주장하는 국가 경쟁력이란 주로 경제적 관점에만 매몰되어 있어서, 그러한 전략이 국가의 종합적 이미지 제고에 성공을 거두었는지, 더 나아가 '공공외교'가 성공을 거두었는지는 여전히 의문이다. '글로벌 코리아'라는 표제에도 불구하고 이명박 정부의 '기업친화적' 외교는 결과적으로 국부(國富)를 늘리기는커녕, 되레 상당한 손실을 입혔다는 사실이 후일 밝혀지기도 했다. 특히 자원외교는 숱한 의혹을 남겼다. 동북아라는 지역적 한계를 넘어 세계를 지향한다는 것은 갈등 중심의 동북아 지역 구도를 벗어나고자하는 의지이자 비전이다. 이명박 정부는 글로벌 코리아를 내세웠으나 동북아에서는 되레 협착구도를 강화시키는 결과를 낳았다.[21] 진영화 담론에서 시선이 벗어나지 못했다. 한미동맹 강화에 주

21 김기정, "MB 정부의 한미동맹 복원론 비판," 『1800자의 시대 스케치』(서울: 오

안점을 두었고, 따라서 중국과의 관계는 소원해 지는 결과를 낳았다. 노무현 정부의 대미 전략을 '반미'로 규정하면서 한미관계를 '정상화'(?) 하겠다는 정치적 논리 때문에 미국으로부터 필요이상의 청구서를 받아야 했다. 이에 따라 쇠고기 수입 규제 완화 등 상당한 비용을 부담했던 시기이기도 했다. 남북관계도 이전 십년간 두 개의 정부들이 도달한 수준에서 상당부분 후퇴하였다.

박근혜 정부는 '동북아 평화협력구상' '유라시아 이니셔티브' 등 두 개의 외교정책 구상으로 동북아를 넘어 외교적 지평을 넓히려는 의지를 보였다. 특히 유라시아 이니셔티브는 부산–북한–러시아–중국–중앙아시아–유럽을 관통하는 철도망 연결의 '실크로드 익스프레스'의 구상이었고, 이와 함께 전력·가스·송유관 등 에너지 네트워크 구축도 필요하다는 점을 강조했다. 한국 경제의 확장을 위한 외교적 구상이라는 점에서 주목받았다. 그러나 유라시아 대륙으로 향하고자 했던 이 구상에는 북한이 포함되어 있어야 실현 가능성이 높아지는 구조였다. 박근혜 정부의 대북정책은 '한반도 신뢰프로세스'였다. 그러나 북한과 신뢰를 구축하기에는 한국이 대응이 지나치게 경직되어 있었다. 북한의 변화를 기다려야 가능한 '조건부' 신뢰구축이었다. 그러나 남북관계는 개성공단을 폐쇄할 정도로 대단히 경색되었고, 이에 따라 유라시아 이니셔티브도 더 이상 실천 동력을 갖지 못했다. 동북아 열강들간, 특히 미국과 중국 사이에 형성되기 시작한 협착구도를 벗어나려고 '균형외교'를 천명했으나, 결국 성과를 거두지 못했다. 박근혜 대통령은 중국의

래, 2011), pp. 302~311.

승전절 행사에 천안문 망루까지 초대 받았지만, 이 때문에 미국으로부터 극심한 견제를 받게 되었다. 결국 싸드 배치를 전격 결정함으로써 한중관계는 최악으로 치달았다. 균형외교를 외쳤지만 균형자가 되기엔 의지도 전략도 부족해 보였다.

촛불시민혁명으로 탄생한 문재인 정부의 외교 전략은 동북아 평화협력을 토대로 하여 한국의 외교 지평을 동북아 밖으로까지 넓히려 했다. 신북방정책, 신남방정책으로 공론화시킬 정도로 동북아를 넘어서고자 하는 의지가 뚜렷했다. 신북방정책은 에너지, 철도연결망을 중심으로, 신남방정책은 3P(peace, prosperity, people)의 원칙에 따라 동남아 지역 국가들과 협력을 확대시켜 나가는 것에 초점을 두었다. '시장에서의 이익의 공유'가 안보 민감성을 줄이고 지역 공동번영의 토대가 된다는 국제정치관에 입각한 외교 전략이다. 동북아를 넘어 유라시아와 동남아 및 남아시아로 외교력을 넓히겠다는 발상은 동북아 권력의 협착 구도 속에 한국이 너무 매몰되어서는 길이 보이지 않는다는 역사 성찰에서 나왔다. 특히 이 구상은 한반도 신경제지도 구상과 밀접하게 맞물려 있다. 한반도를 중심으로 세 개의 경제권역 개발(3개의 경제벨트 구상), 즉 환동해권, 환서해권, 그리고 접경지역(DMZ) 경제협력지대를 만들어 한편으로는 북한을 흡인시켜 평화공존의 토대를 만들고, 다른 한편으로는 지역공동번영을 추진하겠다는 전략이다.

전략적 선택으로서 가장 중요한 변화는 남북한 관계, 즉 한반도 전략이었다. 문재인 정부는 '한반도 운전자론'을 자임했다. 북미관계 협상의 진전과정에 한국이 제안자, 중개자, 촉진자 역할을 하겠다는 전략적 의지다. 그러한 전략적 구상을 통해 한반도 평화공존의 질서를 정착시키겠다는 전략이다. 그 결과, 4.27 판문점 남북정상회담으로 해빙기를 만드는 것에 성공을 거두었고, 역사상 처음으로 북미 정상회담이 개최되는 과정을 견인하는 것에 성공하였다. 한국 외교전략의 역사에서 매우 의미있는 변화의 한 장면이었다. 한편, 한국 외교가 4대 강국 중심에서 새로운 외교 패러다임으로 진화시켜야 한다고 판단했다. 박근혜 정부 시기처럼 '균형외교'란 용어를 공식 전략개념으로 사용하지는 않았으나, 한미관계, 한중관계를 균형적으로 유지하는 것이 중요하다고 판단했다. 박근혜 정부시기 싸드 배치로 한중관계가 경색되고 난 후, 이를 외교적으로 해결하면서 '한국은 미국이 주도하는 MD(미사일 방어) 체제에 편입하지 않겠다'는 입장을 전달했다. 그러면서도 미국과의 동맹관계는 한국의 '주권적 영역'이라는 점과 한반도 전략과 평화구상을 위해 한미, 한중 관계가 건설적으로 전개되어야 하다는 점을 관련국들에게 주지시켰다. 한편, 강제징용 대법원 판결로 시작된 한일관계의 갈등은 일본의 수출우대국가 리스트에서 한국 배제 결정, 한국의 한일군사정보보호협정(GSOMIA) 중단으로 갈등 수위가 상승되었다. '신한반도체제' '흔들리지 않는 나라' '교량국가론' 등의 표현은 한국 외교의 새로운 의지를 상징적으로 보여주었던 개념이었다. 다만, 그 실천과정에서 주변국가로부터의 압박구도를 얼마나 현명하게 극복할 것인가는 문재인 정부의 외교역량에 달려 있는 것으로 보인다.

3장
연미(聯美)의 역사, 무엇을 남겼을까?

1. 노무현 정부 초기의 삽화: '자주파'와 '동맹파' 논란

2003년, 한국 외교의 방향을 두고 논란이 뜨거웠다. 2002년 미군 장갑차에 의한 여중생 압사사건이 있었고, 전국적으로 촛불시위가 연이어 벌어지는 등 미국에 대한 일반 국민의 시선도 곱지 않았을 때였다. 그 해 대선기간 동안 "반미(反美) 좀 한다고 해서 어떠냐" "미국에 대해서 할 말은 하겠다" "사진 찍자고 워싱턴에 가지는 않겠다" 등의 발언을 쏟아냈던 노무현 후보가 대통령에 당선되었고, 그의 임기가 시작된 첫해가 2003년이었다. 대통령을 비롯, 386 운동권 출신들이 포진한 국가안전보장회의(NSC) 실무진들의 반미성향 때문에 50년간 한국 안보를 보장해 왔던 한미동맹의 근간이 흔들리고 있다는 우려가 보수언론을 통해 제기되었던 것도 그 무렵이었다. 혹자는 미국에 대한 상이

한 두 시각을 두고 "자주파"와 "동맹파"간의 갈등이라고 불렀다. 또는 숭미(崇美)론자들과 반미(反美)론자들의 갈등이라고 표현하기도 했다.[22]

한미관계가 마치 이혼을 앞둔 노부부와 같다는 세간의 우려와는 달리, 노무현 정부 5년 기간 동안 한미 양국 정부는 이라크 파병, 주한미군 재배치, 전략적 우연성 수용, 전시작전권 전환, 한미 FTA 등의 현안을 다루면서 한미동맹이 "포괄적, 호혜적 동반자 관계로 발전"했다고 선언하기에 이르렀다.[23] 그러나 이명박 정부가 들어서자마자 한미동맹을 "복원"하겠다고 공언하고 나섰다. 진보정권 10년 동안 한미동맹이 파열음을 보였다는 판단이었고, 이를 다시 정상화시키겠다는 주장이었다. 이에 따라 이미 노무현 정부에서 한미간 합의했던 전시작전권 전환 시기도 2012년에서 2015년으로 늦추었다.[24] 2008년을 달궜던 쇠고기 수입 파동의 일차적 원인제공 국가가 미국임에도 불구하고, 한미 양국은 한미동맹을 "21세기 전략동맹"으로 새로이 규정하였다.

대한민국 탄생 이후 국가로 존립하는 동안, 더 멀리는 근대 이후 한국의 외교관계가 개시된 이래 한국에 미친 미국의 영향은 단순한 의미의 특별함을 넘어 선다. 미국의 존재와 역할을 떼놓고 한국 외교사

22 노무현 정부 외교안보팀 내 "자주파"와 "동맹파"의 구분은 2003년 이라크 파병을 둘러싸고 팀 내 이견이 존재한다고 일부 언론이 기사화함으로써 사람들의 입에 오르내리게 되었다. 이후 외교부 내 인사조치에 대해서도 언론이 자주-동맹을 둘러싼 항명파동, 문책인사 등으로 규정함으로써 노무현 정부 외교 전반을 평가하는 가늠자가 되었다. 그러나 실제로 자주파와 동맹파의 실체가 명확하지도 않을 뿐 아니라 자주-동맹 이분법은 "실체가 없는 것(언론이 붙인 딱지)이 현실을 만들어 간 본말전도의 상황"이란 평가도 있었다. 「한겨레」(2004.01.26.)

23 김기정, "전환기의 한미동맹: 이론과 현상," 『한국과 국제정치』 제24권(1)호(2008년, 봄) 참조.

24 전작권은 박근혜 정부에 들어 '전환의 조건이 충족될 때'라고 다시 바뀌어 거의 중단되었으나, 문재인 정부는 전작권 전환을 위한 준비를 다시 개시하였다.

의 전체를 논하기 힘들다는 이야기다. 한국이 근대 외교관계를 열어가는 동안, 그리고 일본에 의해 강제병합당하는 과정에서도 미국은 특별한 존재였고, 1945년 해방과 대한민국의 탄생 과정, 그리고 한국전쟁의 위기를 거치면서 미국은 한국의 버팀목 이상의 역할을 했다. 냉전기간 동안, 미국과의 군사동맹이 없었더라면 한국의 안보는 상상하기조차 어려웠다. 동시에 한국은 미국 동아시아 전략이 투사되는 핵심적 전진 기지로서의 역할을 맡아 왔다. 2차 대전 이후 미국의 원조대상국이었던 국가들 중에서, 미국과의 정치군사적 동맹관계를 유지한 나라들 중에서 한국만큼 성공한 사례를 찾기 힘들다. 그런 의미에서 한국의 정치경제발전은 전후 미국 외교가 만든 성공작이기도 하다. 한국의 경제성장 기간 동안 미국 시장은 가장 중요한 수출시장이었고, 미국이 주도했던 자유무역 질서 속에서 가장 충실히 성공가도를 밟았던 나라도 한국이었다. 한미동맹의 이름으로 한국은 베트남전 파병도 마다하지 않았고, 21세기에 들어 이라크 파병이나 아프가니스탄 파병도 동맹정신의 연장선에서 구상되고 실천되었다. 1882년 조선이 연미책(聯美策)을 실천에 옮긴 이후, 미국과의 관계는 여전히 특별한 의미를 담은 채 아직도 진행형이다.

2. '최초'라는 이름의 두 얼굴: 1882-1905년간 연미책(聯美策)의 등장과 실패

한국(조선)이 1876년 개항과 더불어 근대 국제질서에 편입된 이래, 한국이 독립국가임을 조약을 통해 "최초"로 인정한 국가는 미국이었다. 만국공법 질서 속에서 한국이 국가로서 재규정되었던 시발점도 미국과의 관계로부터 시작됐다는 의미다. 처음 미국과 외교관계 수립을 제안했던 것은 중국(淸)이었다. 1880년 수신사(修信使)로 일본을 방문했던 김홍집(金弘集)이 당시 주일 청국 외교관이자 양무파(洋務派) 관료였던 황쭌셴(黃遵憲)으로부터 "조선책략(朝鮮策略)"이라는 작은 책자를 받아 조선 조정에 전하면서 조미 외교관계 수립이 검토되기 시작했다. 조선책략은 당시 동아시아 국제정세를 개관하고, 청, 일본, 조선의 동양 삼국에 가장 위협이 되는 나라가 러시아라는 점, 따라서 조선의 급선무는 러시아의 침략을 막는 일이라 주장하고 있었다. 중국은 조선에게 친중국(親中國), 결일본(結日本), 연미국(聯美國)의 외교 전략을 권고하였다. 그런데 조선책략에 묘사된 미국의 이미지는 시종일관 호의적 문구로 기술되어 있었다. "미국은 건국 이래 선왕(조지 워싱턴 대통령)의 유훈을 지켜 예의로써 입국하고 타국의 영토를 탐하거나 타국의 인민을 탐내지 않고 그 내정에 간섭하지 않는다"고 묘사하고 있었다.[25] 황쭌셴의 연미책은 고종을 비롯한 당시 개화파 인사들이 조선의 외교적 다변화를 결심하는 중요한 계기가 되었다. 또한 조선책략을 통해 갖게 된

25 黃遵憲, 『朝鮮策略』(2001).

미국에 대한 우호적 인식은 1905년 한미 외교관계가 단절되는 그 무렵까지, 더 나아가 일제강점기 시기동안 독립 운동의 방향에도 지대한 영향을 미친 심리적 토대가 되었다.

1882년 조미수호조약(朝美修好條約)이 체결되는 과정에서 협상의 주역은 사실상 중국의 이홍장(李鴻章)이었다. 1880년대 중국은 조선에 대해 종래의 종주국으로서의 영향력을 복원하고 강화하려는 태도 뿐 아니라, 조선을 사실상 근대적 식민지로 삼으려는 의도도 가지고 있었다. 조미수호조약을 주도하려 했던 계산도 그러했지만, 특히 수호조약에 "조선은 중국의 속방(屬邦)"이라는 문구를 넣으려고 시도하기도 했다. 이에 미국은 만국공법을 앞세워 주권의 의미를 상기시키고 속방 문구를 거부하는 한편, 조선을 만국공법상 주권국가로 간주하여 조약을 체결하게 된다. 따라서 조미수호조약은 한국이 국제법에 의해 주권국가로 인정된 최초의 조약이 되었다.

조미수호조약과 함께 한반도에 진출한 이후 미국은 조선의 외교관계 뿐 아니라 정치사회부문에도 지대한 영향을 미치기 시작했다. 1884년 12월 갑신정변 직후 주한 미국공사관 소속 의사였던 알렌(Horace Allen)의 의술이 세간의 이목을 끌게 되자, 고종은 그로 하여금 최초의 근대의료기관(광혜원에서 곧 제중원으로 이름이 바뀜)을 세우게 했고, 이것이 한국의 근대 의료 및 교육의 효시가 되었다. 조선 조정의 고문관이었던 미국인 데니(O. N. Denny)는 『청한론(淸韓論)』을 통해, 조선에 대한 중국의 정치외교적 간섭을 경고하기도 했다.[26] 1885년 청일간 체

26 O. N. Denny 저, 최수근, 신복룡, Robert R. Swartout 역, 『청한론(淸韓論)』 (서울: 집문당, 1999).

결된 텐진(天津)조약에서는 조선 군대의 군사훈련을 미국인 교관이 담당하는 것으로 합의되기도 했다. 또한 1885년 조선에 입국한 언더우드(Horace G. Underwood) 와 아펜젤러(Henry Appenzeller) 등의 미국인 선교사들에 의해 한국의 근대교육이 최초로 개시되었던 것은 널리 알려진 사실이다. 그런가 하면 선교사에서 외교관으로 변신한 알렌에 의해 미국의 자본이 한국에 진출하게 되었고, 미국은 경인철도부설권, 한성전기사업권 등 경제 이익의 수혜자가 되기도 했다. 그 대표적인 것이 운산금광 채굴권이었다. 운산금광은 당시 동양 최대 금광으로서 1895년 계약을 체결할 당시 조선 왕실이 주식의 ¼을 가지고 있었으나, 헌트(Leigh Hunt)라는 미국인 소유주는 1900년 일시불로 $112,500로 조신왕실의 권리를 매입하였고, 이후 1938년까지 운산금광회사는 총 5,000만불에 달하는 매출을 올리기도 했다.[27]

한국을 최초로 자주독립국가로 인정했던 미국이 정반대 태도를 보였던 것은 20세기 초였다. "최초"라는 말이 23년의 시차를 두고 한국의 외교적 운명을 흔들어 버렸다. 일본의 한반도 침략을 외교적으로 인정하고 1905년 11월 을사늑약 강제체결 직후 한국과의 외교관계를 단절하고 떠나간 "최초"의 국가도 미국이었다. 미국이 세계 및 동아시아의 국제정치무대에 신흥 강국으로 부상했던 시기는 대략 19세기 말경이었다. 상당기간 정치현안이 되어왔던 하와이 병합문제를 1898년 종결지었고, 같은 해 이미 노쇠해버린 스페인을 미서(美西)전쟁에서 패퇴시켜 그 전리품으로 필리핀을 점유하게 되었다. 미국은 필리핀 점유도 당시

27 김기정 (2003), pp. 253-256; 이배용, "열강의 이권 침탈과 조선의 대응," 『한국사 시민 강좌』 제7집 (서울: 일조각, 1990), pp. 108-109.

열강들의 주된 관심사였던 중국시장 때문이었다.

청일전쟁에서 승리한 일본이 한반도에 대한 독점적 지배권을 실행에 옮기게 되면서 한국의 운명은 백척간두의 위기상황에 처하게 되었다. 노도(怒濤)와 같던 제국주의 시대, 한국은 끝까지 미국의 지원을 기대하였다. 당시 한국의 정책결정자들이 제국주의 국제정치의 본질에 대해 무지한 탓도 있었겠지만, 1882년 조미수호조약 제 1조에 명기된 "우호적 중재"(Good Office Clause: 거중조정(居中調整)를 지나치게 신뢰했던 것도 원인이었다. 그러나 미국은 동아시아에서 자국 경제적 이익의 향방에 따라 이미 1903년 여름, 일본의 한국지배를 인정하려는 방향으로 움직이고 있었다. 그것은 일본과 협력적 관계가 거대한 중국시장에서 미국의 이익을 보장해 줄 것이라는 기대 혹은 희망사항 때문이었다. 중국시장에서 미국의 의도가 외교정책으로 표현된 것이 이른바 "문호개방정책"(Open Door Policy)이었다.[28] 문호개방정책은 1898년 당시, 중국분할에 참여하지 못했던 미국이 다른 열강으로부터 중국시장에의 접근을 보장받기 위한 대응책이기도 했다. 1903년, 미국의 눈으로 봤을 때, 만주와 한반도를 두고 다투고 있었던 일본과 러시아 중, 미국의 문호개방원칙을 지지하고 미국의 이익을 더 확실히 보장해 줄 수 있는 국가는 일본이었다.

미국은 러일전쟁이 종결되어 갈 무렵 자국의 의사를 일본에 전달한다. 그것이 1905년 7월에 있었던 "카츠라-태프트 밀약"이었다. 미국 육군장관 태프트(William Taft)는 당시 대통령 루스벨트(Theodore

28 김기정 (2003), pp. 104-124.

Roosevelt)의 비밀지령에 의해 동경을 방문했고, 일본 수상 카츠라(桂太郎)와 가진 회담을 통해 한국에 관한 미국의 입장을 확인해 주었다. 일본의 한국 지배를 미국이 반대하지 않는다는 메시지였다. 일본으로서는 열강으로부터 한국 지배를 승인받는 첫 단계이기도 했다.[29] 그런 과정을 거쳐 미국은 을사늑약으로 외교권을 박탈당한 한국과 외교관계를 단절한 최초의 국가가 되었다. 중국 시장에서의 경제적 이익에 대한 기대감도 있었지만, 당시 미국 정책결정자들, 더 넓게는 당시 미국사회 전반의 인식적 편견도 정책요인으로 작동했다. 이를테면 백인 우월주의에 입각한 인종적 편견, 사회진화론에 바탕을 둔 문명론적 국제정치관 등이 그것이었다.

1880년대 초부터 1905년에 이르기까지 한국은 미국에 대해 호의적 감정을 가졌지만, 그것은 일방적 짝사랑이었을 뿐이었다. 냉혹했던 당시 제국주의 시대의 국제정치에서는 너무나 속절없는 짝사랑이었다. 그럼에도 불구하고 을사늑약이 체결될 즈음에 대한제국의 보전과 독립을 위해 마지막까지 기대어 보려했던 나라도 미국이었다. 고종황제는 1905년 10월, 헐버트(Homer Hulbert)를 밀사로 미국에 보냈고, 그 밀서에서 일본 침략의 부당함을 호소하는 한편, 만약 대한제국이 타국으로부터 지배를 받아야 한다면 대한제국은 미국과 일본의 공동 지배를 받겠노라는 애절한 내용도 적어 넣었을 정도였다. 비슷한 시기에 하와이에서 독립운동을 추진했던 이승만도 워싱턴과 뉴욕을 방문, 루스벨트

29 김기정,(2005b). 일본의 한국 지배에 대한 미국의 승인은 1903년 이래 미국 루스벨트 대통령이 견지해왔던 '친일정책' 기조의 직접적 결과였다. '카츠라-태프트 밀약'을 신호탄으로 일본은 한국 지배를 위한 국제정치적 승인작업을 한층 확실하게 서두르게 되었다.

대통령과 헤이(John Hay) 당시 국무장관을 만나 독립을 청원한 바 있었다. 고종을 비롯한 한국인들은 "우호적 중재"의 조약문구가 마지막 순간까지 유효할 것으로 믿어 의심치 않았고, 미국에 대한 이미지는 그렇게 우호적으로 남아 있었다. 실제 미국 국무성에서는 1904년 2월, 러일전쟁 직후 강압적 상황에서 체결되었던 한일의정서를 조약문구도 보기 전 이미 보호조약을 체결한 것으로 간주했고, 따라서 조미수호조약의 "우호적 중재"는 한국 때문에 조약실행의 의무가 없어졌다고 발뺌할 준비를 갖추고 있었는데도 말이다.[30] 19세기 말과 20세기 초, 한국의 연미책은 그렇게 파행으로 끝나고 말았다.

3. 짧은 파장의 진자(振子) 운동: 1945년-1950년간 미국의 대한(對韓)정책

20세기 초, 미국은 한국을 "자립할 능력이 없는 민족"이라고 보았다. 그것이 당시 미국 대한정책의 가장 핵심적인 심리요인이었고, 외교관계 단절의 구실이기도 했다. 문명국과 비문명국이라는 소위 '문명론적' 이분법은 사회진화론과 더불어 제국주의 시대에 작동했던 당시의 담론이기도 했다. 1940년대 동아시아 국제정치를 재편하는 거대한 전쟁의 소용돌이 속에서 한국의 운명을 결정짓는 열쇠는 또 다시 미국의 손에 쥐어졌다. 그러나 20세기 초 미국이 가졌던 한국에 대한 인식은

30 김기정 (2003), pp. 206–208.

관성처럼 그대로 남겨져 있었다.

일제 강점기간 동안 한국 독립운동의 한 축은 미국 조야를 대상으로 했던 외교노력이었다. 이승만이 중심이 된 독립운동 노선이었다. 그러나 그러한 노력들이 미국의 기존 인식을 바꾸지는 못했다. 독립운동을 추구했던 가장 핵심 기관이었던 한국 임시정부를 미국은 끝내 망명정부로 인정하지 않았다. 이 때문에 해방 후, 김구를 비롯한 임시정부 요원들은 모두 개인 자격으로 귀국길에 올라야 했다. 그것이 해방공간의 정치적 구도를 결정하는 과정에 지대한 영향을 주었음은 말할 나위 없다.

1945년 8월, 태평양전쟁이 종결되기 직전, 미국은 한국의 미래와 운명을 결정하는 과정에 다시 주역이 되었다. 미국을 비롯한 연합국들은 일찍이 1942년 카이로 선언을 통해 전쟁 이후 한국의 독립을 약속한 바 있었다. 그러나 그 방식과 과정에 있어 한국인의 생각과 미국의 구상이 판이하게 달랐다. 카이로 선언에는 "적절한 절차를 거쳐"(in due course) 한국이 자유 독립국가가 되는 것을 명시하고 있었는데, 그 당시 한국인 어느 누구도 "적절한 절차"가 무엇을 의미하는지 짐작조차 할 수 없었다. 임시정부 관련자들까지 이 문구를 "수 일 이내에" 또는 "즉각적으로"라고 해석하고 있었다. "적절한 절차"란 곧 신탁통치방식이었다. 미국은 신생국 한국의 독립과정에 대해 당초 40-50년 기간의 신탁통치를 고려하고 있었고, 결국 소련과의 협의를 통해 기간을 조정하였다. 1945년 12월 모스크바 삼국외상 회의에서 최종 합의되었던 사안은 한국에 대한 신탁통치 5년이었다. 해방 이후 한국사회를 두 동강내다시피 했던 좌우익간 찬탁, 반탁의 살벌한 대결이 벌어졌던 것에 미국의 신탁통치 구상이 원인을 제공했던 것이다. 자치능력의 부재라는 한국에 대한 인식은 40년이 지난 그 시점까지 망령처럼 살아있었던 것이다.

태평양전쟁이 종결되기 직전인 1945년 8월, 미국은 한국인의 운명을 바꾸어 놓는 또 하나의 중요한 결정을 내리게 된다. 38도선 분할이었다. 미국은 해방 이후 한반도 처리문제에 대해 군사점령(군사정부 수립), 신탁통치, 그리고 독립이라는 3단계로 구상하고 있었다. 군사점령안(案)은 4개국 점령에서 미소에 의한 2개국 분할점령안으로 구체화되어 가고 있었고, 그 최종안은 1945년 8월 11일 국무성-육군성-해군성의 3성 조정위원회(SWNCC)의 30분 남짓한 짧은 회의에서 확정되었다. 미국과 소련이 한반도에서 군사적으로 점령하는 지역의 경계선은 38도선으로 정했다. 이 결정에 참여했던 젊은 장교, 외교관들은 한국의 역사, 문화, 한국인의 민족정서에 대해 아무런 사전 지식을 갖고 있지 않았다. 그것이 그 이후 70여년이 넘는 오랜 기간 동안 한민족을 반으로 갈라놓은 반영구적 민족 분단선이 될 것이라고는 정책당사자인 그들조차 알 수 없었을 것이다. 미국의 38도선 분단 결정은 소련이 획책했던 일본 분할 점령 의도와 깊은 관련을 가진 것이었다. 일본 분할점령을 반대했던 미국이 일본 분할점령 의도를 가지고 있었던 소련에 대해 제시했던 전략적 노림수이기도 했다.[31]

해방과 더불어 38도선 남쪽에 대한 미국의 군정 실시는 많은 한국인들로 하여금 '미완의 연미(聯美)책'의 기억을 떠올리게 했다. 반면, 미국이 불과 40년 전 서둘러 한반도를 떠났던 것을 잊지 않았던 사람들은

31 이완범, "미국의 38도선 획정과정과 그 정치적 의도: 1945년 8월 10일~15일," 『한국정치학회보』 제29권 (1)호 (1995).

국제정치의 냉혹함을 한 편의 노래로 표현하기도 했다. "미국 사람 믿지 말고, 소련 사람에게 속지마라. 일본놈들 일어나니, 조선 사람 조심해라." 그런 노래였다. 당시 점령군으로 진주했던 미 24군단은 한국 점령군으로서 준비가 충분히 갖추어진 부대라고 보기는 어려웠다. 24군단은 단지 지리적으로 한국에 제일 근접한 위치에 진격해 있었다는 이유만으로 점령군의 임무를 부여받았고, 따라서 그 부대 내에는 한국의 역사와 정보에 정통한 사람도, 한국어 구사의 능력을 갖춘 장교도 찾아보기 힘들 정도였다. 미군정 당국은 일제 강점기 치하에서 한국인 행정경험자들을 찾았다. 미 군정의 치안 안정화 우선 정책은 당시 숨죽이고 있었던 친일파 관료, 일제 경찰을 지냈던 친일파 한국인들에게 숨구멍을 트이게 해 주었다. 그들을 군정에 등용시켰고 독립국가 건설에 참여시킨 것이다. 친일의 잔재는 청산되기는커녕 오히려 국가건설의 주역이 되었다. 아울러 군사영어학교 등의 교육과정을 통해 친미파 엘리트를 확충해 나갔다. 군정과 남한 내 친미 성향의 보수주의자들간의 연대가 해방공간의 한국사회를 장악해 나갔다. 이승만과 한민당이 지배 세력을 형성하였고, 그들은 미 군정청과 확고한 협력관계를 유지하려 노력했다.

미국의 한반도 정책은 전 세계적 규모에서 냉전구도가 만들어 지기 시작하면서 처음의 구상대로 진행되기가 어려워지고 있었다. 중국이 공산화되면서 일본 점령정책도 개혁정책에서 경제부흥정책으로 바뀌어 갔다. 세계 5대 산업기지의 하나였던 일본을 미국의 영향권 하에 두어야 한다는 미국의 판단은 냉전 초기 아시아 전략의 근간이 되었다. 이에 따라 한반도에 그어진 38선은 동서진영 간 대립구도의 최전선이 되어갔다. 좌우의 대립이 격화되었고 한국에 민주통일정부를 수립한다는 당초의 계획은 미소공동위원회가 결렬되면서 빠른 속도로 변경되었다. 한국문제가 유엔으로 이관되었고 중립국 감시하의 총선거 실시가 결정되었으나, 그것을 38도선 북부 지역에 적용하는 것이 어렵다는 사실을 미국은 누구보다도 잘 알고 있었다. 결국 이승만과 미국의 결정은 단독 정부 수립이었다. 1948년 8월 15일, 대한민국의 탄생과정에서 미국의 후견자 역할은 결정적이었다.

이 시기 미국의 대한정책은 빠른 파장의 진자운동(pendulum movement) 같았다. 개입(engagement)과 철수(disengagement) 사이를 빠르게 오가는 진자운동이었다. 대한민국 정부가 수립이전에 미국은 한국으로부터 군대 철수를 이미 결정해 둔 터였다. NSC(미국 국가안전보장회의) 8호의 결정이 그것이다. 한반도로부터 "우아하고도 신속한 철수 결정"은 미국이 한반도에 대해 어떤 전략적 가치를 설정할 것인가의 판단에 의한 것이었다. 1949년 3월, 워싱턴에서는 한국 철수 문제를 두고 다소의 논란이 있었으나 기존 NSC 8호의 골격은 바뀌지 않았다. 철수 시기가 다소 조정되었을 뿐, 한반도 철수전략은 NSC 8-2호 결정으로 재확인되었다. 북한의 군사 도발 가능성 첩보가 수시로 보고되었음에도 불구하고, 한반도 남반부가 일본 방어에, 더 나아가 미국의 동아시아 전략에 중요한 지역이라는 국무성의 주장은 미군 철수를 주장하는 군부에 의해 묵살 당했다. 소련의 영향력이 점차 확대되면서 세계 주요 지역이 공산화되어 가고 있었고 미국 또한 위기감을 가지고 있었으나, 한반도 방어는 미국의 아시아태평양 지역의 일차적 방어선에서 제외되었다. 대신 대한민국이 유엔에 의해 성립된 정부였던만큼 다자적(multilateral)

방어 의지의 표명만으로 충분하리라고 판단하고 있었다. 전후 유엔에 의한 질서를 가늠하는 일종의 리트머스 시험지라고 봤을 것이다.[32] 1949년 미국은 이 같은 방어전략을 NSC 48호 결정으로 확정했고, 1950년 1월 애치슨(Dean Acheson) 국무장관에 의해 도서방어선이란 이름으로 공표되기에 이르렀다.

1950년 6월 25일, 북한의 침공은 미국으로 하여금 다시 한국에 대한 개입으로 방향을 틀게 만들었다. 신속한 대응을 강구했던 미국은 유엔군을 앞세워 한국전쟁에 전면 개입했고, 낙동강 전선까지 밀려 절체절명의 위기에 빠져 있던 한국 정부를 소생시켰다. 더 나아가 맥아더 유엔군 사령관의 지휘로 인천상륙작전을 감행하고 38선 이북으로 군사력을 전진시키게 된다. 한반도에서 중국과의 군사적 충돌 가능성에 대한 우려까지 무시하면서였다. 결국 미국과 중국의 군사적 충돌은 필연적 과정이 되었고, 한반도에서 발화된 미중간 대립구도는 1970년 데탕트 시기까지 동결된 채 남게 되었다.

이 짧은 시기 동안 미국의 대한정책이 진자운동 같은 특징을 보였던 것은 한국의 전략적 가치에 대한 미국의 불명확한 판단에 기인하는 바가 크다. 또 냉전 초기 미국의 전략에 내재되어 있었던 목표와 수단 사이의 괴리 때문이기도 했다. 미국의 일차적 관심은 일본에 있었다. 그것은 아시아에서의 시장 확보, 더 나아가 자본주의 무역질서 유지를 위한 조건이었다. 따라서 일본과 비교할 때 한국의 전략적 가치는 부차

32 김기정, "전쟁직전 미국의 대한반도정책," 한국정신문화연구원 현대사연구소 (편), 『한국현대사의 재인식3: 한국전쟁 직전의 한국사회연구』 (서울: 오름, 1998), pp. 21-52.

적인 것이 되었다. 미국 역사학자 윌츠(John Wilz)의 표현을 빌면, 한국은 미국 세계전략이라는 장기판에서 졸(pawn)에 불과했다.[33] 그러나 한국전쟁 발발 후 한반도가 공산화되면 그것이 일본의 안보에 미치는 위험이 클 수밖에 없다고 판단했고, 미국은 또 다시 한반도에 대한 깊숙한 군사 개입을 마다하지 않았다. 20세기 초 미국의 대한정책은 중국시장의 중요성의 관점에서, 마찬가지로 냉전 초기의 대한정책은 일본의 경제적 중요성이라는 틀 속에서 결정되었다는 사실은 약소국 한국의 슬픈 운명을 보여주는 단면이기도 했다. 그러나 이 시기 템포 빠른 진자운동에서 보인 미국의 행동은 한국인들에게 다시 두려움의 그늘을 깊이 남겼다. 한국전쟁 종료와 함께 동맹을 체결했지만 이후에도 오랫동안 한국인들은 포기 공포(fear of abandonment)를 기억으로 갖게 된 계기가 되었다.

4. 제한된 대안, 최선의 선택: 한국전쟁과 한미동맹

한국 전쟁은 미국이 세계전략을 재구성하는 반전의 계기가 되었다. 동서 진영의 대립구도에 군사력을 투사하고 적극적 군사반격전략(rollback strategy)을 통해 미국 이익을 확보해야 한다는 전략적 변화는 1949년 NSC 68호 결정에서 구상되고 있었다. 그러나 NSC 68호 결정

33 John E. Wilz, "Encountering Korea: American Perceptions and Policies to 25 June 1950," in William J. Williams (ed.), *A Revolutionary War: Korea and the Transformation of the Postwar World* (Chicago: Imprint Publications, 1993), pp. 37–49.

은 한국전쟁이 발발하기 이전까지 단지 가설(假說)의 영역으로 남겨져 있었을 뿐이었다. 한국전쟁은 이 가설을 실천에 옮기는 계기로 작용했다. 결과적으로 냉전기 미국 외교의 군사화 경향은 한국전쟁을 계기로 급발진하게 되었다. 한반도 위에 만들어진 군사적 대립전선이 동북아 지역에서 남방삼각관계(미국, 일본, 한국)와 북방삼각관계(소련, 중국, 북한)의 형성으로 이행되었음은 주지의 사실이다. 요컨대 한반도 적대적 균형관계가 동북아 지역의 균형관계 유지에 하나의 전제조건이 된 셈이었다.

동북아 지역에서 군대를 주둔시키고 군사력을 유지함으로써 미국의 영향력을 확보한다는 전략에는 한국 및 일본 영토에 미군의 주둔이 필수적 조건이 되었다. 동시에 미국은 군사력을 통해 한국과 일본에게 안보 우산을 제공하는 형식으로 변모해 갔다. 그 중요한 제도적 장치가 바로 군사동맹이었다. 일본은 샌프란시스코 조약을 통해 전후 주권을 회복했고 곧바로 미국과 군사동맹을 체결했다. 전쟁을 경험한 이승만 정부는 한미동맹 체결을 필사적으로 원했다. 북진통일론을 주장하면서 휴전에 반대하고 미국의 군사행동 확대를 촉구했던 이승만 정부가 1952년 미국의 동의 없이 반공포로를 석방하는 조치를 취하자 미국은 한국이 자국의 통제선을 벗어날 것을 우려, 결국 동맹체결을 결심한다.[34] 한국 안보를 보장하기 위한 군사적 개입의지를 명기한 한미동맹은 한미상호방위조약이라는 이름으로 1954년 공식 탄생하였다.

한미동맹은 전쟁을 치르면서 국가 존립 위기까지 경험했던 한국으

34 조성렬, "한미 상호방위조약과 한미동맹 50년의 평가," 심지연, 김일영(편), 『한미동맹 50년』(서울: 백산서당, 2004), pp. 33-34.

로서 피할 수 없는 전략적 선택이기도 했다. 동북아 지역에서 전략적 민감성의 상징이 되어버린 한반도, 그리고 한반도를 둘러싸고 양극적 냉전구도가 격화되는 가운데 한국의 국가전략으로서 제3의 길은 감히 생각조차 어려웠다. 요컨대, 한국으로서는 한미동맹, 즉 연미책 외에는 다른 대안이 존재하기 어려운 상황이었다는 것이다. 20세기 초의 연미책이 일방적인, 그리고 맹목적 연미책이었다면, 20세기 중반의 한국에게 연미책은 극히 제한된 대안 속에서 최선의 선택이었다.

한국은 한미동맹을 바탕하여 국력성장의 길로 나아갔지만 한국인들의 심리 근저에는 늘 '두려움'이 존재했다. 1910년 국권상실의 기억, 즉 생존실패에 관한 기억과 관련된 두려움이었다. 특히 미국과의 관계에 대해서는 20세기 초처럼, 또는 1949년처럼 미국이 또다시 한국을 장기판의 졸(卒)로 전락시켜 버릴지 모른다는 두려움이었다. 이것은 동맹이론에서 자주 언급되는 '포기의 공포'와 유사하다.[35] 비대칭동맹일 때, 약소국이 갖는 심리가 "포기의 공포"(fear of abandonment)라면, 강대국은 "연루의 공포"(fear of entrapment)가 생긴다고 설명한다. 연루의 공포란 강대국이 약소국인 동맹국의 행동을 효과적으로 제어하지 못함으로써 불필요한 갈등에 연루될 수도 있다는 두려움이다.

한국인들에게 포기의 공포는 이론보다는 경험에서 비롯된 것이었다. 실제 미국은 정책을 통해 한국인의 심리적 공포를 자극한 적도 있었다. 1969년 미국은 닉슨 독트린을 발표하고 베트남전을 종결하려는

35 강봉구, "차가워진 피: 21세기 한미 동맹정치 시론," 『한국과 국제정치』 제22권 (4)호 (2006); Glenn Snyder, *Alliance Politics* (Ithaca: Cornell University Press, 1997).

의도를 표명한 바 있다. 닉슨 독트린의 핵심은 미국이 아시아에서 앞으로 지나친 군사개입을 줄이겠다는 것이었고, 스스로의 방어능력을 갖춘 국가들에 대해서만 미국이 지원하겠다는 의사 표명이기도 했다. 물론 이러한 미국의 외교적 시그널은 중국과의 화해와 외교 정상화를 염두에 둔 것이기도 했지만, 실제 주한미군 2개 사단 중 1개 사단을 철수시키면서 한국인들에게는 포기의 공포가 현실이 되는 듯 느끼기에 충분했다. 1970년대 주한 미군의 일부 철수는 박정희 정권의 자주국방정책의 추진 동기가 되었다. 동시에 핵무기 자체 개발도 고려하기 시작했던 배경이기도 했다.

박정희 정권은 자주국방의 길을 선포했고, 동시에 7·4 공동성명으로 남북관계에도 변화를 시도했다. 그리고 선택했던 것은 유신(維新)체제였다. 유신체제는 한미관계에도 적신호였다. 박정희 정권의 본심은 독재체제의 영구적 유지에 있었기 때문이었다. 한국 내 민주주의 탄압에 대한 미국의 비판과 압력은 날로 강해졌다. 미국 의회에서도 유신정권의 비(非)민주성을 고발하기 시작하자 박정희 정권에서는 이를 무마하기 위하여 위법적 로비활동을 마다하지 않았다. 오히려 그것이 화를 불렀다. 이른바 코리아 게이트(Koreagate)였다. 한미관계는 심각한 갈등으로 치달았다. 미국에 의한 청와대 도청사건도 깊어졌던 한미갈등관계의 한 단면을 보여주는 장면이었다. 1976년, 미국 대선에서 민주당 후보였던 카터(Jimmy Carter)는 한국의 독재정권이 민주주의를 위태롭게 한다면 주한미군을 철수하겠다고 공언하기에 이르렀다. 미국의 이상(理想), 민주주의 정신을 앞세운 정치적 압력이었다. 미국은 또 다시 미군 철수라는 카드를 꺼내들었고, 한국인의 오랜 두려움을 자극했다.

주한미군 철수는 미국 내부의 갈등도 낳았다. 1949년과는 달리, 이번에는 군부가 반대였다. 반면, 국무성은 미국 외교는 미국 이상을 실현하는 도구가 되어야 한다는 원칙론으로 맞섰다. 논란 끝에 결국 주한미군 철수 계획은 백지화 되었다. 대신 1978년 한미연합사 창설로 군사적 영역에서 한미동맹은 보다 강화된 제도적 장치를 갖추게 되었다.

한미동맹은 비대칭동맹(asymmetric alliance)이다. 국력의 차이가 있는 국가들간의 동맹이란 뜻이다. 비대칭동맹에서는 두 국가 간 역할과 책임이 다르게 규정된다는 설명이 있다. 강대국이 안보를 제공하는 대신, 약소국은 자율적 공간이 제한된다는 것이다. 이를 흔히 "안보-자주 교환"(security-autonomy trade-off) 동맹이라고 부르기도 한다.[36] 실제로도 미국은 동맹국 한국에 대해 그러한 제한을 요구했다. 1966년 체결된 한미행정협정(SOFA)이 그랬다. 미군이 한국 방위를 위해 주둔하는 대가로 주둔에 필요한 시설과 구역을 한국이 제공하고, 주한미군과 군속 및 그들의 가족들에게 행정적 편의를 제공하는 것이 주된 내용이다.[37] 체결 이후 몇 차례의 협의를 통해 개선해 오고 있지만, 한국의 주권을 제한하는 불평등성의 원리는 여전히 살아 있다는 지적이 많다.

다른 한 가지는 한미동맹을 유지를 위해 필요한 권한 위임에 관한 사안이다. 이른바 작전권 위임이다. 한국 정부는 1950년 한국전쟁 기간 중 한국군의 작전권을 유엔군에 위임하기로 결정한 바 있다. 휴전

36 James D. Morrow, "Alliances and Asymmetry: An Alternative to the Capability Aggregation Model of Alliances," *American Journal of Political Science* 35-4 (1991).

37 남기정, "한미지위협정 체결의 정치과정," 심지연, 김일영(편), 『한미동맹 50년』(서울: 백산서당, 2004), pp. 109-116; 이장희, "한반도의 자주적 평화정착을 위한 국제법적 과제와 정책방안," 『한반도안보관련 조약의 법적 재조명』(서울: 백산서당, 2004), pp. 27-33.

이후에도 양국은 군사동맹을 유지하면서 한국군 지휘의 권한은 미군이 보유하고 있었다. 비대칭동맹이라 하더라도 주권국가 간의 동맹에서 작전권의 전적인 위임은 자주권을 지나치게 훼손하는 제도라는 지적이 있어 왔다. 이에 따라 한국은 1994년 평시작전권은 넘겨받았고, 전시작전권 전환 시기를 남겨두고 있다. 전작권 전환 시기를 둘러싸고 2006년과 2007년, 한국 사회는 한바탕 홍역을 치렀다. 특히 역대 군 수뇌부가 나서 전작권이 한국으로 환수되면 주한미군이 철수할 것이라는 주장까지 폈다. "안보-자주 교환동맹"이라는 이론이 인식과 행동을 지배했거나, 기존 방식에 대한 심리적 관성이 원인이었을 것이다.[38] 그러나 비대칭동맹에서 안보-자주가 처음부터 고정된 방식으로 교환되는 것은 결코 아니다. 국가 관계는 끊임없는 상호작용이고 그 상호작용을 통해 이익은 물론, 주권의 범위도 결정된다. 한국의 국력이 성장하고 국민적 인식이 변화하면서 자주의 영역을 점차 확대해 나가려는 노력은 지극히 당연한 정치적 과정이다. 또한 그러한 과정을 통해 한미동맹의 메커니즘 속에 존재해 왔던 비대칭성이 조금씩 교정되어 가는 것도 자연스러운 변화이기도 하다.[39]

---

38 홍성민, 『지식과 국제정치: 학문 속에 스며있는 정치권력』 (서울: 한울아카데미, 2009).

39 김기정, (2008), "전환기의 한미동맹" 참조.

5. 한미관계 137년은 우리에게 어떤 기억을 남겼을까?

한국 근현대사가 걸어왔던 궤적에서 미국이란 존재는 아주 특별하다. 비단 한국의 외교영역 뿐 아니라 정치사회경제 영역은 물론, 문화와 인식영역에도 미국이 미친 영향은 실로 지대하다. 특히 국제정치 속에서 미국의 존재와 역할은 한국의 존립과 직접 관련되어져 왔다. 긍정적 측면과 부정적 측면 모두에서다. 돌이켜 보면 1882년부터 1905년까지 시기가 한국의 일방적이고 맹목적인 연미책의 시기였다면, 해방 이후 오늘날까지 한국은 제한된 전략적 선택으로서, 혹은 어쩌면 유일한 대안으로서 연미책을 선택했다. 전자는 전략으로서 성공하지 못했다. 양국의 이익과 인식이 맞물린 접합부문이 적었기 때문이었다. 후자의 전략 선택을 두고 결코 실패라고 평가하기 힘들다. 오히려 한미동맹은 이론적으로나 현실적으로 가장 성공적 동맹의 사례로 평가받는다. 그리고 어느 시점이 될지 누구도 장담하긴 어렵지만, 당분간 한반도와 동북아 국제정치의 방향을 고려할 때 한국 안보에 있어 미국의 존재는 계속 핵심적 행위자로 남을 것이다. 그러므로 앞으로도 미국과의 관계를 지속하는 한, 냉전초기 제한된 선택으로서 연미책의 시대를 벗어나 호혜적이고 동반자 관계로 발전시켜 나갈 필요가 있다. "전략적 선택"으로서 연미책의 시대를 만들어 갈 필요가 있다는 뜻이다.

국가와 국가의 관계는 주로 이익의 관계에서 만나고 조정되는 관계다. 그러나 그것이 전부는 결코 아니다. 국가 간 관계 속에도 인식과 문화가 작동하는 공간이 있다. 때로는 감성이 지배적 논조가 되기도 한다. 1945년 이후 한국에게 미국은 해방과 독립의 은인, 또는 혈맹으로 불렸고 보은(報恩)의 대상으로 인식되기도 했다. 은인, 혈맹이나 보은 등의 말들은 이익의 개념만으로 설명할 수 없는 것들이다. 2003년 이라크 파병으로 한국 사회가 찬반으로 나뉘어 한껏 달아올랐을 때, 파병 찬성을 주장하는 측의 주장도 그러했다. 미국이 한국으로부터 도움을 요청할 때 흔쾌히 수용함으로써 은혜를 갚아야 한다는 것이 핵심논조였다. 그것이 한국인들의 미국에 대한 인식을 잘 보여주는 단면인지도 모른다. 그런가 하면 1980년대 미문화원 점거사건에서 보듯, 광주민주화 운동과정에서 전두환 중심의 군부가 무자비한 탄압을 자행할 때 미국이 이를 막지는 못할망정 오히려 묵인했다는 배신감 또한 표출되기도 했다. 특히 시장개방을 노리고 노골적 압력을 가해왔을 때, 미국에 대한 호의적 태도는 분노로 바뀌기도 했다. 2008년 쇠고기 수입 개방 파동에서 보듯, 외교 현안과 관련된 촛불시위에서도 반미정서는 엄연히 존재한다. 2차 대전 이후 한국은 전 세계적으로 확산되었던 반미정서의 마지막 무풍지대였을 것이다. 그런 한국에서조차 반미 정서는 한국의 대외관계, 한미관계를 결정하는 감성적 요인의 하나로 작동하고 있다.

돌이켜 보면 한국의 대외관계 130여년은 연미(聯美)의 역사이기도 했다. 특히 1948년 이후 한국 외교는 대미관계가 핵심이었고 혹은 그 전부였다. 연미의 역사동안 양국은 이익의 정교합과 부교합도 경험했고, 실패와 성공, 친미와 반미의 감성도 남겼다. 의존성의 편리함과 종속감의 굴욕도 같은 무게로 남았다. 역사는 지속성의 동력과 변화의 동력을 함께 지닌다. 전자를 안도감의 재생산을 위한 관성이라고 부른다면, 후자는 이탈해 보고자하는 욕구다. 한국의 근현대사가 미국과의 관계 속에서 조형(造形)되어 왔고, 앞으로도 한미동맹 유지의 다양한 필요성은 크게 변하지 않을 것이다. 동북아 다자간 안보협의체도 한미동맹과 병행하는 전제 위에서 구상될 것이다. 그러므로 관성과 이탈의 두 가지 동력조차 한미관계의 큰 틀 내부에서 존재하는 '찻잔 속 폭풍'과 같다.

오늘날도 여전히 한국사회는 친미, 연미, 반미를 넘어 미국을 연모의 대상으로 하는 연미(戀美), 미국의 모든 것이 우러러 보이는 숭미(崇美), 미국을 알아야 한다는 지미(知美), 미국의 힘을 이용해야 한다는 용미(用美) 등 미국에 대한 우리의 바람직한 태도를 두고 늘 소란스럽다. 그럴 정도로 한국 외교에 있어 미국의 무게감은 여전히 위중하다. 이익이건 감성이건, 양국 관계는 계속 동북아 국제정치에서 중요한 한 축을 차지하며 유지될 것이다. 그 가운데 하나 둘씩 교정되어야 하는 것은 오랫동안 타성으로 남은 심리적 의존성, 제도적 비대칭성의 극복이어야 할 것이다. 미국은 130여년 양국관계 역사의 기간 동안 한국인들에게 버팀목, 후원자, 혈맹, 동반자 등의 이미지를 남겼고, 그와 동시에 한국을 버릴지도 모른다는 두려움과 함께 냉철한 이미지도 동시에 남겼다. 그것이 한국인의 미국관의 일부가 되었다. 130여년 역사가 흐른 지금, 미국으로서는 한국을 포기해야 할 이유보다 관계를 확대 유지를 해야 할 이유가 더 많아졌다고 보인다. 미국의 동아시아 전략, 경제적 이익을 고려하면 그렇다. 그런데도 한국인들에게 '포기의 공포'는 여전히 망령처럼 불쑥불쑥 되살아나 맹위를 떨친다. 포기의 공포는 오히려 우리 스스로 재생산해내고 있지나 않은지, 그것은 결국 극복해야 할 우리 마음속의 비대칭성이 아닌지 자문해 봐야 할 일이다.

제2부

한국 외교사 경험이 남긴 과제들:
현상과 이론

1장

한반도 분단질서와 한국 외교 전략

1. 분단국가, 그 독특한 양식

1948년 대한민국 정부 수립 이래 한국 외교전략에 가장 크게 영향을 미친 요소하나를 꼽으라면 그것은 바로 한반도 분단 문제일 것이다. 1945년 해방과 더불어 한반도에 38선이 설정된 후, 남북한 내의 많은 정치단체들의 정치적 노력에도 불구하고 통일정부 수립에 실패하였다. 38도선을 사이에 두고 미국과 소련에 의한 군정을 거친 다음, 남북한은 결국 대한민국과 조선민주주의인민공화국이라는 국가 형태의 정치체제를 수립하였다. 이념을 달리하는 두 국가는 전쟁까지 치렀다. 세계가 양분되었던 냉전 초기, 두 진영 사이에 벌어진 일종의 대리전쟁 같은 것이었다. 북한의 침공으로 전쟁은 시작되었으나 곧 미국과 중국의 군사대결이라는 국제전으로 변모했던 것이다. 그런 이후 남북한은 실로 오랜 기간 동안 대립을 지속해 왔다. 1948년 이래 대한민국 외교 전략의 역사는 이러한 분단으로부터 그 출발과 근원, 제약과 기회, 그리고 전략 범위와 내용이 주어진 것이나 다름없다. 한반도 분단질서의 본질과 특징을 독해하지 않고서는 한국 외교 전략의 역사와 과제를 제대로 이해하기 어렵다.

일반적으로 분단국가란 무엇이며, 어떻게 형성되었는가? 2차 대전 종전과 더불어 국제질서는 식민지 질서에서 탈식민지 질서로 이행되었다. 세계적 차원의 현상이었다. 그 배경에는 제국주의 역사, 더 엄밀하게는 식민주의(colonialism)라는 긴 역사가 있었다. 제국주의 시대는 식민주의 원리에 포획되었던 시대였다. 19세기 초엽 이래 서구 제국주의 국가들은 산업화를 기반으로 비(非)서구지역에서 식민지를 확보하려는 목적으로 지리적 확장을 거듭했다. 식민지 경영은 배타적 세력권(sphere of influence) 등의 개념과도 맞물려 있었다. 국제정치의 그 같은 시대원리는 1, 2차 세계대전과 같은 대규모 국제적 갈등의 원인이 되었다. 치열해졌던 식민지 쟁탈전, 시장 쟁탈전의 모순이 세계대전의 원인이 되었던 것이다. 2차 대전이 종결되어가는 과정에서 새로운 세계질서를 구상했던 미국은 종래의 식민주의 시대의 모순을 극복하고 싶어 했다. 세계를 몇몇의 배타적 세력권으로 구획할 것이 아니라, 하나의 통합된 시장으로 간주하는 새로운 국제절서의 원리를 고안하게 되었다. 요컨대 식민주의 원리를 넘어서야 자유무역 질서를 태동시킬 수 있다고 판단했다. 탈식민주의는 경제적으로 통합된 하나의 세계질서 구축을 위한 전제였던 것이다. 종전 후 많은 신생 국가들이 탄생했던 배경은 그것이었다. 식민지였던 많은 국가들이 '정치적' 독립을 이루었다.

그러나 그 과정은 결코 순탄하게 진행되지 않았다. 세계 곳곳에 파행이 드러나기도 했다. 식민지 경영시기에 배태되었던 제국주의 유산들이 망령처럼 남겨져 영향력을 발휘하기도 했다. 식민지 종주국으로 해방되어 새로이 탄생한 신생독립 국가들은 대개 '민족'을 정치적 조직의 기본 단위로 삼았다. 그러나 정치적 자결주의를 실현할 정도의 '민족의식'이 형성되어 있었던 곳은 오히려 드문 편이었다. 더욱이 탈식민지 질서와 함께 시작된 동서간 냉전질서는 '일(一)민족 일(一)국가' 체제를 지향하는 민족국가 탄생과정에 장애요인이 되었다. 대립과 갈등이 세계적 양식으로 확산되면서 이념적, 정치적 대립이 격화되었다. 동서 진영의 주요 국가들은 개별 국가이익의 관점에서, 그리고 진영논리의 관점에서 정치적, 전략적 목표를 추구하였다. 세계적 대립은 민족국가 형성을 구상했던 신생국들의 운명에도 영향을 미쳤다. 그 과정에서 기형(奇形)적으로 탄생했던 것이 분단국가였다. 분단국가가 주로 지정학적으로 대립전선의 현장에서 나타났던 것도 이런 배경과 무관하지 않았다. 유럽지역에서 독일이, 동남아 지역에서 베트남이 그러했던 것처럼 동북아에서는 한반도가 동서 진영의 전략적 계산법이 작동했던 곳이었다. 이러한 배경에서 한반도에는 하나의 민족이 두 개의 정치단위(정부)로 분리되었고, 대한민국과 조선민주주의인민공화국이란 두 개의 정치적 조직이 각각 탄생했던 것이다. 세계적, 그리고 지역적 대립질서가 강화되는 과정 속에서 한반도 내의 두 국가는 단순한 영토 분단을 넘어 경쟁과 대결관계를 만들었고, 극한의 대립과 증오, 폭력과 반목을 재생산해갔다.

분단국가는 정치적 단위로서의 국가가 민족적 정체성과 일치하지 않음으로써 생기는 독특한 양식의 민족국가(nation-state)의 한 형태다. 1648년 베스트팔렌 조약 이후 국제정치의 핵심 단위였던 등장한 민족국가는 민족과 국가의 일체화를 위해 끊임없는 노력을 보였다. 민족과 국가와의 일체화, 혹은 일체화 추구과정은 국제정치 영역의 근대성(modernity)을 상징하기도 했다. 민족(nation)과 국가(state)를 일체화하려는 정치적 활동과 신념이 민족주의(nationalism)였다. 민족주의는 근대 국제정치 과정에서 매우 중요한 정치적 동력을 제공하였다. 그런 의미에서 본다면 분단국가에는 '미완의 근대성'이란 의미가 배태되어 있다.

한반도가 남북한으로 분단된 지 70여년이 지났다. 70여년동안 한반도라는 지리적 공간 위에 전개되었던 정치사의 궤적은 두 가지 측면의 성격을 가진다. 한편으로는 1948년을 기점으로 두 신생국가였던 대한민국과 조선민주주의인민공화국의 국가형성과 발전의 과정이었다. 그것은 국제관계에서 통상적으로 나타나는 국가간 대립과 경쟁, 반목과 증오, 화해와 협력의 복잡한 방정식의 정치적 과정이었다. 다른 하나의 측면은 분단된 민족 내부의 정치적 과정이었다. 대화와 소통의 결핍, 그로 인해 각각 다른 정치사회적 가치를 추구하면서 나타난 이질화의 경향, 대립의 증오의 증폭, 그리고 정책과 감성의 영역이 뒤섞여 있는 통일의 염원 등의 측면이다. 요컨대 분단국가의 정치사는 민족내부적(intra-national) 정치적 메커니즘과 국가간 정치(inter-state politics)의 메커니즘이 때로는 복잡한 방식으로 결합되기도 했고, 때론 분리된 채 작동했던 과정이기도 했다. 한반도의 지정학적 민감성에서 연유한 국제정치적 요인이 분단 70여년의 한반도 정세를 결정해 왔던 주된 동력이었지만, 그것이 전부는 아니었다. 그 못지않게 민족내부적 요인도 작동해 왔다. 국제정치 영역과 민족내부 영역의 경합과 충돌, 교합이 한반도 분단질서의 핵심요인이었다.

한반도를 둘러싼 냉전의 대립적 환경이 치열해 지면서 한반도에는 국제정치적 대결 논리가 민족내부적 동력을 압도해 왔다. 반도(半島)라는 지정학적 조건 때문이었다. 분단도 국제정치적 영역의 결정이었지만, 한국 전쟁을 계기로 냉전형 대립질서가 민족 내부영역에서 더욱 격화되었다. 역대 남북한의 정권들은 대개 국제정치적 대결구도를 수용하거나 이용해왔다. 남북한 정권들은 공히 국가 관리의 핵심적 목표를 국가 주권의 외연적 영역을 확보하는 것에 초점을 맞추었다. 1948년 이후, 남북한의 권력 담당자들은 국가로서 생존을 확보하는 일이 무엇보다도 중요한 과제로 판단했던 것이다. 더욱이 한국전쟁 이후 국가로서의 생존은 무엇과도 비교할 수 없는 우선순위를 갖게 되었다. 그 과정에서 남북한 정권들이 벌였던 정통성 확보경쟁도 주권적 영역의 과제였다.[40] 대한민국의 외교 전략은 그러한 목표를 추구하는 것에 초점을 맞춰왔다. 북한 또한 다르지 않았다.

그렇다고 민족내부 영역의 목표를 완전히 포기했던 정권은 없었다. '민족통일' '한반도 통일'은 남북한 어떤 정권도 피해갈 수 없는 역사적 목표였다. 다시 말해 한반도 분단은 남북한 정권들에게 상호모순적 과제를 동시에 부여했던 것이다. 국가로서의 존립, 즉 주권 확립 및 국가 생존 확보가 하나의 과제였다면, 다른 하나는 통합지향의 민족 영역의 문제였다. 전자가 국가 안보의 논제라면, 후자는 분단을 극복하

40 1970년대 중반까지 추진되었던 한국정부의 비동맹외교나 유엔외교는 주로 남북한간 체제 정통성 경쟁과 관련된 외교 전략의 일환이었다.

고 "민족 통합"을 추진해야 한다는 역사적 당위성과 관련된 과제였다. 1948년 이후 한국 외교에게 주어졌던 과제에는 대한민국이라는 국가의 존립을 지키기 위한 목표가 그 하나였다면, 남북한 분단을 극복하여 통일된 한반도를 이루기 위해 국제정치적 조건을 조성해야 하는 목표가 동시에 존재해 왔던 것이다.

2. 한반도 분단을 바라보는 두 가지 시선

분단과 통일이라는 명제는 정치적 현실의 문제이면서 규범적 목표의 문제이기도 하다. 한반도에 두 개의 국가가 존재하고 있다는 정치적 현실과 언젠가는 그 양국체제를 해소하여 민족의 통일을 이루어야 한다는 규범이 동시에 작동한다. 그 명제가 한국 현대사의 좌표에 설정되어 있는 이상, 남북한 관계는 통일이전까지 "특수한 관계"일 수밖에 없다. 한국 정치외교 영역의 제한과 기회는 이 분단질서로부터 야기된 갈등구조로부터 비켜나갈 수 없게 된다. 국가와 민족이 일치하지 못하는 상태에서 생겨난 이원적 양식은 한국의 외교 전략 구상에 있어 소위 '안과 밖'의 문제를 보다 복잡하게 만든 요인이기도 했다. 일반적으로 외교적 영역이 국가 '밖'의 문제라면 국내 정치는 '안'의 문제다. 국가의 대외적 행위는 '안과 밖'의 상관관계에 속에서 그 내용과 범위가 만들어진다.[41] 그러나 분단국가인 한국에 있어 안과 밖의 구분은 그처럼 단순

41 국가의 안과 밖, 즉 외교정책과 국내정치 간에 생각할 수 있는 4 가지 상관관계에 대해서는 김기정, "노무현 대통령의 외교 딜레마: 국내정치 갈등구조와 외교

하지 않다. 한국에게 북한은 밖의 문제이기도 하면서 동시에 안의 문제다. 북한도 다르지 않을 것이다.

한반도 분단이 오랜 기간 동안 지속되면서 북한을 어떤 대상으로 간주하느냐, 따라서 남북한 관계를 어떻게 바라볼 것인가와 관련하여 두 가지 다른 시선이 공존해 왔다. 미완의 민족국가이기 때문이다. 이를 개념적으로 구분할 때 "국가중심적 시각"(state-centric perspective)과 "민족중심적 시각"(nation-centric perspective)이 생겨난다.[42] 각각의 시각은 한국의 대북정책은 물론 외교 전략 영역에 있어서도 상이한 사회적, 이념적 기반을 제공해 왔다. 모순과 당위가 공존하고, 탈냉전의 국제환경과 냉전의 유산이 국내정치의 장에 공존하는 독특한 정치 환경이 만들어져 왔던 것이다. 더 나아가 한국 정치 현장에서 보수-진보라는 이념적 구획의 일차적 조건도 분단으로부터 나왔다. 국가중심시각으로 북한을 볼 것인가 혹은 민족중심 시각을 고려할 것인가의 차이가 한국 사회의 보수-진보 구분의 기준점이 되었다. 북한을 '국가 대(對) 국가'의 관점에서 '적'으로 간주할 것인가, 아니면 통일지향 과정에서 협력의 동반자로 간주할 것인가의 구분이 한국의 보수-진보를 가르게 되었다. 그런 환경 속에서 한국 외교에 있어 남북한 관계는 '밖'의 문제이기도

정책," 양승함(편), 『노무현 정부의 국가관리 성과와 과제』(서울: 연세대학교 출판부, 2005), pp. 403-436.

42 Ki-Jung Kim and Duk-Ryong Yoon, "Beyond Mt. Kumkang: Social and Economic Implications," in Chung-in Moon and David I. Steinberg, (eds.), *Kim Dae-jung Government and Sunshine Policy* (Seoul: Yonsei University Press, 1999), pp. 105-36; Ki-Jung Kim and Jaemin Park, "Paradox of Dismantling the Cold War Structure: Domestic Barriers after the Summit Talk," in Moon Chung-in, Odd Arne Westad and Kahng Gyoo-hyoung (eds.), *Ending the Cold War in Korea: Theoretical and Historical Perspectives* (Seoul: Yonsei University Press, 2001), pp. 319-336.

하고, 동시에 '안'의 문제이도 하며, 또는 안과 밖 사이에 존재하는 경계 지점의 문제이기도 하다.[43]

국가중심적 시각은 남북관계를 각각 독립된 국가 간의 관계로 접근하려는 시각이다. 남북한은 두 개의 독립된 정부를 수립하였고, 전쟁을 치렀다. 이후 줄곧 정치군사적으로 적대적이고 대립적 태도를 견지해 왔던 남북한 관계는 엄연한 '국가 대(對) 국가'라는 현실의 문제라고 본다. 대한민국(ROK)과 조선민주주의인민공화국(DPRK)의 관계다. 그런데 한국의 생존과 안보를 위협하는 요소가 북한의 군사적 위협이며, 대남 적화통일 기도라고 전제한다. 이러한 위협으로부터 국가를 보호하여 주권국가로서 국가의 생존을 유지하는 것이 국가 관리의 최우선 과제라는 것이 국가중심적 시각의 핵심이다. 특히 한국전쟁이후 한국의 안보를 유지하는 데 가장 효과적 기제는 대북 방위력 증강과 한미동맹의 유지였다. 이를테면 주한미군과의 연합방위능력 향상이 북한의 남침 가능성을 억제하는 핵심요소라고 간주해 왔다. 따라서 국가중심적 시각은 주로 국가의 안보와 생존을 핵심원리로 전제하는 국제정치학의 현실주의 담론을 내재하고 있다. 자강론, 억제(deterrence)전략, 동맹 등 "힘을 통한 안보" 유지가 핵심 논리였다. 대내적으로는 반공법, 국가보안법과 같은 법률적 제도장치가 국가중심적 시각에서 탄생하였고, 이러한 법률적 장치가 국가 관리의 효과적 수단이었다.

반면, 민족중심적 시각은 남북관계를 기본적으로 한반도 내부 구성원, 즉 민족 문제로 접근해야 한다고 주장하는 시각이다. 대북 정책

---

43 김기정, "한국 외교정책 연구의 과제," 하용출(편), 『한국 국제정치학의 발전과 전망』(서울: 서울대 출판부, 2008).

의 주된 관심은 북한 정권만이 유일한 대상이 아니라, 북한 지역에 살고 있는 북한 주민들이어야 한다는 것이다. 분단을 탄생시킨 것은 해방 이후 열강들간 정치적 이해득실의 결과였는데, 남북한 역대 정권들이 분단을 정치적으로 악용하여 분단모순을 더욱 강화해 왔다고 주장한다. 한국 사회의 경우, 권위주의체제 시기동안 나타났던 정치적 억압도 근원적으로 분단 문제로부터 생긴 것이라고 간주한다. 이 시각은 대북정책의 기조가 적대적 대립보다는 화해협력정책으로 전환되어야 궁극적으로 한반도 통일이 가능하다고 강조한다. 아울러 북한 정권이 아니라 북한주민들에 대한 인도주의적 지원은 민족 문제로서 당위적인 것으로 간주한다. 남북협력을 촉진하기 위한 '남북협력기금법' '북한이탈주민의 보호 및 정착지원에 관한 법률' 등의 국내 법률적 장치가 생겨난 것도 한국 사회에 존재하는 민족중심적 시각을 배제하고 설명하기 어렵기 때문이다. 남북한 스포츠 단일팀 구성, 금강산 관광, 개성공단 등의 조치도 민족중심 시각이 작동하지 않았다면 상상할 수 없는 현상들이었다.

1990년대 이전 냉전기 한국사회에 있어 국가중심적 시각은 한반도 분단을 바라보는 지배적 시각이었다. 그러나 한국정치의 민주화가 진행되면서 기존 지배적 시각에 지각변동이 생기기 시작하였다. 이유는 크게 두 가지였다. 첫째, 탈냉전기로 접어든 국제환경 때문이었다. 탈냉전은 냉전기 한국 사회의 인식 구조를 흔들었다. 양극적 대립의 시대를 넘고 싶었기 때문이다. 또한 한국경제가 양적으로 성장하여 경제관계의 외연도 확대되어야 한다는 필요성이 대두되었다. 이러한 경제 환경의 변화도 북한에 대한 기존 인식을 변화시킨 계기가 되었다. 노태우 정부시절 추진되었던 북방정책의 최종 목적지도 사실은 북한의 개방이었다. 이러한 정치-경제적 환경 변화는 냉전기 동안 이념의 수면 밑에 가라앉아 있었던 민족주의 정서를 다시 발화시킨 계기가 되었다.

둘째, 사회주의권 붕괴이후 밀어닥친 북한의 경제위기도 한국 사회의 시각변화에 영향을 미쳤다. 북한으로서는 소위 '고난의 행군'이라고 불리던 시절이었다. 동구권의 다른 사회주의 정권처럼 북한도 경제위기 때문에 결국은 정권 붕괴로 이어질 것이라는 예상이 많았다. 북한 붕괴는 실제 일어날 것인가, 어떤 붕괴인가, 체제 붕괴인가, 정권 붕괴인가, 어떤 경로를 통해 붕괴로 이어질 것인가, 더 나아가 북한이 붕괴한다면 주변 열강들은 어떤 전략으로 붕괴된 북한지역을 관리하려 할 것인가 등 다양한 시나리오를 예측하는 것이 한국 학계에서는 유행처럼 번졌다. 토론도 치열해졌다. 많은 경우 토론은 통일비용 문제로 귀결되곤 했다.

한국과 적대적 대립을 지속해 왔던 북한이 무너진다면 일시적 감정으로는 승리감을 만족시키는 일이 될 수도 있다. 어쩌면 많은 사람들에게 북한 붕괴는 상상만으로 내심 통쾌한 일일지도 모른다. 그러나 그것은 일시적 감정의 문제일 뿐이다. 한반도 관리의 주된 책임이 우리에게 있다면 설사 북한 붕괴론을 전제한다 하더라도 그 이후 문제까지 고민하지 않을 수 없게 된다. 북한 붕괴론 논쟁은 역설적으로 북한 붕괴에 따른 통일비용 문제에 대한 토론을 촉발시켰고, 통일 비용을 줄이기 위해서라도 북한과의 경제적 공존이 필요하다는 결론에 도달한 학자들이 많았다. 공존의 기간 동안 남북 경제적 협력을 증진시켜 북한 경제를 재건하는 것에 도움을 주는 편이 차라리 통일비용을 줄이는 방편이라는 의견이었다. 또한 북한의 경제적 어려움은 한국인의 민족적 감정을 자극시켜 인도주의적 지원 필요성을 촉발시키게 되었다. 그 결과, 민족중심적 시각의 사회적 기반이 확장되었고, 대북 인도주의적 지원 문제는 민족주의 정서와 결합되었다. 아울러 경제적 발전과 민주화의 결과, 한국에서는 시민 사회의 역할이 확대되었고 사회단체들이 급격히 성장하여 그들의 활동이 급증했다는 점도 민족중심적 시각을 부상시킨 요인이었다. 1980년대 후반 민주화의 열망이 시민 단체의 성장을 가져왔고, 그들 중 남북협력과 관련된 상당수의 시민단체들은 민족 중심적 시각에 기초하고 있었다.

3. 한반도 분단질서의 이원적 구조: 남북한 관계와 동북아 국제정치(intra- vs. inter-national dimension)

민족국가(nation-state)의 미완이라는 조건이 한국사회 내에 한반도 분단과 북한을 바라보는 두 개의 시각을 만들어 냈다면, 이 같은 미완의 민족국가라는 조건은 한반도 분단 질서를 조형하는 원인이 되었다. 이러한 조건은 북한에게도 마찬가지였다. 분단 이후, 한반도 위에 만들어지고 작동해 왔던 정치 기상도(氣象圖)는 두 개의 동력에 의해 만들어졌다. 국가와 국가의 관계에서 조형되는 동북아 국제정치의 축이 하나였고, 동시에 남북한 관계를 동일 민족이라는 관점에서 파악하려는 민족 축을 만들어 냈다. 국제정치 축의 동력은 주로 주변 열강들이 어떠한 전략적 이해관계를 가지고 한반도를 인식하느냐, 그리고 어떤 정치적 결정으로 그 이익들을 한반도에 투사(投射)하느냐에 따라 작동한다. 그것에 따라 개별 국가로서의 남북한이 그러한 열강들의 이해관계를 어떤 방식으로 수용할 것인가 또는 저항할 것인가를 결정해 왔던 축이다. 즉 열강들의 '한반도 문제의 해결방식'과 남북한의 (국가생존을 위한) '외교전략'이 맞물려 있는 영역이라고 볼 수 있다.

반면, 남북한 정권이 열강들로부터 주어지는 외부의 영향력을 배제한 채 조형하고자 했던 민족 독자적 영역은 민족 축에 해당된다. 주변 4대 강대국들간 한반도 문제에 관한 의사 교환이나 합의구조가 국제정치 동력을 형성하는 요인이라면, 남북한 간 정치적 합의나 경제 협력과 교류는 민족 축의 영역이라 할 수 있다. 전자를 "한반도 문제의 국제화"(internationalization of Korean problem)라고 규정한다면, 후자는 "한반도 문제의 한반도화"(intra-nationalization of Korean problem)다. 전자가 국제정치(international politics)라면 후자는 민족내부 정치(intranational politics)다. 이 두 가지 동력이 교차하는 지점에서 한반도 정세가 결정되어 왔다. 한반도 분단질서는 그 두 동력이 교차해왔던 역사이기도 하다.

그런데 한반도 질서의 국제정치 축과 민족 축은 지금까지 일종의 '제로섬(zero-sum)'의 성격을 띠어왔다. 국제정치 축이 한반도 분단 질서의 골격을 결정해버리면 민족 축이 작동할 수 있는 공간은 그만큼 위축되었다. 남북한 간의 독자적 영역의 확보는 주변 열강들의 전략적 셈법 때문에, 혹은 그 셈법에 대한 남북한 정권들의 정치적 고려 때문에 웬만한 전략적 용기와 의지가 없고서는 쉽게 만들어 내기가 어려웠다. 그러므로 냉전기 기간 동안 한반도는 주로 동북아 국제정치로부터 주어지는 결정과 프레임을 수용해 왔다. 그런 만큼 남북한 정권들이 자발적으로 만들어낼 수 있는 공간은 매우 협소하였다. 이를테면 미국의 한반도 전략(분단의 결정, 한국전쟁의 군사적 개입, 동맹을 통한 한국에 대한 안보 책임, 주한미군 군사력을 통한 중국의 견제), 중국의 한반도 전략(미국 영향력 투사의 최전선으로서 한반도가 가지는 지정학적 위치에 대한 두려움, 중국 안보의 완충지대로서의 북한에 대한 인식), 일본의 전략(미일동맹의 전략적 투사지점으로서 한반도에 대한 인식, 유사시 자위대 파병지역으로서 한반도 고려, 미일동맹에 한미동맹을 통합 혹은 부속시키려는 전략) 등이 그렇다. 그런 방식으로 열강들의 정치적 영향력이 강하게 작동해 왔던 환경에서는 상대적으로 민족 축의 범위는 위축될 수밖에 없었다. 냉전기 기간 동안 남북한이 독자적 민족 축의 정치적 결정을 했던 사례는 손에 꼽을 정도였다. 냉전기 환경 속에서 민족 축 자체가 국제적 대립질서에 거의 종속되었기 때문이다. 따라서 지금까지 한반도의 정치적 환경은 주로 국제정치 축이 주도적 요인으로 작동하면서 형성해 왔던 것도 사실이다. 대립과 분단을 재생산했던 국제정치의 냉전적 환경 속에서 남북한 당국들이 독자적 돌파구를 쉽게 찾지 못하고 위축되었던 점도 그 대립적 상관성을 방증한다. 또한 남북관계에서 독자적 진전 의도를 가질 때라도 동북아 국제정치적 영역을 변화를 고려하지 않을 수 없었던 점도 마찬가지 논리였다.

통일을 고민할 때도 마찬가지다. 많은 사람들이 통일문제는 궁극적으로 남북한 당사자의 몫일 수밖에 없다는 점에 심정적으로 동의하면서도 '한반도 문제의 완전한 한반도화'는 가능하지 않다고 간주해 왔던 것도 그런 연유에서다.[44] 그러나 민족 축이 전혀 작동하지 않았던 것

44 '한반도 통일의 한반도화'와 관련한 논쟁에 관해서는 안병준, 『탈냉전기의 국제

은 아니다. 냉전초기 남북한 관계의 민족 축이 적대적 관계 속에서 접촉과 대화의 회피라는 특징을 보이고 있었다면, 1970년대 국제적 데탕트 무드 속에 역사상 최초의 남북한간 정치적 합의라는 성격을 가진 7·4 공동성명이 탄생했다. 민족 축이 작동했던 최초의 사례일 것이다. 후일 탈냉전기 시대환경이 확대되기 시작하면서 민족 축의 범위가 점차 확대되었다. 포용정책을 통한 남북한 교류협력의 확대와 이에 따라 나타났던 남북관계의 진전은 한반도 국제정치의 좌표 속에서 민족 축 영역의 확대를 의미했다. 이는 국제적 요인이 한반도 문제의 전횡적으로 주도하는 것에 대한 일종의 대응적 의미를 가진 것이었다고 평가할 수 있을 것이다.

국가중심 시각과 민족중심 시각의 이항적 대립구도, 그리고 그것과 더불어 발생했던 한반도의 국제정치 축과 민족 축의 동력의 제로섬 성격의 관계, 이 복잡한 구도가 분단 이후 한국 외교 전략 구상에 태생적으로 주어진 조건이었다. 국가 안보를 추구하기 위해 외교 전략을 구상하고 실천해야 하지만, 동시에 통일을 위한 국제정치적 조건을 어떻게 만들어 낼 것인가도 동시에 고민해야 하는 것이 한국 외교 전략의 과제였다. 정부 조직의 관점에서 보더라도 북한에 대한 정책을 통일부가 전담하고 있는 것도 아니다. 국방부는 국방부대로, 국정원은 또 나름의 관점에서 북한 문제를 들여다본다. 외교부가 국제정치 축에 대해서만 대응하는 역할이라고 해서 한미관계만 붙들고 있을 수 없는 것과 마찬가지다. 외교부에 평화교섭본부가 설치되어 있는 이유도 한반

정치와 한반도통일』(서울: 법문사, 1993), pp. 38-51.

도 문제를 국제정치와 남북한 관계 영역을 모두 고려해야 한다는 고민의 산물이다. 한국 정부 조직 내에 국방부, 외교부, 통일부, 국정원 등이 모두 북한문제, 외교현안을 다루는 조직들을 내부에 설치해 운용하고 있다는 사실만 보더라도 분단질서가 한국에게 얼마나 복잡한 문제를 제기해 왔는지를 엿볼 수 있다.

4. 역대 한국 정부의 분단관리 전략: 생존과 통일 사이

1948년 이후 한국의 외교 전략적 고민은 무엇이었을까? 분단국가로서 한국의 전략적 고민은 어떻게 추구되어 왔을까? 국가 유형과 정권의 성격을 막론하고 국가 외교 전략의 목표와 진행방향은 국가 관리(state governance)의 핵심적 영역에 속한다. 근대 국제정치질서의 태동이후 국가 관리의 핵심은 주권(sovereignty)의 안정적 관리에 있었다. 주권의 개념에는 두 가지 요소가 있다. 하나는 국가 내부의 영역에서 가지는 법률적 권한의 배타성과 독자성이며, 다른 하나는 대외적 관계에서 가지는 독립적 정체성과 권위의 확보다. 전자는 국가 관리에 있어 정책결정의 자율성(autonomy)에 대한 독립적 권위를 의미하며, 후자는 국가간 관계에서 생존추구의 방도와 관련되어 있다. 요컨대 국가 관리의 핵심은 국내외적 영역에서 주권의 범위를 안정적으로 확보하는 것을 목표로 하며, 더 나아가 주권의 자율성과 자유행동 범위를 확대해 나가는 것이라 할 수 있다.

한국의 경우, 한반도를 둘러싼 냉전의 대립적 환경이 치열해 지면서 국가 관리의 핵심적 목표를 국가 주권의 외연적 영역을 안전하게 확보하는 것에 두었던 것은 당연한 선택이었다. 한국의 권력 담당자들은 국가 정체성 확립과 주권 확보의 목표를 치열하게 강구해 왔다. 외교 전략은 그러한 틀 속에서 기획되었다. 신생국가로서 무엇보다도 '생존'을 확보하는 일이 중요한 과제였기 때문이다. 더욱이 생존은 대한민국의 정통성과 깊이 관련되어 있었다. 대한민국은 한반도 내에서 유일한 합법정부다. 유엔으로부터 인정받은 터였다. 그러나 그러한 점도 국제정치 현장에서 다른 국가들로부터 '인정'받기 위해서는 그것을 지속적으로 추구하는 외교 전략이 필요했다. 한국전쟁을 겪고 난 이후 국가로서의 생존은 무엇과도 비교할 수 없는 우선순위를 갖게 되었다.

대외적 주권 확립과 더불어 분단국가인 한국에서 자생적으로 배태되었던 문제는 민족 영역에서 제기된 문제였다. 이는 분단을 극복하고 "민족 통합"을 추진해야 한다는 역사적 당위성과 관련된 과제였다. 한반도 분단이 민족 내부적 요인보다는 동서간 냉전이라는 국제적 환경으로 인한 것이라는 인식이 지배적이었던 이유도 있었고, 북한지역에 성립된 정치조직에 정치적 정통성을 부여하지 않겠다는 의지의 소산이기도 했다.[45] 한때 북한을 '북한괴뢰집단'이라고 불렀던 것도 그런 이유였다. 따라서 1948년 이후 한국의 국가 관리에는 "1민족 2개 국가체제"를 유지하는 가운데 국가 주권을 확보해야 한다는 목표와 함께, 역설적이지만 이 분단 상태를 변경하여 통일을 이루어야 한다는 현상변경의 욕구가 공존하는 독특한 양식이 존재해 왔던 것이다. 요컨대 냉전기 환

45 이러한 인식은 대한민국 헌법 3조의 조항, "대한민국의 영토는 한반도 및 부속도서로 한다"가 이를 잘 드러낸다.

경 속에서 탄생한 한국에게 주어졌던 핵심 국가목표는 국가로서 정체성 확보(안보 및 주권 보전을 위한 외교)와 남북한 통합(통일)이라는 두 가지 목표가 동시에 존재해 왔던 것이다. 안보와 통일이라는 목표는 경제번영의 목표와 더불어 해방이후 한국 외교의 3개 과제로 간주되어 왔던 것도 그러한 이유였다.[46]

한반도 분단을 어떤 전략과 방식으로 관리할 것인가는 한국 역대 정권들의 주된 목표였다. '분단 관리'는 두 가지 목표가 결합된 전략적 고민의 결과로 만들어졌다. 하나는 국가로서의 생존이고 다른 하나는 통일이었다. 전자는 국가 안보를 지향하기 위한 영역이었고, 후자는 분단의 해체를 위한 목표였다. 이 두 가지 목표에는 현실적 과제와 당위론적 목표가 혼재되어 있었다. 현실과 당위는 때로는 병렬적으로, 때로는 역설적 관계로서 존재하는 것이었다. 한국전쟁 이후 한국은 국가 안보를 담보하는 핵심적 기제로서 한미동맹을 추진하였고, 그것에 기반하여 외교안보정책과 억제전략에 바탕을 둔 적대적 대북 전략을 추진하였다. 그러나 적대적 대북전략은 한반도 분단 체제를 더욱 공고히 만드는 원인이 되었음은 자명한 일이었다. 안보를 위한 적대적 대북전략은 또 다시 분단 구조를 견고히 재생산하는 기제로도 작동하였다.

한편, 민족통일은 분단이 현실화되기 시작한 이래 한 번도 포기되지 않았던, 그리고 포기할 수 없었던 정치적 목표이기도 했다. 승공론, 북진통일론, 북한 붕괴론의 전제 위에서는 안보와 통일 논리가 부조화를 낳지 않았지만, 평화통일론, 남북한 합의에 의한 통일, 국가연합 또

46 안병준, "한국 외교의 역사적 전개," 정일영(편), 『한국 외교 반세기의 재조명』 (서울: 나남, 1993), p. 19.

는 연방제 통일론 등의 논의에서는 국가 안보와 통일논의는 논리적 합일성을 보여주지 못한다. 지난 70년간 한반도의 분단 관리방식의 변화는 그 이원적 담론의 변화 과정이었고, 그것은 국가와 민족 간의 불일치라는 근원적 괴리에서 비롯된 것이었다. 또한 현실과 당위의 끝없는 경합과 타협의 과정이기도 했다. 분단국가로서의 한국에게는 분단적 질서를 강요하는 현실적 외재 변수에 대응하는 논리 뿐 아니라, 분단의 극복이라는 당위론적 목표가 공존할 수밖에 없는 정치적 좌표가 동시에 주어졌다는 점에서 냉전기 한국의 한반도 분단 관리 방식의 변화는 독특한 국가 관리의 양식을 보여주고 있다.[47]

1) 분단관리 전략: 생존과 통일 사이

분단국가로서 한국 외교 전략의 목표는 한반도 분단체제를 어떤 방식으로 관리할 것인가의 국가전략에 따라 큰 골격이 결정되어 왔다. 그것은 대한민국의 정부수립 과정의 역사적 환경이 낳았던 근원적 문제의 소산이기도 했다. 해방 이후 미소 간 대립이라는 냉전의 소용돌이 속에서 38도선 이남의 지역의 총선거에 의해 대한민국 정부가 수립되었고, 38선 이북에는 또 다른 정치적 조직이 국가 형태를 갖추게 됨으로써 분단의 길은 견고하게 고착되어 갔다. 분단 시작과 동시에 남북한 경쟁이 개시되었고, 경쟁은 정통성 경쟁을 넘어 국가 생존을 우려해야

47 분단체제로부터 제기되는 한국의 경험은 국제정치 현상에서 나타나는 보편성과 특유성의 이원적 대립이라는 측면도 있다. 이것은 한국적 국제정치학 패러다임 모색의 출발점이 되기도 한다.

할 정도로 격한 것이 되었다. 그 우려는 전쟁과 함께 더욱 심화되었다. 요컨대 대한민국은 정부 탄생과 동시에 국가로서 생존을 강구해야 했다. 동시에 생존을 위협하는 북한과의 적대적 관계 속에서 안보와 통일이라는 두 가지 과제를 동시에 추구하게 되었다. 따라서 역대 대한민국 정부의 분단 관리 전략에는 국가 생존 확보 및 정체성 확립이라는 안보적 영역의 목표와 분단의 극복이라는 통일 지향의 목표가 결합되어 있었다. 전자가 국가(state)로서의 의제였다면 후자는 민족(nation) 영역에서 제기되는 의제였다. 전자가 현실의 문제라면 후자는 감성과 당위의 문제였고, 전자가 구체적 정책의 문제였다면 후자는 정책의 상징적 의미를 갖는 수사(rhetoric)로서의 성격이 강했다.

대한민국 정부수립 이후 어떤 정권도 이 두 가지 목표로부터 벗어난 적은 없었다. 특히 한국전쟁 이후 국가의 안보는 미국과의 군사동맹과 군사지원, 한미관계의 강화를 통한 대북억지력 확보로써 보장받으려 했다. 이에 따라 외교 전략의 핵심목표도 국제사회에서 대한민국 탄생의 합법성에 관한 국제적 확인, 유일 합법정부로서의 위상, 정통성 확보의 방향 등의 범주에서 추진되었다. 한편, 통일정책은 정부 수립 초기 대북무력행사 불사론, 북진통일론 등에서 시작하여 평화통일정책 구상, 북방정책, 한민족공동체 통일방안, 흡수통일론, 햇볕정책, 포용정책, 한반도신경제구상 등으로 변화해 왔다. 요컨대 한국 역대 정권들의 분단관리 전략은 안보확보(국제정치 축)라는 목표, 그리고 통일추구(민족 축)라는 두 가지 목표를 어떻게 결합하느냐에 따라 결정되었다고 할 수 있다.

(1) 생존과 안보민감성

이론적 관점에서 볼 때 국가가 가지는 생존민감성, 혹은 안보민감성은 그 국가에게 주어진 안보수단의 가용범위가 결정한다. 안보를 확보할 수 있는 가용수단이 제한되거나 부족할 때 민감성이 높아진다. 이에 더하여 국가가 처해있는 대외적 환경이 불안정하거나 국내적 불안요소 때문에 안보수단의 동원력이 떨어질 때 안보 민감성이 높아질 수 있다. 반면, 군사력을 포함한 국력의 성장이나 국제환경의 안정질서로의 변화 등의 조건은 생존민감성을 낮추는 요인들이다. 생존 민감성이 낮아질 때는 외교안보전략의 대안적 선택범위가 상대적으로 넓어질 수 있다. 이른바 자유행동범위(freedom of action)가 넓어진다고 표현할 수 있고, 외교적 기동성(maneuverability)이 높아진다고 할 수 있다.[48]

일반적으로 생존과 주권 확보를 위해서는 다양한 전략이 작동한다. 먼저 자강론에 입각한 자기방어(self-defense) 전략이 있다. 한국의 경우, 자주국방론, 군현대화 계획 등이 이러한 전략적 선택을 반영한다. 그것에 더하여 특정 강대국과의 편승동맹을 추구함으로써 안보를 보장받는 것도 한 가지 방법이다. 또한 지역수준의 안보협력기제를 이용하는 국제안보전략, 지역적 세력균형을 통한 안보를 모색하는 균형동맹전략, 주변국들과의 전략적 외교관계를 강구하는 균형외교전략, 분쟁에 연루되는 가능성을 회피하는 개입회피전략 등이 있다.[49] 대개, 자강론을 통한 자기방어력의 확보는 다른 전략적 대안들과 결합될 수

48 이성훈, "약소국의 외교적 기동성에 관한 연구" (연세대학교 정치학과 박사학위 논문, 2007).

49 김기정 (2008).

있는 필수적 전략의 하나다. 특히 19세기 제국주의 침탈의 역사적 유산을 물려받은 동북아에서 '부국강병론'은 하나의 신념처럼 작동해 왔다. 안보민감성이 높아질수록 생존을 보장받기 위한 전략으로 자강론과 편승동맹에 집중하게 되며, 낮아질수록 자강론적 대안과 더불어 다른 대안과의 결합 방법이 확대되고 이에 따라 국가전략의 선택범위가 다양해지고 넓어진다고 볼 수 있다.

한국의 역대 정권들은 예외 없이 국가 안보를 강조해 왔다. 그것은 분단체제 속에서 살아남기 위한 국가 생존의 문제이기도 했다. 그러나 무엇이 안보인지, 어떻게 안보를 추구할 것인지는 정권마다 차이가 있었던 것도 사실이다. 안보를 위한 전략적 선택으로 고려했던 대안들은 주로 자강론(국방력 강화, 자주국방)과 편승동맹(한미동맹)을 결합한 전략이 핵심이었다. 그러나 냉전기에서 탈냉전기로 시대환경이 변화하면서 국가안보를 추구하는 다양한 방법들이 구상되기도 했다. 이를테면 동북아 다자간 안보협의체 구상이나 미국과 중국 사이에, 혹은 중국과 일본 사이에 보다 유연한 입장을 가지기 위한 균형외교전략 모색 등이 나타나기도 했다. 한국전쟁 휴전이후 한국의 안보민감성은 최고조에 달했다. 국가로서의 생존자체가 민감한 과제로 인식되었던 배경에서 한미동맹이 형성되었고, 이후 한미동맹은 한국 안보의 핵심적 기제가 되었다. 그러나 냉전으로부터 탈냉전에 이르는 국제정치적 환경변화와 더불어 한국의 국력성장은 생존민감성을 점차 낮추었고 이에 따라 외교전략의 선택 범위를 점차 확대시켜 왔다.

안보민감성, 혹은 생존민감성은 객관적 조건만으로 충분히 설명할 수 없다. 어떤 상황을 '민감하다고' 간주하는 것은 심리적인 요소이기도 하다. 주관적 판단이거나 혹은 정치적 판단이 민감성의 정도를 결정할 수도 있다는 것이다. 객관적 조건으로는 민감성이 높아질 이유가 없는데도 '정치적 목적'으로 민감성이 높다고 계속 주장할 수도 있다는 뜻이다. 한국의 보수정권은 특히 북한의 위협을 상수로, 혹은 경우에 따라 있는 것보다 과도한 위협으로 포장하기도 했다. 안보가 정치화되어 버렸고, 정권의 정치적 목적을 위해 왜곡되었던 경우다. '북한 남침 위협', 북한의 대남 '적화통일론' 위협, '핵위협' 등의 정치적 언어들의 배경에 국민들의 두려움의 심리를 자극하여 정권을 유지하기 위한 정치적 의도가 없었다고 단언하기 어렵다. 그러한 역사들이 '북한 악마론' '악마불변론' '북한에게 속임을 당한다'는 식으로 안보 두려움을 재생산해 왔던 것도 사실이다.

(2) 통일정책의 상징성과 실천가능성

분단관리의 또 다른 축인 통일정책 문제는 민족 축에서 제기되는 문제였다. 한국의 역대정권은 다양하게 대북정책을 표방하였다. 한국의 대북정책은 정부수립당시 국제법적, 도덕적 우월성에 기반하여 북한을 정치적 실체로 인정하지 않는 전제에서 출발했다. 따라서 한반도 북쪽 지역은 언젠가 수복해야 할 대상이었다. 그러한 신념이 대한민국 헌법에 그대로 명시되었다. 한국전쟁을 전후하여 이승만 정권은 무력적 수단을 사용해서더라도 통일을 이루어야 한다는 북진통일론을 주장했다. 그러나 이 통일정책은 통일의 정당성을 강조하는 정치적 선언이었고 상징적 의미만 강했을 뿐 남북한 관계는 물론, 국제정치 여건상 정책적으로 실천하기에는 엄연한 한계가 있었다. 요컨대 냉전 초기 대북정책은 대한민국 정부의 정통성을 공세적으로 부각시키는 수사적 의미, 상징적 의미가 강했다.

역대 한국 정부들의 통일정책은 다양한 방법으로 정치적 당위성과 실천성을 고심해 왔다. 정통성과 헌법정신, 그리고 한반도 통합이라는 역사적 과제는 하나의 정치적 규범으로서 작동해왔다. 통일은 필요하지 않다고, 혹은 불가능하다고 공개적으로 선언한 정권은 없었다. 그러나 냉전기의 국제환경은 통일을 실천적으로 추구하기에 결코 쉬운 조건이 아니었다. 사실, 독일 통일도 동서독의 결정만으로 성취되었다고 말하기 어렵다. 국제정치적 조건과 맞물려 있었다. 돌이켜 보면, 냉전기 동북아 지역질서는 한반도에서의 남북한 대립을 매개로 유지되었던 대립질서였다. 한반도는 동북아 두 진영 간 대립접점이었다. 반도에게 주어진 지정학적 조건 때문이기도 했다. 이러한 국제정치적 조건이 지속되는 속에서 통일을 당위적으로 주장하면서도 통일을 우선순위에서 사실상 배제해버린 경우도 없지 않았다. 통일정책은 '정치적으로' 존재하되 추구 의지는 약했던 정권이 대다수였다. 오히려 북한을 적대시하는 안보정책을 더 강조함으로써 분단이 주는 남북한 사이의 적대적 공존을 더 견고히 해 왔다. 이런 경우, 멸공통일, 북한붕괴론, 흡수통일론 등의 통일정책은 이승만 정권의 '북진통일론'과 이름만 달랐을 뿐 본질은 동일했다. 평화통일론은 정치적 구호로서만 유효한 경우가 많았다.

탈냉전기 초반에 만들어진 '한민족공동체 통일방안'은 한국 정부가 공식화했던 통일방안이다. 실천 가능성을 담고 있지만, 다분히 이론적 영역으로만 남아 있는 것도 사실이다. 통일정책이 다소의 현실성과 실천성을 가지면서 추진되어야 한다는 주장은 탈냉전기 변화와 함께 왔다. 김대중 정부의 햇볕정책이 그러했다. 물론, 햇볕정책이 곧 통일정책은 아니라는 비판도 일각에서 제기되었다. 그러나 오랜 냉전적 적대관계를 해빙시키려는 그러한 시도는 당시 주어진 조건 속에서 실천 가능성을 우선적으로 염두에 둔 정책이었다. 이런 점을 고려하면 실천적 의미를 내재한 통일정책의 하나였다고 평가하는 것이 공평할 것이다. 6.15 공동선언이나 노무현 정부의 10.4 선언도 같은 맥락이었다. 군사적 긴장완화, 남북한 철도 연결, 금강산 관광, 개성공단 등 다양한 교류협력 사업들은 한반도 통합의 기초를 만들기 위한 기능주의적 접근이었다는 점에서 상징성 보다는 실천적 의미가 더 두드러진 정책이었다고 평가할 수 있을 것이다. 문재인 정부의 '한반도 신경제구상'도 경제적 이익의 공유가 남북한 사이의 안보민감성을 줄이고 공동번영을 가능케 하는 효과적 방법이라는 점을 강조한다는 측면에서 정치적 수사라기보다는 실천성에 더 무게를 둔 대북정책이라 평가할 수 있다. 이러한 접근법은 '법적인 통일'(de jure unification)이 아니라 '사실상의 통일'(de facto unification)을 의미하는 접근법이다

위에서 논의한 바와 같이, 국가로서의 생존 민감성을 하나의 축으로 놓고 통일정책의 상징성과 실천성을 다른 하나의 축으로 놓을 때 그 두 축의 관계 속에서 한국정부의 한반도 분단 관리 양식이 결정되어 왔다고 설명할 수 있을 것이다. 이를(그림 1)으로 나타내면 다음과 같다.

그림 1. 한반도 분단 관리 전략: 요인과 유형

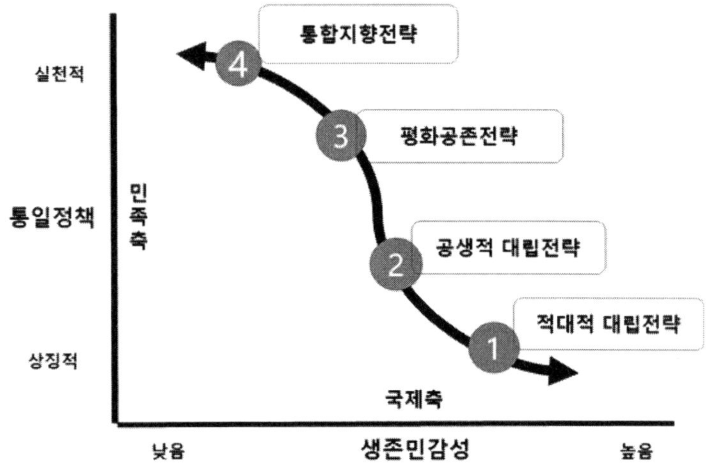

정부수립 이후 오늘날에 이르기까지 한국 정부의 한반도 분단 관리의 전략은 하나의 양식으로 진행되지 않았다. 정권에 따라 달랐다. 각 정권들마다 미세한 차이점은 있었으나 역대 정권들의 한반도 관리 전략을 이념형(ideal type)의 차원에서 유형으로 나누어 보면, 위(그림1)과 같다. 요컨대 국제정치의 축에서 제기되는 생존민감성의 높음/낮음, 그리고 민족 축인 통일정책의 실천성/상징성의 정도가 어떤 방식으로 결합하느냐에 따라 결정된 유형이라 할 수 있다.[50]

50 한국 정부의 안보(생존)에 대한 민감성, 그리고 통일정책의 민감성이라는 변수를 고려할 때 네 가지 유형의 개념으로 분류할 수 있다. 사실, 같은 문제의식에서 출발하여 다른 개념으로 설명했던 때도 있다. 이를테면 분단관리 전략이라는 개념 대신, 한반도 거버넌스(governance)라는 개념으로도 설명한 일이 있다. 그랬을 때, 한반도 거버넌스 유형을 "관리형 평화거버넌스" "공존형 거버너스" "통합형 거버넌스" 등으로 분류한 바 있다. 이것에 관하여는 김기정, "한반도 평화의 거버넌스," 하영선(편), 『21세기 평화학』(서울: 풀빛, 2003), pp. 457-487.

① 적대적 대립을 통한 분단관리 전략

첫 번째 분단관리 전략은 적대적 대립을 통한 분단관리다. 이 전략은 한국정부가 남북한 간 첨예한 군사대립, 북한 위협의 증대, 동북아 안보환경 등의 원인으로 안보영역의 생존민감성이 높아졌다고 판단할 때 주로 나타났다. 통일정책이 여전히 '정책 영역'에서 존재하고 있으나 실천 가능성보다는 수사적 의미가 강한 정치적 공세 형태를 띠고 있을 때 드러났던 분단 관리방식이었다. 북한에 대한 군사적 적대감이 매우 높기 때문에 대북 대화와 소통 의지는 상대적으로 매우 낮은 기간이다. 다소 일방적이고 자기중심적인 논리로써 분단을 관리하려고 했던 시기도 실제로 있었다. 이승만 정권의 분단관리전략이나 박정희 정권의 초기, 분단 관리전략이 여기에 해당된다. 안보와 생존을 최우선으로 한다는 주장을 내세웠는데, 반공이념이 그 기본원리였다. 안보에 대한 개념도 '군사안보'가 지배적이었다. 즉 억제(deterrence) 전략에 기반하여 군사적 대립을 유지한다는 주장이 핵심 인식이었다. '유비무환'(有備無患), '평화를 원하면 전쟁을 준비하라' 등의 구호들이 안보개념을 좁게, 그리고 경직되게 만들었다. 적대감의 심리는 다양한 정치사회적 기제를 통해 재생산되었다. 따라서 이런 분단관리 전략으로부터 파생되는 외교정책에는 경직된 목표가 설정될 수밖에 없었다. 국가 생존 추구전략을 외교정책 영역에도 반영해야 했기 때문이다. 적대국가인 북한을 국제사회에서 고립시키는 것에 외교의 중점을 두었다. 한반도 내 유일 합법정부라는 정통성 경쟁과 관련되기도 했다. 이를테면 할슈타인 원칙이 그것을 방증한다.

흥미로운 것은 적대적 대립을 통한 분단관리 전략은 1960년대나

70년대의 냉전기 시기만의 전략은 아니었다는 점이다. 북한과 화해협력은 차치하고 소통이나 대화 의지보다는 군사적 수단을 통한 대립을 강화하려는 전략은 21세기에도 유사하게 시도되었다. 2010년, 천안함 사건과 연평도 포격사건으로 남북한 군사적 기장이 높아졌을 시기, 이명박 정부의 분단관리 전략도 이와 크게 다르지 않았다. 또한 목함지뢰 사건, 핵위협 등을 앞세워 개성공단 폐쇄를 결정했던 박근혜 정부의 후반기 분단관리 방식도 이와 유사했다. 남북한 대화채널도 차단한 상태였다. 통일대박론을 외치며 흡수 통일이 임박한 것처럼 선전했던 박근혜 정부는 군사적 안보에만 올인하는 형태의 적대적 대립을 통한 분단관리 전략의 전형이었다.

② 공생적 대립을 통한 분단관리전략

두 번째는 공생적 대립을 통한 분단관리 전략이다. 분석개념상 적대적 대립과 공생적 대립 전략의 차이는 남한이 북한에 대해 '대화 의사'를 가지고 있었느냐, 혹은 아예 대화 자체를 염두에 두고 있지 않았느냐의 차이일 것이다. 더 나아가 북한을 오로지 궤멸해야 대상으로 간주하여 봉쇄할 것인가 혹은 적대적 관계이지만 공생할 수밖에 없는 대상으로 간주하느냐의 차이일 것이다. 두 전략 모두 적대성에 기반한 군사안보 전략을 주된 전략으로 채택한다는 점에 있어서는 공통점이 있다. 공생적 대립전략은 남북한 간 군사적 대결상태를 유지하면서도 남북한 두 체제간 적대적 공존을 염두에 두었던 시기의 분단관리 전략이었다. 이른바 접촉을 유지하는 가운데 유지되었던 적대적 상호의존의 구조였다.

1970년대 박정희 정권의 분단관리 전략이 이 유형에 해당된다. 박정희 정권은 1970년을 기점으로 대북정책에 중요한 변화를 추구하게 된다. 1970년 박정희 정권은 "평화통일 기반조성을 위한 접근방법에 관한 구상"이라는 소위 8·15 선언을 발표했다. 그 동안 북한의 정치적 실체를 인정하지 않으려 했던 태도에서 사실상 북한 정권의 존재를 인정하는 입장으로 바뀌게 되었다. "선평화 후통일"이라는 주장을 통해 통일의 실현가능성을 여전히 후행적으로 간주하고 있다는 점에서 통일정책은 여전히 상징적 의미를 띠고 있었으나, 대화와 협상을 통한 남북한 공존을 모색하고 있다는 점에서 정치적 공세로 일관했던 이전시기의 통일정책과는 구별되는 변화였다. 공생적 대립전략은 70년대 초반, 세계적 차원의 환경변화에 기인하는 바가 컸다. 데탕트 무드라고 일컬어졌던 일시적 긴장완화 시기였다. 이 시기 남북한 정권은 국제정치적 변화의 중요성을 인식하는 가운데, 국내정치 체제를 재정비하는 것에 초점을 두었다. 쌍방간 대화는 그런 배경에서 열렸다. 1971년 남북 적십자 회담의 개시와 함께 1972년 7·4 공동성명, 남북조절위 설치 등의 상호접촉 확대 및 부분적 제도화로 나타났다. 1973년에 발표된 6·23 선언은 이러한 변화의 중요성을 상징하고 있다. 박정희 정권은 정치적 실체로서 북한을 인정하면서 평화적 관계를 확립하겠다고 천명하였다. 6·23선언에서는 남북한의 UN 동시가입을 반대하지 않겠다는 입장과, 정치적 대립을 유지하면서도 평화공존을 지향하려는 정책 구상을 담고 있었다. 더 나아가 1974년에는 남북 불가침 협정을 제안하기도 했는데 당시 국내외 상황에서 볼 때 정치적 상징성과 공세적 의미를 담고 있긴 했지만 획기적 구상을 담은 변화였다.

1970년대 박정희 정권이 대북 평화공존 전략으로 이행할 의지가 실제 있었느냐는 다른 문제다. '평화공존'이라는 용어를 천명하기는 했으나, 구체적인 실천구상은 준비하고 있지 않았다. 오히려 1972년 유신체제를 선포함으로써 대통령 권한강화를 통한 정권 장기화에 더 주안점을 두었다. 북한과의 군사적 대립 구도의 기본 틀을 변경할 의지는 없었다. 박정희 사망 후, 다시 군사 쿠데타에 의해 탄생했던 전두환 정권의 분단 관리 전략도 기본적으로 1970년대 박정희 시대와 유사했다. 전두환은 집권 초기 북한과 '잠정협정'을 맺고 비정치적, 비군사적 교류부터 점진적으로 하자는 '민족화합민주통일방안'을 1982년 제의했다. 정권 초기 남북관계 안정화를 주된 목적으로 했던 제안이었다. 1984년 홍수로 인한 이재민이 발생하자 북한은 식량과 의약품 등 인도주의적 지원을 제안했고 전두환 정권이 이를 수용함으로써 적십자 회담과 이산가족 고향방문, 남북한 경제회담도 개최되는 등 남북한 대화의 채널이 확대되었다. 전두환 정권은 남북정상회담도 제안했고 이를 위해 비밀 특사도 주고 받았다. 북한과 군사적으로 대립을 유지하면서도 대화채널과 접촉은 유지되었다는 점에서 이명박 정부 초기, 그리고 '한반도 신뢰 프로세스'를 내세웠던 박근혜 정부 초반의 분단관리 전략도 기본적으로 이와 크게 다르지 않았다.

③ 평화공존의 분단관리 전략

평화공존 방식을 통한 분단관리 전략은 남북한 화해협력을 통한 긴장을 완화하는 것에 초점을 두었던 전략이다. 남북한 군사대치 상태의 긴장완화, 경제협력과 신뢰구축 조치 등을 통해 분단을 관리하는 방식이다. 노태우 정부의 북방정책이 이 방식을 시도했던 효시라 할 수 있을 것이다. 남북기본합의서를 체결하는 등 탈냉전의 국제환경에 부응하려는 시도도 있었으나, 북방정책의 철학적 기조가 화해 협력에 기초하고 있었느냐는 판단하기 어렵다. 화해협력에 기반한 분단관리 전략은 김대중 정부에 들어 본격 개시되었다. 김대중 대통령은 취임사에서 남북관계의 화해협력과 평화정착에 토대를 두고 발전시켜나가야 한다고 강조했다. 이를 위해 3가지 원칙을 제시하였는데 무력도발 불용, 흡수통일을 시도하지 않겠다는 의사표명, 그리고 가능한 부분부터 화해협력 추진 등의 원칙이었다. 이후 남북관계의 실질적 개선을 위한 방안들은 다양하게 제안되었다. 남북한 대화를 적극 모색하고 정경분리 원칙을 통해 교류협력을 활성화시켰다. 또한 남북기본합의서 이행을 위한 특사교환을 제안하는 한편, 1998년 4월에는 남북한 당국자 회담이 개최되었다. 또한 같은 해 "남북 경협 활성화 조치"를 발표하였다. 정경분리 원칙을 내세워 남북한 경협을 추진하겠다는 의도는 비정치적 분야의 교류 활성화와 그 파급효과를 정치군사적 분야의 변화까지 확대하겠다는 기능주의적 통합론의 이론적 기조를 담고 있었다.

1970년대 이전의 통일정책이 공세적이면서도 정통성 확보를 위해 공세적이고 상징적 의미를 띤 것이었다면 김대중 정부의 대북정책은 수사적 상징적 의미보다는 실천가능성에 무게를 두는 정책으로 변화하고 있었다. 세계정치 영역이나 동북아 지역 수준에서 군사적 대결 위주의 냉전적 환경이 변화하고 있다는 인식이 생겨났고, 그리고 국력 성장 및 안보능력의 신장에 따라 1970년대 이전에 존재했던 높은 수준의 생존민감성은 상대적으로 낮아 졌다. 아울러 대북 인식 및 남북한 관계에 대한 국민적 시각에도 변화가 있었다. 국가중심적 시각이 압도적 주류를 이루고 있었던 시기와 비교할 때, 민주화 이후 나타난 민족중심 시각의 고양, 그리고 두 시각간의 공존이 대북 포용정책을 추진하게 만드는 배경이 되었다.

햇볕정책의 기조 위에서 한반도 냉전체제를 종식시키고 북한과 평화적으로 공존하고자 하는 방식으로 분단을 관리하고자 했던 김대중 정부는 2000년 남북정상회담을 성사시킴으로써 6·15 남북공동선언을 발표하기에 이른다. 통일 가능성에 관한 정책적 수렴도 공동선언에 포함시켰다. 즉 남북연합단계와 낮은 수준의 연방제가 공통점을 가지고 있으며 이 방향에서 통일을 지향하기로 남북한이 합의하였다. 아울러 화해협력을 통한 평화적 공존방식은 다양한 남북경제협력사업을 가능케 했다. 남북정상회담 이후 민족경제 공영발전을 위해 경의선 철도연결을 시도하였고 금강산관광개발 사업도 개시하였다.

김대중 정부의 햇볕정책을 승계한 노무현 정부의 대북화해협력정책도 평화공존의 원리에 기반한 분단관리 전략이었다. 북한 핵개발로 인해 긴장은 지속되었으나 남북 교류협력사업은 확대시켰다. 2007년 10·4 선언을 통해 남북한 군사적 긴장완화를 구체적으로 추진할 방법들에 합의하기도 했다. 문재인 정부의 한반도 신경제 구상은 같은 연장선 위에 서 있는 분단관리 전략이라고 평가할 수 있을 것이다. 한반도 평화의 복원이 문재인 정부의 당면한 대북정책 과제로 설정되었고, 이를 위해 베를린 선언, 유엔 총회 연설 등을 통해 북한을 평화공존, 경제공동체 구상으로 유도하였다. 평창동계 올림픽에 북한 참가가 전격 결정되고 판문점 회담을 성사시킴으로써 2018년 한반도에 새로운 해빙의 길을 열었다.

개념적 시각에서 볼 때 김대중, 노무현, 문재인 정부의 '평화공존' 분단관리 전략 전략은 남북한 당사자들의 평화공존의 필요성 인식과 동북아 안보질서의 메커니즘이 적절한 형태로 균형점을 이룰 때 나타날 수 있는 양식이다. 한반도 기상도를 결정하는 의사결정 구조의 측면에서도 국제정치축과 한반도 민족내부 축이 어느 정도 균형을 이루고 있는 형태라 할 수 있을 것이다. 군사적 대립을 완화함으로써 생존민감성을 낮추는 한편, 군비통제를 통한 평화유지, 다양한 차원의 신뢰구축 조치들을 구상하고 실천할 수 있는 분단관리 방식이다. 이에 따라 남북한 관계의 평화공존 및 민족공영을 목표로 하는 위한 경제협력조치, 긴장완화를 위한 협력행위들이 나타났다. 남북한 군사 긴장 완화는 안보영역에서 가졌던 생존 민감성을 낮추는 조건이 되었다. 안보의 담보를 위해 한미동맹을 여전히 유효하게 작동시키면서도 화해협력정책의 성공적 진척에 따라 남북한 적대적 관계의 완화가 생존 민감성을 낮추는 직접적 요인이 되었다. 이러한 분단관리 전략에 필히 동반되어야 하는 외교 전략은 '선순환' 구도를 촉진 시키고자 하는 외교 전략이다. 남-북-미의 3자 관계를 긴장과 대립의 악순환 구도로 만드는 것이 아니라 긴장완화와 협력관계 중심의 선순환 관계로 전환시키는 외교정책이다. 그러기 위해서 한국의 외교 구상이 매우 중요하다. 한반도 운전자론은 이러한 구상에서 제안되었던 개념이었다.

평화공존 전략이 한반도 분단을 안정적으로 유지시키는 전략이 되기 위해서는 한국의 안보민감성을 낮추는 조치들이 필요하다. 남북한 군비통제도 한 가지 방법이다. 거기에 더하여 안보민감성을 낮추고 평화공존을 지속가능하게 하는 조치들은 한국전쟁 종전선언, 그리고 보다 안정적 제도로서의 평화협정 등이다. 북–미간 불가침 조약과 같이 명시적인 평화지향의 조치들이 제도적 수준에서 실천되어야 북한의 체제보장은 물론, 한반도 평화공존 질서를 가능케 한다. 즉 한반도의 정전상태를 새로운 제도적 장치로 대체하는 새로운 한반도 평화체제를 모색해야 하며, 이를 국제적 합의로써 보장해주는 조치들이 있어야 평화공존의 분단관리 전략이 안정성을 갖게 될 것이다.[51] 한반도 평화체제를 보장하기 위한 국제정치적 메커니즘을 어떻게 형성할 것인가가 외교적으로 모색되어야 한다. 이를테면 한반도 주변 4강의 남북한에 대한 교차승인의 완결이 그것이다. 북–미 관계, 북–일 관계의 정상화 없이 한반도에서 평화공존의 틀을 만들기 어렵다.

④ 통합지향의 분단관리 전략

통합지향의 분단관리 전략은 아직 개념적 영역으로 남겨진 전략이다. 한반도에서 두 개의 국가가 정치적으로 하나의 국가로 통합을 결정하는 단계가 되면 '법적인 통일'(de jure unification)이 시작된다고 판단할 수 있다. 통합을 이러한 정치적 통합으로 엄밀하게 정의한다면 통합지향의 분단관리 전략은 다소 먼 미래의 전략이다. 정치적 통합을 궁극 목표로 하는 사람들에게는 과거 김대중 정부의 햇볕정책, 노무현 정부의 화해협력정책, 그리고 문재인 정부의 한반도 신경제구상 등이 한반도 2국 체제를 오히려 견고하게 만들어 통일을 불가능하게 만들 것

51 한반도 평화체제에 관해서는 이 책의 4부에서 다시 다룬다. 2000년대 초반, 평화체제 구상에 대해서는 문정인, "김대중 정부와 한반도 평화체제 구축," 『국가전략』 제5권 (2)호 (1999), pp. 139–170.

이 아닌가 하는 우려가 있는 것도 사실이다. 그러나 분단 70여년이 지난 현재, 남에 의한 흡수통일, 북에 의한 적화통일은 사실상 현실적으로 불가능하게 되어 버린 정치적 현실에도 주목할 필요가 있다. 흡수통일, 적화통일은 남북한 대립과 긴장 구도를 더 확대시켜왔다는 점도 부인하기 어렵다. 그렇다면 점진적이고 합의에 의한, 그리고 평화적 방법에 의한 통일론만이 남게 된다. 점진적이고 평화적 방법으로 통합을 추구하기 위한 조건을 사회경제적 교류확대에서 찾는다면 법적 통일만큼 중요한 것이 바로 '사실상의 통일'(de facto unification)이다. 사실상의 통일을 안정적으로 유지하는 전략이 있다면 통합지향의 분단관리 전략에 포함시켜도 무방할 것이다.

상상컨대 평화공존 전략이 성공을 거두게 되어 두 개의 국가 체제를 안정적으로 관리하는 가운데 남북한 화해협력의 수준이 보다 진화하게 되면 한반도가 하나의 경제권으로 통합되는 단계가 도래할 수 있을 것이다. 자본과 기술, 사람들의 왕래가 자유로워지는 단계가 불가능하지 않게 된다. 그 단계가 '한반도 경제공동체' 더 나아가면 '남북한 경제연합'이다. 남북한 경제 모두에 윈윈하는 방식의 협력이 초기단계에서 시작하여, 관세동맹의 협력도 추구할 수 있다. 경제가 하나로 통합되는 양식의 성숙단계에는 하나의 화폐 사용, 한반도 중앙은행의 설립도 고려할 수 있다. 그리되면 정치적으로는 두 개의 국가로 분리되어 있으나 경제적으로는 하나의 단위가 된다. 그 단계에 이르러 남북연합, 연방제 등의 정치적 결정을 할 수 있게 될 것이다. 그런 관점에서 볼 때, 남북한 경제통합을 현실적으로 추구하는 전략, 이를테면 문재인 정부의 한반도신경제구상이 실천에 옮기게 되는 조건이 되면 '통합지향의 분단관리 전략'의 초기 단계라고 평가할 수 있게 될 것이다. 그런 단계에 이르러 한반도 경제통합을 지향하는 분단관리 전략을 추진할 때, 외교적으로는 한국의 안보민감성을 최대한 낮추는 안보외교정책을 추진할 필요가 있을 것이다. 이에 더하여 한반도 평화체제를 보다 안정적으로 관리할 수 있는 지역 안보메커니즘이 더 포괄적으로 모색되어야 할 것이다. 이를테면 양자동맹과 병렬적으로 동북아 다자안보협력체 구성도 적극적으로 고려하는 시대환경이 될 것이다.

역대 한국 정부의 분단관리 전략, 그리고 앞으로 한반도 통합과정에 작동할 수 있는 다양한 메커니즘과 담론들을 표로 정리하면 대략과 다음과 같을 것이다.

분단관리 전략의 유형과 현상들

<table>
<tr><th></th><th>분단</th><th>대화와 소통</th><th>양국체제</th><th>축의 균형</th><th colspan="2">안보방식</th><th>외교정책(vis-a-vis북한)</th></tr>
<tr><td>①적대적 대립전략</td><td rowspan="2">현상유지</td><td>없음</td><td>불인정</td><td rowspan="2">국제〉민족</td><td rowspan="2">군사안보</td><td rowspan="3">동맹</td><td>봉쇄</td></tr>
<tr><td>②공생적 대립전략</td><td>소극적</td><td rowspan="2">사실상 인정</td><td>경쟁</td></tr>
<tr><td>③평화공존 전략</td><td rowspan="2">현상변경</td><td rowspan="2">적극적</td><td>국제=민족</td><td rowspan="2">군사안보 +군비통제</td><td rowspan="2">선순환</td></tr>
<tr><td>④통합지향 전략</td><td>극복</td><td>국제〈민족</td><td>동맹+다자안보</td></tr>
</table>

5. 한반도 분단질서의 유형

분단 이후 남북한 간에는 경쟁과 대립의 시대가 있었고 간헐적으로 화해와 협력의 시도 또한 존재했던 것은 주지의 사실이다. 이를 한반도 분단질서라고 부른다면 그 원인은 어디에서 비롯되었을까? 앞서 설명했던 분단관리 전략의 유형들은 한국 역대정권의 안보민감성/통일정책에 초점을 맞추어 분류하고 설명한 것들이다. 그러나 한반도 분단질서는 한국정부의 분단관리 전략만으로 종합적으로 설명하기 어렵다. 남북한 정부의 정책이 경합하고 상호작용하는 영역에 더하여, 더 나아가 남북한간 정치적 게임의 외연으로 작동했던 국제정치영역과의 관계도 고려하지 않으면 안된다. 그러므로 분단질서를 역대 한국정부의 태도와 정책만으로 설명하기는 제한적이다. 국제정치학에서 '질서'(order)라는 개념은 단순히 권력구조적 요인만이 아니라 국가들의 정책적 의도, 행위, 제도적 장치 등이 작동하는 복합적 개념이다. 한반도 분단질서는 남북한 정권들의 대외전략과 인식, 그리고 한반도에 대한 열강들의 전략적 판단과 행위가 만들어 낸 복합적 산물이었다.

지난 70여년 동안 전개되었던 한반도 분단질서에는 다양한 유형들이 존재해왔다. 한반도를 둘러싼 국제정치 환경이 투사된 결과이기도 하고, 이에 남북한 정권이 대응하는 과정에서 만들어진 결과이기도 했다. 오랜 냉전시대를 거치면서 한반도 분단질서에는 상대적으로 대립적 질서가 주종을 이루었으나 그렇다고 그것이 유일한 양식은 아니었다. 상호 억제전략을 통해 대립을 안정적으로 관리하려는 형식의 분단질서도 등장하였고 남북한 합의구조를 만들어 냈던 평화공존형 질서도 존재했었다. 그런가 하면 남북한 공히 분단극복과 한반도 통일을 규범적 목표로 간주하기도 했다.

한반도 분단질서의 형성과 변동은 일차적으로는 남북한 정권들의 상호인식과 대응태도가 하나의 축이라면, 한반도를 둘러싼 국제정치 영역의 변수도 다른 하나의 축으로 동시에 고려해야 한다. 국제정치 영역의 변수는 동북아 열강들이 각자의 전략적 지도 속에서 열강들의 관계를 어떻게 설정하고 그 속에서 한반도 문제를 어떤 방식으로 인식하고 접근했는지의 문제다. 냉전 시대처럼 열강들이 취했던 적대적 균형(antagonistic balance of power)의 방식이 있었는가 하면 1970년대 초 데탕트시기, 그리고 탈냉전기와 같이 유화적 태도가 지역질서 환경을 만들었던 시기도 있었다. 적대적 균형방식의 관계구도는 한반도의 분단을 통해 동북아 지역 전체의 적대적 균형관계를 유지하려는 인식과 태도를 의미한다. 이런 환경은 남북한 정권들에게는 열강들의 대립적 균형(antagonistic balancing) 전략이 만들어내는 '경직된'(tight) 국제환경이 된다. 반면, 유화적 정책을 통한 관계구도는 '이완'된(soft) 국제환경이라고 구분할 수 있을 것이다. 경직된 국제환경이 만들어질수록 한반도를 '분리하여 관리'(divide and rule)하려는 경향이 높아지는 것도 사실이다.

국제정치 환경이 주는 경직/이완의 구도 속에서 남북한 정권들의 대응태도도 한반도 분단질서 형성/변동의 요인으로 함께 고려해야 한다. 남북한 정권들의 대응태도는 동북아 국제정치 환경 속에서 민족 축 내부의 자율적 공간을 얼마나 확보하려고 노력했는지의 여부에 따라 자기제한적(constraining) 행동과 기회추구형(opportunity-seeking) 기동성으로 구분할 수 있을 것이다.[52] 남북한 정권이 자기제한적 대응태도를 보였던 것은 분단구도의 현상유지(status quo)에 대한 순응전략이 만들어낸 결과물이기도 했다. 이를테면 열강들이 만들어내는 한반도 협착구도의 강도가 정권 차원의 전략으로서는 극복하기 힘들 정도로 강하다는 판단, 또는 민족내부의 소통구도를 만들기보다는 정권의 안정적 유지라는 단기적 이익에 집중하는 경향 때문이었다. 남북한 역대정권들이 상호 적대적 관계를 필요로 했던 것은 이를 통해 정권유지에 도움이 된다는 계산때문이기도 했다. 이를 남북한 적대적 의존관계라고 부르는 이유도 그것이었다. 반면, 기회추구형 기동성은 남북한 정권들이 남북한 관계의 독자적 영역을 모색할 때를 의미한다. 7·4 공동성명, 남북한 기본합의서, 그리고 김대중 정부, 노무현 정부, 문재인 정부 시기 남북한 정상회담 통해서 만들어졌던 일련의 합의구조가 여기에 해당된다. 그것을 만들어 냈던 동력은 정치지도자의 철학, 정치적 계산, 분단극복과 민족 동질성 회복의 규범적 역사인식 등에서 비롯되었다고 볼 수 있다.

한반도 분단질서의 유형과 원인을 남북한 정권들의 정책적 기동성, 그리고 동북아 열강들의 한반도 분단에 대한 의도를 조합하여 표시하면 아래와 같다.

52 기동성(maneuverability)은 국제환경에 단순히 순응하는 것이 아니라 외교정책 대안(options)을 다양하게 가지려는 일련의 시도라고 개념화할 수 있다. 이성훈(2007).

<table>
<tr><td colspan="2" rowspan="2"></td><td colspan="2">남북한 정권의 정책적 기동성(민족축)</td></tr>
<tr><td>자기제한(constraints)</td><td>기회추구(opportunity)</td></tr>
<tr><td rowspan="2">한반도 분단에 대한 인식과 의도(국제정치축)</td><td>경직</td><td>외부의존형 대립질서</td><td>반(反)외세적 협력질서</td></tr>
<tr><td>이완</td><td>내부결속 지향형 대립질서</td><td>교류형 공존질서</td></tr>
</table>

외부의존형 대립질서는 냉전초기의 시기처럼 남북한 정권들이 국가중심적 시각을 강조하여 외부세력과의 연대를 강조할 때 나타난 분단질서다. 냉전기 기간 동안 동서 진영화의 적대적 대립질서에 조응하는 형태로 이러한 분단질서가 만들어지고 유지되었다. 남북한 정권이 정권 안보는 물론 국가의 생존민감성이 높다고 인식하고, 이를 해결하기 위하여 외부세력에 의존하는 전략을 결정했을 때 형성되었다. 동북아 국제정치 게임 구도 속에서 남북한한은 열강들과의 관계를 적극 모색하고 이를 통해 각각 국가 생존과 존립에 초점을 맞추었다. 한미동맹의 형성, 강화의 전략이 여기에 해당된다. 또한 북한의 양자전략, 즉 북·중관계 강화, 북·소(러)관계 강화를 통해 존립과 생존전략을 강조하는 경우였다. 이럴 때 남북한 관계에는 국제정치의 대립양상이 그대로 반영되어 나타날 수밖에 없었다.

내부결속 지향형 대립질서는 국제정치 환경이 유화적 관계로 진행되어 가지만 남북한 정권이 정권의 자기존립을 위해 남북 대결구도를 강화하는 전략을 선택할 때 나타난 분단질서유형이다. 이를테면 1970년대 초 데탕트의 국제정치 환경이 여기에 해당된다. 닉슨 독트린 이후 미국과 중국은 관계개선을 모색하기 시작했다. 그러한 국제환경 변화에 조응하여 남북한 정권은 분단사상 처음으로 남북한 간 양자적 접촉을 개시하였고, 마침내 7·4공동성명을 발표했다. 그러나 곧 이어 남측의 박정희 정권은 유신정권을 탄생시켰고, 북측의 김일성 정권은 사회주의헌법을 통해 정권 내부의 결속을 강화했다. 이 시기 남북한 정권 모두 정권존립이 일차적 목적이었다. 이것 또한 한반도 분단질서의 하나의 유형이 되었다.

반외세적 협력질서는 7·4 공동성명의 '자주통일'의 원칙이나 '민족대단결'의 원칙에 상징적으로 드러난다. 통일은 민족내부의 문제인 만큼 외세를 배제하고 남북한 당사자의 몫이어야 한다는 원리다. 이른바 한반도 문제의 한반도화라는 원리적 개념에는 이러한 유형의 분단질서가 내재되어 있다. 북한의 대남전략에 간혹 상징적으로 드러나는 분단질서 유형이라고 볼 수 있다. 민족 동질성에 대한 강조점을 내세워 외세를 배격한다는 논리는 민족주의와 일면 부합하는 것 같으나, 동북아 국제정치에서 한반도의 지정학적 민감성을 고려할 때, 그리고 열강들이 한반도 문제에 대한 전략적 관심을 고려할 때 완전히 배타적 논조의 '민족대단결' 식의 민족 축의 형성은 현실적으로 상상하기 어렵다.

교류형 공존질서는 동북아 열강들이 한반도 분단에 대해 유화적 태도와 인식을 보이고 남북한 정권이 이러한 환경 변화에 조응하는 전략을 선택했을 때 나타났던 분단질서였다. 1970년대 초반 데탕트의 국제환경 속에서 나타났던 남북접촉과 7·4 공동성명, 90년대 초반 탈냉전기 초반의 국제환경 속에서 남북한 정권이 합의했던 교류협력의 구조(기본합의서), 그리고 김대중 정부, 노무현 정부, 문재인 정부의 대북화해협력 정책에 대한 북한의 전략적 대응방식이 만들었던 분단질서의 한 유형이었다. 남북한은 군사적 대립구조를 완화하고 경제적 협력, 인도주의적 접촉과 교류 등의 영역을 확대함으로써 민족 축 내부의 독자적 영역을 구축하려 했다. 아울러 그러한 방식이 국제정치축의 메커니즘, 예컨대 북·미관계 개선, 한·중 관계 강화 등의 전략과 '선순환적 구도'로 작동할 것이라는 희망도 이 같은 분단질서 유형의 인식적 원천으로 작동하였다.

2장
약소국 경험이 남긴 이론적 고민

한국 근현대사의 외교적 경험을 묘사할 때, '주변 강대국으로부터 외압과 침탈' '약소국의 설움' '급변하는 국제정세의 도전과 위기' 등의 표현이 자주 등장한다. 한반도에게 주어진 지정학적 조건으로부터 비롯된 경험 때문일 것이다. 국력의 관점에서 볼 때 한반도를 둘러싼 주변 국가들의 국력이 한국보다 작은 나라는 없다. 약소국 한국의 운명은 크기와 위치에서 비롯된 것이라는 점도 크게 틀린 지적은 아니다. 제국주의 침탈의 전장화, 식민지, 분단, 전쟁, 대립 등의 쓰라린 경험은 지정학적 조건 혹은 인식과 무관하지 않다. 요컨대 한국의 외교사적 경험은 약소국으로서의 경험이라고 불러도 무방하다. 더욱이 한반도의 지리적 조건은 상수이며, 한국은 국력의 성장에도 불구하고 동북아 국제정치의 장에서는 여전히 강대국으로 둘러싸여 있다. 흥미로운 점은 한국 외교사 에서 제기될 법한 약소국 외교정책론이라는 학문적 연구는 매우 저조한 편이다. 대다수 한국의 국제정치학자들은 한국의 경험을 설명할 때에도 강대국 중심의 현실주의 국제정치학을 수용하여 설명하려는 경향이 있다. 그런 배경에서 '동맹 신성화'가 태어나고 '안보-자주 교환동맹' 이론도 당연하게 받아들이는 경향이 생긴다.

약소국 외교정책론의 분석틀을 모색하는 것은 국제정치 현상에 내재된 복잡성 규명의 한 측면이다. 국제정치 현상이란 국익에 따라 결정된다는 명제로 단순화될 수 있는 것은 아니다. 또한, 약소국 외교정책론은 국가 힘의 크기가 모든 현상을 결정한다는 식의 논점, 이른바 현실주의 패러다임이 가지는 편협성의 오류를 극복하고자 하는 의미도 가지고 있다. 사실, 힘의 명제(power assumption)에 기반한 현실주의 패러다임이 국제정치학의 지배담론으로 작동해 오는 동안 약소국의 외교정책론 연구는 자연스럽게 학문적 관심의 외곽지대로 몰렸다. 힘의 관점에서만 현상을 바라볼 때 약소국 행위자체가 그다지 중요한 결정요인이 아닐 것이라는 전제, 따라서 약소국을 피동적 행위자로 간주하는 경향이 있었기 때문이다. 그러나 국제정치의 현장에 있어서는 강대국에 대한 약소국의 대응행위는 국제정치 현상을 조형하는 중요한 원천의 하나로 작동해 왔다. 국제정치 현상은 힘이 일방향적 으로 작동한 결과만으로 설명할 수 있는 것은 아니다. 국제정치 현상을 설명함에 있어 강대국 중심의 패러다임에 분석자의 인식이 압도당할 때 약소국의 외교정책 행위는 소홀하게 다루어 질 수밖에 없다. 미국의 주요한 국제정치학 이론 속에서 약소국 문제가 배제된 것은 이런 이유에서였다.

한국이 처해있는 국제정치 현실, 그리고 외교사적 경험을 비춰볼 때, 약소국 외교정책론에 대한 고민과 성찰을 국제정치학 연구에서 아예 배제해 버리면 한국에서 학문행위로서 국제정치학 연구는 큰 의미를 갖지 못하게 될 것이라는 우려도 있다. 그런데도 한국의 국제정치학 연구자들이 오로지 힘만을 중심으로 하는 강대국 환원주의에 빠져 있는 것은 참으로 기이한 현상 중의 하나다. 한국 외교사 경험이 남긴 과제들 중에서 어쩌면 가장 중요한 과제는 한국 외교정책을 약소국 외교정책론이라는 이론으로 재조명하는 일이다. 더 나아가면 한국의 외교사적 궤적을 토대로 한국적 국제정치학 패러다임을 모색해 보는 일일 것이다. 그것은 중심의 눈으로 주변을 보지 않는 일이다. 지배자의 시선으로 피지배자의 경험을 설명하지 않는 일이기도 하다.

1. 약소국 외교정책: 이론적 탐색

역사적으로 약소국이었던 한국에서 약소국 외교정책론과 관련된 이론적 논의는 몇몇의 연구 성과에도 불구하고 아직까지 제한적 관심 속에 놓여 왔다.[53] 한국 외교사의 경험은 한국 국제정치학 연구자들에

53 한국 학계의 제한적 관심 속에서도 다음과 같은 성과는 있어왔다. 이호재, 『약소국 외교정책론』(법문사, 1973); 이호재, 『한국 외교정책의 이상과 현실』(서울: 법문사, 2000); 김덕, 『약소국 외교론』(서울: 탐구당, 1992). 아울러 한미동맹에 대응하는 한국의 외교적 행위에 대한 학문적 검토도 이러한 노력을 반영하고 있다. 이를테면 한미동맹을 단순히 "후견-피후견"(patron-client)관계나 "안보-자주 교환동맹"(security-autonomy trade-off) 등의 개념으로 단순화하는 것이 아니라 비대칭 동맹 속에서 발견할 수 있는 약소국(피후견국)의 자주 행태의 다양성도 이 연구 범주에 속한다. 배양일, "한미동맹과 자주"(연세대학교 정치학과 박사학위 논문, 2006); 지효근, "동맹안보문화와 동맹결속력 변화: 한미동맹 사례연구, 1968-2005"(연세대학교 정치학과 박사학위 논문, 2007).

게 중요한 과제를 남겼다. 그것은 비단 생존의 지혜를 정책적으로 어떻게 강구할 것인가 하는 현실정치적 목표만을 의미하는 것은 아니다. 약소국 외교정책에 대한 학문적 탐구로부터 시작되어야 정책대안도 외교전략 구상도 보다 단단해질 수 있을 것이다.

국제정치 현상을 설명함에 있어 강대국 중심의 패러다임, 즉 현실주의 국제정치학에만 인식이 압도당할 때 약소국의 외교정책 행위는 주변부로 내몰릴 수밖에 없게 된다. 국제정치학 이론 속에서 약소국의 외교정책론이나 약소국 국제정치학 관련 논의는 제한적이다.[54] 그 배경에는 힘(power)을 핵심적 요소로 간주하는 국제정치학의 현실주의 패러다임이 주류적 시각으로 등장했던 20세기 국제정치학 연구경향이 있었다. 따라서 국제정치학 연구에 있어 인식적 토대는 주로 강대국 중심의 시각을 반영해 왔다고 해도 과언이 아니다. 한국 국제정치학계에서는 여전히 국제정치학 현실주의의 담론에 영향을 받고 있고, 미국적 국제정치학이 연구방법론의 주류를 이루고 있다. 이에 따라 약소국이었던 한국에서 약소국에 관련된 국제정치학적 논의가 주변부적 관심 속에 놓여 왔다는 것은 아이러니라면 아이러니다.[55] 그것은 한국 국제정치학의 철학 부재와 패러다임의 실종을 의미하기도 한다.

54 대표적 논의는 다음과 같다. Michael Handel, *Weak States in the International System* (London: Frank Cass, 1981); Marshall Singer, *Weak States in the World of Powers* (New York: Free Press, 1972); Erich Reiter, *Small States and Alliance* (Austria: Physica Verlag, 1965); Annette Baker Fox, *The Power of Small States* (Chicago: Univ. of Chicago Press, 1959).

55 한국 국제정치학계의 이러한 문제의식에 대한 비판으로는 Ki-Jung Kim, "Studying International Relations in Korea: Things that Are Korean," *Participation* 28-2 (2004).

약소국 외교정책론과 관련하여 몇가지 중요한 개념들을 검토할 필요가 있다. 우선, 주권 개념이다. 일반적으로 국가가 외교정책을 통해 추구하는 목표에는 주권의 보호, 물질적 번영, 위신의 앙양 등이 거론된다. 이에 더하여 국가의 국제정치적 위상, 지정학적 조건 등에 따라 국제질서의 변동이나 창출 등이 국가의 외교정책적 목표로 간주될 수 있다. 약소국 외교정책론의 관점에서 국가목표와 관련하여 이론적 논의가 필요한 부분은 주권과 관련된 것이다. 주권의 개념은 크게 두 가지 요소로 구성되어 있다. 하나는 외부적 위협으로부터 국가의 물리적 안전을 확보하고자 하는 개념이며, 다른 하나는 국가의 영토체제 내에서 국가가 가지는 법률적 권한의 배타성과 독자성의 개념이다. 주권을 확보하기 위하여 대외전략을 구상하고 추진할 때 전자가 주로 안보 영역의 주권과 관련된 것이라면, 후자는 국가의 대외적 행동위에 존재하는 자율성 확보와 관련된 전략과 관련이 있다.

약소국 외교정책의 경우, 자율성 영역의 주권 개념과 관련하여 "자율 공간의 확보," 혹은 "자유행동 범위(freedom of action)의 확보", 또는 외교의 "기동성"(maneuverability) 등의 개념이 주목받게 된다.[56] 안보영역의 주권과 자율성 확보의 주권개념이 경우에 따라 서로 배타적 성격을 가질 수 있으나 반드시 그런 것은 아니다. 특히 약소국의 전략 선택의 관점에서 볼 때 안보주권과 자율성 확보의 주권을 확보하려는 전략들이 각각 특정 목표에 초점을 둘 수는 있다. 그러나 반드시 상호 배타적 성격을 띠고 있는 것은 아니라는 뜻이다. 요컨대 안보 주권을 확보

56 Handel, (1981).

하려는 행위가 반드시 자율성 영역의 주권을 훼손하지는 않는다는 것이다.[57] 또한 국가가 선택할 수 있는 외교 전략이 반드시 하나일 필요는 없을 것이다. 상황과 조건에 따라 둘 이상의 전략들이 결합되거나 동시에 추구될 수 있음도 전제되어야 한다.

주권을 보호하기 위한 목적에서 국가가 추구하는 전략에는 다양한 방법들이 존재한다. 먼저 자강론(自彊論)에 입각한 자기방어(self-defense) 전략이 있으며, 편승동맹(bandwagoning alliance), 그리고 국제안보의 방법을 통한 국가 안보전략을 고려할 수 있다. 약소국 전략의 관점에서 볼 때 자강론의 자기방어력의 확보는 어떤 전략적 대안과도 결합될 수 있다. 편승동맹은 대개 약소국에게 매력적인 대안이 될 수 있는데, 지역 국제정치구도 속에서 가장 국력이 큰 국가, 혹은 위협의 원인을 제공하는 국가와 동맹을 체결함으로써 안보를 확보하는 방법이다.[58] 이 전략은 약소국 개체의 차원에서는 안보를 확보할 수 있는 이점이 있으나, 오히려 그러한 행위 때문에 지역수준의 세력균형이 위태로워질 수 있다는 약점이 있다. 지역 세력균형이 취약해지면 약소국 안보가 다시 위협에 직면하게 된다는 "양날의 칼"과 같은 특징이 있다. 또

57 물론 "안보-자주의 교환동맹"으로 강대국과 약소국간의 비대칭적 동맹을 정의내릴 때 안보와 자주가 상호 배타성을 띤다는 것을 전제하고 있으나 그것은 양국이 합의한 동맹의 다양한 제도적 장치의 구성내용에 따라 달라질 수 있다. 모든 강대국-약소국간의 동맹이 "안보-자주 교환동맹" 형태를 띠고 있는 것도 아니다. 아울러 그 같은 "안보-자주 교환동맹"의 제도적 틀 속에서도 약소국은 끊임없이 자율공간을 확보하려는 노력을 보이고 있다. 구성주의적 관점에서 볼 때 오히려 "안보-자주 교환동맹"이라고 규정하는 "지식의 틀"이 국가의 행위 및 분석적 인식을 일정정도 제한할 수 있음도 지적되어야 한다.

58 Stephen Walt, *The Origins of Alliances* (Ithaca: Cornell Press, 1987); Randall Schweller, "Bandwagoning for Profit," in Michael Brown, et. al. (eds.), *The Perils of Anarchy* (Cambridge: MIT Press, 1995), pp. 249-84.

한 국력의 차이가 있는 강대국과 결합하는 형태의 동맹은 이른바 "후견–피후견인"의 동맹관계, 또는 "안보–자주 교환동맹"형의 구도가 만들어 질 수 있다. 이런 경우, 주권의 또 하나의 측면인 "자율적 공간"이 협소해질 수 있다는 위험이 있다. 반면, 국제안보는 국가의 안보 개념을 단위수준의 행위에서 정의하는 것이 아니라 관계적 관점에서 접근하려는 것이다. 이른바 공동안보(common security), 협력안보(cooperative security), 또는 집단안보(collective security)의 개념들이 그것이다. 국가가 놓여 있는 안보환경을 안전하게 유지하도록 유도하는 전략을 추구함으로써 개별 국가의 안보를 확보한다는 논리다. 지역적 수준의 다자간 안보협의체 구상을 실천하거나 그것의 창출을 도모함으로써 안보 주권을 확보할 수 있다.

반면, 자율성 확보의 주권을 보호하고 확대하려는 목적에서 고려될 수 있는 전략으로는 균형동맹(balancing alliance), 균형외교(balancing diplomacy), 그리고 개입회피(non–involvement)의 전략이 있을 수 있다. 균형동맹은 타국과 동맹을 체결하되 지역적 수준의 세력균형 유지(혹은 복원)를 염두에 두면서 취할 수 있는 동맹전략이다. 편승동맹에 비해 상대적으로 행동자유의 범위가 넓을 수 있으나 편승동맹만큼 강력한 안보 공간을 보장받지 못할 가능성이 높다. 균형외교는 일국 중심의 외교구도를 탈피하여 외교적 유연성을 구가하려는 전략이다. 사안에 따라 다양한 역할을 자임할 수 있다. 예컨대, 지역 국제질서의 안정적 기조를 유지, 확대시키는 "촉진자의 역할"(facilitator)이나 국가간 갈등관계의 조정 역할을 할 수 있는 "중재자의 역할"(mediator), 또는 지역 국가간 공동번영을 도모하기 위한 국제 아젠다(agenda)를 제시하는

"창안자의 역할"(initiator) 등의 전략들을 고려할 수 있다. 한 가지 염두에 둬야 하는 점은 약소국의 균형외교가 반드시 지역 수준의 권력 구조적 조건, 즉 세력균형(balance of power) 의 개념에만 국한되는 것은 아니라는 점이다. 이론적 관점에서 볼 때, 지역수준의 세력균형은 앞서 언급한 "균형동맹" 전략과 관련된 것이며, 이에 반해 균형외교는 지역 국제질서의 균형(평형)상태(equilibrium)를 유지시켜 나가려는 행위로 봐야 한다. 또한 국가간 이익의 불균형 상태를 조정하고 균형 상태를 유지시킴으로써 역내 국가들간 합의에 이를 수 있는 기회를 높여주는 행위로 전제되어야 한다. 아울러 국제질서의 구성요소인 "인식"과 "관념"(ideation)의 공유범위를 확대시키는 목적으로 외교전략이 구상될 수도 있을 것이다.[59] 마지막, 개입의 회피 전략은 보통 비동맹(non-alignment)이나 중립화를 통한 방법이다. 약소국의 경우, 외교 기동력 극대화를 통해 주권의 자율공간은 확대될 수 있으나 안보영역의 주권이 쉽게 훼손될 수 있다는 위험이 있다. 특히 지정학적으로 전략적 요충지에 위치한 약소국의 경우, 개입의 회피전략은 상당한 비용을 수반할 가능성이 있다.

약소국이 강대국과 양자동맹을 체결하는 행위는 지역 국제질서의 권력구조 형성에 중요한 요인이 된다. 그러나 동맹체제가 유지된다고 해서 다른 정책적 대안이 대안을 완전히 배제해야 한다는 뜻은 아니다. 예컨대 양자동맹을 유지하면서도 자강론적 전략이나 국제안보

59 국가들간 국제질서 운용에 관한 원칙에 대해 관념의 괴리가 클수록 오인과 갈등의 소지가 높아질 수 있다. 또한 국가들간 행위원칙에 관한 이해에 공감대가 적으면 갈등의 소지가 되고 이는 지역 국제질서의 불안정 요소가 될 수 있다.

(international security: 협력안보, 공동안보, 집단안보 등의 방식) 대안이 고려될 수 있으며, 균형외교의 전략 또한 선택범위에 포함될 수 있다.

2. 약소국 외교행위를 결정하는 요인들

한국 역대 정부들의 외교정책이 모두 동질의 특징을 보였다고 판단하기는 어렵다. 같을 수가 없었다. 때로는 명분을 앞세우는 외교를 실천했을 때도 있었고, 때에 따라서는 자주(自主)가 핵심 원리로 작동했을 때도 있었다. 1950년대 이승만 정권이 처해있던 국제환경, 국내적 조건들은 21세기 노무현 정부나 문재인 정부가 직면한 환경과 결코 동일하지 않다. 국제환경에 대응하는 약소국 외교 전략은 양자동맹(편승, 균형), 다자주의적 접근(집단방어동맹, 다자간 안보협의체), 개입회피(균형외교, 비동맹, 중립) 등으로 분류할 수 있다.[60] 이러한 구분은 주로 국가안보를 확보할 수 있는 전략적 선택이라는 관점에서의 구분이다. 그러나 전략적 선택으로서 약소국 외교의 구분은 어떤 요인들이 약소국 외교 행위패턴을 만들어 내는지를 구체적으로 설명하는 개념으로는 부족한 감이 없지 않다.

약소국 외교정책을 만들어 내는 원인에는 다양한 변수들이 작동한다. 개념적 틀을 만들어 본다는 목적에서 다양한 변수들을 분류하다면 국제정치적 변수와 국내정치적 변수로 구분하여 설명할 수 있을 것이다.

60 김기정, "21세기 한국 외교의 좌표와 과제: 동북아 균형자론의 국제정치학적 의미를 중심으로," 『국가전략』 제 11권 (2)호 (2005).

1) 국제정치적 변수

지금까지 약소국 외교정책론 연구자들이 주로 관심을 가져왔던 점은 약소국은 강대국에 비해 국제정치적 조건이 상대적으로 더 많은 영향을 받는다 점이다. 사실, 어떤 유형의 국가이건 외교정책 영역에서 국제 환경이 주는 요인을 배제하고는 설명할 수 없다. 약소국 외교정책론의 경우, 첫째, 세계(지역)정치의 구조적 변수다. 국제정치의 구조적 양태가 패권적 구조냐, 양극적 구조냐, 혹은 다극적 구조냐에 따라 약소국 외교정책 행위는 영향을 받는다.[61] 둘째, 국제질서의 규범(norm)이 협력지향적이냐, 혹은 갈등지향적이냐에 따라 약소국 행위의 범위가 결정된다. 이 논점은 외교정책론 설명틀이 구조론적 설명에 경사되지 않고, 보다 포괄적으로 논의되어야 한다는 의미를 담고 있다. 국가 행위가 단순히 힘의 담론, 즉 구조만으로 설명되기에는 불충분한 점이 존재하기 때문이다. 구조론적 담론에 지나치게 압박당하게 되면 외교정책론 연구 자체에 의미를 부여하기 힘들다. 특히 한국의 외교정책적 대응을 전략적으로 고민하는 사람들에게 그러하다.

그런 의미에서 한국 외교정책의 환경으로서 (동북아) 지역 국제정치를 논의함에 있어서도 구조론적 담론보다는 (지역)질서론적 담론으로 접근할 필요가 있다. (지역)질서론은 국제정치 현상을 권력구조 뿐 아니라 인식(관념)적 구조, 행위적 특징, 제도적 장치 등의 복합적 요인들의 상호작용으로 설명하려는 시도이기 때문이다. 지역질서론에 대한 최근 연구경향에는 지역수준의 국제정치현상을 설명함에 있어 구성주의

61 Handel (1981).

적 접근도 포함된다. 구조와 개체(행위자)의 상호순환성, 문화(연성권력)와 인식적 공감대(행위의 간주관성 문제) 등의 논제가 거론될 수 있기 때문이다. 한국 외교정책 연구가 단순히 지역수준의 세력배분이나 구조에 대응하는 형태가 아니라 평화와 안정이라는 정책적 의도와 그것의 외교적 실천이라는 전략까지도 포함할 때, 구조론 패러다임을 선택하여 분석할 것인지, 혹은 질서론적 패러다임을 선택할 것인지는 매우 중요한 문제가 된다.

셋째, 약소국이 맺고 있는 동맹(alignment)의 종류에 따라 약소국 행위가 달라진다. 즉 양자동맹이냐 또는 다자적 동맹이냐 아니면 중립(비동맹)으로 남겨져 있는 환경인지가 중요한 결정변수가 된다. 약소국이 맺고 있는 동맹의 경우, 힘의 비대칭성이라는 양자관계의 구조적 조건이 약소국 외교정책에 미치는 영향이 지대하다. 따라서 비대칭 동맹(asymmetric alliance) 속에서 나타나는 약소국 외교정책도 분석대상이 되어야 한다. 이 주제는 다음 장에서 더 구체적으로 설명해보려 한다.

국제정치적 변수는 약소국 외교정책의 행위패턴을 직접적으로 결정하는 요소라기보다는 약소국 외교정책에 내재하는 "기회와 제약"(opportunity and constraints)의 범위를 결정하는 변수라고 봐야할 것이다. 약소국이 외교정책을 통해 어떠한 목표를 추구하느냐에 따라 기회와 제약의 범위가 달라질 수 있는데, 기회와 제약의 일차적 범위는 국제정치적 변수와의 상관관계에서 결정된다는 의미다. 이를테면 약소국의 외교정책적 목표가 "자율성 증대", 즉 자주외교의 행태로 나타날 때 국제질서가 갈등적 질서인가 또는 협력질서인가에 따라 기회와 제약의 범위가 달라질 수 있을 것이다. 아울러 약소국이 맺고 있는 동맹의 동류에 따라서도 기회와 제약의 범위가 결정된다. 약소국에게 제약적 범위가 넓어진다는 것은 외교정책적 행위를 결정함에 있어 지불해야 하는 비용이 커진다는 의미이기도 하다. 반면, 기회의 조건이 확대된다는 것은 위험부담(risk–taking)의 가능성이 상대적으로 커진다는 의미도 담고 있다.

2) 국내정치적 변수

국가 차원의 분석 수준에서는 다양한 요인들을 고려할 수 있으나 분석틀 형성의 편의를 위해 두 가지 개념에 주목해 보고자 한다. 첫째는 "자국의 상황대응능력에 대한 인식요인"이다. 약소국 자신의 상황대응 능력에 대한 인식은 다시 두 가지가 결정한다. 하나는 국가 자율성이며, 다른 하나는 국가의 자원동원능력이다. 국가 자율성이란 외교정책 결정시 국가 선호도를 유지할 수 있는 국내적 역량을 의미한다. 이것에는 국가 엘리트의 정책적 선호도의 일관성, 국가정책에 대한 사회적 지지, 집권 세력이 국내정치에 대해 가지는 정치적 책임성과 제약성 등을 고려할 수 있다.[62] 국가의 자원동원능력에 대한 인식도 외교정책에 영향을 미치는 요인이다. 자원동력능력이란 국가가 가진 자원규모 뿐 아니라 이를 효율적으로 집행할 수 있는 국가능력을 의미한다.

두 번째 주목해 봐야 하는 약소국의 국내 요인은 약소국의 "포박의식"(siege mentality)다. 이는 강대국들에 의해 형성되는 상황에 대한 대응

62 민주화된 국가에서 정부의 행동 자율성과 외교정책에 관한 논의로는 김기정, 이행, "민주화와 한국 외교정책,"『국제정치논총』 제32집 (2)호 (1992) 참조.

인식을 의미한다. 이를테면 한국 외교정책의 결정과정에 작동해 왔던 다양한 요인들 중 하나로 약소국 무력감이 있다. 갈등중심의 국제관계의 역사 속에 배태되어 왔던 일종의 자기제한적 인식이다. 사실 그러한 자의식은 한국만이 아니라 일종의 약소국적 인식(small power mentality)이다. 요컨대 주변 열강의 공세적 외교와 강압 속에서 위협을 감내하면서 생존책을 강구해 왔던 약소국들이 힘의 논리에 압도당하고 행위범위를 스스로 제한하면서 생긴 인식이라 할 수 있다. 한국의 경우, 주권을 상실했던 근대 이후의 경험과 외세의 전략적 판단으로 인한 분단과 전쟁, 냉전적 대립구조가 낳았던 것이 일종의 약소국적 인식이다. 국제정치를 힘의 배분과 구조적 관점에서 주목하는 담론적 경향이 강해지면서 약소국은 외교정책 영역에 자율적 영역이 극히 제한되어 있다는 일종의 "포박의식"이 재생산되어 왔다. 그것이 한국 외교정책에 관념적 요소로 작동해 왔다는 점을 주목해 봐야 한다.

약소국 포박의식은 몇 가지 형태가 있다. 첫째, 강대국들간 명시적, 또는 암묵적 합의가 약소국 외교정책의 기회와 제약의 범위를 구조적으로 제한할 지도 모른다는 두려움이며, 둘째, 약소국의 입장에서 볼 때 특정 강대국과의 동맹관계가 강대국의 국익판단에 의해 파기될 지도 모른다는 인식(fear of abandonment)이며, 셋째, 인접국가들의 국력 성장속도나 정책적 선택에 비해 자국의 조건이 불리하다고 느끼는 의식을 의미한다.[63] 중요한 점은 약소국이 강대국들에 의해 압박당하고 있다는 인식을 가지면서도 이에 대한 대응인식이 두 가지 형태로 다르

63 동북아에서 한국이 중국과 일본에 의해 압박당하고 있다는 소위 "샌드위치론"도 같은 맥락의 인식이라 볼 수 있다.

게 나타날 수 있다는 점이다. 하나는 강대국들의 정책이나 의도가 약소국의 운명을 결정짓는다는 일종의 "두려움"(fear)이며, 다른 하나는 약소국 자신이 그러한 제한을 극복하려는 의지를 가진다는 점이다. 그러한 점이 앞서 언급한 자율공간의 확보(freedom of action)와 관련되어 있으며, 더 나아가면 주권(sovereignty)문제와 관련된 인식과도 관련되는 요인이다.

이 두 가지 국내 변수를 2×2 메트릭스로 정리해 보면 다음과 같이 네 가지 약소국 외교정책 패턴을 개념화할 수 있을 것이다.

		포박인식에 대한 대응심리	
		두려움(순응)	극복
자국의 상황대응능력에 대한 인식	강	**실리(실용)외교**	**자주외교**
	약	**편승외교**	**명분외교**

실리(실용)외교는 약소국이 강대국들이 결정하는 환경 속에서도 최대한 이익을 추구하기 위하여 외교적 기동력을 발휘할 때 나타나는 외교정책적 행위다. 어떤 국가이건 국가이익을 추구하기 위하여 행위한다는 전제에서 볼 때 논쟁적 개념이라고도 할 수 있으나, 원칙 천명이나 명분 위주의 경직된 태도를 견지하려는 명분외교에 대비되는 외교적 행태라 볼 수 있다.

자주외교는 약소국에게 주어져 있는 자율공간을 최대한 확보하려는 의지를 표명할 때 나타나는 외교행태다. 타국에 의한 영향력의 의도적 축소, 간섭의 배제 등이 외교정책적 목표가 된다.

편승(bandwagoning)외교는 패권국이 정해 놓은 국제질서 원칙이나 강대국들간 합의에 의한 국제적 구도를 거부하지 않고 순응(compliance)

하는 형태의 외교다. 실리 외교에 비해 자국의 상황대응 능력이 상대적으로 미약할 때, 그리고 외교정책결정과정에서 약소국 무력감(small power mentality)이 지배인식이 될 때 국제환경에 적응하고자 하는 대안 외에 다른 대안들을 고려하지 못하게 된다.

명분외교는 외교적 수사(修辭)를 부각시키는 형태의 외교다. 외교정책을 통해 얻는 유형적 이익보다는 무형적 이익을 내세우면서 원칙적 선언이나 이념으로 대응하는 경우에 나타난다고 볼 수 있다. 명분외교는 국제사회 구성원 뿐 아니라, 자국의 구성원들에게 보내는 외교 메시지일 수 있다. 명분이 대외지향적일 때 무형적 이익은 보편가치를 중심으로 표현될 가능성이 높다. 반면, 대내적 구성원들을 대상으로 할 때는 자국 내부의 능력 결집과 동원을 위한 명분을 더 강조하려는 경향이 생길 것이다. 국민적 자긍심, 애국심, 민족주의 정서 등을 자극하여 생존, 투쟁, 저항, 체면 지키기 등의 명분을 강조할 경향이 높아진다.

3장

동맹과 주권, 그리고 자주의 문제

냉전적 환경 속에서 탄생되고 유지되어 왔던 한미동맹이 재조정의 전환기 국면을 맞이했던 것은 지난 21세기 초 노무현 정부시기였다. 한미동맹이 성립된 이래 역대 어떤 정권도 한미동맹을 배제하고 한국의 안보, 또는 외교 전략을 구상하기 어려웠다. 한미동맹은 한국 외교에 있어 거의 상수(常數)에 가까웠다. 그렇다고 그것이 형성 당시 메커니즘의 정태적 상태로 남겨진 것은 아니었다. 꾸준히 변화했고, 끊임없이 진화했다. 특히 탈냉전기 국제환경은 동맹의 전환, 혹은 재조정의 필요성을 촉발시켰다. 1954년 이래 한미동맹이 시대적 변화를 적실한 수준에서 충분히 반영하지 못한 채 유지되어 왔기 때문이기도 했다. 특히 동맹에 대한 인식과 동맹을 유지하는 제도적 영역에서 그러했다. 재조정이 필요하다는 주장의 이면에는 한미동맹이 향후에도 유효하고 성공적인 동맹으로 작동해야 한다는 인식이 전제되어 있기도 했다.

한미동맹 재조정 시기를 묘사했던 말 중에 “자주파 대 동맹파”의 대결이라는 이분법이 있었다. 그 이분법의 이면에는 ‘자주를 위해서 동맹을 훼손할 수밖에 없다’는 전제, 또한 ‘동맹과 안보를 위해서라면 자주가 제한되는 것은 어쩔 수 없다’는 극단의 논리가 있었다. 그런 어법은 논리적 적실성과 관계없이 한국사회에 존재해 왔던 냉전적 두려움을 일깨우기에 충분한 폭발력을 지니고 있었다. 한국전쟁 이후 한국 안보에 결정적 역할을 담당해 왔던 미국과의 동맹이 와해되는 것은 일반 국민들에게 가히 상상하기 어려운 상황이었다. 이러한 심리를 고려한다면 “자주냐 동맹이냐”의 양자택일을 묻는 질문은 동맹과 관련된 더 이상의 진단과 처방조차 봉쇄하려는 듯 들리기도 했다. 동맹을 유지하려 한다면 동맹 내부에 작동해 왔던 비대칭성의 기존 메커니즘을 ‘당연히’ 수용해야 한다는 주장도 내포하고 있었다. 그러나 동맹이라는 제도도 국가의 존립과 안보를 위한 수단이다. 그런 점에서 그런 어법은 “주권(자주)의 관점에서 재조정될 수 있다”는 당위적 주장조차 불편하게 만들었다. 비대칭동맹의 제도적, 인식적 재조정 과정이 “자주 vs. 동맹”의 거친 이항구획적 담론 속에서 왜곡되는 경향이 있었던 것도 부인하기 어렵다.[64] 그런 인식 속에서 동맹이 불가침의 영역, 비판불가의 대상, 더 나아가 하나의 신화(神話)가 되어왔다는 점도 지적되어야 한다.

64 노무현 정부 외교안보팀 내 정책선호의 지형도를 묘사하는 자주파와 동맹파의 구분은 2003년 이라크 파병을 둘러싸고 팀 내 이견이 존재한다고 일부 언론이 기사화함으로써 사람들의 입에 오르내리게 되었다. (『문화일보』 2003.10.29) 이후 외교부 내 인사조치도 언론이 자주-동맹을 둘러싼 항명파동, 문책인사 등의 관점에서 다룸으로써 노무현 외교 전반을 평가하는 가늠자가 되었다. 그러나 실제로 자주파와 동맹파의 실체가 명확하지도 않을 뿐 아니라 자주-동맹 이분법은 “실체가 없는 것(언론이 붙인 딱지)이 현실을 만들어 간 본말전도의 상황”이란 평가도 주목할 만하다. 「한겨레」 (2004.01.26.).

특히 2006년 전시작전 통제권 전환 문제가 제기되면서 동맹과 관련된 정책적, 이론적 논의들이 촉발되었다. 정책적 관점이나 시사적 영역에서 찬성과 반대 여부를 떠나 전작권 문제는 외교정책론의 학술적 관심을 일깨웠던 주제였다. 그것은 주권의 범위와 내용에 관한 것이며, 특히 안보-자주 교환동맹으로 설명되어 왔던 비대칭 동맹관계에서 약소국 주권의 범위와 성격, 제도적 장치 등과 관련되어 있다. 특히 전작권의 군사주권 문제를 "자주"의 개념으로 간주하는 정치적 판단 또한 학술적 논의를 필요로 한다.[65] 한국 사회에 역사적으로 구성되어진 자주 개념과 한국의 외교정책의 관련성도 한국 국제정치학 연구 분야에서 연구주제의 하나가 될 것이다.[66]

앞서 언급했듯이, 주권의 개념은 크게 두 가지 요소로 구성되어 있다. 하나는 국제사회의 일원으로서 가지는 권위의 확보문제이며, 다른 하나는 국가의 영토체제 내에서 국가가 가지는 법률적 권한의 배타성과 독자성의 개념이다. 첫 번째의 논제는 국제관계에서 무정부성에 대한 대응방식과 관련되어 있다면, 두 번째의 논제는 정책결정영역의 자율성(autonomy)에 대한 독자적 권위를 강조하고 있다. 사실, 이 두 논제는 명백하게 배타적으로 구별되어 있다고 보기는 어렵다. 주권이 하나의 국제적 원칙으로 등장했던 웨스트팔리아체제 이후에도 국가 행위에 "자율성"의 원칙과 타국에 대한 개입이 동시에 존재했다는 관점에서 주권을 "조직화된 위선성"(organized hypocrisy)을 내재한 개념이라고 설명

65 김순태, "한·미동맹의 성격변화에 관한 연구" (연세대학교 석사학위 논문, 2003).
66 전재성, "국가주권의 재성찰," 『세계정치』 제25권 (1)호 (2004), pp. 5-17.

하기도 한다.[67] 그럼에도 불구하고 국가의 외교정책 영역에서 전략을 판단하고 선택할 때 "주권의 확보"는 중요한 관념적 토대가 된다.

비대칭 동맹관계의 틀 속에서 나타나는 약소국(한국)의 외교행위를 주권의 관점에서 바라볼 때 구성주의적 시각의 흥미로운 주제가 될 수 있다.[68] 한국의 역사적 경험이, 이에 따라 형성된 집단적 사회인식이 주권문제를 어떻게 제기하고 있으며, 이는 동맹의 제도적 장치(이를테면 전시작전권 전환, 한미행정협정(SOFA) 등의 영역에서 어떻게 드러나는지 검토할 필요가 있다.

1. 동맹의 형성, 지속, 변화

한미동맹이 한국 안보에 미쳐왔던 절대적 영향은 주지의 사실이다. 한미동맹에 대한 관심은 정책보고서나 논문에서 빼놓을 수 없는 관심주제였다. 한국 학계에서 동맹에 관한 이론적 탐색은 동맹의 유형적 구분이나 동맹의 형성과 붕괴라는 학문적 관찰이 대부분이었다. 그 배경에는 노무현 정부 이후 한미동맹이 위기에 처했었다는 일각의 정치적 진단과도 일정부분 맞물려 있었다. 동맹 형성 이론은 붕괴 이론과 본질적으로 같은 연장선에 있다. 동맹을 필요로 했던 원인의 소멸이 동

67 Krasner는 주권의 유형을 "국내적 주권" "상호의존적 주권" "국제법적 주권" 그리고 "베스트팔렌형 주권" 등의 네 가지로 구분한다. Stephen D. Krasner, *Sovereignty: Organized Hypocrisy* (Princeton: Princeton University Press, 1999).

68 이 주제와 관련된 흥미로운 글은 전재성, "'국제정치적으로 옳은' 반외세감정" (미래전략연구원, 2002) http://www.kifs.org/new/ Dbview.html?no=1285.

맹의 붕괴 원인이라는 논리다. 이 논변은 국가 행위의 합리성을 전제하고 있다. 동맹형성이론은 크게 권력구조론(세력균형론),[69] 이익론[70] 등으로 나뉜다. 이들 이론에 따르면 국가들은 특정 유형의 국제적 권력구조에 대한 판단, 위협에 대한 공감대, 동맹을 통해 나눌 수 있는 이익 등의 이해관계가 일치하면 동맹을 형성케 한다는 것이다. 같은 맥락에서 동맹형성 시기의 권력구조가 변화하거나 위협인식이 바뀌면, 그리고 안보이익의 부조화는 동맹의 위기나 붕괴를 가져온다고 간주한다.

국가 간 관계가 과연 합리적 행위의 결과물이냐의 논의는 논외로 치더라도 동맹 형성의 요인들이 과연 동맹의 유지, 또는 동맹내부의 변화도 만들어 내는 요인인가는 다른 차원의 문제일 수 있다. 동맹내부의 변화에 관한 논점으로는 "동맹정치", "동맹(2차)딜레마", "포기(abandonment)와 연루(entrapment)의 공포" "위협인식과 동맹내부 갈등" 등의 개념으로 설명된다.[71] 한편, 동맹 유지에 대한 논의는 "제도적 관성", "동맹결속력과 변화", "문화적 요인"과 동맹, 여론조사를 통해 나타나는 "사회집단인식과 국가 이미지" 등의 논점들과 관련되어 있다.[72]

---

69 Kenneth Waltz, *Theory of International Politics* (Reading: Addison-Wesley, 1979); 김우상, "한미관계와 동북아 질서: 한·미 동맹의 이론적 재고," 『한국과 국제정치』 제20권 (1)호 (2004), pp. 1-28.; Stephen Walt. "Why Alliances Endure or Collapse." *Survival* 39-1 (1997), pp. 156-179.

70 Randall Schweller (1995).

71 강봉구, (2006), pp. 85-113. ; 이수형, "동맹의 안보 딜레마와 포기-연루의 순환: 북핵 문제를 둘러싼 한-미 갈등 관계를 중심으로." 『국제정치논총』 제39집 (1)호 (1999), pp. 21-38.; 박홍서, "북핵위기시 중국의 대북 동맹안보딜레마 관리 연구," 『국제정치논총』 제46집 (1)호, pp. 103-122.; 신욱희, "비대칭동맹에서의 역할설정과 위협인식의 문제," 『안보학술논집』 제17권 (1)호 (2006), pp. 163-198.

72 Robert Keohane, "Alliances, Threats, and the Uses of Neorealism," *International*

2. 비대칭동맹과 강대국/약소국 행위

한미동맹은 유형상 비대칭동맹의 하나다. 동맹을 체결하고 유지하는 국가들의 국력 차이가 동맹 유지 메커니즘과 상호작용 행위 패턴에 영향을 미친다고 보는 것이 비대칭동맹론이다. 때로는 동맹 당사국들 간 '상호의존도의 비대칭성'으로 설명하기도 한다.[73] 비대칭동맹 내의 기능적 분화를 흔히 "안보-자주 교환동맹"의 개념으로 설명하는 이론도 있다.[74] 그러나 그 이론 속에 내재된 권력적 사회성이나 편향성의 문제도 따져봐야 할 것이거니와,[75] 안보-자주 교환방식이 과연 고정된 전제이냐의 문제는 따져볼 필요가 있다.[76]

안보-자주 교환동맹 이론을 한미동맹에 기계적으로 적용할 수 있을까? 두 가지를 비판적으로 짚어봐야 할 것이다. 하나는 지식의 저변에 깔려 있는 인식의 문제, 즉 약소국 주권제한을 당연한 것으로 받아들이는 인식적 전제에 관한 것이다. 다른 하나는 역동적으로 존재하는

Security 13-1. (1988), pp. 166-176.; 이근, 전재성, "안보론에 있어 구성주의와 현실주의의 만남," 『한국과 국제정치』 제17권 (1)호 (2001), pp. 163-198.; 이민룡, "한미동맹의 이론과 현실," 우암평화연구원(편), 『정치적 현실주의의 역사와 이론』 (서울: 화평사. 2003).

73 강봉구 (2006).

74 James Morrow, "Alliances and Asymmetry: An Alternative to the Capability Aggregation Model of Alliances," *American Journal of Political Science* 35-4. pp. 904-933.

75 홍성민. (2008).

76 한미동맹을 사례로 한 교환동맹론에 대한 이론적 비판이 또 다른 관점에서도 제기된 것은 흥미롭다. 즉 약소국(한국)이 군사력과 경제력 수준의 향상에도 불구하고 강대국(미국)에 대한 안보의존성이 크게 나아지지 않는다는 것이다. 장노순, "'교환동맹모델'의 교환성: 비대칭 한미안보동맹", 『국제정치논총』 제36집 (1)호 (1996).

국력의 변화 및 주권 제한의 내용과 범위의 "구성"에 관한 논의다. 주권 제한의 요소 변화는 그것과 교환될 안보 영역의 변화에 관한 논의도 동시에 제기한다. 시대적 환경 변화에 따라 "자주국가" "자주국방" 등의 담론이 자주 언급되면서 한미동맹 메커니즘 속에서 안보와 교환되어야 할, 더 나아가 교환의 대상이 되지 않고 자율적으로 확보되어야 할 "자주의 범위"가 정책적 영역과 이론적 영역에서 동시에 부각된 것은 어찌 보면 당연한 현상이었다.

안보-자주 교환동맹 이론의 전제만으로 한미동맹의 지속과 변화를 제대로 설명하기 어렵다면 전환기 한미동맹의 유지와 조정, 변화양상을 설명하기 위하여 새로운 분석틀을 고려해볼 수 있을 것이다. 동맹이란 "관계"이고, 그 관계성은 국가들을 둘러싼 물질적 요소 뿐 아니라 어떤 방식으로 관계가 맺어지느냐에 대한 '인식'과 '관념'도 중요한 고려 대상이다.[77] 구성주의 국제정치학은 국제정치 현상을 설명함에 있어 인식과 관념적 요소에 초점을 맞출 것을 요구한다.

동맹으로 표현되는 관계성에서 주목해 봐야 하는 개념은 "정체성"(identity)이다. 정체성은 "특정 행위자가 타자와 구별되는 행위자로서의 속성에 관한 인식"이다. 즉 "주어진 상황에서 자신이 누구인가에 대한 특정한 관념"이라는 것이다.[78] 또한 정체성은 환경구조(environmental structure)와 이익(interests)을 연결시키는 요소이기도 하다.[79] 동맹이란

77 서보혁, "정체성 정치와 국제안보의 재구성: 이론, 실제 그리고 시사점," 『국제전략』 제9권 (2)호, (2003), pp. 59-85.

78 Alexander Wendt, *Social Theory of International Politics* (Cambridge: Cambridge University Press, 1999).

79 Peter Katzenstein, *Cultural Norms and National Security* (Ithaca: Cornell University

타자와 구별되는 "너와 나의 관계" 또는 "우리"의 속성에 관한 관념에 근거한다. 웬트가 제시하는 집합적 정체성(collective identity)이나 카젠스타인의 분류법의 하나인 관계적 정체성(relational identity)의 개념이 "관계"로서의 동맹 변화를 규명하고자 할 때 유용한 개념들이다. 이를테면 동맹을 체결한 국가들이 자신이 속한 동맹에 대해 가지는 특정한 관념을 "동맹 정체성"이라 할 수 있다. 즉 동맹이라는 관계성을 통해 두 국가간 형성, 공유, 유지하는 동질화의 관념이 동맹 정체성이라 정의할 수 있다.

동맹의 유지 또는 변화는 그것을 가능케 하는 물질적 요소 뿐 아니라 동맹정체성이라는 인식적 기반 위에서 가능하다. 그런 의미에서 동맹에 관한 집합정체성이 공유되지 못하면 동맹은 붕괴될 위기에 처한다고 가정할 수도 있다. 동맹정체성은 동맹당사국들이 동맹을 둘러싼 물질적 환경변화에 대응하는 과정에서 형성되고 또 변화하기도 한다. 동시에 상대국에 대한 자국의 역할에 관한 인식이나 자신의 행동양식에 관한 스스로의 판단이 결합되면서 나타난다.[80] 그런데 국력차이가 전제된 비대칭 동맹에서는 동맹당사국들이 반드시 동일한 역할 인식을 갖지 않는다는 점이 중요하다. 강대국-약소국 간 관계성에서 강대국은 강대국으로서 태도와 자의식을 가지고 있고, 약소국에게는 약소국의 자의식과 행동패턴이 존재한다. 요컨대 비대칭동맹은 강대국과 약소국

Press, 1996).

80 동맹정체성의 개념에는 동맹당사국들이 상대방의 역할에 대해 가지는 상호인식체계가 주된 구성요소가 된다. 하지만 이것에 더하여 동맹을 둘러싼 환경에 대한 인식적 공유의식, 즉 적이나 위협에 대한 공감대도 동맹정체성을 이루는 요소가 될 수 있을 것이다.

은 비단 국력의 크기 뿐 아니라 이익을 고려하는 공간적 범위의 차이, 그리고 자신의 외교적 행위를 규정하는 인식적 토대도 각각 다른 동맹관계라는 설명도 가능하다.[81] 비대칭동맹을 둘러싼 물질적 환경의 변화, 상대국에 대한 자국의 역할 인식과 태도, 그리고 그것에서 조형되는 동맹정체성을 그림으로 나타내면 대략 다음과 같을 것이다.

비대칭 동맹과 동맹 정체성

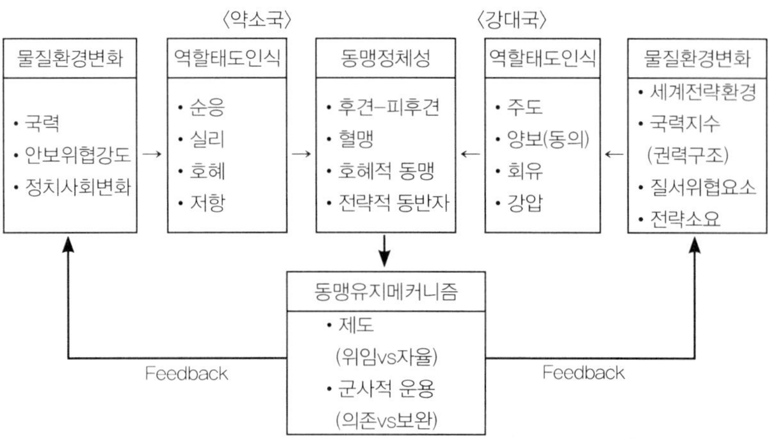

물질적 환경의 변화는 비대칭동맹 당사국들에게 반드시 동일하게 규정되지 않는다. 강대국의 경우, 세계 전략 환경의 변화, 세계적 수준에서 변화하는 국력지수, 세계질서 위협 요소의 변화, 그것에 따른 전략소요의 변화 등이 물질적 환경 변화에 속한다. 약소국의 경우는 자국 국력의 변화, 지역수준의 전략 환경 및 안보 위협 변화, 국내의 정치사회적 환경 변화 등이 물질적 환경 변화요인으로 작용한다.

81 Laura Neack, *The New Foreign Policy: U.S. and Comparative Foreign Policy in the 21st century* (Lanham: Rowman and Littlefield, 2003).

동맹 상대국에 대한 자국의 역할 및 태도도 강대국과 약소국 간에도 다르게 나타난다. 최종건과 김용철의 공동연구는 한미동맹에서 한국이 미국에 대해 가지는 역할인식과 태도를 네 가지 유형으로 제시하고 있다. 이를테면 한국에 대한 자화상과 미국에 대한 타화상이 결합하여 만들어 내는 태도 유형을 (1)"저항적 태도", (2)"상호호혜적 태도", (3)"기회(실리)주의적 태도", (4)"수용적(순응적) 태도" 등으로 구분한 바 있다.[82] 저항적 태도는 강대국을 강압적 행위자로 인식하는 경우다. 미국을 자국의 이익을 위해 한국을 무시하거나 희생시키고 힘을 앞세워 한국의 요구를 묵살하는 국가로 간주하고 이러한 불공정한 관계를 탈피하고자 할 때 생기는 것이 저항적 태도다. 상호호혜적 태도는 미국과의 동맹관계를 긍정적으로 인식하지만 비대칭적 동맹의 속성에 대해 불만을 가지면서 공정한 대칭관계로 바꿔야 한다는 인식경향이다. 기회(실리)주의적 태도는 미국의 의도에 대해 부정적 시각을 견지하지만 동맹관계에서 파생하는 이해구조가 자국에게 이익이 된다고 판단하는 경우다. 따라서 동맹자체의 구조나 속성에 대해 변화를 요구하기보다는 동맹이 산출하는 이익을 최대한 획득하려는 경향을 가진다. 수용(순응)적 태도는 미국의 힘과 도움이 한국의 생존을 위해 절대적으로 필요하다고 전제한다. 미국의 의도를 우호적, 선의적으로 해석하는 경향이 있으며 후원자로 인식하는 경향이 생긴다. 따라서 미국의 요구는 당연히 수용되어야 하는 것으로 받아들인다.[83]

---

82 최종건, 김용철, "비대칭적 한미동맹관계와 한국인의 대미태도: 변화와 분화," 『한국정치외교사논총』 제28권 (1)호 (2006). pp. 193-221.

83 최종건, 김용철의 연구와 유사하게 신욱희는 비대칭동맹 내부에서 약소국의 행위패턴을 "순응", "저항", "협상", "구성" 등 네 가지로 구분한다. 구성주의 국제

반면, 비대칭동맹에 대응하는 강대국의 인식과 태도도 약소국의 그것과 같지 않다. 강대국이 약소국과의 관계에서 다루는 현안(agenda)의 성격이 자국의 세계전략과 관계된 것이냐, 혹은 동맹국과의 정책적 조정이 필요한 사안이냐에 따라 인식과 태도가 다르게 나타난다. 강대국이 세계 전략적 관점에서 진행하는 현안이라면 비대칭동맹 상대국의 의견 때문에 정책의 대강을 변경하려고 하지 않을 것이다. 그러나 동맹 상대국의 입장 때문에 정책적 조정이 가능한 현안도 존재할 수 있다. 한편, 약소국과의 동맹관계 속에서 얻어지는 이익의 성격이 무형적 이익(상징적 이익)이냐 혹은 유형적(물질적 이익)이냐에 따라 대응태도가 다르게 나타날 수 있다. 이를 정리해보면 다음 표와 같을 것이다.

비대칭동맹에서 강대국의 역할태도인식

		사안(agenda)의 성격)	
		세계전략	동맹국가와의 정책조정
이익의 성격	무형적 이익	주도 (leading)	양보/동의 (yield, consent)
	유형적 이익	강압 (coercion)	회유 (persuasion)

정치학을 한미동맹 내부 동력 탐색에 접목시킨 그의 연구는 약소국 행위 패턴을 "순응"과 "저항"을 양 극에 놓고 그 가운데 영역에서 "협상"과 "구성"의 행위 패턴을 구분한다. 이를테면 대외적인 환경이 형성되거나 정형화되는 시기에 하부단위가 자신의 이익을 증대시키는 행위가 "협상"이라면 환경이 변화되는 시점에 상부단위(후견국 또는 강대국)가 자율성의 범위를 증대시키거나 자신이 속한 하위체제의 전환을 유도하려는 행위를 "구성"이라고 개념화하고 있다. 신욱희(2001), pp. 12-13 이 개념들은 비대칭동맹 속에서 나타나는 약소국의 태도와 인식을 중심으로 파악했던 최종건, 김용철의 개념화와 유사하다. 인식과 태도로서의 "기회"는 행위패턴으로서 "협상"과, "호혜"는 "구성"과 동일한 문제의식 위에 놓여 있다. 이 글에서는 비대칭 동맹 속 약소국의 인식과 태도에 초점을 맞추어 "순응", "실리", "호혜", "저항"의 네 가지로 구분한다.

"주도적 태도"는 자국의 세계/지역적 전략구도에 약소국을 동화시키려는 인식을 의미한다. 강대국은 동맹상대국과의 협의과정에서 의제를 설정(agenda-setting)하며 이를 관철시키고 이행하려는 태도를 갖는다. 다만, 이해관계가 급박하여 단기적 이익을 감안해야 할 사안일 때는 이를 관철시키기 위하여 강압적 태도를 가질 수 있다. "강압적 태도"는 자국의 우월적 위상을 이용하여 동맹상대국의 의사를 변경하려는 태도를 의미하며 처벌적 수단 사용을 포함한 개입과 압력을 뜻한다. 한편, 사안의 성격이 동맹상대국과의 정책적 조정 가능성이 있는 사안일 때 "양보"나 "회유" 등 두 가지 태도가 나타날 수 있다. "양보"는 자국의 입장을 조정하고 동맹 상대국의 입장에 동의하거나 외교적 지지를 표명하는 태도를 의미한다. "회유"는 설득을 통해 동맹 상대국의 정책을 조정하여 자국의 이익을 확보하려는 비강압적 태도를 뜻한다.

비대칭동맹에서 강대국과 약소국이 가지는 인식과 상이한 태도들이 결합되어 집합적 동맹정체성을 형성하는데, 비대칭동맹의 구조 속에서 독특한 양식의 동맹정체성이 형성되고 변화한다고 볼 수 있다. 한미 간 동맹정체성은 크게 네 가지로 분류할 수 있다. "후견-피후견"의 동맹정체성은 내재적 논리상 "자주-안보 교환동맹"의 인식적 전제와 유사하다. 한미 동맹에 대해 한국이 자주 사용하는 "혈맹관계"라는 용어도 일종의 동맹정체성에 해당되지만 한국전쟁과 냉전기적 인식유산과 감성이 이입된 정체성이다. "호혜적 동맹"은 동맹의 비대칭성이 어느 정도 완화되고 상호 이익의 상호보완적 관계를 동맹을 통해 확인할 수 있을 때 형성되는 동맹정체성이다. 한편, "전략적 동반자 관계"의 동맹정체성은 역할과 의무에 있어 보다 대칭적 속성을 갖는 관계로 상호 인지하는 경우에 나타나는 동맹정체성이다.

비대칭동맹의 동맹정체성은 동맹을 유지시키는 정책적 영역에 영향을 미치게 된다. 동맹유지 메커니즘은 제도적 장치와 군사력의 결합이라는 두 영역에서 작동하는 것으로 전제할 수 있다. 동맹을 유지시키는 제도에는 동맹당사국들 간 의무와 권리를 결정하는 의사결정권에 관한 원칙이 포함된다. 약소국의 경우, 의사결정권 위임의 정도 및 약소국에게 허용되는 자율성 여부가 비대칭성의 성격을 결정한다. 아울러 군사력의 결합 양식에 있어서 어느 정도 수준으로 강대국의 군사력에 의존하고 있는지, 혹은 합동 군사력 운용의 방침이 상호보완적 원칙에 의해 유지되는지가 비대칭성을 결정하는 관건이 될 것이다.

국제정치학에서 동맹에 관한 연구는 권력구조나 이익에 관한 국가행위 규명에 그치는 것이 아니다. 이미 설명한 바와 같이 국가들의 외교정책적 행위에 관한 매우 다양한 이론적 탐색이 가능하다. 또한 주권개념과 자주, 정체성 문제와도 관련되어 논의될 수 있는 것이 동맹문제다. 한국 학계에 있어 한미동맹은 안보연구영역에는 물론, 외교전략 구상과도 밀접하게 관련되어 있다. 외교안보 정책의 현장에서 제기되는 주제로서 규명되어야 하지만, 동시에 국제정치학 이론의 영역에도 흥미로운 연구 작업을 요청하기도 한다. 이를테면 안보정책 영역에서는 동맹과 무기획득 과정이 맺고 있는 관련성, 상호운용성과 합동훈련, 정보공유의 효용성과 제한성 등 현실정책 영역과 깊이 맞물려 있다. 국제정치학 이론 영역에서도 동맹은 흥미로운 연구주제들을 제기해 왔다. 이미 언급한 바와 같이 동맹 2차 위기의 현상, 비대칭동맹 동맹구조 속에서의 국가 자율성과 정체성의 문제를 포함하여, 공공외교와 동맹의 현상적 연계도 세밀하게 다루어야 할 주제다. 이에 더하여 향후 동맹에 관한 연구는 다음과 같은 주제들도 포함되어야 할 듯 보인다. 예컨대, 양자동맹과 지역 다자간 안보협의체의 전략적 결합에 관한 주제, 중견국 외교행위에 있어 동맹이 주는 기회와 제약, (한국의) 외교 유연성 전략과 동맹 문제, 동맹비용(방위비 분담)이 국민의 안보인식에 미치는 영향과 사회 수용성 등의 다양한 주제가 동맹과 관련된 주제로 다루어 질 수 있을 것이다.

4장
한국정치의 갈등구조와 외교정책

국가 내부에서 갈등이 없는 국가는 없다. 계층, 계급과 관련된 사회적 갈등도 있고, 종교적, 인종적 갈등이 있는 나라도 있다. 국가 내부의 정치적 갈등구조는 다양한 사회적 갈등의 총체적 합과 같다. 정치의 궁극적 목적은 복잡한 갈등구조를 조정하고 합의를 이끌어 내는 것에 있다. 그런데 이 일이 결코 쉬운 일이 아니다. 정치란 갈등의 중심에 서서 갈등을 최소화하려 하지만, 그런 행위 자체가 갈등의 원인이 되기도 한다.

정치적 갈등은 어떤 형태로든 국가의 외교정책 방향에 영향을 미친다. 정치적 이념과 정향의 차이에서 연유하는 정치적 갈등구조는 흔히 보수와 진보, 혹은 좌우의 갈등이라고 부른다. 그 이항구획적 대립은 어떤 사회이건 존재하는 갈등구조의 하나다. 미국의 경우, 공화당 정부와 민주당 정부의 외교정책은 반드시 동일하지 않다.[84] 외교정책은 정책결정자들의 이념정향, 인식, 그리고 그것에 맞물려 있는 이익 계산의 결과물이기 때문이다. 한국사회도 이러한 점에서 결코 예외가 될 수 없다. 문제는 한국사회의 보수–진보의 구획이 단선구조가 아니라 굉장히 중층적이고 복잡한 성격을 가진 갈등구조가 중첩되어 있다는 점이다. 이것은 아마 한국사회에 내재된 역사적 유산, 정치적 역동성의 문제에서 기인하는 점일지도 모른다. 이렇듯 한국사회에 존재하는 갈등구조는 실로 복합적 성격을 띠고 있지만, 외교정책 영역과 관련하여 대략 다음과 같은 갈등구조가 외교정책 결정과정에 작용해왔고, 향후 외교 전략 구상에도 영향을 미치게 될 것이다.

1. 분단이 만든 갈등구조: 보수와 진보 혹은 '수구꼴통'과 '종북좌빨'

한국 사회에서 보수와 진보 사이의 구분, 그로 인한 정치적 갈등구조는 상당부분 분단체제로부터 만들어진 것들이다. 분단문제는 한국의 정치와 외교가 피해갈 수 없는 하나의 거대한 블랙홀과 같다. 어찌 보면 한국사회의 많은 갈등적 쟁점들은 분단이라는 역사적 비극에 포박되어 있다고 해도 과언이 아니다. "1민족 2국가체제"라는 한반도의 독특한 정치현실은 한국적 정치상황을 매우 "독특한" 성격으로 변모시켰

84 김기정, "미국 외교정책의 이념적 원형과 현대적 의미," 이범준(편), 『미국외교정책: 이론과 실제』 개정판 (서울: 법문사, 2009), 31~52쪽.

고, 2개 국가 체제 사이의 적대관계의 지속은 외교정책 영역에도 영향을 미쳤다.

앞서 언급했던 바와 같이, '1민족 2국가체제'는 한국 사회 내에는 북한과 남북관계에 대한 두 가지 상이한 시각을 낳았다. 국가로서의 관계이며, 같은 민족 내부의 관계다. 하나는 국가중심적 시각이며, 다른 하나는 민족중심적 시각이다. 각각의 시각은 남북한 관계를 어떻게 보느냐의 문제 뿐 아니라 안보 정책의 내용, 외교 전략의 방향, 한반도 통일문제에 대하여 서로 다른 인식과 전제, 이념적 정향을 가지고 있다. 모순과 당위가 공존하고, 탈냉전의 국제환경과 냉전의 유산이 국내정치 및 외교정책의 영역에 함께 작동하는 독특한 정치환경 때문이다. 무엇보다도 한국 정치에서, 그리고 이념 스펙트럼에서 소위 보수-진보를 구획하는 일차적 조건은 이 분단체제로부터 우선적으로 야기된 것이라 해도 크게 틀린 말이 아니다.

북한은 한국에게 어떤 존재인가? 국가중심적 시각은 북한을 한국 안보를 위협하는 '적'으로 간주하는 것에서 출발하기 때문에 남북한 관계를 상호 적대적 관계로 규정한다. 따라서 한국의 사활적 이익은 북한의 군사적 위협으로부터 국가를 보호하여 주권국가로서 국가의 생존을 유지하는 데 있다는 논리다. 안보를 이렇게 접근해갈 때 한미동맹을 한국전쟁이후 한국의 안보를 유지하는 데 가장 핵심적 장치라고 간주하며, 이 기본 전략은 미래에도 계속되어야 한다는 입장이 생긴다. 이를테면 한미동맹을 변경하려는 어떤 시도도 '반(反)국가적' 행위로 단정하려는 것도 이러한 논리의 연장선에 있다. 세계적으로 냉전이 사라진지 오래지만, 한반도는 여전히 냉전의 고도(孤島)로 남은 유일한 지역이라는 점을 강조하면서 냉전형 정책이 여전히 현실적 판단이라는 논리다. 이에 반해 민족중심적 시각은 남북관계를 국가간 문제가 아니라 한반도의 내부 구성원의 문제로 접근해야 한다고 본다. 남북한 역대 정권들이 정치적 목적을 위해 분단을 유지해 왔기 때문에 민족 문제는 도외시 되어 왔다는 것이다. 한국사회의 현실적 제반 모순은 분단의 문제로부터 생겼기 때문에 분단 극복이 정권적 이익보다는 더 중요한 가치라고 믿는다. 분단극복은 정권의 정치적 판단이 아니라 민족 내부의 협력이라는 기준에서 판단되어야 하며, 남북한간 정치적 대립관계를 풀기 위한 방향에서 한국의 대북정책이 구상되고 추진되어야 한다는 것이다. 따라서 반공이념과 냉전 논리를 극복해야 분단모순이 해결된다는 논리다.

남북관계를 공존과 협력의 방향으로 진전시킬 것인가, 혹은 봉쇄와 대결로 대응할 것인가의 차이는 이러한 두 시각의 차이점에서 비롯되었다. 같은 맥락에서 안보 추구의 방법 차이도 생긴다. 군사안보가 보수진영의 강조점이라면 긴장완화와 군비통제는 진보진영의 대안이다. 한미동맹을 어떻게 관리할 것인가도 다른 처방이다. 일부 진보의 극단적 처방을 제외하고 나면 한미동맹의 기본 골격유지는 양측이 모두 공유하고 있다. 그러나 보수진영의 시각은 군사안보를 통해 북한의 호전성을 억제하는 것에 한미동맹 외는 다른 대안이 없다는 주장이다. 더욱이 미국의 핵우산 속에서 확장억제(extended deterrence)를 보장받는 것이 복잡해지는 동북아 국제정치 환경 속에서 가장 최선의 방책이라고 본다. 반면, 진보진영의 시각은 국제정치축과 민족 축의 교차라는 이중적 좌표 속에서 남북한 관계의 개선이 진행되어야 한국 외교의 공간이 더 넓어질 것이라고 본다. 따라서 한반도 문제를 해결하기 위해서는 한미동맹의 구조에 필요이상으로 압박당할 이유가 없으며, 동맹은 유지하되 지나친 대미 의존적 외교안보 행태는 극복해야 한다고 주장한다. 한미공조라는 이름으로 한국 외교의 자율적 범위가 축소되는 것, 혹은 한국정부의 정책결정자나 지식인들이 지나치게 동맹지상주의의 담론구조로부터 빠져나오지 못한 것을 비판적으로 평가한다. 따라서 한미관계도 국내적, 국제적 환경 변화에 따라 일정 정도 재조정이 필요하다는 논리다.

21세기 초반에 나타났던, 이른바 한국 사회 내부에서 연미(聯美)와 반미(反美)라는 정서적 코드의 분화는 이런 배경에서 드러난 것들이었다. 미국에 대한 정서적 코드의 대립은 '자주 vs. 동맹'이라는 외교 전략의 차이로 묘사되었던 적도 있었다. 한국의 보수주의자들은 진보정권이 반미(反美)를 등에 업고 종북(從北) 혹은 친북(親北)의 길로 가는 것이 아닌지 의심의 눈길을 거두지 않고 있다. 반면, 진보주의자들은 한국 보수의 철지난 반공이념, 지나친 대미 의존적 외교방식이 종교적 맹신 수준이 되어 버렸다고 보수를 비판한다.

국가중심적 시각과 민족중심적 시각은 정치적 성향, 정책 방향, 이념 등의 면에서 뚜렷한 차이를 보여 왔다. 보수–진보의 구획도 이것과 결코 무관하지 않다. 두 시각이 갖는 이원성, 대립성이 한국 사회에서 뚜렷한 사회적 갈등의 원천으로 작동해 왔다. 소위 '남남갈등'의 원인은 사회적 계급의 문제도 아니고, 사회적 양극화도 직접적 원인이 아니었다. 분단에서 시작된 갈등으로부터 증폭된 것이다. 예컨대 김대중 정부가 추진해 왔던 햇볕정책, 노무현 정부의 대북 화해협력정책, 문재인 정부의 한반도 평화공존 구상에 대한 평가는 근원적으로 어떤 시각에서 남북한 관계의 성격을 보느냐에 따라 극명하게 달라진다.[85] 두 시각의 차이점은 한국 사회 내 시민 단체의 구성에서도 각각 달리 나타난다. 강한 보수주의적 성향을 보이는 시민단체와 대북 인도적 지원과 화해협력을 주창하는 시민단체들은 매우 상반된 정책적 선호도를 표명한다.

한국 사회에서 갈등은 단순히 정치적 견해의 차이에 머물지 않는다. 남남갈등이라 불려왔던 이 이념적 갈등구조는 냉전기로부터 시작된 것이었지만 한국에선 탈냉전기 기간에 들어 오히려 더 폭발력을 가지게 되었다. 증오와 반목도 심각한 수준이 되었다. '수구꼴통'과 '종북좌빨'이라는 두 단어에 모든 증오심이 응축되어 녹아 있는 듯 보인다. 보통사람들은 한반도 문제와 북한을 주제로 대화를 나누는 것은 물론이거니와 일반적 정치 이야기도 꺼려한다. 갈등구조가 '정치화'되었고 정치적으로 이용되면서 끊임없이 재생산되었기 때문이다. 이를테면 2010년 발생했던 천안함 침몰사건을 두고도 이것을 어떻게 부르느냐에 따라 일종의 사상검증이 행해지는 분위기가 되어버렸다. '폭침'이라고 부른다면 그것을 북한 소행으로 간주하는 것이 되고, 정부의 불충분한 설명 때문에 합리적 의심이라도 할라치면 그런 사람을 '종북좌빨' 혹은 '친북좌파'라고 단정짓는 분위기가 되어 버렸다. '종북'딱지는 한국 사회에서 일종의 주홍글씨가 되어갔다. 그런 분위기에서 한반도의 미래, 남북관계의 평화적 발전을 구상하는 일조차 '자기검열'을 해야 할

85 김도종, "햇볕정책과 국내정치적 함의,"『국가전략』 제6권 (1호) (2000), pp. 39-67.

정도로 남남갈등은 되돌리기 힘든 갈등구조로 변질되었다. 북한의 존재를 두고 벌어지는 보수–진보 구분은 논쟁을 넘어 분노와 증오의 장이 되어 버렸다.

국가중심 시각과 민족 중심 시각의 대립, 그리고 그것으로 인한 남남갈등을 넘어서는 '제3의 길'을 찾는 일은 불가피해 보였다. 2016년 박근혜 국정농단과 촛불 혁명, 그리고 그 배경에서 탄생한 문재인 정부는 그 제3의 길을 제시했다. 그것이 '시장중심 시각'이다. 북한은 우리에게 안보상 위협이 되는 적국이기도 하지만 동시에 같은 민족이다. 그러나 더 중요한 것은 북한은 한국 경제에게 새로운 시장이어야 한다는 시각이다. 남북한 경제협력을 넘어 북한을 시장경제 체제에 편입시킨다면, 그것은 한국경제에게는 물론, 북한 경제에게도 도움이 될 것이라는 '윈–윈' 게임 전략이다. 시장에서 이익을 공유하게 되면 그 이익 때문에서라도 군사적 긴장관계를 완화시킬 수 있으리라는 기대감도 포함되어 있다. 북한 핵 미사일 위협이 정점을 찍었던 2017년, 문재인 정부는 지속적으로 그 같은 한반도 미래구상을 북한에게 발신했다. 2018년 4월, 남북한 정상은 마침내 판문점에서 세 번째 정상회담을 개최하였고, 한반도에 평화를 새롭게 시작하려는 큰 합의에 이르렀다. 시장경제로의 통합이 어느 시점에 시작될 지는 아직 미지수다. 북한에 대한 경제제재가 해소되어야 개성공단을 필두로 남북경제 협력사업이 개시되는 최소 조건이 된다. 그러기 위해서는 북한 비핵화의 실천과정, 종전선언과 평화협정으로 이어지는 정치적 과정이 아직 남아 있기 때문이다. 또한 '한반도 신경제 구상'이 남남갈등을 완전히 해소할 것이라고 판단하기도 아직 이르다. 불신도, 증오도 모두 깊이 패어있는 한국 사회이기 때문이다.

2. 발전의 분화: 성장과 분배 사이

보수-진보의 갈등구조와 더불어 외교정책에 영향을 미치는 한국 사회의 갈등구조는 '발전'(development)과 관련된 것이다. 발전이란 문자 그대로 지금보다 나아진 조건으로의 변화다. 그런데 이런 조건을 어떻게 만들 것인가는 정치적 선택의 문제이기도 하다. 한국 사회는 1960년대 이후 성공적 경제발전을 경험했다. 그 경로는 성장 중심의 발전이었다. 압축적 성장, 수출지향적 산업화를 통해 물질적 부의 확대에 성공을 거두었다. 그러나 그 과정에서 분배를 통한 발전구상은 제한되거나 연기되어 왔던 것도 사실이다. 산업화 이후 경제 재도약, 혹은 건전한 자본주의로의 성숙한 발전을 도모해야 하는 한국사회에서 다시 성장 중심으로 경제발전 정책을 추진해야 하느냐, 혹은 분배 정의 중심으로 경제정책이 재조정되어야 하느냐는 중요한 논쟁의 하나가 되었다.

사실, 성장-분배를 둘러싼 논쟁은 비단 한국 사회만의 특유한 갈등구조는 아니다. 성장 중심 논리는 노동시장 유연성, 시장개방, 국가경쟁력 강화를 통한 세계화 시대에 대한 적극적 대응이라는 논리를 전개하고 있고, 이에 대해 분배중심 논리는 복지확대정책, 노동운동의 강화, 불평등완화, 반(反)세계화(혹은 대안적 세계화) 등을 주요 정책으로 주장한다. 이것은 서구사회에서 나타나는 좌-우의 이념대립 구도를 포함하고 있다. 더 나아가면 계층 간 갈등문제와도 직결된다. 한국 사회에서는 좌—우의 대립구도가 분단문제와 복합적으로 연계되면서 나타나는 측면이 강하지만, 이러한 사회적 갈등구조는 상당기간 피해 갈 수 없는 사회적 문제로 남을 것이다.

산업화 이후 한국 사회는 '성장'이 친숙한 단어가 되었다. 경제는 늘 성장을 통해 발전해야 한다는 사회적 인식이 관성으로 존재해 왔다. 물질적 욕망이 지배해 온 사회라는 지적도 그런 배경에서다. 대기업의 역할을 통해 경제성장을 이룬다는 것은 기업의 이익이 사회로 낙수(落水)하는 시스템이 공정하고 원활할 때다. 그러나 신자유주의 시대를 지나오면서 오랜 환상들이 깨지기 시작했다. 산업화 시대동안 희생을 강요받았던 노동과 복지영역에 대한 사회적 개혁요구가 높아진 것은 당연한 결과였다. 성장이냐 분배냐의 경제정책의 선택은 정치적 쟁점이기도 하다. 정치적 쟁점은 정권의 정치적 지지기반과 관련된 문제이기도 하다. 서민과 노동자층을 정치지지 기반으로 하는 진보성향의 정권들의 경제정책과 심지어 외교정책의 기조도 그것으로부터 완전히 자유롭기 힘들다. 그러나 물질적 성장에 익숙해진 일반 국민들의 기대감을 충족시키는 것도 현실적 과제로 등장했다. 한국에는 세 차례 진보정권이 있었다. 김대중 정부는 IMF사태라는 정치경제적 위기 속에서 상대적으로 넓게 정책적 공간을 활용하였다. 노무현 정부는 경제정책에 관한한 김대중 정부와 기본적으로 동일한 이념적 선상에 놓여 있었다. 분배중심의 사회적 요구에 영향을 크게 받았다.[86] 그러나 신자유주의라는 거대한 시대사조를 흔쾌히 거슬리지 못했다. 이후 다시 성장 기조를

86 송호근, "파괴와 해체, 중산층 붕괴, 지적 헤게모니 상실," 『신동아』 (2004년 2월).

강조했던 이명박, 박근혜 정부를 거치면서 사회적 양극화 현상은 뚜렷한 현실적 모순으로 부각되었다. 문재인 정부는 소득주도 성장과 혁신성장 두 정책간의 균형적 접근을 시도하였다. '소득주도 성장'이 사실상 분배정책에 다름 아니다는 비판도 제기되었다. 그럼에도 '성장'이라는 용어를 쉽게 버릴 수 없는 것은 발전 담론을 독점해 왔던 산업화 시대의 유산 때문이며, 이것에 관한 보통사람들의 인식적 관성을 염두에 두었기 때문이다.

어떤 발전이냐를 둘러싼 한국사회의 갈등구조는 투자협정, 자유무역, 그리고 노동시장문제와 연관된 외교정책에 중요한 영향을 미치는 국내정치적 요인이 된다. 이러한 구조 속에서 자유무역협정(FTA) 비준을 둘러싸고 국회 내의 이견과 갈등이 벌어진 것도, 때로는 정부와 농민 단체들간의 물리적 충돌이 벌어졌던 것도 이러한 갈등구조 때문이다. 국가경쟁력 강화라는 명제 속에 어느 정도는 친기업적 정책이 불가피하다는 현실, 외자 유치를 위한 외교적 노력이 확대되어야 한다는 당위론, 기업 활성화를 위한 기업 및 이익단체들의 사회적 요구 등이 작동하고 있는 것도 사실이다. 반면, 분배정의를 실현하고자 하는 목소리들도 정치적으로 무시할 수 없는 사회적 요구가 되어 왔다. 만약 국내 갈등 조정기능이 제대로 작동하지 않는다면 어떤 정권이 집권하더라도 '발전'을 둘러싼 국내 갈등구조가 한국 외교정책에 더 크게 영향을 미칠 가능성이 높아질 것이다.

제3부

21세기 첫 10년의 한국 외교전략과 한미관계

1장

김대중의 외교철학과 한미관계

1. 한국외교사와 김대중 시대

역사 속에 수많은 정치지도자들이 등장해 왔다. 역사가 흘러왔던 길을 되돌아보면 역사가 아주 천천히 진행되는 것처럼 보일 때도 있지만, 어떤 지점에 이르러 별안간 속도를 내는 경우가 있다. 어떤 때는 궤도나 진행 방향이 극적으로 바뀌기도 한다. 이 지점에 작동하는 동력에는 대개 정치지도자들의 구상이나 신념, 그리고 그것에 기반하고 있는 정치적 결정들이 있다. 국제정치 현상은 힘과 구조, 이익 등의 요인에 의해서 만들어 지기도 하지만, 이에 못지않게 중요한 요인 정치지도자들의 의도(intentions), 비전, 구상(initiatives) 등도 있다.

정치지도자의 정치적 공과를 평가할 때 염두에 둬야 하는 점은 그가 정치적 결정과 대면할 때 그 당시의 역사적 흐름과 좌표를 얼마나 면밀히 독해하고 있었느냐 하는 점이다. 그러므로 지도자에게 필요한 덕목의 하나가 역사인식(historical vision)이라는 것도 이러한 이유에서다. 역사적 흐름을 제대로 읽고 그 흐름 속에서 주어진 난관들을 헤쳐 나가려는 정치지도자가 있는가 하면, 역사인식에 둔감하거나 혹은 잘못된 인식, 정치적 욕망 때문에 역질주(逆疾走)를 결정하여 시계침을 거꾸로 돌리는 사람들도 있다. 그리되면 역사는 파행의 시간을 겪게 된다.

한국 현대 정치사에 있어 김대중 정부가 출범했던 1998년의 역사적 좌표는 무엇이었을까? 그리고 정치인 김대중은 대한민국 정부 수립 이후 50년이 지난 그 지점의 시대좌표를 어떻게 독해하고 있었는가? 대한민국 탄생과 함께 주어졌던 과제는 빈곤의 탈출, 민주적 정치체제의 정착, 그리고 분단의 극복이었다. 1998년 '국민의 정부'라는 이름을 내걸고 출범한 김대중 정부는 박정희 시대의 압축 성장 산업화를 통한 경제발전, 1987년 6월 항쟁이후 민주화 성취라는 두 가지 역사적 과제가 선결된 이후 등장했던 정부였다. 따라서 민주주의 공고화(혹은 민주화 이후 민주주의), 개혁을 통한 경제발전의 내실화 등 이미 성과를 보였던 과제를 완결시키는 책임이 주어졌다. 이에 못지않게 중요한 과제는 분단 극복을 위한 남북관계의 변화였다. 변화를 모색하기 위한 시동이라도 걸 필요가 있었던 시기였다. 탈냉전이 세계적 추세였던 1980년대 후반과 1990년대 초, 한국은 사실 그 실천 기회를 잃어가고 있었다. 노태우 정부의 북방정책은 훌륭한 시도였음에도 불구하고 결국 미완으로 남겨져 있었다. 한-소, 한-중 수교는 이루어 졌으나, 북-미, 북-일 수교는 뒤로 미뤄진 채 교차승인은 미완으로 남았다. 김영삼 정부는 북한 핵개발 시도로 인해 남북한 긴장상태로 회귀했으며, 그리고 뜬금없는 '북한붕괴론'의 허상 때문에 한반도에서 냉전체제 해체의 기회를 잃어가고 있었다. 그 역사적 흐름의 큰 맥을 제대로 짚었던 것이 정치인 김대중이었고, 김대중 정부에 있어 대북정책의 대전환을 통한 냉전형 남북관계의 변화 시도는 어쩌면 역사적 필연이었다.

사실 산업화, 민주화의 과제와 비교해 볼 때 분단극복이 마지막 과제로 남겨졌던 이유는 국제정치적 환경의 견고한 지속성, 즉 한반도를 둘러싼 동북아의 냉전구도에 기인하는 바가 컸다. 한반도는 동북아 냉전의 진원지였고, 대립적 균형질서를 지속시켰던 최일선의 무대였다. 냉전 초기부터 한국의 역대 정권이 취했던 외교전략의 핵심은 한미동맹을 근간으로 하는 생존이었다. 미국이 주도해 왔던 냉전형 진영화 구도 속에서 생존을 모색했던 것이다. 일본과는 식민지청산 문제로 인해 긴장과 협력을 병행했지만, 기본적으로 한-미-일 삼각구도 틀 속에서 역내 또 다른 진영구도, 즉 북방삼각관계(소련-중국-북한)와 대립을 유지했던 것이 기본 전략이었다. 그것은 이승만 정권에 의해 기본골격이 만들어졌고 박정희 정권에 의해 견고해졌던 냉전형 진영구도 전략이었다. 한편으로는 생존지향적 외교전략이었고, 동시에 미국중심형 외교였다. 한반도 분단구조도 극복과 해체의 대상으로 봤던 것이 아니라 대결과 대립을 통한 분단구조 유지와 강화가 우선이었다.

그 틀에 일차적변화가 왔던 것은 1980년대 후반, 세계적 현상으로 확산되었던 탈냉전기로의 이행이었다. 한국 외교사에 있어 중대한 변화의 시작은 노태우 정부의 북방정책이었다. 한·중 수교, 한·소 수교를 통해 교차승인 구도의 한 축을 만드는 것에 부분적 성공을 거두었다. 진영화 전략의 오랜 틀을 벗어나고자 했던 신호탄이었다. 그러나 북방정책의 궁극적 종착점은 북한이고 한반도일 수밖에 없었다. 남북한 당국은 1992년 남북기본합의서를 통해 한반도 해빙을 위한 제도적 틀을 만들었음에도 불구하고 남북관계는 더 이상 진전되지 못했다. 김영삼 정부를 거치면서 남북관계는 오히려 퇴행되어 있었다. 김영삼 정부는 신(新)외교를 주창하며 세계화 외교, 다변화 외교, 다원화 외교, 지역협력 외교를 전개하였다. 한국의 국력성장이라는 환경변화에 따른 외교 외연의 확장 시도였다. 그러나 북한 핵개발 문제로 인한 한반도 긴장의 고조, 북한 붕괴론, '서울 불바다' 발언으로 남북관계가 급격히 얼어 붙었고, 신외교의 성과는 퇴색되어 버렸다.

한반도 분단체제가 성립된 역대 한국 정권들의 외교 전략은 남북 적대적 대립구도 때문에 외연확장에 발이 묶이기도 했고, 역으로 분단구조를 강화하는 방식으로 환원되기도 했다. 한편으로 보면 그것은 '적대적 의존관계'이기도 했다.[87] 그러한 정치적 이익계산법이 한반도 내의 적대적 대립을 연장시켜왔던 터였다. 요컨대 남북한 적대적 관계가 외교 전략까지 지배해버렸던 형국이었다. 김대중이 모색하려 했던 것은 그같은 오랜 적대적 구도를 넘어서려는 시도였다. 남북한 분단구조가 외교를 장악하는 방향이 아니라 그 반대로 외교 전략을 통해 적대적 분단과 냉전구조를 해체해 보고자 했던 발상이었다. 김대중이 구상했던 새로운 한반도는 남북한 화해협력을 통한 평화적 공존질서였다. 외교 전략도 그 목표를 성취하기 위한 것으로 활용되었다. 사실상 그 목표를 일정정도 성취했던 시기가 김대중 정부 시기였다.

---

87 김근식, 『대북포용정책의 진화를 위하여』 (서울: 한울: 2011).

그는 정치일생 줄곧 '용공주의자'라는 정치적 의구심과 음해에 시달려왔다. 그랬던 만큼 정치인 김대중으로서 남북관계를 진전시키려는 시도자체가 큰 위험부담을 안고 있었다. 그러나 동시에 남북관계는 그가 평생을 통해 축적해 왔던 정치적 이상과 역량을 발휘할 수 있는 영역이기도 했다. 적대적 관계를 유지하는 것만으로는 어떤 해결의 실마리도 찾을 수 없다는 것이 김대중의 사상이었고 전략이었다. 사실, 1970년대 초반 역설했던 "4대국 안전보장론"도 적대관계 해소를 통하지 않고는 평화공존으로 나아갈 수 없다는 그의 철학이 담겼던 주장이었다. 김대중 정부가이 한국 외교사에서 가지는 의미는 대결중심의 냉전형 패러다임을 평화공존으로 전환시키려 했다는 점에 있었다.

2. 김대중의 한반도 평화구상과 대미 외교전략

김대중 정부의 대북정책은 냉전적 분단 구조를 해빙시키는 것에 일차적 목표를 두었다. 그리고 그 방법은 무력통일이나 흡수통일이 아니라 남북한 화해협력 구도를 만들어 나가는 것이었다. 분단 극복의 최종적 도달점이 통일이라면 한반도 통일을 향한 첫 단추를 제대로 끼는 것에 정책적 목표를 두었다. 그 구상은 북한 붕괴론의 유혹으로부터 자유롭지 못했던 전임 김영삼 정부에 대한 정책적 비판이기도 했다. 김대중 정부의 외교전략도 한반도 냉전구도를 변화시키는 것에 국제적 환경을 어떻게 조화롭게 활용하느냐에 맞추어졌다. 대미관계의 기본전략도 마찬가지였다.

햇볕정책으로 상징되는 김대중 정부의 대북정책은 흡수통일 배제, 무력사용 불용, 화해협력 추진 등 세 가지 원칙으로 구성되어 있었다. 불신구도를 화해협력구도로 전환시킴으로써 남북관계를 안정적으로 관리하려는 것에 목표를 두고 있었고, 북한을 국제사회의 일원으로 진입시키고 접촉과 협력을 통해 경직된 북한체제를 변화시키고자 했다. 이러한 정책 구상은 탈냉전기 클린턴 행정부의 연(軟)착륙(soft-landing) 전략과도 맥을 같이하고 있었다. 선경후정(先經後政), 즉 정치와 경제를 전략적으로 분리시키고 비(非)정치적 분야에 있어서의 교류 협력을 확대함으로써 궁극적으로 정치 및 군사 분야의 신뢰구축을 도모하고자 했다. 그런 점에서 김대중 정부의 햇볕정책은 기능주의적 통합이론에 이론적 기반을 둔 정치적 실천이기도 했다.[88]

정주영 회장의 소떼 방북으로부터 시작된 남북관계의 해빙은 김대중 정부 5년 기간 동안 많은 변화를 가져왔다. 남북회담이 60차례나 열렸고, 공동보도문 18건, 합의서 22건이 채택되었다.[89] 남북 교역 규모도 98년 2억 달러에서 2002년에는 6억 4천만 달러로 증가하였으며, 방북자의 숫자는 획기적으로 증가하여 89년 '남북교류협력에 관한 지침'으로 방북이 허용되었던 시점과 비교하면 무려 16배에 달하는 인원이 북한을 방문하였다.[90] 한편 금강산 관광이 개시됨으로써 동해선의 철도 및 도로가 연결되었고 비무장지대에서 철책과 지뢰가 일부 제거되고 군사 핫라인이 개설되는 등, 남북한 군사신뢰구축도 일정정도 성

---

88 김기정, "김대중 시대 평가: 남북관계 및 대미관계," 『주간동아』 (2009년 9월 1일).

89 통일부, 『통일백서』 1998~2003년 일지 (서울: 통일부 통일정책) 참조.

90 통일부 홈페이지 통계자료 「남북 인적·물적 왕래」, 「남북교류협력」 참조.

과를 보였다. 햇볕정책의 하이라이트는, 2000년 6월에 열렸던 남북한 정상회담이었다. 이 회담에서 남북 정상은 '6·15 남북공동선언'을 통해 '통일문제 자주적 해결' '연합제와 낮은 단계의 연방제 안의 공통점 상호 인정' '가족 친척방문단 교환' '협력과 교류 활성화' 등을 합의하기에 이르렀다.

김대중 정부 기간 동안 대미관계는 대북정책의 변화를 선도하려는 한국측 입장에 미국의 지지를 확보하려는 목표를 중심으로 전개되었다. 그러나 클린턴 행정부와 부시 행정부 두 시기 동안 김대중 정부의 대미관계는 극명한 온도차를 보였다. 1993년 3월 북한은 국제원자력기구의 특별사찰을 거부하고 핵무기비확산조약(NPT)을 탈퇴한다고 발표했다. 북한 핵문제의 시발이었다. 사회주의 몰락이후 체제유지에 심각한 불안을 가졌던 북한은 그것을 돌파하기 위한 방법의 하나로 핵개발 카드를 들고 나왔다. 핵개발 선언은 핵무기의 국제적 확산을 통제해 왔던 미국에게는 아킬레스 건을 건드리는 것과 같았다. 북한은 그것을 직접 건드려 미국과의 협상을 시작하고 더 나아가 미국으로부터 체제안정을 보장받겠다는 의도였다. 그것은 일종의 스토킹(stalking) 행태였다. 1차 핵 위기는 북미 고위급 회담을 거친 후 마침내 1994년 10월 '제네바 합의틀'을 도출함으로써 가까스로 해소되었다. 제네바 합의틀은 "비확산과 체제보장"이라는 북미 양국의 핵심적 이익을 맞교환하는 구조였다. 그러나 제네바 합의틀을 이행하는 단계에서 양국의 불신이 드러나기 시작했다. 북한붕괴론의 허상을 믿었던 김영삼 정부의 대북정책도 북미간 불신구조 증폭에 일조하는 결과를 낳았다. 남북관계는 급속하게 경색되었고 한국 외교는 한반도 문제에 관한한 길을 잃고 있었다.

북한의 통미봉남 전략과 맞물리면서 한국 정부는 마치 '미국의 바짓가랑이만 붙잡고 있는' 형국이 되어버렸다. 클린턴의 미국으로서도 김영삼 정부의 대미정책을 그다지 달갑게 생각하고 있지 않았다.

김대중은 한반도 냉전구도 해체에 미국의 능력과 의지를 활용해야 한다고 판단했다. 한반도 뿐 아니라 동북아의 안정적 균형자 역할을 담당할 수 있는 국가가 미국이라는 전략적 판단이었다. 동북아에서 미국의 역할에 관한 김대중의 인식은 그의 발언에 명백히 드러나 있다. "아시아에서 우리나라와 일본에 있는 미군이 철수하면 아시아는 진공사태가 되어 일본과 중국 간에 군비경쟁과 헤게모니 투쟁이 생길 것이다. … 그런데 미군이 주둔하고 있음으로 해서 세력균형과 현상유지가 되고 있는 것이다. 또한 중국과 일본도 군사력을 강화하는 일은 없을 것이다. 우리는 미군을 주둔하게 함으로써 안정과 평화를 유지하는 것이다…"[91] 김대중은 주한 미군의 주둔문제도 미국과 한국 간 공통의 이익이 존재하기 때문이라는 실용주의적 관점에서 접근하고 있었다.

김대중은 일생 한 번도 반미(反美)를 입에 올린 적이 없었다. 1970년대 한국의 민주주의가 위기에 놓였을 때 미국의 대한(對韓) 정책을 비판한 적은 있었지만 그것을 두고 그가 반미론자라고 평가된 적은 없었다. 집권 이후에도 그는 친미(親美)정책 기조를 유지했다. 그렇다고 미국, 그리고 한미동맹을 신성불가침 영역으로 간주하지는 않았다. 김대중은 한미동맹에 종속되려 했던 것이 아니라 "동맹을 이용"하려 했

91 박명림, 지상현, "탈냉전기 한국의 동아시아 인식과 구상: 김대중 사례 연구," 『한국정치학회보』 제43권 (4)호 (2009), p. 157.

다.[92] 그는 이미 1960년대 미국의 대일 경사(傾斜)정책이 동북아 불안정의 원인이 될 수 있음을 경고하기도 했다. 무엇보다도 김대중은 동북아에서 진영화 구도가 경화(硬化)되면 한국 외교가 움직일 수 있는 공간이 제한된다고 봤던 것이다. 그는 미국을 한국의 구상대로 견인하고 일본 중국 등 역내 강국들과 절적하게 균형을 이루어야 한국 외교에 유리한 환경이 될 것으로 구상하고 있었다. 1970년대 "4대국 안전보장론"의 철학적 연장선에서 그는 집권 이후 "1 동맹 3 우호체제"의 구상을 실천하려고 노력하였다.[93] 미국과는 동맹관계를 통해서, 그리고 주변 열강들과는 우호적이고 조화로운 관계를 유지함으로써 역내 안보불안을 해소한다는 것이 "1동맹 3 우호체제"였다.

미국의 외교정책을 한반도로 견인하되 한국의 이익에 부합하도록 미국을 설득한다는 구상은 상당히 창의적이었고 대담한 접근이었다. 김대중은 동북아 지역 안보 딜레마는 한반도 분단으로부터 비롯된 냉전적 위기가 해결되지 않으면 불가능하다고 봤다. 미국을 비롯한 역내 국가들과의 외교적 관계의 초점은 한국이 주도하는 한반도 냉전구도 해체 구상에 외교적 지지를 얻어내는 것에 두었다. 무엇보다도 미국의 지원이 필수적이었다. 사실, 김영삼 정부 후반기에 이르러 한미관계에는 다소 냉기류가 흐르고 있었다. 김대중은 취임 후 첫 해외순방으로 1998년 6월 미국을 방문하였다. 김대중의 한반도 화해 협력 구상은 클린턴의 북한 연착륙 전략과 맥이 통하는 것이었다. 한미 정상회담에서

92 박인휘, "박정희, 김대중의 국가이익과 한미관계: 동맹-자주의 분절 혹은 통합," 양승함(편) 『한국 국가관리와 대통령 리더십의 비전과 모델』 (서울: 연세대학교 국가관리 연구원, 2010).

93 박명림, 지상현 (2009).

양국 정상들은 한미동맹의 견고함을 확인하였고, 김대중은 클린턴에게 대북 경수로에 관한 미국의 지원, 북미관계 개선, 남북관계의 남북 당사자 주도 등 주요 정책방향에서 미국의 협조를 요청하였다.

민주당 클린턴 행정부와는 정책적 공조를 통해 남북미 삼각관계의 선순환 구도를 만드는 첫 작업에 성공을 거두었다. 이 무렵 북한은 미국에 대해 선제적 압박전술의 하나로 1998년 8월 대포동 1호 미사일을 발사했다. 북미간 긴장국면이 다시 도래했다. 이 긴장국면의 돌파구도 김대중이 열어나갔다. 임동원이 원안을 만들고 김대중의 제가를 받았던 "한반도 냉전구조 해체를 위한 포괄적 접근 전략"은 후일 페리보고서의 근간이 되었다.[94] 1999년 9월 발표된 대북정책조정관 페리(William J. Perry)의 보고서대로 미국은 대북정책을 조정하였다. 페리프로세스는 1) 북한의 미사일 시험발사 저지 및 한반도 평화분위기 조성, 2) 중기 목표로 북한의 핵 및 미사일 개발 완전 저지, 3) 대북 경제완화, 4) 북미 관계 정상화, 5) 장기 목표로 북미 수교를 통한 한반도 냉전구조 해체 등의 내용을 담고 있었다. 페리 자신이 고백했듯 그의 보고서는 김대중의 "한반도 냉전구조 해체를 위한 포괄적 접근"이 기본틀로 하여 만들어졌다. 워싱턴과 조율을 담당했던 임동원의 회고에서도 보듯이 "이는 한미 외교사상 처음으로 정책공조를 우리가 주도하는 선례를 세운 것"이었다.[95]

난관에 봉착했던 북미 합의구조를 페리프로세스로 반전시켰던 것은 김대중 정부의 정치적, 외교적 성과였다. 이후 북미관계는 급물살을

94 임동원, 『피스메이커』 (서울: 중앙북스, 2008).

95 임동원 (2008).

탔고 2000년에 들어 북미간 베를린 합의 도출, 조명록의 워싱턴 방문, 정전체제를 평화체제로 전환하는 것에 합의한 북미 공동커뮤니케 발표, 올브라이트 국무장관의 방북, 클린턴 대통령의 평양 방문 추진 등으로 대미외교 및 햇볕정책의 외곽적 환경이 거의 완성되는 듯 보였다.

그러나 부시대통령과 네오콘의 등장은 김대중 정부의 대미 외교 전선에, 또 햇볕정책에도 중대한 시련을 가져왔다. 클린턴 정책 뒤집기(ABC: Anything But Clinton)에 몰두했던 네오콘들은 북미기본합의가 북한의 협박에 굴복한 결과라며 비판하였고 북한에 대해 강경한 입장으로 선회하였다. 이에 따라 한미간 정책공조도 위기를 맞았다. 특히 9·11 테러 이후 미국은 북한을 이라크, 이란과 함께 '악의 축'으로 규정하기에 이르렀다. 대결중심 전략이었고 힘의 우위에 바탕한 압박전략이었다.

미국의 부시 행정부가 출범하면서 내품었던 대결중심적 정책기조는 그 파고의 강도가 워낙 높았다. 김대중 정부로서는 어찌보면 불가항력적 환경의 변화였다. 그렇다고 정권말기에 접어든 김대중 정부로서는 부시 행정부의 대북 인식에 편승하기 위해 근원적인 정책조정은 불가능했다. 부시와 네오콘의 대결 중심적 세계관을 속수무책으로 관망하면서 김대중 정부는 햇볕정책의 정책적 정당성의 논리를 오히려 강화하였다. 이러한 배경에서 김대중 정부 말기 대미정책과 부시 행정부 초기의 대한반도 정책에는 파열음이 날 수밖에 없었다. 그 대표적 위기가 고농축우라늄프로그램(HEUP)을 둘러싼 '2차 핵 위기'였다. 김대중 정부가 구상했던 남북관계의 해빙도, 북핵문제의 평화적 해법도 모두 노무현 정부에게 정치적 유산으로 이양되었다.

3. 김대중 외교 철학의 평가

1) 평화주의: 한반도 평화구상

대한민국 출범 이후 한국 역대 정권의 외교목표는 한반도 분단체제를 어떤 방식으로 관리하느냐와 밀접한 관련을 가질 수밖에 없었다. 그것은 대한민국의 탄생의 역사적 환경이 낳았던 근원적 문제의 결과이기도 했다. 미소 대립이라는 냉전의 소용돌이 속에서 38도선 이남의 지역의 총선거에 의해 대한민국 정부가 수립되고, 38선 이북에는 또 다른 정치적 조직이 국가 형태를 갖추게 됨으로써 분단체제가 등장하였다. 한국의 외교 전략은 탄생시기부터 북한 정권과의 적대적 관계 속에서 국가 존립과 통일을 위한 전략의 결합이라는 과제가 동시에 주어졌다.

한반도 분단을 어떤 방식으로 관리하고 이를 위해 어떤 외교 전략을 수립할 것인가는 한반도를 둘러싼 환경변수를 인식하는 지도자의 정치적 선택의 문제다. 그리고 더 나아가 정치철학과 역사적 진행 방향에 관한 인식의 문제이기도 하다. 정치인 김대중이 선택했던 분단관리 방식은 적대적 공존방식에서 화해협력적 공존으로의 이행이었다. 그 바탕에는 김대중이 염원했던 한반도 평화에 대한 철학이 있었다. 김대중은 한반도에 다시 전쟁이 나면 한민족에겐 어떤 희망도 갖기 힘들 것이라고 봤다. 전쟁은 어떤 일이 있더라도 막아야 한다는 것이 그의 기본 철학이었다. 전쟁을 방지하고 남북한이 평화의 기조 위에 화해 협력을 추진하는 것이 시대적 요청이요, 그것을 이루기 위한 정책적 실천이 정치지도자에게 주어진 사명이라고 믿었다. 정권의 외교정책 전반적 기조가 한반도 분단문제를 해결하기 위해 패러다임 전환을 중심으로 시도되었던 것은 한국 역대 정권 중에서 최초의 일이었다. 그 방향은 대립이나 증오, 불안정한 평화가 아니라 지속가능한 한반도의 평화였던 것이다. 한반도의 평화가 동북아 평화의 토대가 되어야 한다는 것은 그가 평생 동안 역사를 성찰하면서 내렸던 결론의 하나였다.

2) 자주외교: 한반도 냉전구도 해체를 위한 포괄적 접근과 페리프로세스

국내 인식의 영역에서도 김대중의 화해협력적 공존으로의 이행은 중요한 시대적 의미로 부각되었다. 한국 사회에는 한반도의 분단이라는 특수성 때문에 남북한 관계에 대한 두 가지 상이한 시각이 존재한다. 앞서 언급한 바와 같이 하나는 국가중심적 시각이며, 다른 하나는 민족중심적 시각이다. 각각의 시각은 한국의 대북정책은 물론 외교정책에 있어서도 상이한 사회적, 이념적 기반을 제공해 왔다. 국가중심적 시각은 기본적으로 남북관계를 각각 독립된 국가간의 관계로 간주한다. 더 구체적으로는 서로 정치군사적으로 대립하고 있는 관계로 보는 시각이다. 이 시각에서는 현재의 남북한 관계를 상호 적대적 관계로 규정하여 남한의 사활적 이익은 북한의 군사적 위협으로부터 국가를 보호하여 주권국가로서 국가의 생존을 유지하는 데 있다는 논리다.

민족중심적 시각은 남북관계를 국가간 문제라기보다는 한반도의 내부 구성원의 문제로 접근해야 한다는 주장이다. 해방이후 한국사회의 현실적 제반 모순은 분단의 문제로부터 생겼다. 따라서 분단을 극복하기 위해서는 남북한간 정치적 대립관계를 풀어내야 한다고 강조한다. 이에 따라 한국의 대북정책은 적대적 관계를 해소할 수 있는 방향으로 전개되어야 한다는 주장이다. 그러기 위해서는 정권 이익의 차원에서 분단을 볼 것이 아니라 북한 주민에 대한 인도주의적 지원이나 민족 동질성 회복의 방식을 통해 평화공존과 화해협력 정책으로 전환시켜야 한다는 것이다. 또한 한반도에서 평화공존은 불가능한 것이 아니며 현재 분단된 상태를 안정적이고 성공적으로 조정해 나간다면 점차적으로 통일이 가능하다는 것이다. 비정치적 분야에서의 협력관계의 유지와 증진이 궁극적으로 남북한간 정치적 통합으로 나아갈 것이라는 전제가 깔려 있다. 국제환경도 그러하였지만 냉전이 시작된 이래 오랫동안 존재해왔던 인식적 관성 때문에 민족중심적 시각을 부분적으로나마 대북정책에 적용하는 정책적 전환은 결코 용이한 일이 아니었다. 김대중 정부의 한반도 분단 관리 방식은 분단 이후 금기시 되어왔던 민족중심 시각을 정책의 영역에서 부각시켰고, 정책적으로 실천했다는 의미를 담고 있다. 김대중은 기존의 국가중심 시각에 경도되어 있었던 대북정책에 민족중심 시각을 병치시킴으로써 균형적 접근을 시도했던 것이다.

아울러 한반도 문제를 '우리'의 문제로 접근하려는 시도는 실로 대담한 접근이었다. 비록 분단은 외부세력의 결정에 의한 것이었지만, 분단 해소의 책임은 일차적으로 남북한 당사자들이라는 인식이었다. 사실, 한반도의 지정학적 조건으로 인해 한반도 정치상황에는 복합적 좌표, 즉 국제정치 축과 민족 축의 교차라는 이중적 좌표가 작동해 왔다.

그 중에서 한반도 분단의 원인은 물론 경과과정에도 국제정치적 동력이 지배적 동력이었다. 그런 틀 속에서 취약한 고리로 남아 있었던 민족 축의 강화, 즉 남북한 관계의 독자적 영역의 확보를 한국의 외교전략이 가져야 할 목표로서 주장하는 것은 결코 용이한 일이 아니었다. 우리의 시각과 이익의 관점에서 주변국들의 정책을 견인한다는 것은 대단히 창의적 발상이었다.

앞서 설명했듯이 약소국으로서 한국 정책결정자들은 예외 없이 일종의 포박의식을 지녀왔다. 포박의식은 한국 외교정책의 결정과정에 작동해 왔던 일종의 약소국 무력감이다. 갈등중심의 국제관계의 역사 속에 배태되어 왔던 자기제한적 인식이기도 하다. 지정학적 조건에서 비롯된 요인이기도 하고, 역사적 경험의 산물이기도 했다. 분단 이후 한국 외교에 자주 목격되는 수동성과 의존성은 그러한 인식의 결과이기도 했다. 강대국과의 외교관계에서 특히 한반도 문제와 관련해서 가지는 수동성은 약소국 포박의식의 부정적 측면이었다. 그것을 수용하느냐, 또는 극복하고 타개하느냐는 정치지도자에게 주어진 옵션이다. 정치적 선택의 문제이기도 했고, 현실과 이상의 충돌이기도 했다. 김대중은 포박의식을 능동적으로 타개하려 했던 정치인이었다. 그것이 한반도 문제에 관한한 일차적 책임자는 '우리'라는 신념을 가졌고, 주변국들과의 정책 공조도 우리가 견인해야 하고 선도할 수 있어야 한다는 자신감으로 표현되었다. 그것이 민족 축 강화를 통한 한반도 문제의 균형적 접근이었다.

미국과의 동맹관계도 동맹 담론에 포획되기 보다는 실용주의적 관점에서 공통의 이익을 추구할 수 있다는 논리였다. 한미공조가 한국 외교의 자율적 범위를 축소시키는 방향이 아니라 한국 이익에 맞게 미국을 설득한다는 논리였다. "포기의 공포"의 인식틀로부터 빠져나오지 못하는 인식적 행태를 비판적으로 봤던 것이다. 한국 스스로 외교적 대안들을 제한시켜왔던 것에 대한 비판이기도 했다. 김대중 정부의 대미정책은 한미관계 재조정을 정책담론으로 내세우지는 않았으나, 정책기조의 큰 틀은 그 당시부터 시작된 것이었다. 그런 의미에서 외교수사로 노무현 정부 때처럼 "자주"를 명시적으로 드러내지는 않았으나, 남북한 관계에서 한국이 어느 정도 독자적 영역의 확보가 필요하다고 판단하고 있었다는 점에서는 '자주외교'를 실천했다고 평가할 수 있다. 북한과 화해협력정책을 추진하면서도 한반도 통일 이후에라도 주한 미군은 동북아 안정을 위해 필요하다는 언급을 통해 한미관계의 긴장이 조성될 수 있는 가능성을 피해갔다 그러면서도 1998년 이후 북핵 위기가 재차 도래했을 때 '한반도 냉전구도 해체를 위한 포괄적 접근'으로 미국을 설득하였다. 자칫 북한에 대해 강경책으로 전환될 수 있었던 미국을 움직여 북핵의 평화적 해결, 상호위협을 줄이면서 호혜적 관계 구축, 한반도 평화체제 구축을 제안하는 페리프로세스(1999)를 이끌어 냈던 점 등은 특히 한국 외교사에 특기할 만한 일이었다. 김대중의 대미 외교는 한국-미국-북한의 삼각관계의 외교적 틀 속에서 한국의 자율적 공간을 확보하려 노력했고, 미국을 한국의 이익에 맞춰 선도했던 자주외교로 평가할 수 있다.

남북 분단 이후 김대중 정부의 외교 전략과 한반도 구상은 분단 이후 최초로 협력과 공생의 관계를 모색함으로써 남북 관계를 진전시켰다는 점에 있어 역사적 평가를 받기에 충분하다. 다만, 성과위주의 조급한 대북 정책을 추진했다는 비판도 있었다. 이른바 '퍼주기' 논란, 5억 달러 비밀 송금 등의 논란이 그것이었다. 보수적 언론의 프레임에 의한 비판이어서 다소 불공정하다는 항변도 있을 수 있다. 속도에 치중했었다는 지적은 대통령 5년 단임제의 구조적 문제에서 기인하는 것이기도 하지만, 오랜 냉전시대의 인식적 관성이 한국사회 내 존재하고 있다는 사실을 간과했었다는 점, 정책전환으로 사회적 인식 변화를 선도해 나갈 수 있다는 지나친 자신감 때문이었을 것이다. 이는 후일 남남갈등의 원인이 되기도 했다.

남북한 냉전구도를 정책적 전환으로 변화시키려 했던 김대중 정부, 그 공과는 훗날 남북관계의 변화양상에 따라 또 다른 역사적 평가가 내려질 것이다. 다만, 적어도 그의 시대에서 남북한 평화적 공존을 향한 정책적 시도가 탈냉전기 국제정치 환경변화에 조응하는 방향에서 전개되었다는 점에 있어서는 정치인 김대중의 역사인식과 정치철학을 높게 평가하지 않을 수 없을 것이다. 아울러 그가 한국 외교 전략의 기본틀로 내세웠던 "1동맹 3우호체제"는 한국이 생존과 번영의 목표를 외교영역에서 실천하기 위한 최적의 전략구도였다. 한국이 미국과 맺고 있는 동맹을 주변국과의 관계 구도와 병치시킴으로써 동맹이 한국의 주권적 사안임을 외교 전략의 기본축으로 삼았다. 동시에 동맹이 '우호체제'와 모순적 관계에 있지 않다는 점을 강조하고, 실제 그러한 원칙을 대중, 대일, 대러 외교관계에서 실천하였다. "1동맹 3우호체제"의 원리는 동북아 지역에서 안보와 외교적 유연성을 동시에 모색해야 하는 한국 외교 전략 구상의 전범(典範)이 되었다.

2장

노무현 정부의 외교전략: 자율성 확보의 국제정치

노무현 정부는 외교정책의 핵심을 "평화번영정책"에 두었다. 평화번영정책의 범위는 비단 외교정책적 영역 뿐 아니라 남북한 관계 및 동북아 국제정치의 환경 속에서 한국이 취해야 할 국가안보전략의 총체적 구상까지 포괄하고 있다. 평화번영정책은 한반도에 평화를 정착시키고 남북한 공동번영을 추구하여 평화통일의 기반을 조성하는 한편, 동북아 공존, 공영의 토대를 마련하고자 하는 원대한 구상을 담고 있었다.[96] 한국의 외교정책이 조형되는 두 개의 축은 남북한관계의 한반도 축과 동북아 지역질서라는 국제정치 축으로 구성된다. 이 두 개의 축 사이에는 밀접한 상관관계가 형성되어 한국 외교의 환경을 만들고 있

96 국가안전보장회의. 『평화번영과 국가안보』 (국가안전보장회의 사무처, 2004). p. 23.

음은 두말할 나위가 없다. 평화번영정책의 구체적 추진전략은 우선 대북관계에 있어 북한 핵문제의 평화적 해결을 통해 남북한 신뢰구축과 군비통제를 실현하고 한반도 평화체제를 구축하는 것에 초점이 맞춰져 있었다. 동북아 국제정치에 있어 한국의 위상과 역할에 대해서는 '동북아 중심국가론'으로 표명되었는데, 동북아 경제중심국가론으로 출발하여 동북아 평화와 공동번영을 위한 '동북아 시대구상'으로 구체화되어 추진되었다.

한 국가의 외교정책적 목표는 주어진 국제환경 속에서 자국의 위상과 역할에 대한 자기규정의 의미를 담고 있으며, 동시에 그 국가의 역사적, 문화적 배경에서 비롯된 미래지향적 의미를 표현하는 것이다. 대개 정권이 바뀌게 되면 새로운 정부는 그 같은 목표를 선언(doctrine)의 형식으로 표명한다. 그리고 그 집권 기간 동안 외교정책의 목표는 늘 제약(constraints)과 기회(opportunities)의 양면적 도전에 직면한다. 국제관계 영역에서는 타국과의 관계, 현존 질서의 성격 등의 요인에 의해 제약과 기회의 성격이 구성되며, 국내적으로는 역사적 문화적 관성에서 파생되는 보수성과 새로운 영역을 전개하려는 진보성 사이에서 제약과 도전의 기회가 만들어진다. 따라서 외교정책의 목표가 추진되는 과정은 국력의 다소, 강약에 관계없이 늘 노력과 진통이 따를 수밖에 없다.

1. 노무현 정부의 외교적 좌표와 북한 핵문제

노무현 정부의 외교 전략은 평화번영정책의 큰 틀 속에서 안보정책 영역에서는 협력적 자주국방론을, 대북정책에 있어서는 북핵문제 해결과 남북관계 개선을 병행 추진하는 전략이었다. 또한 동북아 협력질서 구축을 위하여 한국 외교의 균형자론을 제시한 바 있다. 협력적 자주국방론은 한미동맹 체제의 유지와 자주국방론의 양면적 의미를 담고 있다. 안보영역의 주권확보전략의 관점에서 볼 때, 자주국방론은 자강론과 편승동맹론의 결합구도 쯤으로 해석할 수 있다. 한때 노무현 외교정책의 성격을 둘러싸고 자주파-동맹파의 이분법적 구분으로 해석하려는 시사론적 비판이 제기된 바 있다. 사실, 이와 같은 이분법은 적절한 이분법이라 하기 힘들다. “자주”란 국가의 목표에 관한 내용이다. 반면, “동맹”은 그 목표를 추진하기 위한 수단에 관한 것이다. 노무현 정부 초기, “미국에 대한 일정 거리두기”의 정치적 제스처가 공론화되면서 한미동맹의 골격이 붕괴할 지도 모른다는 우려가 한국 사회의 일각에서, 특히 보수층으로부터 심각하게 제시된 바 있었다.

결과적으로 노무현 정부 5년간 한미동맹은 상당히 성공적인 전환기를 넘겼다는 평가를 받는다. 노무현 정부의 대미 외교는 한국 외교사의 전환기적 성격을 띠고 있었다. 그것은 한미동맹 관계 자체가 50년의 기간을 지나면서 변화된 환경을 일정정도 반영하지 않을 수 없는 상황에 직면하고 있었기 때문이다. 한미동맹이 출범했던 50년 전과 비교했을 때 한국의 국력은 괄목할 정도로 신장되었으며, 한미관계를 둘러싼 국제환경도 상당히 변화했기 때문이었다.

한미 동맹관계가 동맹체제의 전환기적 상황을 반영할 수밖에 없는 것이었다면 북핵문제를 둘러싼 한미간 인식의 차이는 제법 뚜렷한 차이를 보인 적이 있었다. 2000년 조시 W. 부시 행정부 출범 이후 북핵문제는 돌파구를 찾지 못하고 답보상황이 지속되었다. 이 기간 동안 한국과 미국 양국은 국제공조, 혹은 한미일 3국간 긴밀한 공조의 외교적 틀을 유지해 왔음에도 불구하고 북핵문제가 가지는 위협에 대한 인식에 상당한 차이를 보였다. 모든 대안(메뉴)을 협상테이블에 올려놓고 북한을 압박하겠다는 미국의 입장은 북핵문제에 대한 강압적 해법이나 군사적 해결방안에 대해서는 반대할 수밖에 없는 한국과 차이가 있었다. 한국 정부는 한반도 비핵화, 북한 핵문제의 평화적 해결, 한국의 적극적 역할이라는 북핵 해법의 3원칙을 제안하고 있었던 터였다.

북핵문제를 둘러싸고 노정되었던 인식과 위협의 차이는 근본적으로 한국이 처해 있는 외교적 좌표에 대한 한국측의 인식과 미국 및 일본이 한반도 문제를 바라보는 인식의 간극에서 비롯된 것이었다. 주지하다시피 한반도의 국제정치적 기상도는 국제정치의 축과 민족내부의 축이라는 두 개의 축이 교차되는 지점에서 결정된다. 한반도는 "1개 민족, 2개 국가체제"라는 독특한 상황이기 때문이다. 동북아 국제정치에서 한반도 상황은 역내 갈등 및 합의구조의 결과적 표상이었다. 특히 냉전 기간 동안 역내 열강들은 그들 간 긴장관계를 전략적으로 투사하고 전이했던 지역이 한반도였기 때문에 한반도에는 소위 적대적 균형관계가 유지되어 왔던 터였다. 이것이 한반도 문제의 국제정치적 영역이다. 그러한 긴장관계의 유지와 증폭에 가장 많은 비용을 지불해야 하는 국가는 다름 아닌 남북한 당사자들이었다. 그러므로 한반도 문제의 다른 하나의 영역, 즉 남북한 관계의 해빙을 통해 오랫동안 유지되어 왔던 국제정치적 긴장관계를 풀어내야 하는 것은 남북한 당사자들에게 주어진 몫이다. 남북관계의 공존과 협력관계 모색을 통해 한반도 긴장상황을 완화시키려는 노력은 1997년 이후 김대중 정부의 "대북 햇볕정책"으로 추진되었고, 그 상징적 결과가 6.15 공동선언으로 나타났다. 노무현 정부는 대북정책에 있어 김대중 정부의 대북 포용정책의 기조를 계승하고 있기 때문에 북핵문제의 국제적 공조 방침과 함께 남북관계의 병행발전이라는 전략을 유지했다. 말하자면 노무현 정부의 외교적 좌표는 한반도의 국제정치 축과 민족 축 사이에 어느 정도 균형적 입장을 취하려는 것이었다. 이러한 한국의 인식은 북핵 문제 및 한반도 상황을 국제정치 축의 관점에서만 접근하려는 미국 및 일본의 입장과 다소간 인식적 괴리가 있을 수밖에 없었다.

노무현 정부는 소위 "민족공조"만을 유일한 해법으로 추진하지는 않았다. 북핵 관련 현안이 있을 때마다 한미일 공조를 모색하는 외교적 노력을 보였다. 이와 더불어 "상식이 통하지 않는 많은 부분"이 있음에도 불구하고 북한을 "한 민족으로서 보듬어 가야하고 끝내 우리가 책임져 가야 할 사람들"이라는 언급을 보면 한반도 평화정착을 위해 이원적 접근방식을 기본틀로 간주했음을 확인할 수 있다.[97] 북한의 핵과 미사일이 "자기를 지키기 위한 억제수단"이며, 그것은 "여러 가지 상황에 비추어 일리가 있는 측면이 있다"고 언급한 것도 북핵문제에 대한 미국의 인식과는 다소 차이가 있는 것이었다.[98] 노무현 정부는 북핵 문제 해

97 노무현 대통령 2004년 3.1절 기념사.

98 노무현 대통령 미국 국제협의회 주최 오찬 연설. 2004년 11월 12일.

법의 구도에 전략적이고 균형적 입장을 유지하려 했지만, 한반도 국제정치적 축의 강화를 도모하려 했던 미국과 일본에 대해 충분한 외교적 설득력을 확보하지 못했던 것으로 평가할 수 있다. 이러한 균형적 자세는 북한과도 대비되었다. 당시 북한은 오로지 미국과의 담판만을 유일한 해결책으로 간주하고 있었다. 북한의 그러한 인식은 이른바 "반미적 사대주의"가 아니냐는 비판이 제기되었을 정도였다. 이러한 조건 속에서 노무현 정부의 중재자적 입지는 제한되어 있었다.

북핵 문제는 2004년 부시 2기 행정부 출범 이후 자유의 확산이라는 외교정책적 기조가 천명되면서 더욱 경색되어 갔다. 미국과 북한을 비롯한 관련국들은 1994년 제네바 합의틀이 깨진 후 6자회담이라는 다자주의 제도를 통해 해법을 모색해 왔다. 다자주의의 틀이었지만 실제 해법의 당사자는 북한과 미국 양국이었다. 1994년 제네바 합의틀은 미국과 북한이 체제보장과 비확산이라는 양국 이익을 맞교환했던 것이었다. 6자회담의 틀 속에서 체제보장과 비확산의 이익의 교환구도는 보다 복잡해졌다. 이를테면 미국이 북한에 대해 체제보장이 아니라 '체제변화'(regime change)를 요구하게 되면, 1994년 합의틀의 복원은 근원적으로 불가능해지는 구도였다. 노무현 정부 초기의 관점에서 봤을 때, 의도적이건 의도적이지 않았건 간에 1994년형의 해법구도는 방치되어 있었다. 오히려 체제보장과 비확산의 맞교환 범위를 넘어서는 조건들이 제기됨으로써 북핵 해법은 더욱 어렵게 되어가고 있었다.

이런 구도 속에서 북한은 2005년 2월 10일 북한 외무성 성명을 통해 핵 보유를 공식천명하고 6자회담 참가를 거부하였다. 당시 북한의 핵 보유 선언은 두 가지 해석을 낳았다. 하나는 미국의 아킬레스건을 직접 자극함으로써 비확산 체제가 붕괴수위에 도달했다는 긴박감을 만들려고 했다는 해석이었다. 이를 통해 미국과의 담판 구도를 강화하려 했다는 것이다. 다른 하나의 해석은 이라크 전쟁의 발발과정을 지켜보면서 북한이 가지게 되었던 판단의 결과라는 해석이었다. 이라크가 대량살상무기 사찰을 받았던 과정, 대량살상무기를 보유하고 있지 않았음에도 불구하고 무력 공격을 받았던 것을 상기하면서 오로지 핵 보유만이 체제를 보장할 수 있는 유일한 방도라는 판단을 했을 것이라는 해석이었다.

2005년 시점이나 현재 시점이건 간에 동북아 국제질서의 미래는 북한 핵문제 해결이 중요한 관건이다. 북한 핵문제를 해결하는 방식과 해결방안, 혹은 미해결의 결과가 향후 동북아 질서를 결정하는 시금석이 된다는 의미다. 노무현 정부는 6자회담을 통해 북한 핵문제를 해법을 찾아가면서 더 나아가 한반도 평화체제 구축의 단초를 마련하려는 의도를 가지고 있었다. 이것이 가능하게 되면 동북아 다자간 안보협의체 구성까지도 상상할 수 있다고 판단하고 있었다. 체제보장과 비확산(2019년 시점의 용어로는 완전한 비핵화)의 맞교환 구도가 깨지게 되면, 결국 핵을 보유한 북한과 미사일 방어체제에 기반한 동북아 대립질서라는 틀로 넘어가게 될 것이다. 주지하다시피 1990년대 이후 미국과 일본의 결속은 반중 연합전선의 강화라는 목표를 향해 움직여 왔다. MD 체제 구축을 통해 중국을 포박해 나가려는 미국과 일본의 의도를 한층 가속화시켰던 요인이 북한의 핵개발이었다.

북핵문제의 미해결, 아울러 북한의 핵보유의 기정사실화는 동북아에서 대립질서를 앞당기는 결과를 낳게 된다. 동북아에서 냉전복귀형의 대립질서가 다시 만들어지면 한국으로서는 대단히 곤혹스러운 상황이 된다. 지역적 불안정이 강화되는 것은 물론 한반도에 다시 그 대립구도의 일차적 경계선이 만들어 질 것이기 때문이다. 남북관계의 파행은 물론, 지역적 대립질서 속에서 한국이 부담해야 하는 비용 또한 커질 수밖에 없다. 노무현 정부 시기이거나 10년이 훌쩍 넘은 문재인 정부 시기에도 이같은 우려는 크게 변함이 없다. 한반도 평화공존 질서와 완전한 비핵화 사이에는 불가분 밀접한 관계가 설정되어 있다.

2. 동북아 균형자론: 재평가

북핵 문제와 전환기의 진통을 겪었던 한미동맹이라는 두 전선 사이의 협소한 공간 속에서, 또한 중국의 급속한 부상과 이를 견제하고 싶은 일본의 우경화 추세라는 동북아 국제정치 환경 속에서 2005년 초, 노무현 대통령은 한국의 외교적 역할을 동북아 균형자로 선언하였다. 이 선언을 두고 국내에서는 "시대착오적 발상", 심지어는 "과대 망상적 발상"이라는 비판이 제기되고 있으며, 논쟁이 뜨겁게 달아올랐다.[99] 노무현 대통령은 2005년 2월 25일 국회 국정연설에서 "우리 군대는 스스로 작전권을 가진 자주군대로서 동북아시아의 균형자로서 동북아 지역의 평화를 굳건히 지켜 낼 것"이라고 언급했다.[100] 며칠 뒤 3.1절 기념사에서도 같은 맥락의 언급이 포함되었다. 또한 3월 8일 공군

99 김영호, "공허한 외침일 뿐, 현실을 보라," 『넥스트』 (2005년 6월호).

100 대통령 비서실, "노무현 대통령 취임 2주년 국회 국정연설." 2005년 2월 25일.

사관학교 졸업식에서 한국은 "동북아시아의 세력균형자로서 이 지역의 평화를 굳건히 지켜낼 것"을 선언하였고, 3월 22일에 있었던 육군 제3 사관학교 졸업식에서도 한국은 "한반도뿐만 아니라 동북아시아의 평화와 번영을 위한 균형자 역할을 해 나갈 것"을 재차 천명하였다.[101]

1) 동북아 균형자론의 등장 배경

노무현 정부가 동북아 균형자론을 제기했던 당시의 국제정치적 배경은 무엇이었을까? 먼저, 그 선언 배경에는 독도문제 및 교과서 문제로 점차 격앙되어 가고 있었던 한일관계와 중일간 외교적 대립관계가 놓여 있었다. 또한 북핵 위기의 미해결로 인한 지역질서의 불안정 지속이라는 곤혹스러운 상황이 존재하고 있었다. 이를테면 동북아 지역질서가 자칫 대립적 질서로 급속하게 전개될 수 있다는 위기감이 팽배해 있었던 시기였다. 일본은 탈냉전 이후 미국에 대한 경사(傾斜)전략을 가속화하고 있었다. 이에 따라 일본 국내정치에서도 우경화의 정치적 목소리가 이전과는 달리 상당히 높아지고 있었다. 독도 문제나 교과서 문제는 물론, 야스쿠니 신사참배 강행도 당시 일본 정부의 정치적 의도를 잘 보여주는 사례였다. 일본 정치의 우경화, 그리고 대외 관계 영역에서 미국과의 결속강화, 그리고 북핵 문제에 대한 일본의 강경한 태도는 동북아 지역질서에 상당한 파고를 일으킬 수 있는 요인이었다. 달리 말해 당시 일본은 반중, 반북의 미일 연합전선을 강화하려는 의도를 숨

101 「동아일보」(2005.03.09.); (2005.03.23.).

기지 않고 있었다. 이러한 일본의 외교정책 기조는 동북아 지역질서를 냉전형 대립질서로 회귀시킬 가능성이 높아 보였다. 일본으로서는 장차 중국과의 지역적 라이벌 관계를 염두에 두고 미국과의 조기 결합이 유리할 것이라고 전제하고 있었다. 그러나 그것은 지역 강국으로서 일본의 행보가 탄력성을 잃어가게 되었던 원인이기도 했다. 만약 일본이 바라는 그런 상황으로 전개된다면 중국과 러시아, 그리고 북한의 결합 가능성이 그만큼 높아진다.[102] 중국은 꾸준한 경제성장과 군사력 현대화를 통해 강국으로 성장해 왔으며, 미국과 일본이 "중국위협론"을 내세워 노골적으로 중국을 견제하는 것을 우려하고 있었다.

사실, 동북아 역내국가들의 민족주의가 국내정치적 논리에 따라 배타성이 강화되고, 아울러 미국과 일본이 반중연합 구도를 조기 현실화하는 상황에 이르면 동북아 지역질서는 대립적 질서로 진행될 가능성이 높아진다. 2005년 당시, 한국의 균형자론 천명은 이러한 대립 구도가 급속하게 형성되는 것에 대한 우려의 표현이었다 할 수 있다. 동북아 대립질서 속에서 한국이 짊어져야 하는 부담이 현저히 높아질 것이기 때문이다. 독도 및 역사교과서 문제, 고이즈미 총리의 야스쿠니 신사참배와 관련하여 대일 강경 외교기조를 유지했던 것도 일본의 경색된 외교 기조에 대한 경고 메시지를 담고 있었다. 일본으로서는 한국이 냉전시기처럼 미국과 일본의 연합전선에 조기 참여해 주기를 원했으나, 노무현 정부로서는 동북아 대립질서의 급속한 국면전환 과정을 한국이 스스로 가속화시키는 역할은 담당할 수 없다고 판단하고 있었

102 김영희, "미국 독주에 도전장 낸 중·러 동맹," 「중앙일보」 (2005.07.08.).

다. 지역안보질서의 불투명한 요소와 안보협력에 대한 인식의 증대라는 긍정적 요소가 혼재되어 있는 상황 속에서 동북아 대립질서 형성을 제어하는 한편, 협력질서 창출을 위한 방도의 일환으로 동북아 균형자론이 제안되었던 것이다. 동북아 국가들간 상생과 공생의 협력질서 창출에 한국이 일익을 담당하겠다는 의도를 담고 있었다. 이것에는 동북아에서 평화 구축과 공생질서 창출이란 목표가 보편적 가치를 내포하고 있다는 판단이 바탕이 되어있었다.

2) 동북아 균형자론의 재해석

① 균형자의 의미

일반적으로 균형자(balancer)는 국가간 세력의 균형을 창출, 또는 변경하기 위해 "무게추"의 역할을 담당하는 국가라는 의미로 해석된다. 19세기 유럽의 평화를 유지시키는 과정에 핵심적 역할을 했던 영국을 염두에 둘 때 흔히 그러한 개념을 연상하게 된다.[103] 유럽 대륙에서 세력균형의 판도를 바꿀만한 국력을 가졌던 영국과 비교할 때 국력이 일정수준에 미치지 못하는 한국이 과연 동북아에서 균형자 역할을 수행할 수 있겠는가의 의문이 제기되었던 것도 이러한 해석과 무관하지 않다. 따라서 당시 국내 학계 및 언론에서는 균형자론에 대해 비판적 평가는 주로 국력을 중심으로 하는 해석과 관한 비판이 주류였다.[104]

---

103 Charles J. Bartlett, *Defense and Diplomacy: Britain and Great Powers* 1815–1914 (Manchester: Manchester University Press, 1993).

104 강천석. "동북아 균형자론의 꿈과 현실." 『조선일보』 (2005.04.16.); 김영호. "동북아 균형자론 비판과 실용주의적 국가전략의 모색."http://www.cfe.org/opinion/

이러한 비판적 해석에 대해 생각해 볼 점이 두 가지 있다. 하나는 국제관계에서 "힘"의 강약 정도가 대단히 중요한 요소이긴 하나, 국제관계의 모든 영역에서 항상 힘만이 유일한 요소일까 하는 점이다. 세력정치를 중시하는 현실주의 패러다임이 모든 국제정치적 현상에 대해 종합적이고 완결된 설명력을 갖추지 못하고 있다는 것은 이미 널리 인정되는 논변이기도 하다.[105] 반면, 국제정치의 자유주의적 시각은 국가의 힘 그 자체보다는 국가의 의도(intention), 정책적 선호도의 결합 및 조정을 더 강조하기도 한다.[106] 아울러 힘이란 투사되는 상황에 따라 관련국가의 힘의 다소/강약과 반드시 일치하지 않는 결과를 낳을 수 있다는 힘의 "상황적"(situational) 특징에도 주목해 보아야 한다.[107] 힘과 세력의 우열의 시각만으로 국제정치현상을 규명하려 할 때, 비관적이고 패배주의적 인식에 쉽게 포박당할 수 있다는 점을 고려해야 한다. 현실주의 패러다임 자체가 가지는 인식론적 오류에 대해 생각하지 않는 경향이 있는 것도 사실이다.

둘째, 균형자론이 지역 국제정치에서 권력구조의 변동, 즉 세력균형체제의 새로운 창출이나 기존 세력구도를 변경하는 것을 목표로 하

---

index.asp?cid=110600&idx=1032&pid=2&pn=1&sp (검색일: 2019년 8월 12일).

105 현실주의 패러다임이 국제정치학의 주류적 인식이라 인정하더라도 한국의 학계가, 더 나아가 한국인의 인식구조에서 현실주의 패러다임이 지나치게 경색된 형태로 우리의 국제정치관을 압박하고 있지 않는지 자문해 볼 필요가 있다.

106 David Baldwin ed., *Neorealism and Neoliberalism: The Contemporary Debate* (New York: Columbia University Press, 1993); Charles Kegley, "The Neoliberal Challenge to Realist Theories," in Charles Kegley(ed.), *Controversies in International Relations Theory* (New York: St. Martin's Press, 1995).

107 John T. Rourke, *International Politics on the World Stage* 9th ed. (Guilford, CT: McGraw-Hill, 2002).

는 것이 아니라 균형외교론(balancing diplomacy)으로 해석할 수 있는 여지가 충분했다는 점이다. 균형외교는 한 국가의 외교전략이 지나치게 일국 중심으로 경사되어 경직되는 것을 피하면서 국가간 관계에서 유연한 외교적 입장을 견지하는 전략을 의미한다. 탈냉전기 초, 미래 한국의 외교전략의 하나로 제시된 바 있었던 외교전략 대안의 하나였다.[108] 한국은 예나 지금이나 한미동맹이라는 제도적 장치를 유지하고 있다. 동북아 균형자론은 한미동맹의 기존 구도를 급격히 변경시키면서 새로운 세력판도로 재편하려는 의도는 결코 아니었다. 당시 한국 사회 일각에서 주장하듯 한미동맹의 골격을 해체하고 새로운 동맹관계, 이를테면 한-중 동맹관계를 모색하게 된다면 한국의 이러한 행위 때문에 동북아 대립질서가 더욱 가속화될 가능성이 오히려 높아질 것으로 판단했다. 그러한 상황을 한국 스스로 자초하는 것은 한국 외교에서 결코 현명하지도, 바람직하지도 않은 대안이다. 동북아 권력구조의 재편을 모색하기 위한 균형자론이 아니라, 기존 한미 동맹관계를 안전판으로 유지하면서 동북아의 협력질서, 공생질서의 창출을 위한 균형외교에 전략적 초점을 두겠다는 의도가 동북아 균형자론에게 주어졌던 의미라고 봐야 한다.

② 균형자론의 외교전략적 목표

국제정치에서 균형자의 역할을 설명할 때 네 가지 유형을 발견할

108 세종연구소, 『21세기를 향한 한국의 국가전략』. (성남: 세종연구소. 1996).; 조명현, "탈냉전시대 한반도의 안보환경의 변화와 안보전략의 변화," 『국제정치논총』 36:2. (1996).; 김기정, "21세기 동북아 국제질서와 한국의 전략적 선택: 비교검토," 정진위 외(편), 『새로운 동북아질서와 한반도』 (서울: 법문사, 1998).

수 있다. 하나는 패권적 균형자론이다.[109] 19세기 초, 비엔나 회의 이후 역외자로서 유럽대륙의 안보질서를 조정해 나갔던 영국이나 탈냉전기 미국이 자임했던 것과 같이 전세계적 수준에서, 그리고 지역적 수준에서 안정적 질서 유지를 위한 지도자적 역할을 의미하는 안정도모자(stabilizer)의 역할이라는 유형이 있다.[110] 두 번째 유형은 나폴레옹 전쟁 이후 1848년까지 유럽 지역질서 내부의 균형자 역할을 담당했던 오스트리아 형의 균형자다.[111] 메테르니히의 오스트리아는 유럽 국가들간 다자적 회의를 주도하면서 지역적 협력을 촉진시키는 역할을 자임했다. 당시 오스트리아는 유럽 국가들중 국력이 하위에 처져 있었던 국가였지만 회의외교를 성공적으로 주도해 나갔다. 균형자의 세 번째 유형은 비스마르크의 독일이 취했던 중재자 역할이었다. 19세기 중반부터 후반에 이르는 기간 동안 독일은 복잡한 동맹체계를 구축하고 그 중심에 서서 국가간 이익관계를 조정하는 역할을 수행했다.[112] 독일의 그러한 행위는 이른바 "샹들리에형" 균형자, 또는 편승적 균형자라고 규정할 수 있다.[113] 마지막 네 번째의 유형은 화합적 균형자다. 유럽지역에서 평화공존과 협력체제를 구축하는 과정에 건설적 역할을 담당했던

---

109 문정인, "소프트 파워의 예방적 외교라면."『넥스트』(2005년 6월호).

110 White House, "National Security Strategy of Engagement and Enlargement," (February, 1995). 2005년 6월 노무현 대통령의 방미에 앞서 미국이 동북아에서 "최종적인 균형자"라는 외교통상부 관계자의 발언은 미국이 지역 "안정자" (stabilizer)라는 의미를 담고 있었다.

111 전재성, "국력으로 협력으로 동맹으로,"『넥스트』(2005년 6월호).

112 William L. Langer, *European Alliances and Alignment, 1871-1890* (New York: Knopf, 1939).; David G. Williamson, *Bismarck and Germany 1862-1890* (London: Longman, 1998).

113 문정인 (2005).

국가로서 유럽연합의 창설 및 통합과정에서 선도적 역할을 담당했던 네덜란드가 좋은 예가 될 수 있다. 네덜란드는 외교력을 기반으로 유럽역내 국가들간 이견을 중재하고 조정하는 역할을 수행한 바 있다.[114]

한국의 동북아 균형자론이 새로운 세력판도 구축을 위한 편승동맹전략이나 균형동맹전략이 아니라 외교적 전략의 방도로서 "균형"이라면 한국의 역할은 패권적 균형자나 독일의 "샹들리에형" 균형자보다는 네덜란드의 화합적 균형자나 오스트리아의 다자회의 중재자적 균형자에 더 가깝다 할 수 있다. 동북아에서 국제적 합의를 도출하는 과정에 한국이 일정정도 건설적 역할을 하겠다는 의도를 담고 있었기 때문이었다.

동북아 지역질서는 여전히 불안전의 지속, 대립과 불신(不信)의 역사적 기억, 그리고 제도적 장치의 결여 등의 문제를 내포하고 있다. 동북아 질서에 과거의 부정적 유산들을 넘어서는 새로운 지역질서가 절실히 필요하다. 21세기 동북아 시대환경을 고려한다면 한국이 추구해야 하는 균형외교 전략은 다음과 같이 세 가지 기능을 염두에 둬야 한다. 이러한 점은 동북아 균형자론이 제안되었던 2005년이나 지금이나 크게 다르지 않다. 첫째는 동북아 지역질서를 안정적으로 유지하고 확대시켜 나가는 촉진자(facilitator)의 역할이다. 대립보다는 협력의 국제관계를 촉진시키는 역할을 자임하는 것이 한국 균형외교의 목표여야 한다. 둘째, 국가간 갈등관계를 조정할 수 있도록 주선하는 조정자(mediator) 역할이 필요하다. 조정이라는 외교적 과정에는 국가간 대화

114 문정인 (2005).

통로의 네트워크를 향상시킴으로써 갈등의 발생 가능성을 줄이는 예방외교적 성격도 포함된다. 셋째, 협력의 지역질서 속에서 공생의 질서, 공동번영을 도모하기 위한 국제적 아젠다를 제시하는 창안자(initiator)의 역할도 고려해야 한다. 즉 지역질서의 미래지향적 비젼을 제시하는 역할을 자임해야 한다. 이 세 가지의 역할을 수행하기 위해서는 한국외교가 평화와 협력이라는 보편적 가치 위에 기반하고 있어야 한다. 그 토대 위에서 동북아 국제협력의 원칙을 선창하고 공생관계 확대를 위한 현안들을 제안하는 것이 균형외교의 기능이다. 2005년 당시, 노무현 정부의 동북아 균형자론은 바로 이러한 역할을 염두에 두고 있었다. 흥미로운 점은 2017년, 문재인 정부가 남북미 삼각관계를 진전시키면서 '운전자론'을 주창했을 때, 2005년 동북아 균형자론에서 암시했던 위 세 가지 기능을 염두에 두고 있었다는 것이다.[115]

그렇다면 한국이 균형자 역할, 그리고 균형외교를 통해 도모해야 할 지역수준의 "균형"이란 무엇인가? 균형이 반드시 권력구조의 균형(balance)만을 의미하는 것이 아니라면 다양한 균형개념을 고려할 수 있다. 균형외교를 통해 지역수준의 평형상태(equilibrium)를 유지시키는 과정에 일조하는 것도 균형추구의 한 목표가 된다. 평형상태는 질서의 안정적 상태다. 평형상태가 위협받아 비평형상태(disequilibrium)가 되면, 약소국에게 돌아 갈 위험부담 또한 커지기 마련이다. 균형이 갖는 다른 하나의 의미는 국가들간 "이익의 균형"이다. 심각한 이익의 불균형 상태가 협상의 기회를 축소시키는 것은 자명한 이치다. 외교란 관련

115 金基正, "韓國の朝鮮半島プラン"「朝日新聞」, 2018.8.8. 인터뷰.

국가들간 공유된 이익을 확인하는 과정이다. 당사국들이 확인해야 하는 이익 외의 요인들, 이를테면, 인식적 불신구조에 의해 협상이 난항을 겪을 때 제3국의 역할이 중요해진다.[116] 조정과 중재의 외교를 통해 이익의 균형점을 찾도록 도모하는 것도 지역수준에서 추구해야 하는 균형외교의 한 모습이다. 이를테면 북핵 문제와 관련, 북한과 미국이 좀처럼 합의점을 찾지 못하는 것은 이익의 균형점 설정에 어려움을 겪고 있기 때문이다. 2018년 이후 한국이 북핵문제 해결에 중재자의 역할을 자임하고 나섰던 것도 북미간 이익 균형점을 찾게 해주려는 의도로 봐야 할 것이다.

마지막으로 인식과 가치의 균형이다. 국제질서를 구성하고 있는 요소 중 관념(ideation)은 국가간 행위원칙을 규정하고 수용하는 인식적 토대가 된다.[117] 국제관계의 행위원칙과 규칙에 대해 국가들간 인식적 괴리가 있을 때 안정적이고 협력적인 질서가 창출되기 어렵다. 예컨대 미국이 주창하는 민주주의의 개념이 북한 및 중국이 생각하는 민주주의의 개념과는 상이하다. 이런 경우 불신과 갈등이 더욱 악화될 가능성이 높아진다. 동북아 질서에서 관련 국가들간 대화를 유도하고 관념의 공감대를 확대시킬 수 있는 외교행위가 한국의 균형자적 역할을 통해 촉진될 수 있을 것이다. 2005년 당시에도, 미래 시점에도 한국의 외교전략이 목표로 하는 것은 그런 행위여야 한다.

---

116 Lloyd Jensen. *Explaining Foreign Policy,* (Englewood Cliffs: Prentice Hall, 1982).

117 James N. Rosenau, "Governance, Order, and Change in World Politics." James Rosenau and Ernst-Otto Czempiel, *Governance Without Government: Orders and Change in World Politics* (New York: Cambridge University Press. 1992).

3) 동북아 균형자론의 외교전략적 함의

① 중견국 외교정책론

2005년 무렵 구상되고 발표되었던 노무현 정부의 동북아 균형자론을 균형외교를 지향하는 외교적 노력으로 해석할 때, 이를 21세기 한국의 외교 전략과 관련하여 이론적 관점에서 재해석할 필요가 있다.[118] 세계적 차원에서 중견국적 위상을 가지고 있으면서, 동시에 동북아 국제정치 판도에서는 상대적 약소국 위상을 가지고 있는 나라가 한국이다. 이런 배경에서 동북아 균형자론에는 어떠한 국제정치학적 개념들이 함축되어 있는가를 살펴봐야 한다.

국제정치에 있어 국가의 국제적 위상이 외적 행위에 영향을 미친다는 점도 부인할 수 없다.[119] 이른바 패권국(hegemonic power)이나 강대국(great powers)의 외교정책의 특징, 또는 중견국(middle powers) 외교정책론이나 약소국(small powers) 외교정책론에 관한 논의는 그러한 구분에 근거하고 있다. 중견국 외교정책은 대개 국제질서의 유지와 갈등의 조정 역할, 평화의 촉진자로서 자주 설명된다.[120] 중견국들의 이러한 행위는 스스로 중견국을 자임하는 국가들의 사회문화적 요소의 소산이거나 자국의 역할에 대한 자기정체성 규정(self-identified role)에 기반하고

---

118 이러한 점은 어떤 국가이건, 그 국가의 외교적 행위는 이론적 탐구의 대상이 된다는 점을 전제로 하고 있다. 국가의 행위는 그것이 국제정치의 진로에 미치는 영향력의 강도와 관계없이, 또는 정책적 성공과 실패 여부와 관계없이 이루어져야 하는 학문적 탐구영역이다.

119 Laura Neack, "Linking State Type with Foreign Policy Behavior," in Laura Neack, Jeanne Hey and Patrick Haney (eds.), *Foreign Policy Analysis: Continuity and Change in Its Second Generation* (Englewood Cliffs: Prentice Hall, 1995).

120 Laura Neack, (2003).

있다.[121] 대표적으로 캐나다, 스웨덴, 호주, 네덜란드, 덴마크 등의 외교 정책이 이러한 특징을 뚜렷하게 보여준다.

한국은 경제적 규모에 있어 세계 10위권의 중견국이다. 그러나 지금까지 한국 외교의 경험에서 중견국형 외교 특징을 자임하거나 구체적 실천을 보인 경우는 많지 않다. 그것은 한국이 직면해 왔던 동북아 지역질서의 특징이 주로 군사안보 현안을 중심으로 전개되어 왔고, 따라서 평화촉진자로서의 중견국 외교를 수행하는 것은 부차적 문제로 간주되어 왔기 때문이다. 오히려 광복 이후 한국 외교는 미국 중심적 외교의 특징을 보여 왔다. 냉전시기 동안의 지역질서가 적대적 균형에 기반한 안보중심 질서의 성격을 띠고 있었던 관계로 한국 외교는 주로 한미동맹관계를 중심을 전개되어 왔다.

21세기 들어서면서 한국의 국제적 위상은 괄목할 만한 수준으로 상승되었다. 이에 따라 외교영역에서 위상에 변동에 적합한 외교행위를 요구하는 인식이 증대되어 왔다. 세계의 분쟁 지역에 대한 평화유지 행위에 적극적으로 동참해야 한다는 의견이 대두되었으며, 이러한 요구는 평화유지군 파병이나 이라크전 참전의 인식적 배경이 되었다. 특히 2002년 월드컵 개최 이후 상승한 국민들의 자긍심은 기존 약소국으로서의 외교행위에 대하여 일정정도 변화를 요구하고 있다. 따라서 21세기 한국 외교는 중견국으로서 역할로 확대할 필요가 있다. 외교정책적 영역에서 현존 국제질서의 보편적 가치, 즉 평화지향의 외교, 협력과 상생질서의 구축을 추구해야 한다는 의미에 있어서 한국 외교 전략

121 Neack (2003).

은 중견국형 외교정책으로 변화의 방향을 잡아 나가야 한다.

② 외교 전략 대안의 확장

21세기 한국의 외교적 좌표를 고려할 때, 안보영역의 주권 확보를 위해 자강론(자주국방론)과 편승동맹 전략을 결합하는 전략은 역사적 유산이나 동북아 현실을 생각할 때 앞으로도 유지되어야 할 목표다. 다른 한편, 약소국에게 강요되어 온 자기규제적 행동범위를 극복하려는 의지도 필요하다. 동북아에서 "주변부적 인식"을 극복하고 지역 국제질서에 건설적 역할을 담당하려는 전략을 구상하는 것은 2003년이나 지금이나 크게 다르지 않다.[122] 약소국의 수세적, 피동적 인식에서 벗어나 평화적, 안정적 지역질서 유지 과정에서 한국이 일정정도 자율 공간을 가지면서 역할을 수행하겠다고 선언하는 것은 21세기 한국 외교에 중요한 의미가 있다. 지역 갈등구조를 심화시킬 수 있는 요인들을 한국 스스로 통제하고 싶다는 것은 지역 평화 구축을 위한 상징적 의미 뿐 아니라 현실적 유용성도 있다. 동북아 질서 구축에 한국의 의도와 비전이 중요한 한 축이 된다고 판단하는 것은 지금까지 약소국의 무력감, 패배의식을 극복해야 한다는 명제가 주어지기 때문이다. 편승동맹과 자강론의 결합에서 안보영역의 주권을 확보하는 한편, 지역질서의 안정적 유지를 위해 평화와 협력이라는 보편적 가치를 주창하는 중견국형 외교전략을 동시에 추구하려는 것이다. 그리고 그러한 외교적 비전을 실천하는 과정에서 한국이 일정정도 자율적 공간을 확보하려는

122 대통령 비서실, "노무현 대통령 취임연설," 『노무현 대통령 연설문집』 제1권 http://www.president.go.kr/cwd/kr/president/speech/president_speech.pdf (검색일: 2019.08.26.).

의미도 내포하고 있다. 노무현 정부의 동북아 균형자론, 문재인 정부의 교량국가론 등의 외교 전략은 그런 의미에서 동일한 전략적 판단 위에서 있다.

한편, 한국의 국력과 지역 국제정치적 위상을 고려할 때 개입회피 전략, 즉 중립화의 전략은 아직 시기상조다.[123] 현실 정책적 영역이라기보다는 학문적 담론 영역에 남겨져 있는 부분이다. 한국 스스로 지역균형을 도모하는 균형동맹론도 한국이 처해있는 안보환경을 고려할 때 아직은 가용한 대안이 아니라고 보인다. 현존 한미동맹 구도를 변경시키고 중국과의 동맹으로 대체하려는 전략은 21세기 한국이 놓여있는 외교적 좌표를 고려할 때 현명한 판단이 아니다.(동북아 중추국가, 즉 pivot state로서 가져야 할 전략적 구상에 대해서는 4부 6장에서 다시 다루고 싶다.)

21세기 동북아 안보환경의 변화 속에서 한국이 고려해야 하는 전략은 두 개의 영역으로 구성되어 있다. 한편으로는 자강론과 편승동맹을 결합하는 전략의 지속이며, 다른 하나는 지역 안정화를 지향하는 균형외교로의 확대전략이다. 전자가 안보영역의 주권 확보를 강조하는 것에 비해, 후자는 자율성 확보의 주권을 도모하고 있다. 자주국방과 한미동맹의 틀을 유지하는 가운데 다자안보협의체 구축을 통해 평화지향의 동북아 협력질서 창출을 위한 외교적 노력을 병행해야 한다는 것이 2005년 노무현 정부의 동북아 균형자론이 우리에게 던졌던 전략적 화두였다고 보인다.

123 김기정 (1998).

4) 동북아 균형자론에 대한 재평가: 기회와 제약

노무현 정부의 동북아 균형자론은 한미동맹을 근간으로 하면서 동북아 협력질서 창출을 도모한다는 외교전략이었다. 그런 의미에서 동북아 균형자론은 한국의 외교 패러다임의 중요한 전환기적 성격을 지닌 것이었다. 탈냉전기 동북아 질서 속에서 전환기적 기본 구도는 이미 김대중 정부의 햇볕정책으로부터 시발되었고, 노무현 정부에 들어 동북아 균형자론으로 보다 구체적으로 제시되었다. 남북관계 개선과 동북아 평화협력 질서의 유지를 병행하는 구도 속에서 한국의 역할을 적극적으로 모색하려는 의도가 내포된 것이었다. 이론적 구상에서 시의적절해 보였던 동북아 균형자론은 구조론적 시선에서만 균형과 균형자의 개념을 평가했던 한국 학계, 언론의 집중포화를 받고 2005년 이후 제대로 시동조차 걸지 못한채 동력을 잃었다. 그러나 한국 외교 전략 패러다임 변환에 매우 중요한 계기가 되었던 것도 사실이다. 이를테면 2012년 대선 당시 문재인, 박근혜 두 후보가 공히 내세웠던 한국 외교 전략의 핵심은 '균형외교'였다. 노무현 정부의 동북아 균형자론은 그렇게 부활되었고, 다시 2017년 한반도 운전자론을 통해 전략의 핵심 구상이 계승되었다. 2019년 문재인 정부의 교량국가론도 그 연장선 위에서 있다.

노무현 정부의 동북아 균형자론은 몇 가지 관점에서 한국외교사적 의미를 가진 구상이었다고 평가할 수 있을 것이다. 첫째, 한국의 역사와 현실에 대한 인식의 표현이었다. 19세기 말, 당시 대한제국은 균세론과 중립선언이 모두 실패로 돌아가면서 식민지로 전락당하는 길을 강요당했다. 특히 균세론은 동양 전래의 이이제이(以夷制夷)론의 개념에 기반하고 있었는데, 한반도 위에 설정되었던 제국주의 경쟁과 대립구도 속에서 한국이 움직일 수 있는 자율공간이 지나치게 협소했다. 돌이켜보면 당시 한반도 위에는 '세력의 균형'이 아니라 '위협의 균형'이 가중되고 있었다. 그 결과 전략으로서 성공을 거두지 못하였다.[124] 균형자론은 그러한 역사적 교훈에 대한 21세기형 대안이었다. 둘째, 그간 한국인의 국제정치적 인식을 지배해 왔던 수세적 대응태도의 극복이라는 의미를 담고 있었다. 냉전 이후 한반도 정치 기상도는 주로 국제정치축에 의해 설정되고 결정되었다. 이에 따라 분단구조가 형성되고 남북한 대립구도 속에서 미국과의 동맹 외에는 어떤 다른 전략적 대안도 있을 수 없다는 신념이 한국의 주류적 인식구조였다. 동북아 균형자론은 미국과의 동맹을 안보주권 확보의 근간으로 유지하면서도, 동시에 동북아의 협력질서 구축을 위해 한국이 일정정도 능동적 역할을 모색하겠다는 의지를 담고 있었다. 동북아 균형자론을 주창함으로써 적대적 세력균형이라는 대립질서 보다는 평화와 협력이라는 보편적 가치를 강조하려는 의사를 능동적으로 표현하려 했던 것이다.

동북아 균형자론이 제안되었을 때, 그것을 계기로 한국 외교의 미래 청사진도 상상되기도 했다. 첫째, 동북아 균형자론을 통해 한국 외교정책에 자율성 확보의 주권개념을 표명할 수 있는 계기가 되었다. 자율성 확보의 주권 개념은 안보영역의 주권 확보만큼 중요하다. 안보영역의 주권확보는 기존 한미동맹의 축을 유지하고 제도적 장치들을 조

124 정용화, "대한제국의 외교정책," 연세대학교 국학연구원 제346회 국학연구발표회. 2005년 5월.

정해 나가면서 가능하다. 이와 병행하여 외교적 전략으로서 균형외교는 한국에게 자유행동의 범위를 확대시키는 기회가 될 것으로 전망되었다. 자율공간의 확보가 한국 외교 전략의 목표로 주목받게 되었던 것이다.

둘째, 동북아 평화 질서를 선도해 나갈 수 있는 기회를 가질 수 있다는 전망이 제기되었다. 평화와 협력의 보편적 가치에 입각하여 동북아 지역 질서의 제도적 발전에 일익을 담당할 수 있을 것이라는 희망이 생겼다. 동북아 국제정치에서 예방외교의 중요성을 주창하고, 더 나아가 장기적으로 배타적 동맹관계에 기반한 역내안보질서를 동북아 집단방위, 또는 동북아 다자간 안보협의체로 전환시킬 수 있는 방도를 찾을 수 있다는 상상을 하게 되었다. 아울러 한반도 평화체제로의 이행과정이 시작된다면 한국이 동북아 균형자론을 다시 부각시켜 그 과정을 주도함으로써 동북아 평화질서 형성에 한국이 일조하는 역할을 찾을 수 있을 것으로 기대되었다.

셋째, 동북아 균형자론이 제대로 작동하게 되면 외교적 관계의 다변화도 가능할 것이라고 봤다. 동북아 평화와 협력을 이루기 위해서는 비단 안보적 영역의 관계 뿐 아니라 연성권력(soft power)에 기반한 관계의 확대가 모색될 가능성이 높아진다. 예컨대 문화 외교가 그것이다. 동북아 국가들간 국경을 뛰어 넘는 인식적 공감대를 확대해야 하는 필요성도 제기될 것이기 때문이다. 문화적 교류를 통해 강화되는 동북아 지역정체성(혹은 혼성 정체성 hybrid identity)은 장기적으로 동북아 지역공동체 수립과정에 관념적 토대가 될 수 있을 것이다. 이 모두 동북아 균형자론이 불러일으킨 장밋빛 상상이었다.

동북아 균형자론은 결국 많은 비판 속에서 이름은 사라졌다. 왜 그렇게 많은 비판들이 쏟아졌을까? 한국의 동북아 균형자론을 제약했던 요인은 크게 두 가지였다. 하나는 인식적 제약요인이며, 다른 하나는 현행 동북아 국제정치의 현실적 제약요인이었다. 인식적 제약요인은 첫째, 19세기 및 냉전기 인식의 관성이었다. 힘의 논리가 국제관계의 모든 것을 결정한다는 국제정치 현실주의의 경직된 사고는 균형자론의 실천은 말할 것도 없고 상상조차 가로막는 국내적 요소가 되었다. 둘째, 동북아 전반의 질서 구축과 관련된 국가간 인식문제, 즉 국제질서의 인식적 영역이다. 유럽은 공존과 협력을 넘어 통합으로 이행되고 있으나 동북아는 여전히 홉스적 무정부성에 관한 인식이 지역질서적 특징의 하나다.[125] 물론 동북아 국제정치에서 홉스적 무정부성에 기반한 인식이 반드시 불변의 요소는 아니다. 그러나 평화와 협력에 관한 보편성의 문제와 개체단위의 국익 개념과의 사이에 존재하고 있었던 당시의 인식적 괴리가 한국의 동북아 균형자론의 범위, 실천 가능성을 일정 정도 제약하는 요소였다.

한편, 현실적 영역에서는 북핵의 해결구도가 혼선을 거듭하면서 뚜렷한 해법을 찾지 못했던 점이 현실적 제약요인이 되었다. 북핵문제의 해결은 동북아 미래를 결정하는 시금석과 같다. 그 때도 그랬고 지금도 마찬가지다. 노무현 정부 시기, 9·19 공동성명과 2·13 합의조치 등의 성과를 거두긴 했으나 북미 양국 사이에 놓인 오랜 불신구도 때문에 결국 좌절을 맛보아야 했다. 이에 따라 한국의 균형자론은 자칫 한국이 북한편에 서 있다는 오해를 살 수 있었다. 한국의 균형자론을 위

125 이표재, "지역 안보질서의 형성과 변화–유럽, 동북아지역 사례 비교" (연세대학교 박사학위 논문, 2003).

협했던 두 번째 제약요인은 한국 외교의 수단 가용성에 따른 제약요인이었다. 동북아 협력창출을 위해 한국의 균형자론이 보편적 가치를 선창하는 것은 의미가 있었으나, 구체적 외교행위에 따른 수단을 확보하지 못했다. 예방외교의 중요성, 보편적 가치의 선제적 주장까지는 가능한 일이겠으나, 그것과 아울러 병행되어야 할 보상과 응징의 방도를 국제질서의 구도 속에서 어떻게 모색하느냐는 앞으로도 과제로 남게 되었다. 이같은 과제는 향후 한국의 균형외교, 혹은 한반도 운전자론, 또는 교량국가론을 실천하고 추진하는 과정에서도 같은 문제의식으로 남게 될 것이다.

균형자론의 핵심 아이디어는 균형외교였다. 이러한 구상은 시간을 뛰어넘어 여전히 미래적 의미를 가진다. 한국의 외교는 중대한 전환기를 넘어가고 있기 때문이다. 외교적 패러다임의 전반적 변혁이 필요한 시대적 상황에 직면하고 있다는 것은 부인하기 어렵다. 균형외교를 효과적으로 추진하기 위해서는 보다 면밀하고 구체적인 외교 전략들이 구상되고 모색되어야 한다. 노무현 정부가 동북아 균형자론을 내세웠고 좌절해 갔던 원인들을 앞으로도 면밀히 살펴볼 필요가 있다. 미래의 균형외교는 보편성과 국익, 균형과 실용 사이에 존재할 수 있는 간극을 어떠한 방도로 융합점을 찾아나가느냐의 주제로 귀결될 것이다.

3장
전환기의 한미동맹

노무현 정부 시기, 한미동맹은 “전환”의 시대적 물결을 헤쳐 나가고 있었다. 냉전적 환경 속에서 탄생되었고 냉전기 양국의 이해관계를 담아내는 제도적 틀이었던 한미동맹이 재조정의 전환기 국면으로 들어섰던 것은 탈냉전기 시대 변화를 어떤 형태로든 반영하지 않을 수 없는 시대상황 때문이었다. 탈냉전기 시대변화가 개시된 이래 논의의 수준에 머물러 있거나 혹은 논의를 유보시켜 왔던 동맹전환의 양식들이 2003–2008년 간 노무현 정부 5년을 거치면서 전환의 방향성과 내용이 구체화되었다. 노무현 정부에게는 동맹전환을 정책영역에서 현실화시켜야 하는 시대적 소임이 주어져 있었다. 그것은 카운터파트였던 부시(George W. Bush) 행정부도 마찬가지였다. 노무현 정부 기간 동안 한미동맹의 전환기적 변화에 대해 평가는 엇갈리게 나타난다. 그 차이는 극명하다. 한미동맹이 지금까지 역사상 가장 성공적 동맹의 하나였고 전환의 과정도 성공적이라는 것이 긍정적 평가라면, 노무현 5년 동안 한미동맹이 거의 붕괴될 정도로 심각한 위기를 자초했다는 부정적 평가도 있다. 당시 일부 한국 언론의 표현을 빌면 한미동맹이 "동맹피로"의 정도까지 이르렀고,[126] 마침내 진혼곡, 혹은 조종(弔鐘)을 울리고 있다는 것이었다.[127] 혹은 이혼을 앞둔 부부사이와 같다고 언급되기도 했다.[128] 이러한 비판적 관찰은 사회적 집단의식에 내재되어 있는 보수성 혹은 관성 때문이거나 이념적 대립의 시대를 살았던 유산 때문이기도 하다. 특히 냉전시대를 통해 끊임없이 재생산과 복제를 거듭해왔던 이념적 쏠림 현상 때문이기도 했다. 그런 시각에서 봤을 때, 노무현 정부가 친북 좌파적 성향을 띠고 있었기 때문에 태생적으로 반미정책을 추진할 수밖에 없고, 따라서 노무현 정부가 추진하는 동맹 재조정은 종국에는 동맹 파기로 이어질 것이라고 극단적으로 우려하는 목소리도 있었다.

노무현 정부 초기, 반미 정서가 한국 정치현장에 나타났던 것도 사실이다. 미군 장갑차 사건, 전국적 반미촛불집회 등 미국에 대한 국민적 정서가 매우 나빴던 시기에 노무현 정부의 임기가 시작되었다. 한국의 집회에서 성조기가 불타는 장면이 미국 TV에 방영되면서 미국 사회 일각에서도 반한(反韓)정서가 나타나기 시작했다. 더욱이 "미국 안 갔다고 반미주의자냐, 또 반미주의자면 좀 어떠냐"의 노무현 대통령의 거

126 「한국일보」(2004.02.23.).

127 길정우, "韓美동맹의 진혼곡," 「중앙일보」(2003.11.07.).

128 이는 커트 캠벨 당시 미국 전략문제연구소(CSIS) 부회장의 논평이었다. 「세계일보」, 2005.04.26.

침없는 발언은 불에 기름을 끼얹은 격이 되었다.[129]

북한 핵문제 해법을 두고 나타난 한미 간 이견도 드러났다. 용산기지 이전 비용 및 방위비 분담을 둘러싼 협상의 난항도 없지 않았다. 이런 보도들이 쏟아지면서 노무현 정부 기간의 한미동맹을 "반미 5년" 또는 "동맹 위기의 5년"으로 규정했던 섣부른 판단도 있었다.[130] 그러나 한미양국 간 "미래한미동맹정책구상"(FOTA: Future of the ROK-US Alliance Policy Initiative)과 "한미안보정책구상"(SPI: ROK-US Security Policy Initiative)의 설치와 운용, 이라크 파병, 전시작전통제권 전환 협상, 6자회담 개시와 외교적 협상과정의 협력구도 복원, 한미 자유무역협정 타결 등의 과정을 거치면서 초기의 정서적 이반감은 상당부분 간극이 메워졌다. 불안하다고 평가되었던 5년을 지나면서 한미 양국 정상은 한미동맹을 더욱 높은 수준의 동반자 관계를 지향해야 한다는 점을 공식 선언하였다.

1. 탈냉전기 안보환경의 변화와 한미관계

1) 21세기 초 미국의 세계전략

한미동맹 형성 및 유지의 환경적 기반은 냉전이었다. 한국으로서는 한국전쟁 종전 이후 북한의 군사적 위협을 억제하면서 안보를 제공

129 「동아일보」(2002.09.11.).

130 「조선일보」(2008.01.29.); 「동아일보」(2007.12.21.)

해주는 버팀목이 필요했고 미국으로서는 세계적 대립전선의 한 축을 담당할 군사전진배치의 전략적 요충지로서 한국이 필요했다. 그러한 이해의 교환이 한미동맹의 탄생이었다. 한미동맹을 둘러싼 안보환경이 탈냉전이라는 변화에 직면하면서 한미동맹의 냉전기형 메커니즘들을 변화시키는 직접적 계기가 되었다. 냉전이 끝난 후, 미국 세계전략의 목표는 자유무역과 민주주의에 입각한 기존 세계질서의 유지였고, 그것의 토대가 되는 미국 패권의 보존과 확대로 재구성되었다. 권력구조적 측면에서 미국의 지위에 도전하거나 그것을 능가할 국가가 당분간 존재하지 않게 되면서 미국은 기존 질서를 유지하고 강화하려는 의도를 가졌던 것은 당연한 이치였다.

21세기 초 미국 주도의 세계질서에서 질서 원칙에 대한 원리는 두 가지였다. 하나는 자유무역의 질서이며, 다른 하나는 민주주의였다. 냉전기동안 세계자본주의 질서에 가장 위협적이었던 사회주의 국가들은 대부분 세계 자본주의 체제에 편입되었다. 따라서 시장경제와 자유무역 원칙을 통한 자본주의 세계질서의 공고화가 핵심적 질서 원칙이었다. 한편, 미국은 민주주의의 세계적 확산, 즉 "자유의 확산"이라는 목표를 설정했다. 인권문제를 미국 외교의 주요한 현안으로 간주하면서 "사회의 개방" "민주주의 기반구축을 위한 개발의 혜택"을 국가안보전략의 관점에서 강조하였다.[131]

탈냉전기 미국에게 가장 심각한 위협요소는 테러와 대량살상무기(WMD)의 확산이었다. 이러한 위협인식은 9·11 이후 더욱 뚜렷해졌다.

131 White House, "National Security Strategy of the United States of America." (2002).

특히 테러와 대량살상무기의 결합 가능성이 세계질서에 가장 위협적 요소라고 판단하였다. 세계질서를 유지하기 위하여 미국이 의존하고 있는 수단은 군사적 능력이다. 미국은 세계1위의 군사강대국이며, 군사적 우위는 미국 패권전략의 토대이자 원동력이다. 더욱이 미국 외교는 냉전기간을 거치면서 외교정책의 군사화 경향을 보여 왔다.[132] 군사화의 경향은 탈냉전기에 들어 더욱 강화되어 왔다. 미국이 해외에서 보유하고 있는 해외 군사기지들은 700개 이상에 달하며, 미국의 이익을 투사하는 거점이 되고 있다.[133] 필요한 경우 군사력의 전략적 투사를 통하여 세계질서를 유지하려는 것이 미국 리더십의 핵심이다.

군사적 수단이 리더십의 토대인 이상, 군사력 운용의 효율성 제고는 중요한 과제가 된다. 냉전기 기간동안 군사력 운용의 핵심은 형성된 대립의 최전선과 전략적 요충지에 군사력을 상주시키는 전략이었다. 그러나 해외주둔 미군 규모의 확대와 소련과의 과도한 군비경쟁은 경제력과 군사적 팽창과의 적정비례에 관한 논란을 야기할 정도로 심각한 문제가 되었다.[134] 이에 따라 탈냉전적 환경변화는 군사력 운용의 효율성에 관한 재검토를 불가피하게 만들었다. 해외병력감축과 군 구조 개편은 이러한 필요에서 제기되었다.

당시 해외주둔 미군의 재조정은 미국의 군사혁신(Revolution in Military Affairs: RMA)과도 밀접하게 관련되어 있었다. 군사혁신은 새로운 과학기술을 군사부분에 적용하여 작전운용과 조직편성, 군사 장

132 찰머스 존슨. 안병진 옮김. 『제국의 슬픔』(서울: 삼우반, 2004).

133 찰머스 존슨 (2004).

134 Paul Kennedy, *The Rise and Fall of the Great Powers* (Ithaca: Random House, 1987).

비를 혁신적으로 발전시키겠다는 구상이었다. 1990년대 초반이후 군사혁신이 구체화되면서 나타난 것이 군사변환전략이었다. 군사력 운용의 기본개념과 능력, 인력 및 조직을 새롭게 조직하여 미국의 안전과 국제적 안정을 도모하려는 것이었다. 군사의 하부구조와 체계를 개혁하여 군사를 합리화하고 비용을 삭감하는 목표와 새로운 정보화기술을 도입하여 군사의 효율성, 유연성을 증가시키기 위한 군사력을 재조정하려 했던 것이 군사변환전략의 핵심이었다.[135] 비대칭적 위협요소들에 대한 대응전략으로서 기민성과 이동배치성, 전략적 유연성 등이 등장한 것도 그러한 배경에서였다. 미국의 해외주둔 미군재배치계획(GPR: Global Posture Review)도 같은 맥락에서 제기되었다.

탈냉전기 세계질서 운용에서 미국이 중시하는 것이 동맹네트워크 전략이다. 미국이 원하는 동맹은 미국이 제시하는 세계전략의 목표, 즉 테러와 대량살상무기 비확산의 목표를 공유하는 국가들과의 군사적 협력을 강화하려는 것에 맞추어 졌다.[136] 유럽에서의 NATO, 아시아에서의 양자 동맹(미-일, 한-미, 미-호주 동맹) 강화에 역점을 두었다. 또한 미국의 동맹전략은 군사변환전략의 틀 속에서 기존의 붙박이형의 전진배치전략 개념을 수정하고 신속이동배치개념과 신속전환배치 개념 등을 새로운 동맹전략과 접목시키는 것이었다. 이를 위해 미국의 전력을 유연하게 투입, 이동, 철수할 수 있도록 법적, 제도적 지원을 동맹국들

---

135 Carl Connetta. "9/11 and the Meanings of Military Transformation," Project on Defense Alternatives (2003) http://www.comw.org/pda/0302conetta.html (검색일: 2019.08.26.).

136 U.S.Department of Defense,"Quadrennial Defense Review Report," (2006), http://www.defenselink.mil/qdr/report/Report20060203.pdf

에게 요구하였다.

동아시아에 있어 미국이 가장 중시하는 파트너는 일본이다. 미국은 일본을 경제대국으로 세계자본주의 질서 유지에 핵심적 역할을 하는 파트너이자 민주주의라는 공동의 가치에 기반한 동맹국이라고 평가해 왔다. 따라서 미국에게 일본은 세계 및 지역적 수준에서 "지도적"인 국제적 역할을 해야 할 국가다.[137] 미국은 탈냉전기에 접어들면서 아시아-태평양지역에서 일본과의 협력 체제를 거듭 강조해 왔다. 일본과의 협력강화 전략에는 경제성장을 발판삼아 새롭게 부상하기 시작한 중국에 대한 견제목적이 있었음도 자명하다.

탈냉전기 미국의 세계전략이 군사력의 효율성 확대, 동맹 네트워크 강화, 군사변환, 해외주둔 미군 재배치 계획 등으로 구체화되면서 한미동맹을 둘러싼 환경에도 영향을 미쳤다. 사실 주한미군의 재조정 계획은 일찍이 냉전이 끝난 직후에 현안이 되었던 적이 있다. 1989년 "넌-워너 수정안"(Nunn-Warner Amendment)이 통과되면서 주한미군 재조정과 방위비 분담이 본격적으로 논의의 대상이 되었다. 1990년 4월 발표되었던 "동아시아 전략구상"(EASI)은 이후 10년간 단계별로 동아시아 미군 감축의 계획을 담고 있었다. 실제 1990년부터 92년까지 주한 미군은 약 7,000명이 철수하여 36,000명 수준으로 감축되었다. 그러나 이 계획은 북한 핵 문제가 현안으로 등장하면서 사실상 사장되었고 그것을 재조정하여 발표된 것이 1995년 "동아시아 전략보고"(EASR)와 1998년 EASR-II였다. EASR에 의해 주한미군의 수준은 동

137 Richard Armitage, "CSIS Report The U.S.-Japan Alliance: Getting Asia Right Through 2020," (2007).

결되었으나 한미동맹의 미래적 발전방향에 대한 재조정은 전략개념적 문제로 남겨져 있었다.

2) 노무현 정부를 둘러싼 환경 변화

한미 동맹이 체결되었던 1954년과 비교했을 때, 미국을 둘러싼 세계환경이 변화했던 것처럼 한국을 둘러싼 환경도 크게 변화하였다. 먼저, 한국의 국력이 괄목할 정도로 성장하였다. 1954년 세계 최빈국의 위치에서 세계 11위권의 경제 강국으로 성장한 것이 가장 두드러진 변화였다. 물론 한국의 국력 성장이 동맹 비대칭성의 구조를 변경시킬 정도였는가는 여전히 논쟁적이다. 그러나 한국인에 있어서 국력 성장은 물질적 성장과 함께 국민적 자긍심을 드높여 주는 요인이었다. 특히 2002년 월드컵 행사를 치르면서 전 국민들의 초절정 인기구호였던 "대~한민국"의 구호는 정체성 확인과 함께 국민적 자긍심을 높이는 기제가 되었다.

경제발전과 함께 가장 괄목할만한 변화는 정치적 민주화였다. 민주화는 단순히 정치적 제도의 변화 뿐 아니라 정보의 공유 확대, 사회적 담론에 대한 자유의사 표현 등의 현상도 동반한다. 이러한 변화는 외교정책의 결정과정에도 영향을 미치는 요소로 작동한다.[138] 동시에 민주화는 사회적 가치관도 변화시켰다. 비대칭 관계 속의 피후견 국가 이미지를 탈피하여 보다 대등한 동맹관계를 지향해야 한다는 인식이

138 김기정, 이행, (1992).

나타났다. 이러한 사회적 인식은 "자주"의 정치적 구호의 등장을 가능케 했고, 특정한 격발적 요인, 이를테면 장갑차 사건이나 SOFA의 불평등성과 관련된 미군 범죄 등의 사건이 터지면 반미정서로 드러나곤 했다. 당시 주변국가들에 대한 호감도 조사는 이러한 경향을 뚜렷하게 보여준다. 1995년과 2005년을 비교했을 때 미국에 대한 호감도는 70.1%에서 46.4%로 감소했으며 북한에 대한 호감도는 같은 기간 16.4%에서 29.9%로, 중국에 대한 호감도는 6.7%에서 12.2%로 증가했다.[139] 이러한 인식변화는 안보인식에도 중요한 영향을 미쳤으며, 노무현 정부 시기 한미동맹에 대한 인식에도 영향을 미쳤다[140]

무엇보다도 중요한 변화는 한국 안보지형의 변화였다. 탈냉전 국제환경의 도래와 함께 남북화해협력정책의 추진은 북한에 대한 위협인식을 크게 완화시켰다. 북한에 대해서도 냉전기와 같은 공포감이나 두려움이 경제적 우위, 자유민주주의의 우월한 가치에 기초한 자신감으로 대체되어 갔다. 1972년 7·4 남북공동성명, 1992년 남북한 기본합의서, 2000년의 남북정상회담 및 6·15 남북공동선언, 2007년 평화번영선언 등이 남북한 간 해빙의 노력을 보여주는 사건들이었다. 김대중 정부시기부터 가속화되었던 남북한 화해협력 추세는 한국의 안보지형에 지대한 변화를 야기했다. 김대중 정부의 햇볕정책을 정책적으로 계승했던 노무현 정부는 평화번영정책을 추진했고, 개성공단으로 상징되는 대북경협 사업도 일정정도 성과를 거두었다. 남북관계는 점차 제도

139 김학성, "남북관계와 한미관계: 한국의 국민의식을 중심으로," 통일연구원 한반도와 동북아 평화: 참여정부 출범 4주년 기념 심포지움. (2007).

140 최종건, 김용철, (2006), pp. 193-221.; 이내영, 정한울, "반미여론과 한미동맹," 『국가전략』 제9권 (3)호 (2003).

화 수준으로 발전하고 있었다. 노무현 정부는 북핵 문제를 해결하려는 과정에서도 국제정치적 접근(6자 회담)과 남북한 관계 사이에 선순환적 해법을 찾기 위해 노력했다.

요컨대 한국의 정치사회 지형의 변화 및 남북한 관계의 변화는 한미동맹을 변화시키는 물질적 환경 변수였다. 특히 비대칭동맹관계가 유지되어 왔던 기존 메커니즘에 대한 변화 요구는 미국에 대한 대응태도에 영향을 미쳤다. 냉전기 한미 비대칭동맹에서 한국의 역할 인식과 태도가 "순응"적 태도가 주류였다면, 다양한 쟁점영역에서 한국의 대미 인식과 태도는 실리, 호혜, 저항 등의 복잡하고 다양한 방식으로 나타났다. 이러한 태도변화가 미국과의 협상과정, 인식조정 과정을 거치면서 동맹유지 메커니즘 영향을 미치게 되었다.

2. 노무현 정부시기 한미동맹 재조정의 쟁점

1) 주한 미군 재배치와 용산기지 이전

용산기지 이전과 주한미군 재배치 문제는 탈냉전기 미국의 전략적 구상이 변화하면서 제기되어 왔으나 정책적 영역에서 구체적 협의과정을 개시한 것은 노무현 정부에 들어서였다.[141] 2003년 4월 제1차 FOTA 회의가 개시된 이후 미국은 한반도에 산재한 주한미군 기지를

141 심지연, 김일영, 『주한미군 재조정: 왜, 어디까지, 그리고 어디로』 (서울: 백산서당, 2004).

평택기지(중부핵심권역)와 대구 부산 지역의 남부핵심권역으로 통합하기를 희망했다. 특히 미국은 주한미군의 역할을 기존의 인계철선(trip-wire) 개념으로 간주되는 것을 강하게 거부하면서 주한미군을 재배치 의제를 논의할 것을 요구하였다.[142] 이에 따라 2003년 5월 제1차 한미 정상회담에서 용산기지 조기 이전 및 2사단 재배치 원칙을 합의하였고 2004년 10월 용산기지이전협정 및 한미 연합토지관리계획(LLP: Land Partnership Plan) 개정협정에 서명하였다. 주한미군 재배치는 주한 미군 임무의 재규정과도 맞물려 있는 사안이었다. 붙박이형 기지운용 개념이 아니라 신속기동군화로의 전환을 계획하고 있었기 때문이다. 이에 따라 기지이전은 주한미군의 임무 중 일부를 한국군에 이양하는 작업과 동시에 진행되었다. 공동경비구역 경비업무, 후방지역 제독작전 임무, 공대지 사격장 관리 임무 등 10개 임무가 한국군에 전환되었다.[143]

미국은 용산기지 이전을 통해 주한 미군의 안정적 주둔 여건을 확보하는 한편, 주한미군의 신속기동군화로의 성격변화를 추구하였다. 당시 노무현 정부로서도 기존 인계철선 개념을 고수하는 것은 명분도 실효가 없다는 점을 인정하고 있었다. 따라서 미국의 전략적 판단을 수용하면서 동시에 한국군 능력증대에 따른 임무확대 필요성, 수도에 주둔한 외국 군대가 국민적 자긍심과 관련된 것이라고 판단했다. 아울러 미군 재배치에 따라 반환 토지를 이용하여 균형적으로 국토를 개발할 필요가 있다고 판단하였다. 이 같은 인식과 태도가 적절히 교환되면서 양국은 합의에 도달하였다. 주한미군 기지 재편과 재배치는 한미 양국

142 심지연, 김일영 (2004).

143 「중앙일보」(2003.07.25.)

모두의 이익에 부합하는 방향으로 추진되었다. 미국 측은 재배치를 통해 군사적 효율적 운용을, 한국 측은 민족적 자존심의 제고라는 명분과 함께 국토의 균형발전이라는 실리도 취하는 호혜적 협상과정이었다고 평가할 수 있다.

2) 주한미군 병력감축 조정

주한미군 병력감축문제는 탈냉전기 미국의 전략적 관심사 중의 하나였다. 미국은 1990년대 이후 협의가 중단되었던 주한미군 규모의 조정 문제를 FOTA와 SPI를 통해 제안하였다. 이 사안은 세계전략의 재조정이라는 관점에서 미국이 협상과정을 주도했다. 한국은 주한미군 감축이 자칫 한국 사회 일부의 우려대로 "주한미군 감축=동맹포기"라는 등식으로 인식될 가능성 때문에 조심스럽게 접근했다. 2004년 6월 미국은 2005년까지 주한미군 12,500명의 감축을 희망하는 기본구상을 한국 측에 제안했고 이에 대해 한국정부는 주한미군 감축이 가지는 상징성과 한국 국민의 안보불안 심리의 관계, 한국군의 전력증강 수준 등을 고려하여 감축시기 및 규모의 조정 가능성에 두고 미국과 협상을 진행하였다. 특히 협력적 자주국방 계획은 이 협상과정에서 중요한 연계고려사항이었다. 양국은 주한미군 감축시기를 최초 계획보다 3년 연장시켜 2008년까지 3단계로 감축하는 내용에 최종 합의하였다. 이에 따라 먼저 2004년 말까지 미2사단 2여단 전투단과 군사임무전환 관련부대를 포함하여 5,000명을 감축하였고, 이어서 2005~2006년에는 5,000명을, 2007~2008년에는 2,500명을 감축하기로 하였다.

사실, 당시 주한미군의 감축은 국내 일부의 우려와는 달리 동맹포기의 위협과 직접적 관련이 없는 사안이었다. 실제로 미국은 국방변환을 통해 군사력의 질적 현대화를 추구해 왔으며 주한미군의 감축도 같은 연장선에 서 있었다. 주한미군 감축은 미국이 세계전략의 환경에 대응하기 위한 전략적 관점에서 주도한 사안이었다. 한국으로서는 지금까지의 주한 미군 철수의 역사가 한국의 의사와 크게 상관없이 미국 전략의 관점에서 이루어져 왔다는 점을 잘 알고 있었다. 주한미군 병력감축을 반대하는 저항적 태도로 대응해서는 아무런 실익이 없다고 판단했고, 다만 병력감축이 주는 상징성이 국내 안보불안감을 가중시킬 수 있다고 판단하여 감축 시기를 늦추는 실리적 태도를 추구하였다.

3) 북한 핵문제

노무현 정부 기간 동안 한미동맹이 위태로워졌다는 비판적 입장을 일부 수용한다면 그 원인은 북핵문제의 해법을 둘러싼 한미 간 입장차에 있었다고 봐도 무방하다. 북한에 대해 "악의 축"의 개념으로 접근하면서 체제변환(regime change)의 가능성을 염두에 두고 대북 강경책 일변도 정책을 추진했던 것이 부시 행정부였다. 노무현 정부는 몇 가지 점에서 부시 행정부와 정책적 이해가 일치하지 않았다. 부시 행정부는 북한을 미국 주도 세계질서에 동참을 거부하는 대표적 불량국가로 간주했다. 북한은 대량살상무기 확산을 제어하려는 미국에 가장 직접적 반기를 들고 있는 국가이며, "폭정의 거점"의 하나로 지목된 국가였다. 이러한 북한의 행태에 대한 미국은 군사력 사용의 가능성을 배제하지 않는 대안에서부터 대량살상무기 확산방지구상(PSI: Weapons of Mass Destruction Proliferation Security Initiative), 북한 인권법 등의 방법을 통해 강경적 태도를 유지하고 있었다.

부시 행정부 초반의 강경한 대북정책은 클린턴 행정부의 대북정책 뒤집기(ABC: Anything But Clinton)의 배경에서 비롯되었고, 그러한 강경한 방침은 대북 화해협력정책을 추진하고 있었던 노무현 정부와 분명한 입장차가 있었다. 한국은 북핵 해결의 3가지 원칙, 즉 북핵 불용, 평화적 해결, 한국의 역할 등의 원칙을 유지하려고 했던 것에 비해, 부시행정부는 북한을 다룸에 있어 모든 대안을 테이블 위에 올려놓고 협상하겠다는 의도를 가진 것으로 알려졌기 때문이었다.[144] 미국이 의도하는 "모든 대안"은 결국 군사적 수단을 포함한 강압적 수단을 의미한 것으로 이는 평화적 해결방법과 방법론적 긴장관계에 있었다.

한반도 냉전체제 및 긴장상태를 남북관계 개선으로 풀어내려 했던 노무현 정부는 북한을 대화상대로 인정하고 접근하였다. 반면, 부시행정부는 북한이 미국 및 우방국가에 대해 속임수로 일관하고 있다는 불신감이 깊었다. 또한 대북정책 우선순위에 있어 한미 간 일정한 온도차가 있었다. 한국은 남북관계 개선이 한반도 상황관리에 유리하다고 판단한 반면, 미국은 대량살상무기 확산을 방지하기 위해 단호한 입장을 견지해야 한다는 원칙을 우선시했다. 기본적으로 북한체제의 내구성에 대한 판단도 달랐다. 한국은 북한 체제의 특성상 체제붕괴가 결코 쉽게 일어나지 않을 것이며, 체제붕괴 자체를 정책적 목표로 간주해서는

144 「연합뉴스」(2003.02.08.).

안된다는 입장이었지만, 부시행정부는 "자유의 확산" 신념에 기반하여 북한과 같은 폭정정권은 조금만 압력을 가하면 체제가 붕괴될 수 있다는 기대감을 가지고 있었다. 또한 북한의 개방개혁과 변화 가능성에 대해서도 인식이 달랐다. 한국정부는 북한의 체제 개방과 변화 가능성을 열어 둔 반면, 미국은 그것을 일시적이고 전술적 변화로 간주하였다.

북핵문제를 두고 한미 양국에게는 정책 공조와 정책 조정이라는 두 가지 과제가 놓여졌다. 그 와중에 6자회담이라는 제도적 장치를 통해 해결책을 모색한다는 것에 합의한 것은 한미 간에도 중대한 진전이었다. 2003년 8월, 1차 6자회담을 기점으로 대화를 통한 북한 핵 문제 해결의 기점이 마련되었고, 2005년 7월~9월간 개최된 제4차 6자회담에서 북한 비핵화에 대한 기본원칙이 담긴 "9·19 공동성명"이 합의됨으로써 북한 핵문제 해결은 중대한 전기를 마련하였다. 그러나 11월에 재개된 제5차 6자회담에서 마카오 소재 방코델타아시아(BDA)내 북한 계좌를 미국이 동결함으로써 위기가 갑자기 증폭되었다. 1년여에 걸친 대화 부재 속에 2006년 10월 북한은 핵실험을 감행하여 한반도 안보 상황은 물론 노무현 정부의 북핵 해법에도 중대한 위기가 도래했다. 그러나 2006년 11월 북한을 대화테이블로 다시 불러들이는 것에 성공함으로써 2007년 2월 "2·13 합의"를 도출하였고 북핵 문제는 다시 한 번 해결국면을 향한 극적인 전환을 맞게 되었다. 이후 북한의 요구대로 BDA 동결계좌 문제가 처리되고, 영변 핵시설을 가동 중단함으로써 핵 폐기와 포괄적 타결을 향후 과제로 남기게 되었다.

북핵문제는 미국이 강경한 해법을 주도해 나가는 입장이었고, 이에 대해 한국은 남북관계의 진전도 고려하면서 평화적 해결이라는 원칙을 고수하는 저항적 태도를 보였던 사안으로 평가할 수 있다. 한미동맹을 자칫 균열로 몰고 갈 수 있었던 북핵문제는 결국 한국의 지속적인 정책조정 노력과 대화를 통한 해결책 모색이 성과를 냈던 사례였다. 한국으로서도 북한의 핵실험 이후 대북 포용정책 성과에 대한 국내적 비판과 회의론, PSI 참여를 둘러싼 한미 간의 긴장 등 몇 차례의 위기가 있었으나 2·13 합의조치, 2차 남북정상회담 등을 통해 돌파구를 찾으려 노력했던 점이 위기관리의 중요한 토대가 되었다. 네오콘에 의해 주도되었던 강압적 인식과 태도는 한국정부의 조정 노력과 미국의 중간선거 이후 부시행정부의 미국 국내적 비판이 제기되면서 대화를 통한 해법 모색으로 다시 선회하였다. 미국의 국내정치적 변화 및 미국 행정부 내 협상파들의 노력도 중요한 요인이었지만 "저항적 태도"에 근거한 한국정부의 원칙고수가 미국으로 하여금 동의적 태도로의 선회를 가능케 했던 사례였다.

4) 이라크 파병

이라크 파병은 노무현 정부의 동맹정책의 포괄성을 상징하는 사례였다. 2003년 3월 미국이 중심이 된 다국적군이 이라크에 대해 군사행동을 시작하였다. 유엔의 의견과는 무관하게 미국 자신의 정보와 판단을 중심으로 시작된 군사행동 때문에 미국 조차 국내외적으로 비판에 직면해 있었다. 이러한 배경에서 미국은 한국의 이라크 파병이 미국의 입지를 강화해줄 것으로 판단하여 이라크 파병을 요청하였고 노무현 정부는 한미 동맹관계의 중요성을 고려하여 2003년 3월 한국군 파병을 결정하였다. 미국이 2003년 5월 1일 이라크 전쟁의 종전을 선언한 이후, 같은 해 9월 한국군의 추가파병을 요청하자 노무현 정부는 2003년 10월 추가파병 방침을 발표하고 2004년 2월 3,600여 명의 병력으로 자이툰 부대를 편성하여 이라크의 아르빌 지역으로 파병하기에 이르렀다.

이라크 파병은 2003년 당시 한국사회를 가장 뜨겁게 달구었던 현안의 하나였다. 정권 초기 반미정서를 일부 드러냈던 노무현 정부가 국익과 동맹정신을 내세워 이라크 파병을 결정하자 국내에서 찬반 양론이 뜨겁게 달아올랐다. 한편에서는 미국의 침략전쟁에 동참해서는 안된다는 도덕성을 내세웠고, 다른 한 편에서는 동맹국가의 의리, 동맹국 미국이 우리를 도와준 것처럼 미국이 어려울 때 지원을 아끼지 말아야 한다는 감성적 보은론, 이라크 전후복구사업에서의 이익에 대한 기대감을 표명하는 등 다양한 의견이 나타났다. 2003년 당시 한국은 북한 핵문제를 둘러싸고 미국과 전략과 인식이 일치되지 않는 경향을 보이고 있었다. 사실 정권 초기의 반미 정서에도 불구하고 이라크 파병으로 동맹중시 방향으로 선회한 배경에는 이라크 파병 결정과 연계하여 북핵 문제에 대한 한국의 입장을 강화하려는 의도가 있었다.[145] 미국의 관점에서 볼 때 이 두 가지 사안을 연계하는 것은 생각할 수 없는 입장이었지만, 이라크 파병 결정이 노무현 정부 초기에 존재했던 불신감을 상당부분 해소시킨 계기가 되었던 점은 확실하다. 이라크 파병은 미국에 있어서는 자국의 입장을 강화하는 것에 실리적 이익이 있었고, 따라서 한국정부를 설득하고 회유하는 태도를 가졌다. 반면 한국은 "줄 것

145 후나바시 요이치, 『김정일 최후의 도박』(서울: 중앙일보시사미디어, 2007).

은 주고, 받을 것은 받는다"는 동맹에 관한 상호호혜적 인식으로 이라크 파병문제에 접근했던 것으로 보인다.

5) 방위비 분담 협상

방위비 분담은 탈냉전기 미국이 세계전략을 재조정하면서 등장한 중요한 현안의 하나였다. 해외주둔 미군의 규모를 감축하려는 계획과 더불어 전략적 거점지역에 주둔하는 미군의 유지비용을 절감하려는 과제는 냉전기 소련과의 과도한 군비경쟁과 군사비 지출에 대한 비판적 논리 위에 성립된 것이었다. 한국에 대해서는 1988년 제20차 SCM에서 주요 관심사항으로 대두된 이래 1991년부터 본격적 협정체결을 통해 분담금 지원 규모가 결정되었다. 1991년 이래 한국이 지불해 왔던 방위비 분담금액은 지속적으로 증가하였다. 한반도의 안정적 안보환경을 제공하는 대가로 적정수준까지 방위비 분담금액이 증액되어야 한다는 것이 당시 미국의 입장이었다. 한편, 주한미군 감축 및 기지 재배치로 인해 주둔 비용이 줄어들고 있어 방위비 분담이 오히려 감액되어야 한다는 것이 노무현 정부의 주장이었다. 소요비용에 대한 추산방법의 차이, 단기협정과 장기협정의 이견, 분담항목과 주둔비용 구성 범위의 협의 등 다양한 쟁점을 안고 협상이 진행되었다.

2004년 11월부터 2005년 4월까지 진행되었던 제6차 방위비 분담 협상에서는 주로 한국 정부의 입장을 미국이 수용하여 2004년 대비 8.9% 감액된 6,804억 원으로 결정하였고 2년 기한의 협정으로 체결되었다. 2006년 체결된 제7차 방위비 분담협정에서는 총액 7,255억 원으로 합의하여 전년대비 6.6% 증액되었다. 제7차 협정에서 방위비 분담액이 다소 증액된 것은 주한미군 한국인 근로자 인건비 문제 때문이었다. 노무현 정부 기간 동안 두 차례의 방위비 분담 협상에서 양측은 금액의 증감이라는 실질적 이해타산의 관점에서 협상을 진행했던 것으로 보인다. 미국 측은 "몇 백만 불 때문에 동맹을 포기하려 하느냐"며 강한 불만을 표출하기도 했고, 한국 언론을 이용하여 강압적 태도를 보이기도 했다.[146] 종국에는 한국 측 입장을 수용하는 쪽으로 방향을 바꾸었다. 방위비 분담은 탈냉전기 한미 동맹 메커니즘을 유지시키는 중요한 사안의 하나다. 협상과정의 입장차이가 동맹 존립자체를 위태롭게 만드는 요소는 아닐지라도 한미 간 이견이 존재했던 것도 사실이다. 재정문제와 지원 금액 협상에 있어서는 미국 측 안을 그대로 수용해야 한다는 순응적 태도는 노무현 정부에서 찾아보기 힘들었다. 한국은 협상과정에서 대단히 실리적 태도로써 접근했고, 미국은 한국의 입장에 동의하는 방향으로 태도를 변경함으로써 협상이 타결되었다.

6) 전시작전통제권 전환

주한 미군 감축 현안과는 달리 전시작전통제권의 한국군 전환은 한국 측이 주도했던 사안이었다. 노무현 정부는 1994년 평시작전 통제

146 당시 방위비 분담협상을 담당하고 있었던 리처드 롤리스 미국 국방부 아시아태평양 담당 부차관은 기자 간담회를 자청하여 "한국이 주한미군 방위비 분담금을 증액하지 않을 경우 주한미군의 인력과 능력을 감축하는 결정이 불가피할 것"이라고 압박했다. (동아일보, 2006/10/4) 롤리스는 주한미군 감축 가능성이 한국 안보 심리의 뇌관과 같아서 "포기의 공포" (fear of abandonment)를 자극, 한국정부의 협상태도를 위축시키려 했던 것으로 보인다.

권 전환에 이어 전시 작전통제권의 전환이 '한반도 방위의 한국 주도'라는 의미를 지닌 것으로 인식하고 있었다. 또한, 전시 작전통제권 전환은 한반도의 군사적 긴장완화를 해결하고 남북 군사관계의 관리에 있어서도 보다 확고한 위치를 차지하는 것에 필수불가결한 조건이라고 보았다. 그 배경에는 한국의 국력 신장과 국방력에 걸맞은 대내외적 위상 및 국가적 자존심 문제라는 점도 고려되었다. 한국 방위의 한국 주도, 협력적 자주국방의 논리, "한반도 안보를 스스로 책임지는 자주군대" "독자적인 작전수행능력과 권한의 부재" 등을 언급했던 노무현 대통령의 언급에서 이러한 인식태도를 읽을 수 있었다.[147]

노무현 정부가 국방력 강화 노력과 함께 전시작전통제권 전환 문제를 본격적으로 거론했던 것은 2005년이었다. 2005년 10월의 제37차 SCM 공동성명에서 전시 작전통제권 협의를 '적절히 가속화'해야 한다는 데에 양국 국방장관이 합의하였고 같은 해 12월 제5차 SPI 회의에서는 한미 양국이 지휘관계 로드맵을 작성해 2006년 SCM에 보고하기로 합의가 이루어졌다. 이어 한미 양국은 2006년 10월 제38차 SCM에서 2009년 10월에서 2012년 3월에 이르는 기간 중 전시작전통제권의 한국군 전환을 달성하기로 합의하였다. 2007년 2월 24일 워싱턴에서 개최된 한미 국방장관회담에서 김장수 국방부 장관과 로버트 게이츠 미 국방장관이 참석한 회담에서 한미 양국은 2012년 4월 17일부로 한미 연합사를 폐지하는 동시에 주도-지원의 새로운 지휘관계로의 전환을 완료하기로 합의하였다.

---

147 노무현. "광복절 경축사." (2003); 노무현. "국군의 날 기념사." (2005).

사실 전시작전통제권 전환 합의는 미국 측도 양해하는 사안이었다. "넌-워너 수정안" 통과 이후 미국의 동맹전략의 핵심은 자국 방어능력을 가진 나라는 자국 군대가 국방을 담당하도록 하여 미국의 국방비를 줄이자는 것이었다. 미국은 "주도"가 아니라 "지원" 중심으로 임무를 전환하는 것으로 윤곽을 잡아 놓고 있었다. EASI에도 한미연합사 해체와 주한미군 3단계 감축방안 등을 검토한다는 내용을 담고 있었다. 전시작전통제권 전환이 한미동맹을 붕괴시키고 미국이 한국을 포기하기 위한 수순이라는 한국 사회 일각의 견해는 과장된 우려였다. 동맹에 대한 의존심리의 또 다른 표현법이었다. 미국도 "지속적 동맹의 틀"이라는 전제 위에서 협상에 임했고 전환에 합의했다.[148] 전시작전통제권 전환의 협의과정은 한국이 지금까지의 한미동맹이 지휘관계에 존재했던 "위임의 일방성"이라는 비대칭성을 극복하고 호혜적 동맹으로 바뀌어야 한다는 인식으로 접근했고 미국이 이에 대해 동의함으로써 합의가 이루어진 사례였다. 전환시기가 2012년으로 합의된 것은 전환시기를 앞당기고자 했던 미국이 한국 측 요구를 수용하여 양보하는 태도를 보임으로써 가능했다.

7) 전략적 유연성 논란

노무현 정부 기간 동안 한미 간 공식적 쟁점으로 등장한 적은 없지만 한미동맹의 미래 방향성에서 가장 큰 변수는 동북아 안보질서 재편

148 "버웰 한미연합사령관 관훈클럽 연설," 「연합뉴스」 (2007.07.02.).

과 중국에 대한 전략적 구상의 차이였다.[149] 당시까지만해도 미국은 중국에 대해서 협력과 견제의 이중적 정책기조를 유지하고 있었다. 미국은 중국이 세계 자본주의 체제 속에 통합되었다고 판단했다. 또한 중미간 경제협력은 규모와 내용에 있어 날로 확대되고 있었다. 그러나 인권문제나 "법치주의 원칙"(the rule of law), 그리고 관세인하나 투자 장벽의 해소 등에는 불만이 있었다. 중국이 미국 주도의 세계질서의 원칙을 전적으로 따르지 않고 잠재적 불만족 국가로 남아 있는 한, 장기적으로 세계평화 및 지역질서의 안정적 유지에 걸림돌이 될 수 있다는 판단도 있었다. 이것이 소위 "중국위협론"의 인식적 토대였다. 이 견제 인식은 중국의 경제적 급성장에 대한 우려와도 맞물려 있었다. 중국이 경제성장을 지속할 경우 미국의 지배적 위치에 강력한 도전국이 될 가능성이 크다고 봤기 때문이다. 이 때문에 동북아에서 미국이 추진하는 미일동맹 강화전략이나 미사일 방어계획(MD)은 기본적으로 대중 견제책이라는 의미를 가진다. 미국의 대중 견제는 대만 문제와도 관련되어 있었다. 미국은 대만에 대한 지지구도를 계속하면서 중국의 무력통합 가능성을 견제하고 있었다. 미국 주도의 국제질서 원칙에 대해 중국이 저항적 태도를 견지하는 가운데 국력을 성장시켜 나간다면, 협력유도보다는 견제의 방향으로 무게추가 점차 옮겨질 가능성도 점쳐 지고 있었다.

한국으로서는 중국견제라는 미국전략 구상에 조심스러운 입장이었다. 한중 수교이후 한국 경제발전에 중국시장은 필수불가결한 요소

149 조성렬, "21세기 한미관계의 재조정 방향: 한미동맹의 과거, 현재, 미래," 통일연구원 한반도와 동북아 평화: 참여정부 출범 4주년 기념 심포지움 (2007); 강봉구, (2006), pp. 85 ~ 113.

가 되었다. 중국의 부상은 미국이나 일본과 같은 강대국들에게는 위협으로 인식되는 측면이 있으나 한국에게는 "기회"의 측면도 동시에 존재했다. 그것이 중국위협론의 인식구도에 선뜻 동참하지 못하는 한국의 전략적 고민이기도 했다. 김대중 정부 시기에도 미국이 주도하고 일본이 적극 참여했던 미사일 방어체제에 한국이 동승하기를 거부했던 결정에서도 한국의 고민을 읽을 수 있었다. 더욱이 한국 외교에 있어 중국의 중요성은 북핵문제 해결과정에도 관련되어 있었다. 한중 양국은 북핵문제의 평화적 해결이라는 공통의 이익을 가지고 있었고, 회담 진행과정에서 중재적 역할의 역할분담이나 전략적 협상연합을 유지하는 관계였기 때문이다. 미국이 군사적 결속을 강화하는 방향으로 동북아 정책을 추진하게 되면 미중 갈등구도가 강화될 것이 명백했다. 그것은 냉전기와 같은 지역적 대립질서로의 복귀를 의미하는 것이기도 했다. 한국으로서는 대립질서 속에서 행동범위가 위축될 수 있다는 점과 지역적 대립전선의 일차적 피해자가 될 가능성이 가장 큰 우려다. 한미일 3국간 정책공조와 협력관계의 틀의 유지도 중요하지만 미일동맹이 반중연합전선으로 급선회하는 전략구상에는 조심스러울 수밖에 없었다. 이 때문에 미국 일각에서는 한국이 기회주의적으로 "담장 위에서" 미국과 중국 눈치를 보고 있다고 묘사하기도 했다.[150]

노무현 정부시기동안 중국을 둘러싼 한미 간 전략구상의 차이는 미국의 전략적 유연성을 수용하는 과정에서 일부 표면화되었다. 한국은 한미동맹이 지역동맹화로 가는 경우 중국의 불필요한 오해가 있을

150 「뉴스위크」(2007.09.12.).

것을 염려하면서 한국군이 대만해협을 비롯한 지역분쟁에 대비한 합동군사작전에 적극 참여하기를 원치 않았다.[151] 미국은 해외 주둔 미군의 운용개념 변화에 따라 주한미군의 한국 출입을 자유롭게 할 수 있는 "전략적 유연성"을 요구하였다. 냉전기동안 주한미군은 동북아 전진기지로서 한반도에서 북한의 남침을 억지하는 것에 주안점이 두어져 왔다. 그러나 미국의 군사전략이 봉쇄나 억지개념에서 안보위협에 대한 선제공격론, 신속기동 전략으로 바뀌면서 주한미군의 역할 변화가 전략적 유연성으로 나타난 것이었다. 당시, 작계 5029와 관련된 논란이 제기되었던 이유도 주한 미군의 역할이나 한미동맹의 적용 범위와 관련하여 한미 간 이견이 존재한다는 사실의 방증이기도 했다. 미국의 전략적 유연성을 수용하는 과정에서 노무현 대통령이 "한국의 동의 없이 주한 미군이 지역분쟁에 참여하는 일"에 대해 우려했던 언급도 같은 맥락이었다.[152]

한미동맹의 미래발전방향이 지역적 안정에 일정정도 역할을 해야 한다는 논리로 확대될 때 주한미군은 물론 한미연합군이 지역분쟁에 개입될 수 있다는 점이 한국으로서는 가장 큰 고민거리였고 쟁점의 하나였다. 노무현 정부는 미국의 전략적 유연성과 주한미군의 신속기동군화라는 미국의 입장을 세계전략 재구성의 일환이라는 관점에서 수용하긴 했지만, 전략적 유연성을 한미연합군 운용방침에 적용할 때 미래 한미동맹에 가장 큰 변수가 될 것이라는 점은 의심의 여지가 없어

151 강봉구 (2006), pp. 85-113.

152 국가홍보처, "공군사관학교 졸업식 축사," 노무현대통령연설문집 제1권 3월. (2005).

보였다. 전략적 유연성과 관련된 한미 간 쟁점은 짧은 논의로 끝났고, 2006년 1월 주한미군의 전략적 유연성 합의에 도달하였다. 그러나 그 수용과정에서 한국은 한미 간 전략적 구상 차이, 국내 비판적 여론 등으로 감안하여 소극적이나마 "저항적 태도"를 나타냈고, 미국은 세계 전략의 관점에서 "주도적 태도"로 일관했다. 이런 차이는 한미 양국이 중국에 대한 전략구상, 동북아 미사일 방어계획의 확대재편, 동북아 전략지도 재구성 등에 있어 이해관계를 향후 어떻게 조정하느냐의 과제로 남기게 되었다.

3. 전환기 동맹 재조정의 평가

노무현 정부는 한미동맹이 중대한 전환기를 맞이하고 있다는 인식 위에서 그 전환의 방향성을 동맹 비대칭성의 재편에 두었다. 그 같은 인식과 태도 위에서 미국과 논의와 협상을 진행하였다. 노무현 정부 5년의 대미정책은 한미동맹 내부에 존재해 왔던 메커니즘의 재조정을 목표로 한 것이었고, 한미동맹 자체의 골격을 근본적으로 변경하려는 목적은 결코 가지고 있지 않았다. 노무현 정부가 한미동맹의 폐기를 염두에 뒀더라면 5년 간 미국과의 쟁점 사안마다 저항적 태도로 일관했을 가능성이 높다. 그러나 북핵문제와 중국관련 전략구상 외에 저항적 인식을 보였다는 증거는 찾기 힘들다. 오히려 노무현 정부에게는 한미동맹의 질적 강화가 더 큰 목표였다. 한미동맹이 한국의 안보 및 동북아 지역질서의 안정적 유지에 여전히 핵심적 역할을 하고 있다는 판단에서였다. 다만, 안보-자주의 교환방식에 내재된 비대칭성은 어떤 형태로든 재편하려는 것에 목표를 가졌던 것으로 보인다.

미국과의 동맹 존속 또는 강화의 필요성은 한미자유무역협정(FTA)을 체결했던 시에도 잘 드러나 있었다. 쇠고기 수입재개, 스크린 쿼터 축소 등 협상내용이 국내 정치에 부담을 줄 수 있는 사안이었음에도 불구하고 협상을 진행하고 타결했다는 점에서 한국정부가 희망하는 한미동맹의 미래지향적 전망을 엿볼 수 있었다. 요컨대 군사적 협력 뿐 아니라 경제적 영역의 공동이익의 확대는 한미동맹이 포괄적 동맹관계와 진정한 동반자 관계로 진화해야 한다는 의도였다. 한국과 미국은 자유민주주의, 시장경제 가치관의 공유하는 관계이며, 더 나아가 상호 경제적 이익을 공유하는 동맹으로 가야 한다는 뜻이었다. 따라서 한미 FTA는 미국의 한국 방위 필요성을 경제적 영역에서도 가지도록 유도하여 한미동맹을 실질적으로 강화하는 의미가 있었다.

미국으로서도 한국과의 동맹은 여전히 전략적으로 유효한 것으로 판단했다. 공포라는 연루의 동맹딜레마 논리의 관점에서 볼 때 한국에 대한 미국의 연루부담이 동맹을 유지함으로써 얻는 이익보다 적다고 판단한다면 동맹을 포기할 가능성이 있을 것이다.[153] 그러나 동맹을 포기하는 부담이 일본 안보 및 미일동맹에 미치는 영향, 통일 한국이 가지는 동북아 전략 도상의 중추성을 고려한다면 포기의 판단 또한 용이한 대안은 아닐 것이다. 오히려 미래의 어떤 시점에 전략적 판단을 내려야 하는 상황이 도래할 때까지 한미양국이 교환해야 하는 "동맹정체

153 강봉구 (2006).

성"의 존속 혹은 변화라는 이슈가 향후 핵심적 변수로 작용할 가능성이 높다. 이를테면 쟁점사안에 대한 한미 간 상호인식과 행위패턴이 "강압적 태도"와 "저항적 태도"로 충돌하는 경우, 동맹정체성이 급속하게 약화될 수 있을 것이다. 그런 상황이 도래하면 연루-포기의 동맹딜레마가 전략적 판단 기준으로 작동할 가능성이 높아질 것이다.

노무현 정부 기간 동안 한미동맹은 중대한 전환기의 과정을 거쳤다. 그 전환의 방향에 대해 바람직한 미래지향적 동맹을 만들기 위한 적실한 노력이었다고 평가할 수도 있고, 혹은 정책적 오류의 소산이라고 비판할 수도 있을 것이다. 그러나 한미동맹이 변화하는 동맹환경을 일정정도 반영할 수밖에 없는 시대적 환경 속에 놓여 있었다는 것이 객관적 평가일 것이다.

길게는 탈냉전 이후 20년 남짓, 짧게는 5년의 전환과정을 거치면서 양국정상이 공식적으로 천명했던 것은 한미 양국이 "역동적, 포괄적, 호혜적 동반자 관계"로 전환하는 것에 성공했다는 정체성 인식이었다.[154] 한미간 이러한 정체성의 공유는 2005년 11월 한미정상회담 후 양국이 공동 노력하기로 합의한 "완전한 동반자 관계"라는 미래지향적 동맹정체성의 기반이 되었다.[155] 한국과 미국은 향후 "완전한 동반자"라는 보다 강화된 동맹정체성의 과제를 남겨두고 있다. 이것은 "후견-피후견의 관계" "안보-자주교환동맹"의 동맹정체성의 내재적 한계를 극복하고자 했던 동맹 전환기의 정책적 노력의 결과였다고 평가할 수 있을 것이다.

154 2007년 9월 APEC 한미정상회담, 국정브리핑 (2007.09.07.).

155 "한미동맹과 한반도 평화에 대한 공동선언," (2005.11.).

제4부
한국 외교 전략의 과제

1장

21세기 국제정치, 어떻게 변화하고 있나

1. 전환기의 국제정치

역사의 어느 시점이나 국제정세가 수월하게 읽힌 적은 없다. 긍정적 추세가 뚜렷한 시대가 있는가하면, 갈등과 파국을 향한 흐름이 부각되었던 시대가 있었다. 다가올 미래를 전망할 때도 낙관적 시나리오, 비관적 시나리오로 나누어 분석하는 일을 소위 전문가 집단의 어정쩡한 분석태도 때문이라고 쉽게 비난할 일은 아니다. 역사가 진행되는 과정 자체에 이중적 경향이 내재되어 있기 때문이다. 이런 이중적 경향은 협력과 갈등의 이중주(二重奏)라고 표현되기도 하고, 또는 패러독스라 부르기도 한다. 양극적 성향을 의미하는 이 패러독스란 것은 역사가 특정 지점에 이르면 어떤 강력한 요인에 의해 — 이를테면 주로 주요 관련국들의 정치적 결정, 정치지도자들의 판단과 비전에 따라 — 동력을 가지는 형태로 발현되어 에너지를 품어내게 될 것이다. 장기적 추세도, 담론의 변화도, 추세의 지점적 발화도 모두 우리에게는 면밀한 독해의 대상이다.

국제관계는 기본적으로 유기적 관계다. '유기적 관계'이라는 것은 개체들의 행위가 다른 개체들의 행위로부터 영향을 받는 것은 물론, 영향을 주도록 짜여진 관계라는 의미다. 교환되는 상호영향의 정도가 심화되는 상황을 '상호의존성'(interdependence)이라고 부르기도 한다. 2차 대전 이후 자유무역의 질서가 국제관계의 핵심원리로 정착하면서 이러한 교환관계의 망, 즉 상호의존성이 점점 높아지는 추세였다. 모든 변화가 그러하듯, 이러한 추세가 순탄하게 진행된 것은 아니다. 상호의존성 심화가 불편해진 국가도 있었다. 이를테면 관세의 장벽을 낮추고, 자본과 기술, 노동이 자유롭게 이동하는 것이 이익보다는 비용을, 편리함보다는 불편하다고 판단하는 국가도 있었다. 지금도 마찬가지다. 작용이 있으면 반작용 동력도 생기고 때로는 강해지기도 한다. 국제경제 영역의 경우, 상호의존성의 심화는 공유 이익의 확장되거나 또는 기대 이익이 높아짐에 따라 동력을 얻어 왔다. 그 질서를 미국이 주도해 왔고, 대부분의 국가들은 그 원리는 수용하고 적응해 왔다. 그러나 최근 미국의 행동을 보면, 아이러니하게도 자유무역 보다는 보호무역 원칙을 더 강조하는 경향도 보인다. 그것이 트럼프 개인적 요소 때문인지, 미국 국내 경제에서 제기된 문제인지 아직 쉽게 결론내리기 어렵다. 정책 재조정을 위한 일시적 반응(reactionary) 현상인지, 국제질서 전환기의 초기 신호인지 판단하기 아직은 어렵다는 예기다. 그러나 두 가지 상이한 담론과 동력이 서로 경합하며 맹렬히 부딪히고 있다는 점은 확실해 보인다. 그런 이유로 지금의 국제정치를 전환기의 국제정치라고 부를 수 있다.

21세기 국제정치는 전환기의 양상들이 다양하게 관찰된다. 혹자는 이를 '경쟁이냐 공존을 위한 협력이냐'의 주제로 묘사하기도 하고, '근대와 탈근대의 복합'이라고 비춰지기도 한다. 두 개의 다른 동력과 담론이 서로 경합하고 있는 것은 확실하다. 국익추구의 개체중심 논리가 여전히 위력을 떨치며 작동하는 가운데, 무한경쟁보다는 공존을 위한 협력논리가 국제적 담론으로 부상했다. 초국가주의(transnationalism) 논의는 20세기중반까지 맹위를 떨쳤던 '차마 버리지 못하는' 민족주의 정서와 경합한다. 생존을 위한 힘의 추구 논리가 근대적 양식이라면, 평화공존과 협력 추구는 그러한 단선논리를 넘어서고 싶다는 주장이다. 영향력 과시를 통해 목표를 달성하려는 태도가 근대적 양식이라면, 국제법이나 윤리와 규범을 강조하는 인식은 근대를 넘어서 보겠다는 국제정치적 현상이다. 여전히 개별 국가의 이익 추구가 국제정치의 핵심이라고 판단하는 것은 근대적 국제정치를 상징하는 인식이라면, 국가 간 공동의 노력을 통한 해법 추구는 그 근대양식의 문제점을 넘어서자는 탈근대적 인식을 더 반영한다.

요컨대, 근대와 탈근대, 경쟁담론과 공존담론이 서로 부딪히면서 맞물려 있는 것이 전환기 국제정치현장의 모습이다. 이를테면 개별 국가의 발전을 배타적으로 추진하려는 인식이 여전히 강력한 담론으로 작동한다. 그러나 상호의존이 심화된 세계에서 부(富)의 일방적 편재를 방치하는 구조가 궁극적으로 국가 간 경쟁 자체를 무의미하게 만들 것이라는 비판도 있어왔다. 특히 환경, 자원, 보건, 인구 등의 문제가 국경의 구획을 넘어서는 초국가적 이슈로 등장하게 됨에 따라 공생을 위한 국제적 협력의 필요성은 중요한 대안 담론이 되어왔다.

전환기 국제정치의 특징은 안보담론에서도 마찬가지로 드러난다. 군사력 증강위주의 강성권력론이나 개체중심의 안보론이 지금까지 주류적 방법이었다. 그러나 안보를 어떤 각도에서 정의내리고 해법을 찾는가의 문제에도 다양한 방법들이 있다. 개체중심의 안보논리가 주류적 시대가 있었지만, 그것이 야기하는 안보딜레마나 군비경쟁의 문제도 비판적 관점에서 지적되어 왔다. 그 모순의 극복을 위하여 위하여 유럽에서는 공동안보(common security)의 개념을 만들어 냈다. 대화의 관습화와 투명성 확보를 통하여 안정적 안보환경을 만들어 낸다는 의미다. “평화를 원하면 전쟁을 준비하라”라는 개체능력 중심의 안보담론에서 관계성 중심의 담론으로 지평을 확장해 오고 있다. 실제 유럽지역의 지역안보를 지탱하는 축의 하나는 유럽안보협력기구(OSCE: Organization of Security Cooperation in Europe)다. 그런 의미에서 안보담론이 점차 개체중심 안보담론에서 포괄적인 평화담론으로 확장되고 있는 것은 대립이 오랫동안 지배해 왔던 한반도 상황에서 특별한 의미를 가진다.

이와 관련하여 힘(power)과 관련된 인식에도 전환기적 변화가 나타나고 있다는 점에 주목해 볼 필요가 있다. 힘의 효용성에 관한 논쟁이다. 현실영역이건 학문영역이건 21세기에 들어 힘의 효용성에 중대한 변화가 나타나고 있다고 지적하곤 한다. 연성권력의 등장과 확산에 특별히 주목하는 경우다. 물론 연성권력이 강성권력을 완전하게 대체할 수는 없다. 많은 국가들이 여전히 첨단무기 구매를 통해 군사력 증대에

열을 올린다. 그러나 리더십, 문화, 설득적 기제, 무형적 가치 등 연성 권력의 요소들이 각국 외교정책 현장에서 작동하기 시작했다. 강압적 성격의 권력은 효과도 적을 뿐 아니라 오히려 부작용을 초래할 수 있다는 인식이 강해지고 있다. 이런 배경에서 혹자는 21세기를 공공외교(public diplomacy)의 시대로 명명하기도 한다.[156]

이러한 관찰은 한국 외교전략 구상에 중요한 함의를 지닌다. 지금까지 한국 외교는 주로 생존 전략에 치중해 왔다. 따라서 주로 강성권력, 특히 군사력 중심의 접근법을 중시해왔다. 그것은 한편으로는 19세기 이래 부국강병론이 남긴 유산 때문이기도 하다. 그러나 전환기의 시대적 추세도 주목해 볼 필요가 있다. 근대적 국제정치의 유산 때문에, 그 인식적 관성 때문에 강압적 권력론의 논리를 내재화하는 일에 몰두하면 자칫 그 인식을 국제관계에서 재생산하고 행사하려는 행위패턴을 무의식으로 계승할 위험도 있다. 오히려 한국은 연성권력 영역에서 훨씬 효과를 발휘할 수 있는 역량을 갖추어왔다. 국경을 뛰어넘어 매력 바이러스를 확산시키고 있는 한국의 문화적 능력, 한류(韓流)가 그것이다. 전환기의 국제정치적 추세를 독해하는 일은 궁극적으로 한국 외교전략의 시대적 최적점을 가장 희망적으로 모색하자는 의미이기도 하다.

2. 탈근대 국제정치로의 전환과 세계화의 동력

21세기가 시작된 지 20년, 한국을 둘러싼 세계정치 환경이 거대한

156 얀 멜리센 저, 박종일, 박선영 역, 『신공공외교』(고양: 인간사랑, 2008).

변화의 동력과 함께 전환기적 이행의 특징을 보이고 있다. 국제정치 영역에서 가장 거대한 전환기적 변화는 근대로부터 탈근대적 양식으로의 변화일 것이다. 국제정치의 근대성은 30년 종교전쟁이 종결된 후 체결된 베스트팔렌 체제와 함께 시작되었다. 베스트팔렌 체제는 영토적, 사법적 배타성에 기반하고 있는 민족국가(nation-state)가 대외관계에서 가지는 주권 불가침성이라는 원칙을 견지하고 그것에 의해 작동되었던 국제법 체제가 특징을 이룬다. 아울러 개별 국가의 이익을 추구하기 위한 국가들 간 끝없는 경쟁논리가 근대 국제정치를 움직여 왔던 기본원리였다. 산업화와 제국주의 확장이라는 19세기 국제정치를 거쳐, 국제관계는 20세기 들어 거대한 살육과 발전을 동시에 경험했다. 그랬던 20세기 국제정치에 변화가 나타나기 시작했다. 근대적 양식들이 쇠퇴하기 시작한 것이다. 21세기에 들어 국제정치 현장은 근대적 양식의 끝자락과 탈근대의 시작부분이 복합적으로 공존하는 특징을 보여준다.

국제관계가 탈근대 양식으로 이행하고 있다고 진단할 수 있는 배경에는 세계화(globalization) 추세와 밀접한 관련이 있다. 세계화는 세계 각국의 국민들이 하나의 단일한 세계사회, 글로벌 사회로 통합되는 과정을 의미하기도 하고, 세계적 수준의 사회적 네트워크의 심화로 설명되기도 한다. 세계화 현상은 1945년 이래 국가 간 상품교환과 거래원칙으로 자리 잡기 시작한 자유무역체제의 필연적 결과물이었다. 자유무역 양식이 지구의 전체 공간으로 확대되었던 것은 일차적으로 자본의 필요성에 의한 것이었지만, 2차 대전 이후 미국 주도의 세계질서의 원칙이 만들어 냈던 결과이기도 했다. 상품과 자본 뿐 아니라 서비스나 인적 교류도 덩달아 활발해졌다. 국가 간 상호의존성이 심화되었고, 국경을 뛰어넘는 소통이 확장됨으로써 세계화는 하나의 거대한 시대동력이 되었다.

세계가 하나의 단위로 통합되어 간다는 '보편화'의 논리는 세계화 시대의 핵심 논리다. 하나의 세계, 즉 지구촌(global village)이 형성되고 있다는 관찰이다. 자본과 상품, 서비스 산업의 초국경적 이동에 관한 개별 국가단위의 규제를 약화, 또는 철폐시키려는 동력은 세계화의 '자유화' 논리를 담고 있다. 이러한 동력은 특히 1980년대 신자유주의 사조와 맞물리면서 거대한 힘으로 폭발하였다. 세계화의 시대적 조류는 개별 국가 내부 수준에서 다양한 명암을 만들어 냈다. 상품과 자본의 활발한 이동, 노동시장 유연화, 규제완화, 투자자유화, 민영화 등의 요구조건들은 사회 특정계층에게는 '기회'로 인식되기도 했지만, 신자유주의적 사조와 결합된 세계화의 물결은 사회내부의 심각한 문제를 만들어 내기도 했다. 부의 양극화 현상이 경제사회구조로 경화(硬化)되었고, 다수의 사람들은 고용의 불안정, 소득 감소, 부채 급증 등 사회적 위기에 처하게 되었다. 세계화가 심화될수록 반(反)세계화 논리 또한 강하게 제시되었던 것도 그러한 배경에서였다. 세계화와 개방을 어떤 수준에서 전략적으로 접근할 것인가는 대부분의 국가들에게 주어진 세계화 시대의 과제가 되었다.

한편, 세계화는 근대 민족국가를 지탱해왔던 영토 중심의 논리, 즉 주권 개념에도 영향을 미쳤다. 근대 국제질서를 유지시켜왔던 주권중심의 거버넌스에 변화가 나타난 것이다. 국가들의 배타적 주권으로는 해결하기 어려운 문제들이 국제적 이슈로 부각되었고, 상대적으로 국가의 역할은 위축되어 왔다. 행위자 측면에서도 국가 외 다양한 행위자들이 국제무대에 대거 등장했다. 초국적 기업의 국제적 기능이 확대되었고, 이미 국가단위의 관리범위를 초월한 초국가적 이슈들을 관리하기 위하여 다양한 국제 제도들이 만들어졌다. 환경, 인권, 교역, 자원 등에 관한 다양한 레짐들, 국제기구들의 등장과 영향력의 확대가 이런 경향을 반영한다. 범세계적 이슈들을 관리하기 위한 국제기구들은 '정부–정부 협의' 수준을 넘어 훨씬 더 많은 일들을 다루게 됨으로써 지구적 거버넌스의 주체로 변모해갔다. 국제연합이나 국제통화기금(IMF), 국제결제은행(BIS), 경제협력개발기구(OECD) 세계은행(World Bank) 등이 이런 예에 속한다.[157]

탈주권 거버넌스(post–sovereignty governance)로의 이행을 촉진시킨 원인은 사적(private) 영역의 행위자들의 등장과 역할 증대에서도 원인을 찾을 수 있다. 세계 시장기구의 역할이 대폭 강화되었다. 이를테면 세계증권거래 분야에서 표준절차와 양식은 국제증권거래연맹이나 국제증권시장협회와 같은 사적 영역이 주도하였다. 금융시장에서의 세계화 동력은 국가들의 관리능력을 차츰 압도해갔다. 무디스(Moody's Corporation)나 스탠다드앤드푸어스(Standard & Poor's: S&P)같은 신용평가기관들이 세계채권시장의 규제자 역할을 담당하였고, 이들 시장 기관이 국가의 신용도를 결정하는 권위를 갖게 되었다. 시장화된 글로벌 거버넌스의 좋은 예다.[158] 다른 한편, 시민들의 자발적 비공식적 결사들이 국경을 넘어 범세계적 조직으로 네트워크를 심화시켜갔다. 이들의

157 존 베일리, 스티븐 스미스 편저, 하영선 외 역, 『세계정치론』(서울: 을유문화사, 2003), pp. 34–38.

158 존 베일리, 스티븐 스미스 (2003).

결사양식과 주제들은 실로 다양하다. 생태계 유지, 인권보호, 재난구조 등의 분야에서 다양한 방법으로 연결망을 확대하고, 국제기구 및 중앙정부 또는 지방정부 등의 정책결정 집단에 대해 영향력을 행사해왔다. 민주주의 확산이 세계적 현상이 되어 감에 따라 글로벌 시민사회의 연대 강화는 글로벌 거버넌스 변화에 빼놓을 수 없는 시대적 표상이 되었다.

세계화가 시대변동의 중심동력으로 작동하면서 전환기 국제정치를 바라보는 시선도 복잡해졌다. 전환기 특유의 혼돈과 불확실성을 강조하는 비관적 전망이 나타났고, 반면 변화 추세의 규범과 방향성을 강조하는 측은 낙관적 전망을 가지려 한다. 굳이 나누자면, 국제정치학 분야의 현실주의자들은 세계화 현상이 종래의 국가간 정치적 관리 체계를 흔들어 놓고 있다고 우려하다. 반면, 자유주의자들은 상호의존성 증대, 제도의 발전이 공동체 의식을 함양하는 경향에 더 주목한다. 갈등과 경쟁 중심의 근대적 양식으로의 회귀가 불가피하다는 현실주의와 탈근대적 양식으로의 변동이 오히려 불가피하다는 자유주의 시각이 대립하며 공존하는 복합적 시대다.

3. 경쟁을 넘어 공존으로

국제정치에서 경쟁과 갈등을 넘어서 대안적 담론을 모색하려는 노력은 절박한 현실적 문제가 되었다. 20세기를 거치면서 기존 베스트팔렌적 경쟁체제가 너무나 심각한 지구적 위기를 만들어 냈다는 판단 때문이다. 경쟁과 갈등이 자연발생적 현상이라는 (현실주의) 국제정치학의 전제가 과연 수용하기 정당한 것인가에 대해서도 근원적 의문을 가지게 되었다. 다양한 원인들이 있지만, 우선 핵무기 경쟁이 만들어 낸 지구 공멸 위기감 때문이다. 핵무기는 냉전시대 미국과 소련 두 초강대국들이 군사력 우위를 결정짓는 척도였다. 핵능력 증대를 통한 군사력의 우위 확보가 국익 투사, 영향력 과시의 방법으로 간주되면서 핵무기는 무한증강의 길로 치달았다. 이 과정에서 미소 양국 뿐 아니라 주요 강대국들도 같은 논리를 경쟁적으로 수용했다. 그러나 핵무기 대량생산과 실전배치, 상상을 뛰어 넘는 가공할만한 파괴력, 그리고 확산을 효과적으로 제어할 수 있는 제도적 장치의 비효율성 때문에 어느 틈엔가 핵무기는 인류전체의 생존을 위협하는 재앙이 되어버렸다. 핵무기는 국력 증강의 차원이 아니라 지구적 공존 문제와 관련 있는 사안으로 봐야 한다는 것이다. 대량살상무기의 지구적 확산에 대해서도 우려의 목소리가 높아졌지만, 동시에 기존 대량살상무기를 보유하고 있는 국가들이 더 많은 도덕성을 져야 한다는 주장도 명분을 얻게 되었다. '핵 없는 세상', 그리고 세계적 수준 및 지역적 수준의 군축 및 군비통제 논의, 정부 뿐 아니라 시민사회가 주도하는 비핵운동의 국제적 연대가 대두된 것도 그런 배경에서다. 더 나아가 에너지 문제와 관련해서도 원자력 발전(發電)의 상업성이 과연 인간 생명과 안전보다 우선하는 가치인가에 대해서도 의문이 제기되었다. 탈원전 담론은 도덕과 윤리문제를 앞세워 원전 에너지 효율성 중심의 논리를 비판하고 있다.

지역적 평화, 지구적 평화에 대한 인식변화도 공존 담론과 함께 활발해졌다. 개별 국가중심의 안보관이 주종을 이루었던 시대와 비교하면 안보개념의 변화는 매우 중요한 의미가 있다. 안보 접근방법에 관한 논의와 실천도 다양해지고 있다. 힘을 통한 평화만이 유일한 방법이 아니라, 안보를 집단적으로 규정하거나(집단안보), 타국과의 관계성 속에서 안보와 평화를 추구하는 방법(협력안보, 공동안보) 등으로 실천적, 개념적 지평을 넓혔다. 유럽 안보질서가 좋은 예다. 대화의 관습화, 예방외교 등을 통해 분쟁을 방지하려는 방식의 안보에 착안한 것이다. 안보란 것이 대립만이 아니라 협력적 관계 속에서 보장될 수 있다는 믿음이 생겨났고, 정치적으로 실천되었다. 유럽이 아닌 다른 지역에서도 이러한 방법들이 적용가능한지 다양한 경로를 통해 모색하고 있다. 안보의 최종적 목표는 국가안보가 아니라 인간의 삶을 안전하게 보장하는 것이어야 하다는 논리는 인간안보(human security)라는 개념을 만들기도 했다.

탈근대적 공존담론을 모색하게 만들었던 또 하나의 배경은 지구생태계의 문제였다. 산업화의 경제발전을 경쟁적으로 추구하는 과정에서 지구환경의 오염과 파괴는 심각한 상황이 되었고, 지구의 생태계는 빠른 속도로 훼손되었다. 또한 산업화로 인한 과도한 석유소비와 이산화탄소 배출이 급격히 증가하면서 지구온난화는 이제 개별 국가 수준의 관리 방식을 뛰어 넘었다. 지구적 현안이 된 것이다. 지구온난화는 폭염, 가뭄, 태풍 등 각종 자연재해의 원인이 되었다. 경쟁과 국익추구의 시대가 낳았던 폐해였다. 지구적 생존을 위한 공존 모색은 불가피한 결론이었다. 이에 따라 지구 생태계 보전을 위한 다양한 협약과 제도들이 추진되었다. 예컨대 유엔환경프로그램(UNEP)은 지구환경문제에 대한 인류의 관심을 지속적으로 환기시키고 있다. 토양, 오존층, 해양, 핵안전, 생물다양성, 사막화, 기후변화, 수질 등 다양한 분야에 관한 국제적 제도들이 만들어 졌다. 지구온난화의 주범인 탄소배출권을 국가 간 협약을 통해 규제하려는 시도 자체는 지구 공존의 관점에서 주목할 만한 변화다. 이러한 공존의 길 모색에는 정부간 협의만이 유일한 길이 아니다. 그린피스(Green Peace)처럼 지구환경 보존을 위한 민간차원의 공동 노력들도 활발히 진행되고 있고 이러한 현상들은 공존과 공생의 새로운 길의 모색을 상징한다.

국제경제 영역에서도 마찬가지였다. 제로섬적 경쟁을 넘어 협력추구의 담론이 주요 정치적 현안이 되었다. 남북 간 빈부격차의 문제는 경쟁적 산업화와 경제 민족주의가 낳았던 깊은 상흔들이다. 서국 제국주의 침탈의 역사가 원인(遠因)이기도 하다. 침탈과 착취, 불평등한 교환구조는 자본주의가 세계적 영역으로 확대되면서 더욱 견고하게 구조화되어 왔다. 비서구지역의 국가들은 자본주의 체제에 강제 편입된 이후 저발전의 굴레를 쉽게 벗어나지 못했다. 저발전이 개별 국가의 내적 조건에서 비롯된 것이 아니라 세계 정치경제구조의 구조적 문제로 파악하려는 인식 자체에 공존 담론이 전제되어 있다. 저발전과 세계적 양극화 문제는 식량 문제 및 빈곤문제와도 직결되어 있다. 오늘날 세계인구의 절반이 빈곤층이다. 이들 빈곤층은 열악한 보건 환경, 사회복지의 결여, 제한된 교육 기회, 열악한 영양상태 등 다양한 위험에 노출되어 있다. 지구적 수준의 빈부격차 문제를 해결하고 지구적 공존을 위한 다양한 조치들이 모색되어 왔다. 개도국 발전에 장애가 되었던 요소들, 이를테면 부채문제, 교역구조문제, 투자문제 등이 개별 국가 이익 차원에서가 아니라 국제적 현안으로 다뤄졌다. 협력을 통한, 그리고 일방적 강제가 아니라 합의에 의한 세계경제질서를 모색하려는 노력이다. 특히 선진국들, 특히 OECD 국가들의 해외개발원조(ODA)의 꾸준한 확대는 공존을 위한 상징적 노력이기도 하다.

세계적, 지역적 레짐이나 기구들이 공존과 경제협력을 상징하는 제도적 장치들인지, 아니면 개별국가들 국익 추구 과정에서 나타난 편의적 도구에 불과한 것인지는 여전히 논쟁거리다. 사실이다. 부의 편익을 재생산하는 경쟁논리와 협력중심의 공존의 논리가 동시에 작동하는 전환기적 시대이기 때문일 것이다. 그러나 세계적 수준의 경제협력을 촉진시키기 위한 제도로서 출범한 세계무역기구(WTO)나, NAFTA, APEC, ASEAN, MERCOSUR 등과 같은 지역적 협력기구들은, 많은 자유주의자들이 지적하듯, 신중상주의적 무한경쟁의 그늘을 극복하려는 제도적 결과이기도 하다. 경쟁보다는 협력이 더 많은 부의 창출을 가능케하며, 국가들이 경제협력의 제도적 장치를 통해 공존의 길을 열어가고 있다는 지적도 크게 틀린 이야기는 아니다. 극심한 보호주의가 갈등으로 쉽게 전화될 것이라는 우려, 그리고 제도는 소통과 상호이해를 증진시키는 것에 일조하고 있다는 관점에서 경제협력의 제도화는 공존을 향한 긍정적 변화라고 평가되기도 한다.

자원의 감소는 또 다른 지구 위기의 단면이다. 산업화 시기, 자원은 국력증대의 토대였고, 해외 팽창의 원인이자 동력이기도 했다. 이러한 인식 때문에 국제관계 영역에서 자원을 둘러싼 무한경쟁체제가 생겼다. 여전히 에너지 문제는 국익문제, 국가경쟁력 강화의 논제와 맞물려 있다. 그러나 문제는 천연자원의 유한성이다. 현재와 같은 생산 및 소비 패턴을 지속하게 되면 지구자원은 경쟁적으로 감소될 수밖에 없다. 지구 환경을 보전하면서 대체 에너지 개발에 초국가적 협력을 추진해야 지구 공존이 가능하다고 주장하는 사람들이 많아졌다. IRENA(International Renewable Energy Agency)처럼 재생에너지 개발 및 보급을 위한 국제기구의 출범도 지구적 협력과 공존을 추구하기 위한 노력의 일환이다.

근대로부터 탈근대로의 이행은 국제관계를 바라보는 시각의 지평을 넓힌다. 기존 국가중심의 담론이 여전히 과거 기억과 유산으로 작동하고 있지만, 동시에 지구적, 지역적, 그리고 좁게는 인간 문제에 이르기까지 총체적이고 광의의 시선 확장을 요구한다. 이를테면 국익 개념도 그 하나다. 국익 개념은 근대적 양식에서는 절대선의 가치를 지닌 개념이었지만, 국익 개념의 배타성, 근시안적 성격 때문에 나타났던 문제들을 다시 진지하게 성찰해야 한다는 지적도 자못 진지하다. 이를테면 '지구적 이익'이나 '인간 이익' 등의 개념을 국익을 대체하는 개념으로 생각해 봐야한다는 지적이다. 이는 배타적 민족주의 사조가 기승을 부리던 시대와 비교하면 놀라운 인식 변화다. 특히 유럽에서 민족국가의 경계를 넘어 협력과 통합을 추진했던 일련의 정치적 과정이 있었다. 그 경험이 초국가주의의 시대적 의미를 더 주목하게 만든 전환점이 되었다.

마찬가지로 인간의 존엄성과 생존권에 대한 성찰도 새로운 국제관계의 이슈가 되었다. 인도주의적 지원(humanitarian assistance)도 근대적 양식의 국제관계, 즉 국가중심의 이익추구와 경쟁중심의 논리체계에서는 상상하기 어려운 사안이었다. 그러나 인간의 존엄과 생존권이 그 어떤 가치보다 우선해야 한다는 인식적 전환이 국제적 담론이 되어가고 있다. 국가폭력의 시대를 넘어 인권과 정의의 시대로 진행되어야 한다는 주장이다. 인간 기본권 향상에 대한 관심은 근대적 국가조직의 틀을 넘어서고 있다. UN 인권선언(1948), 고문과 여타 잔혹행위 및 처벌에 관한 협약(1984) 등은 인간생명 존엄성에 관한 인식적 진전을 보여주는 징표다. 인도주의적 지원의 범위는 여성, 아동 문제로도 점차 확대되어 가고 있다.

4. 글로벌 권력구조의 변동

국제관계가 탈근대적 양식으로의 이행되면서 공존의 방향으로 변화해 간다고 관찰하는 것은 다소 낙관적인 자유주의의 시선을 반영하고 있다. 반면, 현실주의 시각에서는 국제정치의 미래를 훨씬 불안한 관점에서 진단한다. 주된 원인은 권력구조 변동 때문이다. 미국 패권의 쇠퇴, 중국의 급부상으로 글로벌 차원의 권력구조에 지각변동이 일어나고 있고, 그것이 지구 미래의 불확실성을 증폭시킨다는 것이다. 근대적 양식에 전반적 변화가 일어나고 있지만, 근대적 양식이 관성으로 남아 훨씬 복잡해졌다고 판단한다.

패권, 주도권, 경쟁력, 혹은 리더십 등 다양한 개념으로 관찰해 볼 때 20세기가 미국의 세기였다는 점에는 이론의 여지가 없다. 권력구조 관점에서 볼 때 경쟁국 소련의 도전이 있었지만, 미국은 소련과의 대결에서 승리를 거두었다. 미소 경쟁시대였던 냉전시대가 탈냉전기로 이행되기 시작했던 무렵, 마침내 미국의 단극시대가 도래했다고 묘사되기도 했다. 그러나 시간이 흐르면서 세계가 미국의 세계적 리더십으로 유지되고 있는 단극시대인가에 대해서는 의문이 생겨났다. 미국 내 일부 전문가들은 어떤 국가도 미국을 대신할 리더십을 갖추지 못했기 때문에 미국의 세기는 아직 끝나지 않았다고 진단하기도 하지만[159] 냉전기 기간 동안 미국 외교가 보였던 군사화의 경향, 그리고 군사적 개입을 지속하려는 미국 외교의 추세적 경향 때문에 미국의 세계 리더십에 심각한 위기가 왔다고 진단하는 측이 있다.[160]

반면, 20세기를 넘기면서 중국의 부상은 예상보다 훨씬 빠른 속도로 진전되었다. 단순히 국력부상 만이 아니다. 오랜 기간 '어둠 속에서 조용히 힘을 기르는 일'이 덩샤오핑의 유훈이었다면, 시진핑 시대에 이르러 미국과 '신형대국'을 당당히 논의할 정도가 되었다고 선언한 배경에는 동양문명에 대한 중국인들의 자긍심이 있었다. 시진핑의 '중국의 꿈'(中國夢)은 국력변화의 결과이기도 했지만, 그에 따른 전략 변화를 상징하기도 한다. 미국의 중국 견제 의도는 이미 일찍이 90년대에 '중국 위협론'이라는 담론으로 표현된 바 있었다. 중국의 국력 부상 뿐 아니라, 중국식 사회주의(미국 시각에서는 비(非)민주주의) 체제가 미국과 인류의 미래에 위협이 될 것이라는 주장이었다. 패권국 지위에 있는 국가가 도전국 지위에 있는 국가에 대한 의례적 견제라는 해석도 있었다. 미국 경제가 중국시장에 상당부분 의존하고 있기 때문에, 중국 또한 자국의 경제발전을 위해서 미국식 원리에 순응할 시간이 필요하다는 점

159 Joseph Nye, *Is American Century Over* (Malden, MA.: Polity Press, 2015).

160 앤드류 바세비치, 박인규 역 『워싱턴 룰』 (파주: 오월의봄, 2010); 찰머스 존슨, 안병진 역 『제국의 슬픔』 (서울: 삼우반, 2004).

에서 갈등이 표면화되기는 쉽지 않을 것이라는 조심스러운 전망도 있었다. '경쟁은 피할 수 없으나, 충돌은 대안이 아니다'라는 이른바 키신저류의 시각이 워싱턴에서 지배적이었던 시기도 있었다. 그러나 트럼프 대통령 시기에 들어 미국의 중국 견제는 노골적 행동으로 드러났다. 2018년 이후 미국과 중국은 무역분쟁을 넘어 환율전쟁, 그리고 미국의 중거리 미사일의 동아시아 지역 배치를 앞두고 안보분쟁으로 확전되고 있다. 세계정치의 장기적 추세에서 볼 때 미국과 중국의 세력경쟁은 이제 본격화적으로 진행될 조짐이다. 미국은 2017년 발표된 "국가안보전략서"(National Security Strategy of the United States)를 통해 '힘을 통한 평화' '미국 우선주의 국가안보전략'을 천명하면서 중국을 기존질서를 파괴하는 '수정주의'(revisionist) 도전국으로 명기하였다.[161] 중국 전문가, 이희옥의 표현대로 '키신저 질서가 해체'되는 시대가 되었다.[162]

한편, 미국의 세계 리더십에는 왜 문제가 생겼을까? 미국 패권의 쇠퇴는 세계정치사의 경로에서 증명되어 왔던 패권쇠퇴의 불가피성으로도 설명이 일부 가능하고, 다른 한편 탈냉전기 미국 외교정책의 결함으로도 보완 설명할 수 있을 것이다. 미국 외교사 궤적에는 보편적 가치와 국익 편의주의 간에 간극이 늘 있어왔다. 표면으로 내세웠던 미국의 이념들을 보편적 가치로 포장하려는 의도를 가지기도 했다. 이를테면 인권, 자유무역, 평화 등이었다. 그러나 실제 미국 외교정책의 실천은 스스로 내세웠던 가치보다 당면한 자국 이익 추구가 더 지배적 동력

161 National Security Strategy of the United States of America (White House, December 2017).

162 이희옥, "동아시아는 살얼음판, 칼날품고 실력 길러야" 「중앙일보」 (2019.08.23.). https://news.joins.com/article/23559649 (검색일 2019년 8월 25일)

이 되곤 했다. 예컨대 지구 환경 보전을 위한 국제적 합의들에 대해 미국 기업에 부담이 가는 것이라 판단하여 비준을 거부했건 일은 아주 사소한 예에 속한다. 그 간극이 미국에게 딜레마였다. 탈냉전기 들어 미국 외교정책이 여전히 그 간극을 메우는 일에 성공을 거두었다고 평가하기 힘들다.

클린턴 행정부는 냉전시기의 봉쇄정책(containment policy)로부터 개입전략(engagement strategy)의 대전환을 시도하였다. 그러나 탈냉전기 미국 외교는 개입을 위한 국력투사나 국익판단에 있어 자의성, 자국 중심주의 논리를 끝내 극복하지 못했다. 보편적 가치를 중심으로 하는 세계적 합의구조를 만드는 노력에 대해 후한 평가를 내리기 어렵다. 미국 외교의 실패는 부시 행정부 8년을 거치면서 더욱 선명하게 나타났다. 부시 행정부는 다자주의적 협력정책을 포기하고 제국적 외교(imperial diplomacy)에 몰두하는 것으로 비춰지기도 했다. 따라서 그 시기 전반적으로 미국 외교는 매우 강압적이고 공격적 성격을 띠게 되었다. 대표적 예가 2003년 이라크 침공이었다. 전쟁 개시와 확전에 따른 비용의 증대, 그리고 국력 투사의 무분별한 남발은 자국의 재정수지 및 경상수지 위기를 더욱 악화시켰다. 그것은 일종의 패러독스였다. 패권쇠퇴기에 있는 국가가 패권복원을 목적으로 취했던 행동이 오히려 패권쇠퇴를 가속화시키는 결과를 낳았다.

오바마 행정부는 국제협력에 근거한 미국 리더십의 복원을 시도했으나, 이라크 전쟁에 이어 아프가니스탄 파병 결정으로 '긴 전쟁'(Long War)이라 불리는 군사개입 추세의 모드는 지속되었다. 군사력의 투사는 비용의 추가 발생이 불가피했고, 이는 미국 패권의 쇠퇴를 가속화시키는 원인으로 작용했다. 9·11 이후 조지 W. 부시가 대통령에 취임했을 때 미국의 국방예산은 3,500억 달러, 국가 총부채는 5.7조 달러였다. 이라크 전쟁과 아프가니스탄 전쟁으로 이어지는 군사개입을 지속하면서 미국 연방정부의 국방비는 2018년 기준 6,860억 달러, 국가부채는 22조100억 달러로 늘어났다는 것이 이런 현실을 방증한다.[163]

2008년 미국발(發) 세계금융위기는 미국 쇠퇴의 상징처럼 간주되었다. 미국이 세계경제의 버팀목이 아니라 세계경제위기의 근원임이 드러났던 것이다. 세계금융위기는 1980년대 이래 신자유주의가 퇴조하는 계기가 되었다. 신자유주의 국제정치경제 질서의 퇴조는 브레튼우즈 체제 붕괴이후 미국 달러에 의존하고 있었던 국제통화질서의 불안정성과 직접적인 관련을 가진다. 거기에 더하여 영미식 자본주의가 강조했던 과도한 시장중심원리, 시장에 대한 국가(정부)의 감독과 규제의 실패, 미국 패권의 과도한 특권 향유, 소득불평등과 양극화의 심화 등의 다양한 원인들이 총체적으로 작동했던 결과였다. 미국 국내정치에서도, 그리고 국제영역에서도 신자유주의 실패를 극복하기 위한 효과적 방법들을 찾아내지 못하는 가운데, 2010년 나타난 유럽 재정위기는 세계자본주의 자체의 위기감을 고조시켰다. 세계는 분열과 혼돈의 시대로 이행되는 조짐을 보이고 있다. 영국의 브렉시트(Brexit) 결정과 '미국 우선주의'를 앞세운 도널드 트럼프의 당선은 이런 징후들의 결과였다. 지역협력과 통합, 자유무역주의는 마침내 일국중심주의, 보호무역이라는 큰 도전에 직면하게 되었다.

163 앤드류 바세비치 (2010).

세계금융위기와 미국 리더십의 상대적 쇠퇴는 세계경제 성장축의 변화와 함께 가속화되었다. 동아시아 국가들의 생산력이 미국, 유럽의 생산력을 빠르게 추격했다. 동아시아 역내 교역도 함께 급성장하였다. 동아시아로의 세계경제 성장축 이동의 중심에 중국의 부상이 있다. 중국은 경제성장 위주의 정책을 지속하면서 세계의 공장, 세계의 시장으로 급부상해 왔고, 동아시아 역내 경제의 조립생산 중심지 역할(assembly center)을 맡고 있다. 중국 생산력은 일부에서 예상했던 것보다 더 빠른 속도로 증가추세를 보이면서 미국에 대해 도전자의 위상을 강화해 왔다. G-2 거버넌스에는 협력과 대립의 요소들이 중층적으로 얽혀있다. 현존 세계질서의 골격을 유지하고 싶은 미국은 중국의 협력적 편승을 기대하면서도 동시에 자국의 경상수지 적자문제를 중국 압박으로 해결하려고 한다. 중국은 경제성장 목표 달성을 위한 안정적 자유무역질서의 현실적 필요성 때문에 미국과 전략적 동거를 모색하자는 주장도 있지만, 일각에서는 대국굴기의 야망을 숨기지 않는다. 시진핑의 '중국의 꿈'(中國夢) 담론은 이러한 의도를 시사하기에 충분해 보인다.

미중 양자관계가 보여주는 안정과 불안정성의 교차는 안보분야의 불확실성을 높인다. 세계 및 지역질서 유지의 책임과 관여의 정도, 역할분담을 둘러싸고 미중 양국간 이견이 있어왔고, 시간이 지날수록 점차 첨예한 형태로 나타날 가능성이 높다. 패권국의 쇠퇴와 도전국의 성장이 맞물려 가면서 갈등은 점점 증폭될 것이라고 간주하는 세력전이 이론에 의하면 더욱 그 가능성이 높다. 국제정치학의 신현실주의 논조를 100% 수용하지 않는다 하더라도[164] 현실적으로 양국간 갈등 가능성은 늘 열려 있다. 특히 미국의 입장에서 볼 때 중국 부상에 대한 심리적 저항감, 심각한 규모의 대중 무역 적자, 미국식 인권 문제를 지렛대로 중국을 압박할 수 있다는 과도한 신념이 존재한다. 여기에 일본을 비롯한 기존 동맹국들과의 유대강화를 통해 중국 부상을 견제할 수 있다는 진영화의 논리, 군사력의 우위 구조를 리더십 구현에 적극 활용해야 한다는 미국 군부의 주장과 이에 호응하는 '패권복원'의 유혹 등 중국에 대해 더 강경한 태도로 돌변할 수 있는 요인들은 여러 곳에 도사리고 있다.

패권국의 쇠퇴와 도전국의 부상이라는 구조변화 과정의 파편들이 일차적으로 영향을 미칠 가능성이 높은 지역은 동아시아다. 오바마 행정부의 미국은 동아시아를 미국 경제의 사활적 이익이 걸린 곳으로 지목했고, 이에 따라 적극적인 정치 경제 군사적 개입전략으로 전환한 바 있다. '아시아 재균형'(Rebalancing Asia) 정책이 그것이었다. 트럼프 행정부는 미-중 무역전쟁으로 불릴 정도로 보다 노골적이고 강압적 방법으로 중국을 압박하고 있다. 중국은 반발하면서도 곤혹스러운 처지다. 중국이 현존 세계질서의 큰 틀을 섣불리 변경할 능력과 의도를 갖고 있지 않다는 점은 명백하다. 당분간 현존 질서의 안정적 관리에 편승하려 한다. 그 와중에 연성권력을 통해 국력을 투사하고, 중국 문명의 위대성을 강조하는 공공외교를 강조하는 한편, 외교적으로는 균형외교의 전략을 선호하는 경향을 보여 왔다. 중국은 동아시아에서 한미일 3각

164 미중 갈등의 불가피성에 대해서는 John J. Mearsheimer, "China's Unpeaceful Rise," *Current History* 160-162 (April 2006).

공세가 가시화되는 것을 원치 않는다. 북핵 해법으로 '쌍중단 쌍궤병행' 접근법을 한 때 제안했던 것도 그런 배경에서다. 2016년 한국의 싸드 배치에 중국이 민감하게 대응했던 것도 북핵문제 때문에 동아시아에서 전략적 균형성이 무너질 것이라는 우려 때문이었다.

중국은 미국에의 경사(傾斜)를 지속하고 있는 일본에 대해서 우려와 견제의 태도를 견지해 왔다. 지금까지는 미국과 일본이 주도하는 반(反)중 연합전선 형성에는 중국이 외교적으로 저항하고 있으나, 일본과 미국의 전략이 일순간 공세적 태도로 바뀌게 될 가능성도 배제하지 못한다. 특히 남중국해 지역에서의 중국의 지배권 강화에 대해 특히 민감한 대응태도를 보인다. 따라서 동아시아에서 미국과 일본, 그리고 중국과 러시아 간의 대립적 양극화가 나타날 가능성도 결코 배제하지 못한다. 2019년, 일본의 아베 정부가 한국 대법원의 강제징용판결을 구실삼아 한국에 대한 수출규제를 전격 결정했던 것도 동아시아에서 전략판의 변동 가능성과 깊은 관련이 있다.[165] 동아시아에서 신냉전형 대립질서가 가시화되면 그 대립의 전선은 한반도가 될 가능성이 높다. 한반도에 또다시 정치군사적 압력이 집중화될 수 있다는 의미다. 한국 외교를 협착할 수 있는 이 구도를 어떻게 사전에 타개해 나갈 수 있을 것인가가 향후 한국 외교전략 구상에 핵심 고려사항이다.

---

165 Ki-jung Kim, "Shinzo Abe's Underhanded Trade War Against South Korea," *National Interest* (July 23, 2019).

2장

동북아 지역 질서, 역사 유산과 유형

1. 불안정 질서의 원인들

한반도가 위치한 동북아 문제를 보자. 세계정치가 전환기의 혼돈에 들어 선 가운데 한반도는 말할 것도 없고 동북아에도 평화는 여전히 절실한 과제로 남아 있다. 글로벌 권력 구조에 대한 전망과 마찬가지로, 동북아 지역질서에도 낙관적 기대와 비관적 우려가 동시에 존재한다. 낙관론은 주로 경제적 전망에 관한 것이다. 세계의 여러 지역 중에서 가장 빠른 속도로 경제적 발전이 성취되었고, 더 큰 발전 가능성을 내포하고 있는 곳이 동북아다. 더 많은 이익을 만들어낼 수 있고, 공유할 수 기회를 확대하면 안보 불안정성을 능히 압도할 수 있으리라는 기대감이 있는 것도 사실이다. 반면, 비관론은 주로 안보상의 불안정 요인들 때문이다. 미중 안보 갈등만의 영향만이 아니다. 역내 국가들의 지속적 군비경쟁, 북한 핵문제, 한반도의 냉전 대립 질서의 잔존, 지역적 수준에서 역사화해의 부재, 영토 분쟁과 역사 문제를 둘러싼 민족주의의 공격성, 진영화를 강화하려는 정치적 의도 등 다양한 불안정 요인이 작동하는 지역 또한 동북아다.

유럽은 오랜 기간 전쟁과 갈등의 역사를 거친 후 마침내 지역 협력을 이루었고, 그 협력마저 넘어 공동체를 형성했고, 마침내 하나의 정치적 단위(유럽연합)로 통합하는 역사과정을 밟았다. 그러나 동북아에서는 협력의 제도화조차 순조롭지 않다. 안보 민감성이 여전히 지배적 동력으로 작동하고 있기 때문이다. 동북아에서는 안보를 국가단위 차원에서 정의내리고 실천하려는 경향이 여전히 강하다. 현실주의 담론이 안보와 관련된 인식, 태도를 여전히 집요하게 지배하고 있는 것처럼 보인다. 따라서 공존보다는 경쟁심리가 더 두드러져 있다. 지역 수준의 공동안보나 협력안보 개념은 여전히 이론적 영역에 머물러 있거나 먼 미래의 일쯤으로 치부된다. 게다가 민족주의 정서는 동북아 지역의 국가 간 분열을 더욱 부추기는 이념적 요소로 작동할 가능성이 높다. 영토문제를 비롯, 안보 영역의 여러 요인들은 사전예방을 위한 제도적 장치를 제대로 갖추지 못한 채, 미래 분쟁의 요소로 남겨져 있다. 또한 북한 핵문제가 아직도 해법을 찾지 못하고 있는 가운데 지역적 불안감이 지속되고 있다.

동북아 지역 질서는 왜 이렇게 불안정한 지역으로 남겨 졌는가? 여러 가지 진단이 가능하겠지만, 우선, 동북아 근대의 역사 기억에서 원인의 일부를 찾을 수 있다. 동북아가 걸어왔던 역사적 경로와 그것이 남긴 역사적 유산이 갈등 또는 잠재적 갈등을 끊임없이 재생산해 내고 있기 때문이다. 19세기 초, 아편전쟁 이래 동북아의 근대사는 협력과 화합의 역사였다기보다는 갈등과 대립의 역사였다. 제국주의 양식이 동북아 국제정치 작동 원리를 장악한 이래, 경제적 침탈과 갈등은 군사적 침략으로 확장되었다. 전쟁이 잇달아 발발했고, 식민지 침탈이 뒤를 이었다. 그 상처들은 어떻게 극복되었을까? 치유는 되었을까? 그렇다고 말하기 힘들다.

갈등과 분열이 협력을 압도해 왔던 방식, 이 역시 역사적 기억과 관련이 있다. 첫째, 동북아 근대의 국제정치사는 서구 근대성의 부정적(否定的) 이미지가 투사되면서 조형되기 시작했다는 점이다. 동북아 지역은 서구 제국주의의 강압적 흡인력에 의해 세계 자본주의의 연결망 속으로 편입되었고, 그 과정에서 무력외교(gunboat diplomacy)를 앞세운 제국주의 세력의 강압적 흡인력이 작동하였다. 이에 따라 동북아에서 근대성은 자발적으로 태동되었다기보다는 일정부분 타율적이고 강압적 환경 속에서 이루어졌다. 타율과 강압은 그것을 강요하는 측의 폭력적 행위와 갈등적 행위와 병행되었다. 제국주의 시대, 국제관계 담론의 영역에서는 사회진화론에 근거한 제국주의 인식이 주류로 등장하였고, 그것이 국제정치를 이끌어 나가는 핵심적 이념으로 자리 잡았다. 약육강식의 논리가 국제정치에 적용되었고 이에 따라 강자가 약자를 지배하는 것이 자연적 현상이라고 믿게 되었다. 제국주의 역사는 그러한 인식과 담론 속에서 진행되었고, 침략과 전쟁, 식민지화와 착취가 그 역사 속에서 계승되었다. 19세기 이래 그와 같은 인식론의 그늘 속에서 동북아 지역의 국제관계 역사가 진행되었다. 요컨대 19세기 동북아 3국이 서구를 대면하기 시작한 이래 서구 모방을 통해 추구했던 근대 국가 모델이 강병론(强兵論)에 입각한 근대국가였다는 사실이 동북아 근대성의 갈등적 성격의 원인(遠因)을 잘 보여주고 있다. 부국강병론의 기억은 역사적 과정을 통해 재생산되어 왔다. 20세기에도, 21세기에도 이름을 달리하며 살아남았다.

서구적 근대성이 동북아에 배태시킨 또 하나의 역사적 기억은 개별 국가중심 인식체계다. 국가 단위를 넘어 지역 전체를 디자인하려는 구상과 노력이 상대적으로 빈약했다. 유럽에서는 19세기 이래 '하나의 유럽'(One Europe)이라는 위고(Victor Hugo)의 미래상이 살아남아 실현의 길을 걸어왔지만, 동북아에는 그런 인식조차 없었다. 지역 정체성의 결핍이었다. 이를테면 안보도 '국가 안보'가 핵심이었고, 이익도 '국가 이익' 외는 개념으로도 거론되기 어려웠다.

개체(국가) 중심의 논리를 견고하게 만든 것 개념의 하나가 '주권'이다. 서구 국제법에서 만들어졌던 '주권'이라는 개념은 동아시아 전통질서 속에서는 존재하지 않았던 개념이다. 이 서구적 개념이 제국주의 파도와 함께 동북아 지역에 이식되었고 지역 국제정치 과정에 중심 역할을 하게 되면서 외교관계의 절대적 가치로 자리 잡았다. 19세기 제국주의 침탈이 점차 가중되어 가면서 독립과 자존이 위협받는 상황에서 주권은 더욱 절실한 가치가 되었다. 주권의 존엄성을 내세웠던 근대 국제법적 기반은 개별 국가의 존립보다 우월한 어떠한 가치도 존재할 수 없게 만들었다. 사실, 제국주의 양육강식의 시대, 서구 국제질서에 내재된 주권개념이란 "약소국이나 비(非)서구 국가들의 주권을 무시, 제한, 강탈하는 강대국의 권력이라는 관념"이 본질이었을 것이다. 만국공법에 명기된 주권의 평등성보다는 그 뒤에 숨은 약육강식의 원리에 의해 동북아가 더 큰 희생을 치루었기 때문이다. 결국 동북아는 전통의 지역 질서를 근대적으로 개편하는 과정에서 서구 국제질서 속에 배태된 그러한 결함마저도 수용하게 되었던 것이다. 이러한 가치체계가 국가 간 관계를 지배하면서 지역공동체 공통의 이익 모색이나 개별 국가 간 이익의 조화와 협력은 부차적 장식품쯤으로 여기게 되었다. 그러한 국제정치관과 인식 세계를 배경으로 동북아 국제질서에는 갈등과 대립이 하나의 유산처럼 전승되어 왔다.

갈등의 역사적 기억이 계승되어온 동북아 질서에는 몇 가지 점에서 특징을 보인다. 먼저 이 지역은 안정보다는 불안정이 지배하고 있다. 1950년 한국전쟁 이래 실제 무력 충돌이 없기 때문에 평화로운 지역이 아닌가라는 반론도 있음직하다. 그러나 이 지역은 전쟁 없는 불안정 상태다. 말하자면 불안정한 평화 상태다. 이유는 다양하다. 군사 현대화, 또는 국방력 강화라는 이름으로 행해지는 치열한 군비경쟁이 지속되고 있고, 북한 핵문제의 해법이 미궁에 빠져 있는 것도 불안정의 원인이다. 해양주권과 영토문제를 둘러싼 갈등도 마찬가지다. 더 근본적으로는 개별 국가 중심의 안보론에 근거한 역사적 기억이 아직도 강하게 작동하기 때문이라고 보인다. 부국강병론의 유산이다.

두 번째 특징은 역사문제다. 많은 부분, 동북아 국제정치에서는 역사가 현실을 지배하고 있다고 해도 과언이 아니다. 역사적 기억은 불신과 대립으로부터 비롯된 것들이다. 역사적 기억이 현재의 국제질서에 대한 시선을 상당부분 지배하고 있다. 이 지역에서 역사란 단지 지나간 과거에 대한 서술이 아니라, 현재의 국제정치 현장에 생생하게 작동하는 현안이다. 역사 교과서 문제, 위안부 문제, 영토 문제, 강제징용 문제 등도 모두 역사로부터 비롯된 것들이다. 동일한 역사를 상이하게 해석하고 기억하고 있기 때문이다. 제국주의 시대를 정당하다고 보는 시각, 또는 어쩔 수 없었다는 생각이 한 축을 차지하고 있는 반면, 침략과 지배는 반성의 대상이라는 역사 인식이 팽팽하게 맞서고 있다. 역사적 기억이 외교적 현안이 되고 있는 것은 이 지역에서 역사적 화해가 불충분했다는 사실을 방증한다. 사실, 국제정치에서 화해는 쉬운 문제는 아니다. 화해는 갈등을 평화로 연결하는 정치적 과정이다. 화해가 불충분할 때 갈등은 해결이 아니라 봉합으로 끝나고, 언젠가는 재연된다. 화해는 물질적 화해, 절차적 화해, 인식적 화해 등으로 구분할 수 있다.[166] 국제정치와 외교영역에서 인식적 화해는 정말 어려운 과제다. 가해자가 가해자로서의 기억을 뒤틀어 자신도 피해자였다고 우길 때 화해는 정말 난감한 일이 된다.[167] 동북아 역사를 통해 많은 사람들이 상처를 받은 것은 부정할 수 없는 사실이나, 그러한 갈등의 시간이 흐른 후에도 화해의 과정은 제대로 진행되지 못하고 있다. 한-일간, 중-일간, 남북한 관계에서 그렇다.

세 번째 특징은 제도적 장치(institutional settings)의 문제다. 경제와 안보 영역 모두 그러하다. 동북아는 세계 경제의 핵심 생산기지다. 중국의 거대란 시장과 노동력이 있고, 한국과 일본의 자본과 기술이 발전 동력으로 존재하고 있는 지역이다. 심지어 시장경제로 아직 본격 편입되지 않고 있는 북한도 새로운 가치를 지닌 시장이다. 2018년 세계

---

166 천자현, "화해의 국제정치," 『국제정치논총』 제53집 (2)호 (2013).

167 전후 일본의 집단기억이 그러하다. 김상준, "기억의 정치학: 야스쿠니 vs. 히로시마," 『한국정치학회보』 39:5 (2005), pp. 215-236.

은행 자료에 의하면 한국, 중국, 일본 3개국의 국민총생산을 합치면 전 세계 생산량의 23.96%에 달한다.[168] 더욱이 자본, 기술, 노동력이 결합 시너지 효과를 낼 수 있는 지역이다. 그러나 시장에서 창출되는 이익을 견고하게 보장해 줄 수 있는 정부간 합의는 여전히 뒷전이다. 말하자면 "지역화 단계 이전의 지역주의"(regionalism without regionalization) 수준쯤이다. 안보 영역도 마찬가지다. 19세기 이후 동북아에서는 부국강병(富國强兵)론적 인식이 안보영역을 지배해 왔다. 개체중심의 안보론은 자국의 군비확대를 중심으로 하는 자강론(自彊論)의 신념에 기반하고 있다. 이에 더하여 냉전기간 동안에도 양자동맹 체제가 지역 안보체제의 근간이 되었다. 동맹체제가 지역안보 메커니즘의 중추로 작동하고 있지만, 모두 양자동맹 형태이다. 기본적으로 양자동맹은 누군가를 적(敵)으로 간주하는 인식에서부터 출발했고 그 적대감에 기반하여 작동원리를 가동하고 있다는 점은 부인하기 어렵다. 동북아에는 지역 안보와 평화를 추구하기 위하여 여러 국가들이 참여하는 지역적 수준의 제도, 즉 다자주의에 기반한 안보협력을 효율적으로 담보할 제도가 결핍되어 있다. 지역적 수준에서 공동의 안보를 위한 제도적 장치가 발전할 수 있는 영역이 협소하였다. 유럽이 유럽안보협력기구를 만들어 운용하고 있는 것과 비교하면 동북아 안보질서의 불안정한 특징이 특히 두드러진다. 공동 안보나 협력안보가 적대감을 해소하려는 예방외교의 한 측면이라는 점에서 기존 양자동맹 세팅과 병행될 가능성도 있지만,

168 World Bank Database. https://data.worldbank.org/indicator/NY.GDP.MKTP.CD?end=2018&locations=CN-JP-KR-1W&start=2018&view=bar (검색일: 2019.09.04.).

여전히 이론적 탐색 수준에 머물러 있는 곳이 동북아 지역이다. 양자 동맹이 담론영역이나 정책 현장에서 모두 여전히 위력적인 곳이 동북아다.

2. 동북아 지역질서의 유형

한반도가 동북아 질서의 하부 영역으로 위치 지워진 이상, 한반도는 동북아지역질서로부터 직접적 영향을 받는 것을 피할 수 없다. 한국의 외교 전략도, 한반도 전략도 동북아 지역질서로 영향을 받는다. 그렇다면 동북아 지역질서를 어떤 요인들에 의하여 만들어져 왔는가? 질서(order)는 그것이 세계적 수준이건 지역적 수준이건 결코 정태적이지 않다. 일반적으로 질서라는 개념은 '특정한 시기의 기간 동안 국제정치가 움직이고 작동하는 양식'이라고 정의된다. '특정한 시기의 기간'이라는 의미는 시간이 지나면서 국제질서 구성의 요인이 변화하고, 따라서 '질서가 변화한다'는 것을 의미한다. 지난 180년 동안 작동해왔던 근대 동북아 지역질서에서 시종일관 동일한 질서가 유지되어 왔던 것은 아니었다. 역사 속에 작동해 왔던 지역질서 유형을 검토할 때, 몇 가지 핵심적 변수를 고려할 수 있을 것이다. 그것을 통해 동북아 지역질서를 네 가지 유형으로 정리할 수 있다.

근대 동북아 국제정치의 변동과정은 서구 세력의 개입역사를 배제하고 설명하기 어렵다. 지역질서의 권력구조적 특징을 살펴보면 동북아 질서를 주도해 왔던 역외(서구) 세력의 개입과 그것이 만들어 냈던 양식을 발견할 수 있다. 19세기 영국이 역외세력이었다면, 20세기 동북아 역외세력은 미국이었다. 그들 국가는 동북아에 비록 영토를 갖고 있지는 않았지만, 정치 경제 군사적 이익 때문에 개입을 지속해 왔다. 역외세력의 개입이 한 축이라면 그것에 대한 역내 국가들의 대응 방식도 질서 형성 요인의 하나다. 그것에 기반하여 동북아 지역질서의 변동과정 및 원인을 포괄적으로 설명할 수 있는 틀을 제시할 수 있을 것이다. 요컨대 지역질서를 결정하는 하나의 축으로서 서구세력, 즉 역외세력(external powers)의 동북아 지역정치에 대한 '개입의 강도와 유형'(intensity and type of engagement)을 고려할 수 있다. 역외 세력의 개입은 동북아가 타율적으로 근대 세계체제에 편입된 이래 지역 국제정치의 핵심적 변동기제였다는 사실을 부인하기 힘들다.

다른 하나의 축은 역내 세력(internal powers)의 대응방식이다. 이를테면 역내 국가들의 대응방식은 역외세력의 개입에 대한 "저항과 순응"의 관점에서 설명할 수 있을 것이다. 그것은 제국주의 강압에 대한 대응의 역사상이었고, 따라서 그것 역시 제국주의 시대로부터 개시되었던 동북아 근대성의 유산이었다. 이 두 변수가 만들어 내는 구조와 그 속에서의 정책적 대립은 동북아 국제정치의 갈등구도는 물론, 지역체제의 안정과 불안정의 순환구도를 결정해 왔던 기본 골격이 되었다. 여기에서 동북아 열강들간 세력의 이합집산의 동력이 만들어 졌고, 지역패권을 둘러싼 경쟁구도의 판형이 만들어졌다.[169] 동북아 지역질서의

169 여기서 제시하는 동북아 안보질서에 관한 설명틀은 21세기 동북아 안보질서 및 변화가능성에 관한 다른 연구에서도 제시한 바 있다. 김기정, 박한규, "21세기 통일한국의 안보환경과 전략적 선택," 한국정치학회(편), 『21세기남북관계론』(서울: 법문사, 2000), pp. 442-472.; 김기정, "21세기 동북아 안보환경의 전략

역사적 과정을 설명함에 있어 지역질서의 형성원인과 변동의 동력을 단순히 구조적 관점에서만 보려는 것이 아니라 개체의 의도(intention)를 고려해야 한다. 여기에는 국제정치학 신현실주의의 구조결정론이 내포한 획일적 논리를 극복해보고자 하는 뜻도 담고 있다. (지역)질서의 유형을 설명할 때 '개입'과 '대응'이라는 개체차원의 의도 및 행위 선택을 주목해야 할 필요가 있다는 뜻이다.

역외세력, 역내세력의 구분은 단순히 지리적 조건만을 고려한 개념이 아니다. 동북아 지역질서의 인식영역, 즉 '지정학적 정체성'(geopolitical identity)이라는 요인도 이러한 개념에 내포되어 있다. 동북아의 근대는 지역적으로 구분되었던 두 개의 주체, 즉 '동양'과 '서양'의 만남, 충돌, 공존, 연대, 그리고 대립이라는 인식적 대응과 밀접하게 관련되면서 진행되어 왔다. 동북아에 위치한 국가들의 근대국가 형성의 전략이 '중체서용'(中體西用), '동도서기'(東道西器), 혹은 '화혼양재'(和魂洋材)로 표현되었다는 점에서 동북아인의 인식적 지평이 '동(東)'과 '서(西)'의 이분법적 지리 구분에서 출발하고 있다는 사실을 발견하게 된다. 이것은 곧 동북아 근대상에 형성되기 시작했던 정체성 문제의 중요한 단초가 된다. 사실 동북아 국제관계에 있어 이러한 지정학적 인식은 비단 19세기만의 정체성 요소였던 것이 아니라 20세기 동북아 국제정치에도 드러나는 인식적 특징 중의 하나다. 예컨대, 1930-40년대 일본 군국주의적 세계관에 나타난 이른바 "동양의 대표"로서의 일본의 역할론, 그리고 그것의 연장선에 서 있었던 공세적 안보관이 있었다.

적 조망: 냉전구조 해체인가, 신냉전의 해체인가?" 『한반도 군비통제』 (서울: 국방부, 1999).

1950-60년대 '동풍(東風)'과 '서풍(西風)'의 표현에 내포된 중국의 인식도 그러한 지정학적 정체성을 보여주는 사례라 할 수 있다.

이러한 점을 고려할 때 동북아 지역질서의 유형은 다음과 같이 나타낼 수 있다.

근대 동북아 지역질서의 이념형

		역외세력의 개입	
		강압적 개입 (coercive engagement)	협력적 개입 (cooperative engagement)
역내세력의 대응	저항 (resistance)	대립적 질서 (confrontational order)	반동적 질서 (reactionary order)
	순응 (compliance)	제국적 질서 (imperial order)	다자적 협력질서 (multilateral cooperative order)

위의 4 가지 지역질서의 유형은 이념형(ideal types)이다. 동북아 지역질서의 역사 현장에는 위의 4 가지 이념형의 질서와 유사한 지역 질서가 실제 존재해 왔던 점도 주목해야 한다. 예컨대, 대립적 질서는 1945년부터 1970년대 초반까지의 동북아 지역질서를 지배했던 냉전기의 질서에 가깝다. 당시 미국을 중심으로 하는 남방삼각관계(미국-일본-한국)와 소련을 중심으로 하는 북방삼각관계(소련-중국-북한)의 대립적 특징이 동북아 지역질서를 지배하였다. 이들 각각의 삼각관계가 군사적 동맹으로 결합되어 있었던 것도 주목할 만하다. 한국와 일본의 양자관계만 예외였다. 한일 양자관계는 안보협력은 내세웠지만, 동맹 수준까지는 가지 않았다. 일본의 침탈과 관련된 한국인의 역사적 기억 때문이다.

반동적 질서는 1930년대 일본의 지역패권 추구와 당시 역외세력을 대표했던 미국의 소극적 대응이 결합되어 만들어진 지역질서였다. 당시 미국은 동북아 역외세력을 대표하고 있었으며 중국에 대한 문호개방정책을 근간으로 지역 정책을 전개하고 있었다. 그러나 1920년대 후반기의 경제대공황 이후 나타났던 고립주의적 경향으로 개입에 대해서는 소극적 입장을 유지하고 있었다. 그 소극적 공간 속으로 일본의 지역패권 추구가 시도되었다. 중국에 대한 문호개방원칙에 정면으로 대항하며 동아시아 신질서, 대동아공영권의 기치를 내세웠고 동북아 패권적 지위를 추구하고자했던 시기가 이 같은 질서유형에 가장 근접한 역사였다.

제국적 질서는 19세기 전반기 서구세력의 동북아 지역에 대한 강압적 관계가 지배했던 시기와 가장 현실적으로 근접해 있다. 이 시기는 불평등조약이라는 제도적 기제를 통해, 또한 힘의 압도적 우위에 바탕하여 서구세력들이 동북아 국가들의 저항적 태도 조차 압도했던 시기였다. 당시 동북아 국가들은 세력의 크기도, 대응방식의 행위도 역외세력을 능가하거나 도전할 수 있는 위상을 갖추지 못하고 있었다.

동북아 지역질서의 역사적 과정에 있어 다자적 협력질서는 뚜렷한 예를 찾기는 쉽지 않다. 앞의 세 가지 유형의 질서, 대립적, 반동적, 제국적 질서가 모두 대립과 지배 등의 갈등적 요소를 내포하고 있는 것에 비해 다자적 협력질서는 그것의 극복에 초점이 주어져 있다. 지역질서 유형의 하나로서 다자적 협력질서가 주는 함의는 향후 동북아에서 갈등과 분열의 역사성을 극복하고 새로운 시대를 열어나감에 있어 하나의 목표로 간주될 수 있다는 점일 것이다. 그러므로 동북아 지역질서의 유형화는 개념화를 통한 분석적 시도이지만, 어떤 의미로서는 규범적 의미도 내포하고 있다.

3. 동북아 질서를 바라보는 몇 가지 전제

위와 같은 역사적 경험이 존재해 왔던 동북아 지역에서 한국은 이제 새로운 외교 전략을 구상해야 한다. 한국의 외교 전략 선택과 조합의 범위를 고려할 때, 우선 전제해야 할 것들이 있다. 첫째, 한반도 문제는 동북아 국제질서 형성 및 변동의 시금석이 되어 왔다는 역사적 사실이다. 이를테면 냉전기간 동안 주변 강대국들의 묵시적 합의는 한반도에서 대립적 균형관계를 유지함으로써 적대적 안정질서를 유지하는 것이었다. 주변국 입장에서 표현하자면 한반도 문제에 대해 '분리하여 관리하는'(divide and rule) 전략이라 할 수 있다. 이를테면 한반도가 가지는 지정학적 요인에 의해 한반도 상황이 동북아 질서를 형성하는 풍향계로 작동해 왔다는 점이다. 한국전쟁이나 북핵 문제에서 보듯, 한반도의 불안정은 동북아 전반의 지역적 불안정을 촉발시키는 요인이 되어 왔다. 같은 맥락에서 한반도 상황의 안정적 유지는 동북아 지역질서 안정의 핵심적 요소라는 점도 전제되어야 한다. 따라서 한반도에서 어떤 유형의 질서를 유지할 것인가가 한국 외교정책의 전략적 선택에 첫 번째 놓이는 부분이다.[170]

한반도 상황이 동북아 지역질서의 방향과 구도를 결정할 수 있는 리트머스 시험지라면, 그런 맥락에서 2018년 이후 한반도 대전환의 의미를 주목할 필요가 있다. 냉전기 동안 유지되어 왔던 기존 패러다임

170 한반도 평화 거버넌스의 유형은 관리형, 공존형, 통합형 등의 분류도 가능하다. 김기정, "한반도 평화 거버넌스," 하영선 (편), 『21세기 평화학』 (서울: 풀빛, 2002).

변화의 가능성이 조심그럽게 타진되고 있다. 그 시작점의 결정은 한반도의 당사자 즉 남북한의 정치적 결정이었다. 4·27 판문점 선언, 9·19 평양공동선언은 '변화하고 싶은 의도'(the right to change)를 상징하였다. 비핵화 구도가 2018년의 셋팅대로 진행된다면 동북아 지역질서에 큰 변화가 올 수 있다. 냉전형 대립질서에서 협력적 지역질서로 이행할 가능성이 커 보인다. 만약 그것에 실패하면 한반도와 동북아가 다시 대립적 균형관계로 회귀될 가능성도 높다. 한반도가 대립과 갈등의 구도에 묶여 있는데, 동북아 지역질서가 평화질서가 될 수는 없다. '한반도 평화 없이 동북아 평화는 상상하기 힘들다'는 표현은 단순한 정치적 수사가 아니다. 한반도와 동북아의 지정학적 연관성, 오랜 역사의 과정에 대한 성찰적 교훈이기도 하다.

두 번째 전제해야 하는 점은 동북아 지역질서에 미치는 한국의 전략적 구상을 어떤 시선으로 전제할 것인가의 문제다. 지난 한국 외교사의 궤적 속에서 한국의 전략적 선택의 범위는 극히 제한되어 왔다. 한국의 전략 선택이 동북아 질서에 큰 영향을 미치지 못했다는 의미다. 그러나 한반도의 지정학적 중요성을 고려할 때 한국의 전략적 선택이 주변국의 정책대안에 미치는 영향, 더 나아가 동북아 지역질서 형성에 미치는 영향이 결코 무시할 정도는 아니라는 점을 인식해야 한다. 말하자면 한국 외교 전략을 단순히 수세적 대응의 관점에서만 접근할 것이 아니라 동북아 질서형성의 한 축으로서 작동하는 요인으로 봐야 한다는 점이다. 약소국 포박인식에 사로잡혀 자기규제적 행동범위를 반복하는 자세는 21세기 한국 외교 구상에 적합하지 않고 바람직하지도 않다.

한국은 동북아에서 "주변부적 인식"을 극복하고 지역 국제질서에 건설적 역할을 담당하려는 의도를 가져야 한다. 노무현 정부의 '동북아 균형자론', 문재인 정부가 선언했던 '신한반도 체제' '교량국가론'에 담긴 뜻도 이와 결코 무관하지 않다. 동북아 지역의 중추국가(pivot state)로서의 지위도 더 중요해졌다. 한국이 지역 균형(변화)을 염두에 두고, 심각한 결정을 해야할 경우가 생기면 그 결정에 따라 동북아 전략의 전체 판(坂)이 크게 요동칠 수 있다. 한국의 국력, 전략적 중요성은 그런 정도로 커져 있다고 전제하는 것이 외교 전략 구상에 매우 중요한 요소다.

3장

21세기 한국 외교 전략의 새로운 방향

1. 한국의 국가목표

모든 역사의 전환기적 과정이 그러했듯이, 위기감과 불확실성이 지배적 심리요인으로 작용하는 시대다. 그렇다고 그것이 무력감이나 담론부재의 핑계거리가 되지는 못한다. 타개해 나가야 하는 영역도 있고 새로이 조성에 노력해야 하는 이슈도 있다. 새로운 외교담론구상에는 인식과 행위 영역에 지난 시대의 관성으로 남겨진 것에 대한 성찰도 반영해야 하고, 새로운 시대를 열어가고자 하는 희망을 담아야 한다. 변화하는 국제정치적 현실을 직시하되 단순히 그것에 단순히 순응하려는 태도가 아니라, 한국의 미래를 담보하는 새로운 비전과 창의적 전략을 구상해야 한다. 그것이 국제정치 현실과 지혜롭게 조응하는 방법일 것이다. 성공적 경제발전과 민주화를 통해 축적된 한국의 변화된 역량에 걸맞은 외교적 비전과 구상이 필요하다. 그것이 한국 외교의 새로운 패러다임의 기반이다. 그 핵심은 국제사회에서 한국 외교관계의 영역과 범위를 전략적으로 확대시킴으로써 세계 속 한국의 포지셔닝을 새로이 구축하는 것에 있다.

외교담론의 출발은 우선 한국이 어떤 국가 목표를 가져야 하는지에 관한 논의로부터 출발해야 할 것이다. 첫 번째는 한국의 발전과 번영이다. 어떤 시대적 환경이건, 국가의 외교전략적 목표는 자국의 복리증진에 두어 왔다. 근대적 논의와 탈근대적 논의가 복합적으로 교차하고 있는 21세기 현시점에서 한국 외교 전략의 목표도 이러한 틀에서 예외가 될 수 없다. 한국의 지속적 경제발전은 세계경제질서와의 관계설정을 통해 대외적 조건이 만들어 진다. 국내적으로는 상생적 시장경제질서에 바탕한 경제적 역량이 다양한 외교 경로를 통해 세계 속으로 표출되어야 한다. 현재 한국의 경제력, 그리고 세계자본주의의 변화 동향, 선도 산업의 변화 추이를 고려할 때 향후 10-20년의 기간 동안 세계 10위권 이내의 경제 강국으로 성장할 수 있는 가능성이 높다. IT, BT 나노 등 선도산업 분야에서 과학기술 영역의 혁신과 창의정신, 그리고 꾸준한 R&D를 통해 세계시장에서 한국의 경쟁력이 한층 높아질 것이다.

한국은 통상(通商)으로 발전했던 국가다. 산업화 이후 지금까지 세계 경제와의 조응 속에서 통상을 통해 국가 번영을 이루었던 한국으로서는 앞으로도 고립보다는 개방을, 단기적이고 배타적인 이익 추구보다는 세계경제의 공생을 도모하는 틀 안에서 외교전략을 세워야 한다. G-20를 비롯, 다양화되고 있는 글로벌 거버넌스 속에서 협력증진을 통해 해법을 찾아야 하고, 한국은 이러한 과정을 조성할 수 있는 외교 담론을 가져야 한다. 다만, 신자유주의적 세계화의 그늘이 낳았던 국내 경제사회적 위기를 어떻게 관리하고 극복할 것인가도 넓은 의미에서 외교 전략과 관련되어 있다. 이는 개방과 세계화를 어느 정도의 수준에서 관리하고 통제할 것인가의 문제와 관련된 정치적 주제이도 하다. 맹목적 개방보다는 세계화와 개방의 요구를 전략적으로 통제하고 관리하면서 국내 공공영역에 미치게 될 개방의 부정적 영향을 최소화하는 세계화전략도 외교 영역에서 고려해야 하는 문제다.[171] 불공정한 협약이거나 호혜평등성을 저해하는 독소적 조항을 사전에 제거하는 일도 세계화 시대 한국 외교영역에 부과된 임무이기도 하다. 대외적으로는 지역과 세계의 공존과 공영을 도모하고, 대내적으로는 협력개방적 외교의 결과가 공평하게 분배되는 원칙을 재확인할 필요가 있다. 통상국가로서 한국 경제의 강점을 살리고 취약점을 보완할 수 있는 자유무역 협정을 추진하되, 통상을 통해 축적되는 국부가 사회적 양극화의 원인으로 작용하지 않도록 관리하는 패러다임이어야 한다. 조세정책이나 기업의 사회적 책임에 관한 사회적 담론을 통해 한국 사회 구성원 전반에 개방의 이익이 분배 되어야 한다. 요컨대 개방과 협력의 통상국가론은 국내적으로 경제민주주의 원칙과 동시에 작동해야 외교담론으로서도 의미를 가질 수 있다.

두 번째 국가 목표는 한반도 평화와 이에 기반한 지역 국제질서의 안정이다. 한반도를 둘러싼 동북아 지역질서의 안정성과 평화적 환경

171 성경륭, "진보적 민주주의의 비전과 새로운 사회설계," 김기정 외, 『21세기 한국의 미래구상』(한국미래발전연구원, 2013), pp. 60-69.

이 전제되지 않으면 국가적 번영을 담보하기 어렵다. 지역불안정에 대한 비용을 한국이 특별히 과도하게 지불해야 하는 지정학적 조건 때문이기도 하다. 단순히 '생존담론'에 압도당할 것이 아니라 '지속가능한 생존'을 가능하게 만들 평화적 국제환경 조성이 필요하다. 따라서 21세기 한국의 외교 전략은 지역평화, 더 나아가 세계평화 구축의 촉진에 목표를 두어야 한다. 대립적, 갈등적 질서보다는 안정적이고 평화적 지역 속에서 한국의 번영이 보장될 수 있다. 21세기 한반도에는 냉전기 대립질서가 역사적 유산으로 남겨져 있지만, 안정적 위기관리와 평화공존의 길을 모색해야 하는 것은 당위론에 가깝다. 그러므로 남북한 간 평화공존의 제도화를 통해 한반도로부터 동북아 안정화를 도모해 나가야 하는 것에 한국의 외교적 목표가 있다. 그것에 바탕 하여 지역 질서의 안정화를 추구해야 한다. 앞서 언급했듯이 동북아 지역질서는 세계적 수준의 구조변동 과정에서 자칫 대립중심의 진영화 논리가 재연될 가능성이 높다. 2019년 한일 전략경쟁 과정이 촉발된 과정에서 보듯, 우익지향의 일본의 아베정부가 이러한 의도를 노골적으로 표명하고 있는 점도 유의할 필요가 있다. 그러한 과정에서 한국의 외교적 기동범위는 쉽게 위축될 수 있다. 그러나 한반도 정치상황이 단순히 동북아 권력구도에 의해 결정된다는 피동적 인식을 극복해야 한다. 한반도 상황관리는 일차적으로 한국에게 주어져 있으며, 한반도의 정치적 변화와 그것을 실현하고자 하는 한국 외교의 전략적 의도는 동북아 국제질서 형성에 중요한 하나의 축이 된다. 한국 외교 전략에서 보다 능동적인 태도가 필요한 이유도 여기에 있다.

세 번째 고려해야 하는 한국의 국가 목표는 세계 속 한국의 위상

정립에 관한 것이다. 국제관계를 능동적으로 조성하고 타개하면서 글로벌 협력질서의 형성에 건설적으로 일조하는 방향으로 한국 외교의 위상이 정립되어야 한다. 베스트팔렌적 국제질서는 수많은 갈등과 대립으로 점철되어 왔으나, 그 속에서 보편적 가치를 실현하고자 하는 노력들은 국제정치의 장기적 추세를 만들기도 했다. 개별국가 이익이 충돌을 거듭했던 시기에는 불가능하게 보였던 목표들이 장기적 관점에서 보면 변화의 방향과 추이를 발견하게 된다. 궁극적 세계평화의 구현, 인권의 존중, 지구 환경의 보전 등의 논제들이 조금씩 공감대의 범위를 넓혀왔던 것도 부인할 수 없는 사실이다. 전환기 현시점에서 한국외교는 이 같은 추세에 역행하는 우를 범하지 말아야 한다. 외교 현장에서 인류 보편적 가치를 추구하는 국가로서 역할을 수행하는 것이 세계 속 한국의 위상정립이다. 생존 투쟁, 배타적 국익 추구라는 기존 외교 패러다임을 벗어나 세계적 질서 형성에 공헌할 수 있는 외교여야 한다는 뜻이다. 건설적 기여와 공헌의 이미지로서 교량국가(bridging state) 역할 강화를 생각할 수 있다. 기존 G-20의 새로운 글로벌 거버넌스 속에서 한국은 조정과 타협을 이끌어 내는 교량국가적 역할이 가능하다. 1997년 동아시아 외환위기, 2008년 세계금융위기 과정에서 나타났던 지역통화협력 패턴은 한국 외교에게 유익한 경험이었다. 지역협력창출을 촉진함으로써 경제발전의 안정적 환경을 조성하는 것이 한국 외교가 세계 속에서 가져야 할 전략적 포지셔닝의 핵심이다.

2. 한국 외교 담론과 국가 이미지

한국이 외교 전략을 통해 실천하려는 목표는 곧 국제사회에서 한국이 가지는 국가 이미지 형성과 직결된다. 국가 이미지는 외교 전략 전반을 관통하는 정체성(identity)의 논제다. 정체성은 양면성을 가진다. 국제사회에서 한 국가가 가져야 하는 위상과 역할에 관한 대외적 영역의 정체성이 있고, 정책결정과정에서 외교 전략의 비전을 구상하고 강화하는 인식적 토대라는 측면의 정체성도 있다. 국가 이미지의 투사는 자국이 보유하고 있는 유, 무형의 자산과 축적된 외교적 성과 및 경험, 그리고 사회구성원들이 공유하는 외교 담론과 정책결정자의 미래지향적 비전이 결합되어 드러나는 종합적 결과물이다. 요컨대 국가 이미지는 국가와 시민사회 간의 쌍방향적 소통 속에서 조형되고 실천되어야 한다는 의미다. 외교 전략을 구상할 때 고려해야 하는 한국의 이미지와 그에 따른 외교 담론은 세 가지다.

1) 평화 담론과 평화촉진국가 한국

한국은 갈등중심의 동북아 질서의 대표적 희생자였다. 식민지, 분단, 전쟁으로 점철된 한반도 역사가 이를 증명한다. 그러므로 평화 담론은 한국 외교 전략의 핵심이다. 희생자였기 때문에 오히려 평화를 주도할 적임국가로서 이미지가 필요하다. 이러한 논리의 이면에는 대립과 갈등 중심의 국제질서가 형성되면 한국이 또다시 희생자로 전락하기 쉽다는 현실적 우려도 포함되어 있다. 앞서 언급했듯이 21세기 동북아 국제질서에는 불안정을 가속화시킬 요인들이 여전히 남아 있다. 영토문제, 대량살상무기, 비대칭전쟁, 배타적 민족주의 등 많은 요인들이 상존해 있다. 이러한 환경 속에서 한국이 외교 전략 영역에서 추구해야 할 외교 담론에 '평화'를 배제하고 생각하기 어렵다. 한국은 외교 전략상 평화를 촉진(facilitate)하고, 평화의 실천을 선창(initiate)하는 국가여야 한다. 19세기형 부국강병논리만 반복하면 대내적으로 국민 교화적 효과가 있을지 모르나, 외교적으로는 오히려 주변국들의 불안을 야기하는 자충수가 될 수 있다.

평화를 촉진하는 외교전략은 한반도 평화공존 질서 구축과 동북아 평화질서 구축과 직결된다. 한반도와 동북아의 평화가 논리적으로나 정책적 영역에서나 긴밀히 상호 연계되어 있다는 것은 주지의 사실이다. 한반도 평화 없이 동북아 평화가 보장되지 않는다. 이러한 긴밀한 연계성을 주변 관련국들에 대한 설득논리로 삼는 것이 평화촉진 외교전략이다. 남북관계의 안정적 관리 수준을 넘어 평화공존 질서를 만들고 평화체제를 구축하는 일은 동북아 평화질서의 초석이 된다. 더 나아가 평화지향의 협력외교를 통해 동북아 지역의 다자간 안보협력 구축에 일조해야 한다. 불안정성이 팽배해 있고 미-중 충돌의 가능성이 열려 있는 동북아에서 지역안보에 대한 새로운 제도의 창출은 특히 중요한 의제다. 지역 안보를 효과적으로 관리할 제도적 장치 모색에 한국은 평화담론에 기반하여 촉진자 역할을 담당해야 한다. 대립 역사의 희생자로서, 또한 다시 희생자로 전락하기 쉬운 지정학적 위치에 놓여 있는 한국으로서 평화담론은 절실한 시대적 요구이기도 하다.

국제평화와 관련된 세계 속 한국 위상정립을 위해 '중견국 외교론'

을 적극적으로 고려할 필요가 있다. 한국은 이미 경제적 크기로는 중견국가(middle power)에 속한다. 중견국 외교는 단순히 국가 위상만을 의미하는 것이 아니라 세계 평화의 유지, 안정적 질서 구축 등의 국제정치영역의 보편적 가치를 외교정책에 적극적으로 실천하고 있는 일련의 국가들의 외교행위에 관한 말이다. 주로 스웨덴, 노르웨이, 덴마크, 캐나다 등과 국가들이 이에 속한다. 대개 자국 내의 가치체계와 문화적 자산, 규범들이 외교정책과 결합되어 자기정체성(self-identified role)을 만들어 낸 경우가 많다.[172] 이들 국가들은 안정적 질서 유지를 위하여 평화유지활동 등 국제기구 활동에 적극 참여하고 다수의 자국민을 국제기구에 참여시키는 정책을 취한다. 아울러 국제분쟁 시 중재자 역할을 외교목표로 두기도 한다. 그런가 하면 노르웨이의 경우, 오슬로 협정처럼 국제적 합의를 적극 이끌어 내는 산파역할을 자임하는 경우도 있다. 국제개발협력(ODA) 정책은 이들 국가들의 외교정책에서 핵심적 수단으로 간주된다.[173]

한국 외교전략은 중재자, 평화촉진자 역할에 두고 있는 국가들과 세계평화를 위한 전략적 연대를 추진하는 것도 새로운 외교 전략으로 적극 고려하고 확대해야 한다. 한국이 2013년부터 MIKTA(Mexico, Indonesia, Korea, Turkey, Australia)의 일원으로 참여하고 있는 것도 같은 맥락에서였다. 미중 권력 갈등이 더욱 첨예화되는 시기가 되면 '평화와 안정을 위한 중견국가들 연합'이 더 중요한 현실적 의미를 가질 수 있

172 Laura Neack, (2003), pp. 163-68.

173 국가별 ODA 규모나 국민일인당 ODA 규모를 비교할 때 이들 중견국가들이 대부분 상위그룹을 차지하고 있다.

을 것이다. 미중 경쟁구도 심화를 단순히 관망할 것이 아니라 미국과 중국 사이에서 전략적 이익이 위협받게 될 유사한 위상 (position)의 중견국가들 간 협력 혹은 연합 (middle power coalition)을 한국 외교 전략의 미래 과제로 구상하는 것도 필요하다. 동아시아 지역에서는 호주나 동남아국가연합 (ASEAN) 등을 그 같은 협력 대상으로 고려할 수 있을 것이다. 지역평화는 물론, 세계적 수준의 평화구축이라는 장기적 목표에 공헌하는 한국 외교여야 한다는 것이다. 이를 위해 우선 국제기구 참여와 활동 범위를 확대할 필요가 있다. 이러한 전략 구상을 통해 통해 평화와 안전을 위한 국제적 어젠다 형성에 일조하는 역할을 외교 목표로 삼아야 한다. 아울러 기존 추진해 왔던 국제평화유지활동의 범위와 기회를 확대하는 것도 구체적 방안이 될 수 있고, 국제재난 구호활동에 한국군의 전력을 활용하는 것도 평화담론의 실천방법이다.

2) 책임과 기여 담론과 교량국가 한국

한국의 경제발전은 산업화 시대의 마지막 상징과도 같다. 성공적 경제발전 경험때문에 많은 개발도상국들이 한국 모델을 모방하고 싶어 했다. 한국이 국제사회와 관계를 설정함에 있어 경제발전의 축적된 경험과 자산을 외교적으로 적극 활용하는 것에 초점을 맞출 필요가 있다. 그 점은 책임있는 국가로서 국제사회에 공헌하고 기여하는 국가라는 이미지와도 직결된다. 소위 '한국식 발전모델'이란 것을 두고 '경제적 성장을 위해서 정치적 권위주의 체제가 불가피하다'는 식의 단순화된 논리로 포장되는 것은 한국 경제발전 과정을 일면 왜곡하는 해석이다. 국제사회에 대한 책임과 기여의 담론은 개별국익 추구의 이기적 국가라는 이미지와 양립하기는 어렵다. 물론 국익 추구의 목적은 어느 시점이나, 어떤 국가라도 포기할 수 없는 목표다. 그러나 단기적 셈법만으로 자국 이익만을 좇아 행동하는 탐욕적 국가라는 이미지가 형성되고 강화되면 한국 외교에 별 도움이 안된다. 한국이 국제사회에 투사해야 할 이미지는 한국의 경제발전 과정동안 축적된 경험과 자산을 국제사회에 공헌하는 방향으로 활용하여 '세계 속의 한국'이라는 국가 이미지를 구축해야 한다는 뜻이다. 개별 국가의 성공 스토리라는 한계를 넘어서야 한다는 뜻이다. 세계의 공생적 발전을 도모하는 창의적 아이디어가 한국 외교 전략에 내포되어 있어야 가능하다. 이는 세계 속 한국의 포지셔닝, 세계발전을 위한 한국의 국제적 공헌목표와도 맞물려 있는 과제다.

이와 관련된 국가 이미지는 교량국가(bridging state) 역할이다. 이는 위에서 언급한 중견국 외교와 또 다른 차원의 문제다. 개발도상 국가들에 대해서는 산업화 시대의 발전 경험을 공유하면서도, OECD 다른 회원국가들과는 새로운 발전 아젠다를 공유하는 일이다. 한국에게 세계적 공존과 공생발전을 위한 중간자적 역할이 주어졌다는 의미다. 교량국가로서 리더십을 발휘하라는 시대적 소명이기도 하다. 세계 자본주의 위기를 극복해 가는 과정에서는 물론, 지역경제협력을 확대하는 과정에서 한국이 취해야 하는 역할도 교량국가 이미지와 밀접하게 맞물려 있다. 한국의 개발협력정책도 교량국가의 틀 속에서 확대되어야 한다. 개도국에 대한 현물지원도 중요하지만 한국이 강점을 갖는 분야의 정책, 기술지원도 개발협력정책에 포함되어야 한다. 차관(유상원조)

이 무상원조보다 월등히 높은 것은 한국 이미지 개선에 도움이 되지 못한다. 현재 한국의 ODA/GNI 수준은 0.10%에 불과하고 DAC 회원국들의 1/4 수준에 머물고 있다. 또 유상원조 비율이 DAC 회원국들 평균에 비해 지나치게 높다. 단기적 국익 추구의 패러다임에서 국가의 무형적 이미지 구축과 관련된 시각에서 재조정되어야 할 필요가 있다.

세계경제의 새로운 성장 동력을 창의적으로 강구하는 일도 한국에게 유리하다. 주지하다시피 환경문제는 선진국과 개도국 간의 첨예한 이슈이기도 하다. 환경은 개발문제 뿐 아니라 통상의 주요 아젠다이기도 하다. 개도국의 후발산업화와 지구 생태계 문제를 모두 고려해야 하는 복잡성이 환경문제에 내재되어 있다. 산업화 시기의 환경문제는 선(先)성장 후(後)환경(green after growth)이었고, 생태계 문제가 국제적 이슈로 되기 시작했던 "지속가능한 발전"(sustainable development) 시대의 논제는 성장과 환경의 병행논리(green with growth)였다. 그러나 개별 국가들의 단기적 이익이 충돌하면서 실천가능한 글로벌 차원의 합의점을 찾기가 쉽지 않다. 기존 산업화 단계의 수직계층 논리(안행형 雁行型 모델: flying geese model)의 틀을 벗어나는 창의적 발상이 환경문제와 관련이 되어 있다. 이른바 환경산업에서의 성장동력(growth through green)의 모색이 그것이다. 후발산업화 국가로서 한국은 이러한 새로운 산업부문에 경쟁적 우위를 가질 수 있다. 녹색성장 논리가 개발형 논리를 감추는 가면이 아니라 환경을 보호하는 새로운 산업의 성장을 의미한다. 그것이 국제사회에 대해 한국이 기여하는 부문이 될 수 있다.

'책임있는 통상국가'의 이미지를 강화하는 것도 중요하다. 지역 및 세계적 수준에서 자유무역에 기반한 시장경제질서가 안정적으로 유지시키는 것에 건설적으로 일조하는 책임 있는 통상국가 이미지가 필요하다. 이를 통해 시장경제와 자유무역을 기반으로 지역 공동체 구축과 지구차원의 다자 협력을 선도하는 '역동번영국가'라는 국가 이미지를 유지해 가야 한다. 세계 질서 및 지역질서 속에서 공동번영을 추진하기 위하여 역내 국가들과 호혜적 이익을 증대시키는 전략이 필요할 것이다. 또한 역내 경제협력을 일정수준으로 제도화시키는 과제를 추구해야 한다. 에너지 협력 및 철도 공동체 구축, 금융 네트워크 등을 위해 한국이 국제사회의 공생발전에 기여한다는 담론이 필요하다.

한국인의 국제정치 인식은 현실주의 국제정치관에 필요이상으로 포박되어 있다. 그 사실을 비판적으로 성찰하고자 함은 그것이 신중상주의(neo-mercantilism) 담론과 직접 연결되어 있었기 때문이기도 하다. 신중상주의는 기본적으로 경제민족주의(economic nationalism) 사조를 반영하고 있다. 개별 국가들이 추구하는 국익들이 경쟁과 갈등을 필연적으로 만들어 내고, 그것이 국제경제관계의 본질이라고 전제한다. 아울러 국가들의 경제적 이익추구와 관련된 행위를 일종의 제로섬 게임의 성격에서 파악한다. 자신이 얻는 이익 크기는 상대국이 가지는 손실 크기와 같다는 개념이다. 그러므로 국제경제관계에 임하는 국가들의 기본자세는 이기적 국익 확보이며, 그것을 통한 국가능력의 보전과 확대라고 본다. 이러한 신중상주의 담론이 지금까지 국제경제관계에서 지배적 논조로 작동했다는 것도 부인하기 어렵다. 한국의 경제적 성장도 이러한 배타적 신중상주의 담론의 수용과 편승의 결과였다고 설명할 수 있다. 그러나 일각에서는 무한경쟁 논리가 낳았던 국제정치적 폐해를 성찰하고, 공생과 공존 논리도 동시에 제기해왔다는 사실을 도외시할 수 없다. 통상국가로서의 한국의 경제발전이 비록 신중상주의 시대를 거치면서 얻었던 결과물이었지만, 세계 공동체 논리의 추세로부터 스스로를 배타적으로 소외시켜서는 세계와 한국이 제대로 된 관계를 맺기 힘들 것이다.

교량국가담론에는 또 하나 다른 의미가 있다. 해양국가, 대륙국가의 이항구획적 지정학 대립구도를 넘어서자는 의미다. 지정학적 의미에서 반도(半島)에 짐지워진 운명을 극복하겠다는 의미도 있다. 국제정치를 '대륙세력 vs. 해양세력' 관계로 해석하면 반도의 운명은 참으로 측은하다. 사실, 종래의 지정학 시각에서 보면 반도의 옵션은 두 세력 사이에서 쉽게 위축되고 협착되어 버린다. 2019년 문재인 대통령은 그 지정학적 한계를 신북방정책, 신남방정책으로서 극복하고 싶다는 의지를 밝혔다. 후술하겠지만, 그러한 인식틀을 극복하기 위해 대안적 개념이 '동북아책임공동체'였다. 문재인 정부는 출범 초 '동북아평화협력플랫폼'이라는 구상을 밝힌 적이 있다. 플랫폼의 기능적 의미는 단절이 아니라 소통과 연결이다. 대륙과 해양을 연결하는 역할을 하겠다는 의지다. 경제공간, 이익공간을 넓히는 과정을 통해서다. 교량국가론은 노무현 정부 시절의 동북아 중심국가론을 계승하고 있다. 아베는 진영화 대결구도 조기 형성을 강압했지만, 그것에 굴하지 않고 소통을 확대해 나가겠다는 의지를 보여 준 것이다. 중추(피봇)국가의 전략의 한 부분으로 평가할 수 있다. 대립구도보다는 협력질서가 우리에게는 물론, 주변국들에게도 더 많은 이익이 된다는 점을 전제로 하고 있다.

3) 소통 담론과 문화국가 한국

외교는 국가들 커뮤니케이션(소통)이다. 그러므로 외교행위가 갖는 목표 중 하나는 소통을 통한 국가들 간, 그리고 국가 구성원들 간 상호이해의 증진에 있다. 또한 국제적 협력과 공조도 활발한 소통을 전제로 해야 하고, 상호이해의 증진의 토대 위에 공존과 공생을 위한 공동체적 인식도 소통이 없으면 불가능하다. 세계화의 시대적 진전 속에서 무엇보다도 중요한 조건이 바로 소통인 셈이다. '세계 속 한국'이라는 이미지는 한국이 '밖으로 열려있는 국가', '국가 간 소통의 중심에 서 있는 국가'라는 담론과 직결된다. 이는 협력과 개방의 원칙이나 교량국가 전략과도 같은 맥락이다.

소통을 한국 외교담론의 중심에 세우기 위해서는 한국이 세계시민사회의 보편적 가치를 실천하는 국가여야 한다. 외교를 비록 '전략적 위선 행위'라 해석하기도 하지만, 보편적 가치를 외교를 통해 투사하는 것은 국제적 포지셔닝에 필요한 작업이다. 그런 의미에서 보편가치 실천의지는 대외적 이미지의 국내적 토대가 된다. 인류보편적 가치를 도모하는 중견국가형 외교 행위는 지역 및 세계적 수준에서 안정적 국제환경을 만들어 나가는 것에 건설적 역할을 의미한다. 이는 한국 외교의 환경을 유리하게 조형한다는 현실적 이익의 측면도 있다. 협력과 공진, 인간의 생명과 권리, 평화, 자유, 생태계의 보전 등의 가치가 한국이 소통의 중심에 세워야 할 가치들이다.

소통 담론을 실천하는 것에 최적의 조건도 이미 만들어져 있다. 한국은 '한류'를 통해 문화적 매력을 동아시아는 물론 세계 전역에 확산시키는 정치적 프로젝트에 성공을 거두고 있다. 국경을 넘어서는 문화의 흐름은 국가 간 소통구조 확대라는 의미를 담고 있으며, 이러한 문화적 소통을 통해 국제관계 및 세계의 미래에 대한 상호이해의 영역이 넓어질 수 있다. 그것이 문화 간 대화(cultural dialogue)가 가지는 국제정치적 의미다. 세계와 소통하는 문화적 기제는 한국의 연성권력적 도구라는 측면도 있다. 강압적 수단보다는 설득적 기제를 활용할 수 있는 토대를 갖추었다는 의미이며, 이는 한국의 큰 외교적 자산이기도 하다. 문화적 수단을 통한 대화는 공공외교의 시대적 표상과도 맞닿아 있다. 한국의 무형적 문화 생산과 소통의 능력은 국제정치적 관념의 공유와 국제사회적 담론 형성에 선도적 역할을 할 수 있다. 문화의 공유는 동일 의미권의 형성을 의미하기 때문이다.

한국의 대외적 소통은 국가 내부의 활발한 소통에 기반하고 있어야 한다. 국가와 시민사회 간의 활발한 소통이 민주주의를 실천하는 길이며, 국가 전반의 역량을 향상시키는 일이다. 인류보편적 가치로 국제사회와 소통하기 위해서는 국가 구성원들 간 가치를 공유하고 내재화해 나가는 소통의 과정이 필수적이다. 문화적 역량 구축을 통해 한국이 연성권력적 요소를 증대시키고 그것을 대외적 소통 기제로 삼으려 한다면 국가와 시민사회 간의 쌍방향적 소통이 전제되지 않으면 안된다. 문화는 정부가 아니라 민간영역이 일차 생산자이기 때문이며, 중층적 글로벌 네트워크가 작동하고 있는 세계화 시대에서 정부가 소통의 통로를 독점할 수 없기 때문이기도 하다. 촛불혁명의 시대, 정부와 시민사회의 소통은 위기에 처한 민주주의의 새로운 전범(典範)이기도 할 것이다.

4장

평화 구축의 외교 전략: 한반도 대전환 시대와 문재인 정부의 평화 구상

1. 2018년의 역사적 의미

2018년 한반도에는 매우 중요한 역사적 변동이 나타났다. 주지하다시피 2017년 문재인 정부가 출범했던 무렵 한반도 상황은 사실상 전쟁 일보 직전의 위기상황에 다름 아니었다. 북한은 제재국면 속에서도 2017년 9월, 6차 핵실험을 강행했고, 그해 11월 대륙간 탄도탄(ICBM) 사거리 능력을 증명한 화성 15호를 발사하였다. 그리고 김정은 국무위원장은 핵무력 완성을 공식 선언하기에 이르렀다. 트럼프의 미국은 공식적으로는 '최대의 압박과 관여'(maximum pressure and engagement)전략을 표명하고 있었지만, 강경기류가 주류였다. 워싱턴 일각에서는 '코피전략'(bloody-nose strategy)이라는 이름의 무력수단 사용의 카드를 만지

작거리고 있었다. 문재인 대통령은 2017년 7월 베를린 선언을 통해 대화를 통한 북핵 문제의 해결, 한반도 신경제구상 등을 제안했고, 같은 맥락의 메시지를 그해 9월 유엔총회 연설에서도 강조했다. 그러나 한반도에서는 전쟁 재발의 가능성이 점점 높아지고 있었다. 12월 문재인 대통령은 미국 NBC 방송과의 인터뷰를 통해 '한미 군사훈련' 연기 가능성을 언급하여 북한을 대화국면으로 끌어오기 위한 거의 마지막 카드를 사용하였다. 북한이 태도변화를 보였던 것은 그로부터 며칠 뒤 김정은 국무위원장의 2018년 신년사 메시지를 통해서 였다. 평창 동계올림픽 참가 의사와 남북한 대화 의사를 밝혔던 것이다. 그리고는 남북한은 특사교환을 통해 잰걸음으로 한반도의 해빙기를 열어가기 시작했다.

4월 27일 판문점에서 개최된 남북한 정상회담과 판문점 선언, 그리고 6월에 역사상 처음으로 북미정상회담이 싱가포르에서 개최되었다. 9월에는 남북한 정상의 평양선언, 군사합의서가 발표되었고, 문재인대통령은 평양시민들 앞에서 '핵무기 없는, 핵위협 없는 한반도'의 미래를 대해 연설을 했다. 2018년 한 해에 일어났던 변화는 실로 드라마틱한 변화였다. 한반도 분단사의 관점에서도, 더 나아가 냉전기 동북아 국제정치 역사의 관점에서도 '역사적'(historic), '기념비적'(momentous)이라는 수식어를 붙이기에 손색이 없는 거대한 변화였다. 평창올림픽 성공적 개최를 계기로 남북관계 해빙기가 열렸고, 세 차례 남북 정상회담으로 이어졌다. 정확하게 100년 전, 기미독립선언서에서 그토록 갈망했던 '봄기운 가득한 세계'가 한반도 냉전의 찬 기운을 뚫고 역사의 전면에 등장한 것이다.

한반도의 봄을 열었던 지점은 판문점이었다. 남북한 정상은 4.27 판문점 선언을 통해 한반도가 나아갈 방향에 합의하였다. 그러한 민족 내부의 정치적 결정이 역사상 처음으로 국제정치 영역의 움직임을 만들어냈다. 6월, 북미정상회담을 견인하였고, 북중 정상회담을 개최하는 등 북중관계에도 변화가 나타나기 시작했다. 요컨대 남북관계에서 시작된 냉전사의 해빙이 동북아 지역의 평화로 확장될 가능성을 보였던 것이 2018년이었다. 2018년의 변화를 통해 한반도와 동북아 지역 국제정치의 패러다임 변화를 상상할 수 있게 되었다. 견고하게 구조화되어 도저히 움직일 것 같지 않았던 냉전구조였으나, 사람들은 2018년 을 지나면서 그 변화가 결코 불가능한 것이 아니라는 생각을 하게 된 것이었다. 그런 의미에서 2018년의 변화는 이후 더 큰 변화를 위한 일종의 예열(豫熱)단계였다고 해도 틀린 말이 아니다. '지나간 것은 서막에 불과했다'(What is past is prologue)라는 셰익스피어의 명구가 2018~2019년 한반도에서 의미를 가지게 된 것이다.

2018년 이후의 변화를 역사적 변화, 거대한 대전환이라고 규정할 수 있는 이유는 다음의 세 가지다. 첫째, 한반도 분단질서의 구조적 측면에서 그러하다. 민족 축 영역(intra-national dimension)의 변화가 국제정치(inter-national dimension)의 변화를 견인했다는 점이다. 주지하다시피, 한반도는 불신과 갈등으로 점철된 근대 동북아 역사에서 가장 큰 희생을 강요받아 왔던 지역이다. 대부분의 경우, 국제정치적 결정이 한반도의 정치적 운명 뿐 아니라, 한반도 땅에 살았던 사람들의 사적(私的) 운명까지도 결정해 왔다. 국제정치 영역의 행위자들, 즉 열강들이 한반도에 투사해 왔던 지정학적 민감성 때문이다. 분단이 그렇게 오랫동안 지속되었던 이유도 남북(민족) 영역이 국제정치 축의 동력에 비해 상대적으로 피동적 위치였기 때문이다. 더불어 역대 남북한 정권은 대부분 시기를 적대적 상호의존성으로 일관해왔고, 그럴수록 국제정치 축이 미치는 영향력은 더욱 커져왔다. 사실, 1970년대 초반에도 세계적 데탕트 무드 때문에 남북한 간 일시적 해빙무드가 있긴 했었다. 1980년대 후반, 탈냉전기 초반에도 유사한 현상이 있었다. 그러나 견고하게 착근(着根)하는 것에 한계가 있었다. 2018년의 변화는 과거와는 달랐다. 남북한 민족내부의 동력이 최초로 국제정치 동력을 움직일 수 있는 가능성을 보였다. 한반도와 동북아 국제정치가 맺어 왔던 상관관계의 관점에서 볼 때 한반도가 패러다임 변화의 문 앞에 서게 되었다는 평가는 적절한 평가라 할 것이다.

두 번째는 한반도와 동북아 국제정치 변동의 양식이 어떤 동력에 의해 움직이는가의 관점에서 진단하는 시각이다. 이전과 비교할 때 2018년과 같은 역사의 중요한 전환기에 정상회담의 정치(politics of summit diplomacy)가 국제정치 진행과정을 주도하고 있는 방식에 주목해 볼 만하다.[174] 국제정치 현장에서는 모든 외교적 사안이 정치지도자들의 회담 테이블에 오르지는 않는다. 정상회담은 관료들간 협상이 교착상태에 놓일 때 돌파구의 모멘텀으로서 역할이 있다. 보통의 경우에는 관료들 협상, 즉 밑으로부터 진행된 합의들을 확인해주는 의례적(ceremonial) 의미로서의 역할이 주어진다.[175] 2018년 이후 한반도 국

174 *Global Asia* 13-4 (Dec. 2018) 참조.

175 데이비드 레이놀즈 저, 이종인 역, 『정상회담: 세계를 바꾼 6번의 만남』 (서울: 책과함께, 2009).

면전환은 정상회담이 주도하고 있다. 남북정상회담이 북미정상회담으로 이어졌고 외교적 고립에 가까웠던 북한의 외교 지평을 넓히는 기회가 되었다. 정상회담의 정치는 톱다운(top–down) 방식의 의사결정 구조다. 관료들이 주도하는 밑으로부터의 실무회담(bottom–up) 방식의 협상은 경우에 따라 시간이 오래 걸리기도 하고 때로는 협상이 난관에 봉착하기도 한다. 협상시간이 확장됨에 따라 국내외적 요구조건이 많아지기도 하다. 그래서 윈셋(win–set)이 바뀔 가능성도 배제하지 못한다.[176] 또한 관료조직간 협상구도가 오래 지속되면 관료적 이익이 화석화(化石化)될 가능성도 있다. 실제 북미간 비핵화 협상은 1990년대 초반 이래 25년 넘게 시간이 소요되었다. 이에 비해 정상회담의 정치는 돌파구를 열어 나갈 모멘텀을 만든다는 점에서 특기할 만하다. 물론, 2019년 2월 하노이 정상회담에서처럼 최고정책결정자의 국내외적 정치적 조건 때문에 순식간에 결렬되는 가능성도 배제하지 못한다. 2018년 벌어졌던 한반도와 동북아 변화는 문재인 대통령, 김정은 국무위원장, 트럼프 대통령의 조합이 아니었다면 불가능했을 것이다. 정상회담의 정치는 우리에게 역사를 바라보는 시사점을 제공한다. 역사는 사회경제적 구조의 산물이지만, 많은 경우 중대한 변곡점은 정치지도자들의 결단으로 만들어져 왔다는 점이다. 정치 리더십의 중요성을 일깨워줬던 시간이 2018년이었다.

176 윈셋은 양국 정부대표자들의 협상 과정에서 국내적 비준(동의)를 얻을 수 있는 모든 합의의 집합이라는 개념이다. 윈셋 크기가 클수록 합의에 이를 가능성이 높아진다. Robert Putnam, "Diplomacy and Domestic Politics: The Logic of Two–Level Game," in Peter Evans, et al. (eds.), *Double-Edged Diplomacy* (Univ. of California Press, 1993), pp. 431–468.

셋째, 변화의 컨텐츠와 방향의 관점에서 볼 때 중요한 패러다임 변화라고 진단할 있을 것이다. 냉전 70년, 한반도에서는 적대적 대립이 일상의 양식이었다. 군사대립, 증오와 적대감의 심리현상, 현상유지(status quo)의 인식적 관성이 끊임없이 재생산되면서 냉전이 유지되어 왔다. 국제정치 영역도 그러했고, 특히 한국 사회 내부의 메커니즘이 그러했다. 이를테면 안보개념만 놓고 보더라도 적대적 대립을 통한 안보, 혹은 군사적 안보의 관점에서 접근하는 것이 남북관계에서는 상식이라고 믿었다. 평화의 포괄적 개념도 군사안보의 개념에 포박되어 있었다. 적대감의 재생산은 끔찍했다. 종북, 친북, 빨갱이라는 단어는 주홍글씨의 낙인을 의미했다. 정적(政敵)을 무력화시키기 위한 목적으로 이념적 대립 심리를 정치 도구화했다. 그럴수록 사회 내 인식구조는 더욱 경화(硬化)되어 왔다. 냉전체제의 현상유지가 일상이 되었던 곳에서 2018년을 통해 '사람들이 덜 걸어갔던 길'(the road less travelled by)을 모색하기 시작했다는 점에서 한반도와 동북아 패러다임 변화라고 평가해도 무방할 것이다. 적대적 대립을 넘어 평화와 번영을 향한 새로운 '변화'를 생각할 수 있게 되었다는 것이다. '대립을 통한 적대적 균형만이 평화유지의 유일한 길은 아니다'는 생각이 가능하게 되었고, '한반도에서 냉전 종식이 갖는 세계사적 의미'에 대해 생각하는 기회가 되었다.

2018년 한반도의 봄, 그리고 그 변화가 지향하는 방향은 명확해 보인다. 한반도 평화를 만들어 가는 길이다. 분단 후 지금까지 유지되었던 불안정한 평화 양식이 아니라 안정적 평화로 가는 길이다. 일시적 평화에서 항구적 평화로 전환하는 길이다. 개념적 평화가 아니라 작동 가능한 평화로 가는 길이다. 전쟁의 일상화가 아니라 평화의 일상화로

가는 길이다. 한반도의 평화로부터 시작되어 동북아 지역의 평화가 가능해지는 길로 가는 길이다. 그러므로 이 변화의 발신지였던 문재인 정부의 한반도 평화구상을 이해하는 것이 역사변동의 방향을 이해할 수 있는 첫걸음이다.

2. 평화에 이르는 길: 이론적 탐색

평화는 광범위한 주제범위를 가진다. 평화를 소극적으로 정의할 때는 전쟁과 폭력이 없는 상태를 일컫는다. 이를 "소극적 평화"(negative peace)라고 규정한다. 반면, 적극적 의미의 평화(positive peace)는 개인들 간 그리고 집단들 간의 조화(harmony)이며 갈등의 창조적 변형을 의미한다.[177] 국제정치 영역에서는 평화를 안보(security)라는 개념과 치환해서 사용하기도 한다. 그러나 평화는 안보를 포괄하는 상위의 개념이라는 것이 통설이다. 따라서 평화학(peace studies)는 안보학(security studies)을 포함하는 학제적 접근법을 일컫는다. 왜냐하면 평화학에는 개인영역의 평화(행복, 만족, 관용 등), 사회적 영역에서의 평화(나눔, 다양성, 정의 등)도 포함하기 때문이다. 물론 안보의 개념도 포괄적이기는 마찬가지다.[178] "외부적 위협에 대한 개인과 집단의 물리적 안전상태"라고 정

177 Johan Galtung, "Violence, Peace and Peace Research," *Journal of Peace Research* 6 (1969), pp. 167–191.; Richard Smoke and Willis Harman, *Paths to Peace: Exploring the Feasibility of Sustainable Peace* (Boulder: Westview Press, 1987), pp. 1–3.

178 김기정, 김근식, 최종건 외, 『인천: 삶, 도전, 그리고 미래』 (서울: 책나무, 2014),

의 내릴 때 안보는 포괄적 개념을 내포한다.[179] 더욱이 안보라는 개념을 적용하여 국제정치 현상을 설명할 때 군사안보 뿐 아니라 국제안보, 협력안보, 집단안보, 인간안보 등 안보개념의 범위도 넓고 다양하다. 평화가 곧 전쟁의 결여라는 소극적 정의를 따르면 평화는 군사안보의 개념과 동일한 것이 되나, 평화질서 형성에 관련되는 다양한 행위자, 의제를 고려한다면 평화의 창조와 유지에 관한 메커니즘은 실로 다양하다.

일반적으로 평화와 안보에 이르는 길은 네 가지로 크게 구분할 수 있다. 각각의 개념과 접근법이 기반하고 있는 국제정치적 전제에 따른 구분이기도 하다.[180] 첫째, "무제한적 자위(Unlimited Self-Defense)"를 통한 평화다. 이것은 대개 국제정치의 현실주의적 관점을 주로 반영하고 있다. 국제정치의 본질은 무정부성(anarchy)에 있고, 따라서 국제정치라는 자조 체제(self-help system) 속에서 개체의 생존 외에는 어떠한 최고의 가치도 존재할 수 없다는 것을 강조한다. '생존담론'은 이러한 전제로부터 발생된 것이다. 생존을 위하여 국가는 힘(capabilities)을 보유해야 하며 자국의 생존에 위협을 가하는 타국에 대해 자기를 방어할 수 있는 힘을 가짐으로써 자국의 평화를 지킨다는 논리다. 이른바 "힘을 통한 평화"(peace through strength) 논리다. "평화를 원하면 전쟁을 준비

---

pp. 23-25.

179 안보 (security)에 관한 정치학 연구로는 Barry Buzan의 연구가 가장 주목할 만 하다. Barry Buzan, People, *States, and Fear: An Agenda for International Security Studies in the Post-Cold War Era* (Boulder: Lynne Rienner, 1991); Barry Buzan, Ole Wæver, Jaap de Vilde, *Security: A New Framework for Analysis* (Boulder: Lynne Rienner, 1998).

180 John T. Rourke, *International Politics on the World Stage* 6th ed. (Guilford, CT: Dushkin/McGraw-Hill, 1997), pp. 377-409.

하라"(Sivis Pacem Para Bellum)라는 로마의 오랜 경구(警句)도 동일한 전제를 내포하고 있다. 이와 같은 방법을 추구하는 경우 평화는 대개 억제전략(deterrence), 동맹, 세력균형 등을 통해 유지될 수 있다. 국가가 보유하는 힘의 관점에서 평화를 해석하기 때문에 일국의 힘이 생존(자기방어) 능력에 미치지 못할 경우, 동맹도 유효한 방법이 된다. 그러나 문제는 국제체제 내 모든 국가들이 이러한 논리로 안보를 추구할 때 국제체제는 안보딜레마(security dilemma)에 빠지게 된다는 함정이 있다. 세력균형의 이면에는 군비경쟁(Arms Race)가 작동하고 있다고 지적하는 것도 이런 이유다. 군비경쟁을 통해 불안정의 악순환을 거듭하게 되며, 이에 따른 위험부담이 커지고 끝없는 비용이 요구된다.

평화와 안보에 이르는 두 번째 길은 "제한적 자위(Limited Self-Defense)"를 통한 방법이다. 이 방법은 무제한적 자위가 안보딜레마에 빠지는 상황을 염려하는 것에서 제기되는 방법이다. 자국의 방위를 위한 군사력을 보유하면서도 군사력 증강의 무제한적 경쟁의 파국을 막고 군사력 운용에 적절한 수준의 통제를 가하는 방식이다. 국가가 보유하고 있는 군사능력에서 공격력(offensive capabilities)을 어떠한 방법으로 제한하느냐가 관건이 된다. 제한을 가하는 경로에는 국제기구, 국가들간 합의구조 등이 있다. 제한(limit)의 방법으로 군비통제(arms control)가 통상 거론된다.[181] 군비통제는 다시 구조적 군비통제(structural arms control)와 운용적 군비통제(operational arms control)로 구분할 수 있다. 구조적 군비통제는 군사력 규모에 대한 통제를 의미하며, 운용적 군

181 군비통제에 관하여는 문정인, "남북한 신뢰구축: 그 가능성과 한계," 함택영 (편), 『한반도 비경쟁과 군축』(서울: 경남대 극동문제연구소, 1992), pp. 183-215.

비통제는 적대감을 줄이는 것을 목적으로 하는 군사적 신뢰구축조치(CBMs: Confidence Building Measures)를 의미한다. 국제정치 역사의 현장에서 실로 다양한 군비통제 사례들이 실천되었다. 냉전기 미국과 소련간 체결되었던 전략핵무기 제한/감축 협상들(SALT/START)이 이를 증명한다. 군비통제는 관련국들의 게임규칙에 관한 약속(commitment)을 전제하고 있어서, 현실주의와 자유주의 사이에 놓인 일종의 절충주의적(eclectic) 접근법이다. 이론적 현실적 유용성에도 불구하고 난점들도 많다. 군비통제를 위한 합의와 약속들이 지켜질 것인가에 대한 의구심, 상대방으로부터 속임수를 당할 지도 모른다는 두려움 등이 도사리고 있으며, 국제기구가 효율적 통제의 주체가 될 수 있는가에 대한 의문도 있다. 또한 국방비 확장을 통해 군비경쟁을 부추기는 국내적 정치경제적 요인도 군비통제 제약요인의 하나다.

평화에 이르는 세 번째 접근법은 자유주의 평화론이다. 자유주의 평화론은 다양하게 구성되어 있다. 우선, 민주평화론이다. 국내정치 성격이 민주주의 속성을 띤 국가들간에는 전쟁을 하지 않았다는 경험론적 관찰에 근거하고 있다. 삼권분립, 견제와 균형이라는 민주주의 정치체제의 구조적 특징상 호전적 외교정책을 회피한다는 구조적 설명이 있고, 민주주의 국가 내에 작동하는 문화적 요소, 즉 갈등해소의 규범이 전쟁 결정을 완화시킨다는 문화적 설명이 있다. 자유주의 평화접근법에는 자본주의 평화론도 있다. 국가들간 상호의존성이 높아져 시장에서 상호이익을 공유하게 되면 국가간 전쟁 발발 가능성을 낮춘다는 설명이다.[182] 간혹 "평화경제론"이라는 정치적 용어로 표현되기도 한다. 러셋(Bruce Russett)이 주장하는 평화의 삼각구도는 상호의존성–민주주의–국제법(국제제도)의 선순환적 구조가 평화의 조건이라고 설명한다.[183] 이러한 주장은 사상적으로는 칸트의 영구평화론으로부터 비롯된 것이다. 안보개념도 자유주의 평화론의 설명이 가능하다. 국제안보(international security)의 개념이다. 안보를 개체 중심(개별 국가)으로 접근하면 국가안보(national security) 중심의 틀이 만들어지지만, 개별국가가 속해 있는 환경, 즉 국제체제나 지역체제의 안보를 중심으로 접근하면 국제안보의 개념이 효력을 가진다. 국제적으로 안전한 환경을 만들면 그 안에 속해있는 개별 국가의 안보가 확보된다는 주장이다. 예컨대 관계성의 논점을 강조하는 공동안보(common security)나 협력안보(cooperative security)의 개념은 다자간 안보협의체의 구축을 통해 예방외교를 활성화하고 갈등을 사전에 방지하고자 하는 국제안보의 한 방법이다.[184] 아울러 집단안보(collective security)의 정신 구현을 통하여 국제적 안전상태를 확보하려는 목적에서 설립된 국제연합이 이러한 접근법의 소산이다. 국제평화유지군이 국제안보를 가능하게 해주는 메카니즘이다.

---

182 Erich Weede, *Economic Development, Social Order, and World Politics* (Boulder, CO: Lynne Rienner Publishers, Inc., 1996).

183 Bruce Russet and John Oneal, *Triangulating Peace* (New York: W.W. Norton & Company, 2001), p. 35. 신욱희의 논문에서 평화의 삼각구도로 번역되었다. 신욱희, "민주적 평화론과 미국의 21세기 전략," 『미국학』 제25권 (2002), pp. 279–304.

184 Palme Commission, *Common Security: A Blueprint for Survival* (New York: Simon & Schuster, 1982); Barry Buzan, Ole Wæver, and Jaap de Wilde (1998).

마지막 접근법은 전쟁의 폐지(abolition of war)를 통해 평화를 구축하는 방법이다. 이것은 국제정치학의 이상주의 사조가 투영된 평화론이다. 진정한 평화라는 것은 군비의 완전한 철폐를 통해 완결되어야 한다는 인류의 오랜 이상(理想)을 담고 있다. 지금까지 국제정치 현장에서 전쟁과 폭력이 끊임없이 계승되어 왔던 이유의 하나로 군비의 보유와 확대라는 제도적 원인, 그리고 그것을 엄격한 규범으로 전승해온 인류의 인식세계에서 찾고 있다. 국가가 상대를 공격할 능력이 없으면 전쟁과 폭력의 두려움 또한 존재하지 않는다는 것이며, 개인적 차원에서부터 집단적 차원에 이르기까지 평화주의의 신념이 확산되면 그것이 평화의 가장 확실한 기제가 된다는 것이다. 이른바 평화적 수단에 의한 평화 구축을 일컫는다.[185] 전쟁을 국제법적으로 '불법'으로 간주했던 시도(부전조약, 1927년)도 전쟁의 비극에서 벗어나고자 노력했던 이상주의 해법의 하나였다.

평화에 이르는 네 가지의 길은 개념상의 구분이다. 또한 국제정치 현상에 대한 패러다임의 차이, 시각의 차이를 반영하고 있다. 실제 국제정치 현장에는 이러한 다양한 개념들이 혼재되고 결합되면서 작동해왔다. 이를테면 자국 안보를 위해 군사력 증강을 멈추지 않으면서도 협력안보 방법을 추진하는 식이다. 군비경쟁과 군비통제가 동시에 작동할 수도 있다. 양자동맹은 경우에 따라 다자간 안보협의체와 병렬적으로 진행될 수도 있다. 한반도 평화를 작동가능한 수준으로 만들기 위한 평화구상에도 위에서 언급한 평화구축의 다양한 방법들이 결합되어 있

185 이러한 방법의 주창자로 요한 갈퉁을 들 수 있다. 요한 갈퉁 저, 이재봉 외 역, 『평화적 수단에 의한 평화』(서울: 들녘, 2000).

다. 억지전략에 기반한 현실주의 평화를 기반으로 하면서도, 군비통제를 통한 절충주의적 평화, 그리고 시장적 이익확대를 통한 자유주의적 평화추진 방법들이 현실 정책 영역에서는 혼성적으로 결합되어 있고, 그렇게 진행되어야 한다.

3. 한반도 평화공존: 두 영역의 문제들

국제정치 영역에서 평화에 이르는 길을 하나로 구획할 수 없고 복잡한 길이듯이 한반도 평화에 이르는 길도 마찬가지다. 어쩌면 더 복잡한 방정식 속에 놓여 있다고 해도 과언이 아니다. 그것은 대략 두 가지 이유 때문이다. 하나는 한반도 비핵화와 한반도 평화 공존 구상과의 관계를 어떻게 전략적으로 설정하고 접근할 것인가의 문제이고, 다른 하나의 이유는 분단이후 70년 넘게 지속되어 왔던 한반도의 군사적 대립 구조가 남북한 관계와 국제정치 영역의 복합적 결과물이기 때문이다. 남북한 군사대립 구조는 단순히 남북한 양자적 관계만의 문제는 아니다. 한반도는 남북한 관계, 즉 민족내부의 영역과 국제정치 영역이 복합적으로 작동하는 공간이다. 대립을 재생산해왔던 분단도, 그 대립을 넘어서고자 하는 평화구상도 그 같은 이원적 성격을 독해하는 것에서 출발해야 한다.

1) 한반도 평화구상과 비핵화 문제

90년대 초 이후 북한의 핵보유 과정이 한반도 평화에 주요한 위협요인이 되어 왔다는 점은 주지의 사실이다. 이 과정은 전형적인 안보딜레마를 보여주는 사례이기도 하다. 사회주의권 몰락이후 북한에게 당면한 문제는 체제유지, 즉 안보위협에 대한 대응방식이었다. 북한이 선택했던 것은 핵개발을 통해 자국의 방어능력을 향상시킴으로서 안보위협을 해소하고자 했던 길이었다. 그런데 북한의 그 같은 안보 추구 방식은 한국의 안보와 한반도 평화에, 더 나아가 동북아 지역안보에 위협요인이 되어왔다. 한반도와 지역안보에 위협요인이 되어버림으로써 북한에게 핵은 오히려 자국 안보에 장애요인이 되어버렸다. 한국은 노태우 정부시기부터 북한 핵문제를 해결하기 위해 다양한 노력을 기울였으나 결과적으로 성공을 거두는 것에 실패했다. 북핵 문제는 남북한 영역의 문제일 뿐 아니라, 동시에 동북아 지역적 문제, 비확산질서 유지라는 세계적 사안이었다. 문재인 정부는 이전 정부들에 비해 훨씬 어려운 조건을 부여받았다. 90년대 이래 북핵 해결을 위한 다양한 협상과 강압적 조치들이 교차했지만, 2017년 11월, 북한은 결국 핵보유 완성을 선언했다. 핵보유 중간 과정에서 개발을 중단시키는 것이 아니라 핵보유 완성 단계에 있는 국가의 핵무기와 시설을 해체하는 수준의 '비핵화' 목표가 문재인 정부에게 주어진 것이었다.

한반도 평화는 북한 비핵화와 분리될 수 없는 정치적 과정이다. 그런 의미에서 문재인 정부에게 한반도의 평화를 위한 전략적 선택은 두 가지를 의미한다. 하나는 비핵화를 통한 한반도 평화(peace through denuclearization)이고, 다른 하나는 한반도 평화를 통해 비핵화(denuclearization through peace)라는 전략적 선택이다. 북한 핵무장은 자국의 생존 확보에서 시작됐지만, 이는 한반도 평화위협 요인이 되었고, 비확산 세계질서에 대한 위협으로 확장되었다. 마찬가지로 북한 비핵화 과정 또한 남북한 관계 뿐 아니라, 동북아 지역 및 세계질서의 현안이기도 하다. 문재인 정부의 한반도 평화구상은 위 두 가지 접근법을 배타적으로 구분하지 않는 것에 있다. 구분할 수 없는 구도라는 전제가 더 적확하다. 이 문제를 해결하기 위해 한반도 운전자론 입장을 자임하고 나섰다. 4.27 판문점 남북정상회담은 6월 싱가포르 북미정상회담을 견인하는 과정에서 운전자로서 제안자 역할과 중재자 역할은 성공적이었다고 평가할 수 있을 것이다. 운전자론에 내재된 논리는 비핵화를 통한 한반도 평화, 그리고 한반도 평화를 통한 비핵화 두 가지 접근법을 구분할 수 없으며, 오히려 두 가지 접근법은 상호작용하면서 페이스를 촉진시킬 수 있다고 봤기 때문이다. 그러나 지금까지 비핵화 과정을 바라보는 주된 시선은 '비핵화를 통한 한반도 평화'에 주어져 있다. 북미협상에 초점이 맞춰져 있는 것도 그러한 이유에서다. 그러나 '비핵화를 통한 한반도 평화'만이 유일한 방법이라면 문재인 정부는 북미협상이 완결될 때까지 기다리는 것 외에 달리 방법이 없게 된다. 미국이 제안한 '최대 압박과 관여전략'(maximum pressure and engagement)을 수용하면서도 동시에 남북한 관계 개선을 추진하려 했던 것은 위 두 가지 방법이 결코 배타적 접근법이 아니라는 판단 때문이다.

한반도 평화는 비핵화 과정과 불가분의 관계에 있고 병행되어야 한다. 이것은 움직일 수 없는 명제다. 그러나 병행에는 전략이 필요하다. 주지하다시피 북미 핵협상은 '비핵화를 통한 한반도 평화'를 우선순위로 선행시키는 구도다. 미국의 입장에서는 어쩌면 비핵화를 한반도 평화보다는 더 우선순위에 놓고 있는지도 모른다. 그러나 한반도에 정착되어야 할 작동가능한 평화구도를 생각한다면 '비핵화를 통한 한반도 평화' 전략이 한반도 평화에 이르는 유일한 길이라고 전제하는 것은 다소 경직된 접근법이다. 한반도 평화를 북미 핵협상으로 치환시킬 수 없다. 같은 맥락에서 한반도 평화에 북한 비핵화가 선결조건, 혹은 선행조건인가라는 질문도 던져야 한다. '비핵화 외에 한반도 평화에 이르는 길이 없는가?'라는 질문으로 논의를 더 확장시켜보면 몇 가지 부가적인 질문이 가능하다. 우선, 비핵화가 완전히 종결되어야 한반도는 대립과 갈등에서 완전한 평화로 전환되느냐라는 질문을 던져볼 수 있다. 물론 여기에는 완전한 비핵화(CVID 혹은 FFVD)에 대한 정의(定意)가 안보적 관점, 정치적 관점, 과학기술적 관점에서 각각 다를 수 있다는 점도 고려해야 한다. 둘째, 남북한 관계 및 동북아 지역질서의 평화에 이르는 단계에서 완전한 비핵화가 가능해질 것인가의 질문이다. 이는 북한의 비핵화 추진과정에 그들의 안보위협을 어떻게 해소해 줄 것인가의 문제와 관련이 있다. 더하여 상상이 가능한 상황도 상정해보면 "한반도 및 동북아가 평화 단계에 도달한 후 지역수준의 비핵·군축의 과정을 통해 비핵화를 완성할 것인가?"(denuclearization after regional peace) 또는 "핵무장 북한을 사실상 핵보유국으로 인정하는 전제 위에서 평화질서를 구축할 것인가"(regional peace with nuclearized North Korea)의 상상적 질문이다. 사실, 세 번째와 네 번째의 질문은 현실적으로 수용하기 어려운 것들이다. 그렇잖아도 북미협상이 난관에 봉착하면서 서울은 물론, 워싱턴에서도 북한불신론, 즉 북한이 기필코 핵보유 지위를 유지하려 술책을 펴고 있다고 의구심이 넘쳐나고 있다.

결국 문재인 정부는 '비핵화를 통한 한반도 평화'와 '한반도 평화를 통한 비핵화'를 병렬적으로 추진하는 전략적 이원성을 불가피하게 수행해야 할 조건을 안고 있다. 한반도 평화조성(peace-making) 전략을 의미있게 조명해봐야 할 이유도 이것에 있다. 문재인 정부의 한반도 평화구상은 남북한 관계에서 대립구도를 이완시켜 전쟁 재발을 미연에 방지하면서, 동시에 북미 핵협상을 촉진시키는 전략이다. 남북한 군사적 대립구도를 이완시켜야 비핵화 과정을 실천하는 김정은 정권에게 예측가능성을 줄 수 있다고 보기 때문이다. 결국 남-북-미의 선순환적 삼각구도를 만들어야 한반도 평화가 안정적으로 진전될 것이라는 판단이 깔려 있다. 일각에서는 남북관계 개선 노력을 대북 제재 레짐을 이완시킨다고 우려한다. 그러나 '비핵화를 통한 한반도 평화'와 '한반도 평화를 통한 비핵화'를 병렬적으로 진행시켜야 한반도 평화와 비핵화 과정이 상호촉진적 기능을 하게 될 것이라고 간주하는 것이 문재인 정부의 한반도 평화구상의 핵심이다.

협상 전술의 관점에서 고려해야할 점도 있다. 완전한 비핵화(complete denuclearization)를 특정한 목표지점으로 간주할 것인가 혹은 과정(process)로 간주할 것인가는 의견이 다양하다. '비핵화가 완결되는 시점에 가야 북한에 대한 제재해제가 가능하다'라는 시각은 비핵화를 지점으로 간주하려는 견해다. 만약 그렇다면 그 완결 시점이 무엇이냐를 두고 논쟁이 불가피하다. 과학기술적 관점에서의 '비핵화'라면 굉장히 오랜 시간이 걸리게 되어 있다.[186] 핵무기 해체만을 의미하는 것이 아니기 때문이다. 핵시설 해체, 사찰과 검증, 핵관련 기술자들의 처리 등 다양한 조건들이 충족되어야 한다. 더욱이 핵무기를 보유한 국가가 비핵화 과정을 시작하고 완결하는 것은 역사상 초유의 일이기 때문에 이전 사례에서 준거점을 찾기도 어렵다. 북한으로서는 이러한 조건이라면 이를 협상과정에서 수용하기가 어렵다. 이런 시각을 완고하게 견지하는 완전한 비핵화라면 비핵화 협상을 개시하기도 전에 난관에 부딪힐 것이 뻔하다. 사실, 비핵화를 지점으로 간주하려면 안보적 의미의 비핵화(즉 북한이 핵무기를 보유하고 있으되, 동결시키고 확산을 방지함으로써 안보적 의미에서는 비핵화된 것이나 다름없다는 판단)의 지점도 있고, 정치적 의미로서 비핵화를 정의하는 지점도 가능하다. 정치적 판단으로서 비핵화라는 것은 인도나 파키스탄과 같은 국가들이 NPT 체제 밖에서 미국과의 협정을 통해 핵보유 국가로서 '정치적으로 인정'받았던 것과 마찬가지로, 북한 비핵화 지점을 '정치적으로' 판단할 수 있는 지점들이 다양하게 존재할 것이라는 의미다. 한편, 시간이 꽤 오래 걸리는 '과정'으로서 비핵화를 정의하게 되면 북미 양측은 물론 관련 국가들이 협상과정에서 가지는 유연성이 더 커질 것이다.

'북한을 과연 신뢰할 수 있겠는가'라고 의구심을 가지는 사람들이 많다. 처음부터 아무 조건 없이 북한을 믿을 수 있다고 하는 사람은 많지 않다. 문재인 정부의 입장은 북한 김정은 위원장의 비핵화에 관

186 핵전문가 시그프리드 해커는 그러한 과정이 최소 15년 정도는 소요된다고 판단한다. Ronald Zak, "North Korea Nuclear Disarmament Could Take 15 Years, Expert Warns." https://www.nytimes.com/2018/05/28/us/politics/north-korea-nuclear-disarmament-could-take-15-years-expert-warns.html (검색일: 2019.7.25.).

한 공언(公言)을 '전략적으로 믿어보자는 것'이다. 전략적 수용(strategic generosity)이라 부를 수 있다. 그렇게 함으로써 북한으로 하여금 비핵화를 향한 나아가는 과정에서 이탈하지 않도록 만들자는 것이 문재인 정부의 북한 비핵화 전략의 핵심이다. 김정은의 북한이 2017년 상황으로 되돌아가지 않도록 '비가역적 지점'들(points of no-return)을 설정하고 그 지점들을 통과하도록 만들자는 것이 핵심이다. 이는 한국의 전략만이 아니라 국제사회가 협력하여 추진해야 하는 전략이다.

2) 한반도 평화 구상의 독해: 남북한 영역과 국제정치 영역

'한반도 평화를 통한 비핵화'라는 접근법을 선순환 삼각구도 속에 유지한다는 것은 남북한 관계에 놓인 복합적 이원구도에 대한 이해로부터 출발한다. 주지하다시피 한반도는 민족내부적 영역(intra-national)와 국제정치 영역(inter-national)영역이 복합적으로 작동하는 공간이다. 한국에 있어 북한은 다른 국가이면서 동시에 같은 민족이다. 분단 이래 남북한 정권은 한반도를 둘러싼 열강들의 결정과 그로 인해 만들어지는 국제정치 구도를 수용하고 소비해 왔다. 한반도의 지정학적 조건에 대한 주변열강들의 인식, 전략적 판단이 이유의 하나라면, 남북한 공히 정권유지의 이익도 분단 유지의 요인으로 작동해 왔다. 그러나 국제정치 영역으로부터의 제한을 벗어나 민족 축(intra-dimension)을 정치적으로 활용하여 '자율적' 공간을 만들고자 시도했던 시기도 없지 않았다.

문재인 정부의 한반도 평화구상도 국제정치 영역과 민족내부 영역이라는 이원적 구도 속에서 설명되어야 한다. 한반도 평화구상은 평화유지(peace-keeping), 평화조성(peace-making), 평화구축(peace-building)의 개념으로 구분하여 설명할 수 있다. 그럴 때라도 남북한 영역과 국제정치 영역이 분리되어 설명하기 어렵다. 군사적 대립을 통한(불안정한) 평화유지의 기간에도 국제정치축과 민족 축의 요인들이 동시에 작동했다. 외부세력(동맹)을 이용하여 정권 유지를 위한 적대적 공존질서를 유지해 왔기 때문이다. 평화조성 단계, 평화구축 단계에도 마찬가지다. 민족내부 영역과 국제정치 영역이 함께 고려되고 결합되는 방식이어야 한다. 요컨대 한반도 평화의 모든 단계는 남북한 단독 합의만으로 성취가 불가능하며, 또한 국제정치 열강들간 합의만으로도 가능하지 않다. 한반도 평화구상이 평화유지, 평화조성, 평화구축으로 구성되어 있다고 가정하면, 이를 앞서 분단질서 유형의 설명에서 제시했던 개념으로 설명하자면 외부의존형 분단 질서 → 교류형 공존질서로 분단 질서 유형을 이행시키는 과정이라 볼 수 있다.[187]

외부의존형 대립질서는 억제(deterrence), 동맹, 군사훈련 등의 틀 속에서 남북한이 적대적인 군사대립을 유지해 왔던 시기를 의미한다. 이 시기를 평화구상의 맥락에서 구분한다면 평화유지(peace-keeping) 방식에 가깝다.[188] 이 분단질서를 변형시켜 남북한 간 군사대립 강도를 이완시키고 군비통제의 길을 모색함으로써 남북한 영역에서 평화모색의 길

187 외부의존형 대립질서, 교류형 공존형 등의 개념에 대해서는 이 책의 2부, 또는 김기정, 천자현, "광복 70년 한국 현대사: 국제정치 환경변화와 한반도." 조원빈, 박인휘 외『현대 동아시아 국가의 형성과 발전』(서울: 대한민국역사박물관, 2016).

188 Joon Hyung Kim, "Deterrence, Alliance and Peace-Keeping: An Ambivalent Peace Initiative," *Global Asia* 14-2 (2018), pp. 34-39.

을 찾자는 것이 평화조성 단계다. 평화조성의 핵심은 군비통제다. 남북한 간 우발적 군사충돌을 미연에 방지하고 군사적 긴장을 줄여보자는 의미다. 운용적 군비통제(operational arms control)는 군사적 신뢰구축 조치를 목표로 한다. 군사력을 보유하되 공격적 의도를 갖지 않게끔 합의하는 것이 군사적 신뢰구축조치다. 억제를 통한 안보와 평화, 즉 현실주의 평화접근법이 자칫 안보딜레마를 벗어나기 어렵기 때문에 불안정적 평화라는 특징을 보인다. 그것을 극복하기 위한 방법이 군비통제다. 이런 의미에서 볼 때 2018년 한반도 평화구상이 실천되는 과정에서 9·19 남북한 군사합의가 매우 중요한 의미를 가진다. 실천 속도가 다소

더디게 진행된다는 비판도 있지만 9·19 군사합의는 한반도 평화구상의 중요한 대목이다.[189]

평화구축 구상의 핵심은 한반도 신경제구상을 실천하는 길이다. 남북한이 정치적으로는 분리되어 있으되 경제적으로 하나의 시장으로 통합을 추구하는 과정이 평화구축단계다. 앞서 언급했듯이 한국에게 북한은 두 가지 다른 정체성으로 존재해왔다. 국가중심 시각으로 볼 때와 민족중심 시각으로 볼 때 북한은 각각 다른 이미지로 한국사회에 존재해 왔다. 그러나 그 두 가지 시각은 한국 사회에서 불필요할 정도로 정치적 의미로 확대되었다. 과도정치화(over-politicised)되어 버렸다. 이념적 양극화의 원인이 되었고, 지난 20년간 남남 갈등의 원인으로 작동했다. 문재인 정부는 한국사회의 이러한 갈등을 극복해야 할 정치적 책임을 가지게 되었다. 국가-민족의 양분법 시각을 뛰어넘어 제3의 시각으로 북한을 바라보자는 것이다. 그래서 제안되었던 것이 시장중심적 시각(market-centric perspective), 즉 북한은 우리에게 시장으로서도 가치가 있다는 것이다. 북한을 우리의 주도로 시장경제 체제로 편입시킬 수 있다면 한국 기업들에게 새로운 기회가 생기는 셈이고 북한 경제 발전에도 도움이 되는 윈윈전략이 되는 셈이다. 더 나아가 한국과 북한이 시장에서 이익을 공유하게 되고 경제적 상호의존성이 높아지게 되면 안보의 민감성도 그만큼 반비례하여 줄어들 것이라는 기대감도 작동한다. 남북한은 이미 김대중, 노무현 정부를 거치면서 경제적 협력을 추진했던 적이 있었고, 남북한 모두에게 이익이 되는 방향으로 상당부분

189 Ki-jung Kim and Bo-hyuk Suh, "How to Move from Confrontation to Military Confidence-Building," *Global Asia* 14-2 (2019), pp. 20-21.

성과를 거두었다. 개성공단 사업이 대표적이다. 이런 방식의 협력을 더 확대함으로써 한반도에서 평화공존 질서는 만들자는 것이 평화구축 단계의 구상이다.[190]

한반도 신경제구상의 대강은 아래와 같은 새로운 경제지도, 즉 세 개의 벨트를 통해 경제협력을 진행하자는 아이디어로 이미 제안된 바 있다.[191]

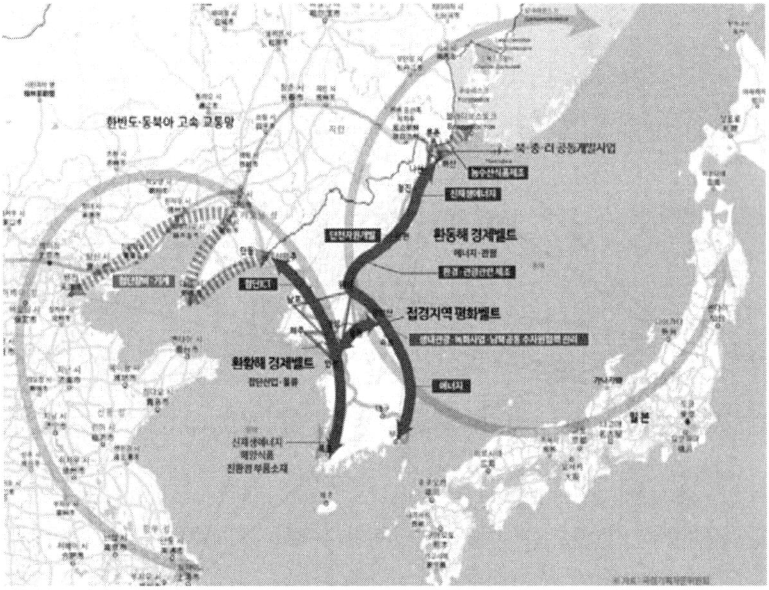

한반도가 평화유지, 평화조성, 평화구축의 단계를 거쳐 궁극적으로 도달해야 하는 지점은 한반도 평화체제(peace regime)일 것이다. 체제(regime)는 인식, 행위, 제도 등의 요소들을 포괄하는 개념이다. 이것에

190 Jangho Choi and Jae-young Lee, "Making Transformative Peace: The Bold Vision for a Peace-Driven Economy," *Global Asia* 14-2 (2019), pp. 40-43.

191 통일부. 『2018 통일백서』 pp. 30-31.

도 남북한간 영역과 국제정치 영역의 요소들이 상호보완적으로 장치되어야 한다. 한반도 평화체제는 한반도 적대적 공존의 불완전한 평화를 넘어서 평화공존 원리가 행위와 제도의 영역에서 형성되어 가는 과정으로 이해되어야 하고, 또 그런 방식으로 구축되어야 한다. 한반도 평화체제는 결국 평화조성 그리고 평화구축의 단계를 거쳐 조성되는 결과물이다. 한반도 평화체제도 민족내부 영역와 국제정치 영역으로 나누어 설명할 수 있을 것이다. 우선 민족내부 영역의 장치들로는 ① 긴장완화 및 평화구축을 위한 합의와 실천을 포함한 정치적 신뢰구축, ② 경제 교류, 관광협력, 북한 인프라 개발, 그리고 궁극적으로 관세동맹과 단일 화폐권 구상 등 경제적 신뢰구축, (평화구축 peace-building의 단계) ③ 공존과 상호이해, 적대감 해소와 화해, 동질성 회복과 같은 사회문화적 신뢰구축, ④ 군비통제, 그리고 공동안보와 같은 군사적 신뢰구축 등으로 구성된다. 기능주의 통합이론에 의하면 보통 군사적 신뢰구축 조치가 가장 마지막 단계에서 이루어진다. 그러나 2018년 이후 한반도 상황은 정치적 신뢰구축과 군사적 신뢰구축 조치들이 선행하여 다른 영역의 신뢰구축을 견인해야 하는 방식으로 진행되고 있다.

한편, 한반도 평화체제를 구성하고 있는 국제적 영역의 장치는 종전선언 → 평화협정 → (북미, 북일) 외교관계 정상화로 진행되어야 한다. 가장 중요한 제도적 장치는 한반도 평화협정이다. 평화협정은 전쟁과 갈등을 공식적으로 종료한다는 의미의 제도적 장치다. 종전선언은 평화협정으로 이행되기 위한 단계를 개시한다는 정치적 의미가 있다. 그런 이유 때문에 이미 한국과 미국은 2007년 9월 당시 노무현 대통령과 부시 대통령 간에도 종전선언을 합의한 적이 있었다. 정치적 신뢰구축의 가장 초기단계이기 때문이다. 한국과 미국 일부에서 문제제기하듯이 종전선언이 주한미군 철수와 한미동맹 해체를 의미하지는 않는다. 그런 방식의 오해 때문에 '1950~53년 한국전쟁이 이제 종결된 것이다'는 정치적 선언으로서의 종전선언이 불필요하게 '정치화'되었던 측면이 있다. 문재인 대통령은 2017년 7월 베를린선언에서 "한반도의 항구적 평화정착을 위해 종전과 함께 관련국이 참여하는 평화협정을 체결해야 한다"고 밝힌 뒤 4개 항으로 구성된 종전선언 안을 마련했다. 원래 싱가포르 북미정상회담에서 남–북–미 3국 종전선언을 기대했지만 무산됐다. 한국측이 준비했던 종전선언 제안에는 관련국 정상이 모여 한국전쟁 종전을 공식 선언한다는 상징적 조치와, '남–북, 북–미 간 적대 관계의 청산'도 담고 있었다. 적대관계 청산의 구체적 내용에는 한·미 연합훈련의 지속 중단과 전략자산 전개 중지, 평양·워싱턴에 북·미 연락사무소 교차 설치와 미국의 대북 핵 및 재래식 위협 중단 성명 등이 포함된다. 종전선언은 평화협정 체결 이전에는 한시적으로 유엔군사령부(UNC) 및 군사분계선(DMZ) 등 기존 정전협정과 부속 조치를 유지한다는 내용을 담고 있었다. 이에 더하여 북한의 비핵화에 평화협정과 외교관계 정상화를 연계해 비핵화가 완료될 때 평화협정 체결과 북–미 수교가 이뤄질 수 있도록 하는 것을 주된 내용으로 하는 제안이었다.[192] 종전선언은 평화협정 이전의 예비적 단계이고, 정치적 선언이며, 적대관계를 신뢰관계로 전환시키고자 하는 합의라는 의미가 있다.

한반도 평화협정은 한국전쟁을 공식적으로 종료하고 휴전협정을

192 「중앙일보」(2018.08.30.) https://news.joins.com/article/22926697

대체하는 평화조약이다. 남-북-미간 3자 협정 혹은 남-북-미-중의 4자 협정의 형식이 될 수 있지만, 복수의 양자 협정과 병렬적으로 진행될 수도 있을 것이다. 다자협정으로 복수의 양자협정을 추인(endorse)한다는 의지를 담을 수 있다. 평화협정이 담아야 할 내용에는 상호주권 존중, 휴전협정의 공식 종료, 정치적 화해, 군사적 신뢰구축, 한반도 비핵화, 경제 교류 및 협력, 외교관계의 정상화 선언, 유엔사령부(UNC) 해체 등의 조항이 포함될 수 있다.[193] 한반도 평화협정은 동북아 평화질서를 구축하기 위한 선결조치다. 동북아의 평화를 유지하기 위하여 새로운 안보구상(architecture)이 필요한 것도 사실이다. 특히 북한 비핵화가 완결되어 가는 과정에서 핵없는 북한의 안보우려를 불식시키기 위해서라도 적절한 메커니즘이 필요하다. 북한 핵개발이 자국 안보를 추구하는 과정에서 발생했던 만큼 비핵화 이후 북한 안보를 국제정치적 영역에서 접근하는 새로운 방식은 불가피하다. 새로운 동북아 안보구상은 남북한과 미, 중, 러, 일 등 4개국과 몽골이 참여하는 동북아 안보협력체 구축이 하나의 방법이 될 수 있다. 이 다자간 안보협의체는 동북아 지역문제 해결을 위한 국제 협력을 제도화하고, 갈등을 사전에 방지하는 예방외교를 활성화하고자 하는 목적이며, 지역적 수준의 군비통제와 군사적 신뢰구축을 취하는 것 등을 목표로 해야 한다. 양자동맹이 현존하는 현실을 고려하여 동맹과 다자간 안보협력체가 병존하는 형태로 출발해야 한다. 한반도 평화와 동북아 평화질서와 연계된 논리는

193 Eric Yong-Joong Lee, "The Peace Treaty as a U.S. Doctrinal Option and its Application to the DPRK: A Historical and Analytic Review," *Cornell International Law Journal* 51 (2018), pp. 101-146.

"한반도 평화 없이 동북아 평화가 존재할 수 없다"는 근원적 전제 위에 작동하는 것이다.

한반도로부터 시작된 동북아 평화질서가 나아가야 하는 방향은 동북아 공동체 형성이다. 그것이 동북아의 새로운 지역질서의 핵심이다. '함께 평화를 누리는 지역' '함께 번영을 모색하는 지역'으로서의 동북아 공동체다. 요컨대 평화(안보)공동체와 경제공동체 구축이 핵심이다. 이 두 가지 형태의 공동체는 상호병렬적으로 작동한다. 평화와 번영의 촉진 페이스는 상호 영향을 미치기 때문이다. 지역적 안정이 공동 번영의 토대가 되어야 하며, 시장이익의 공유가 평화를 촉진시킨다. 그러므로 평화공동체와 경제공동체를 관통하는 핵심 원리는 '책임공동체'다. 동북아 관련국가들이 평화와 번영에 공동책임을 가져야 한다는 원리다. 이것이 문재인 정부가 제안했던 동북아 책임공동체의 원리이기도 하다.

5장
한반도 평화공존 시대와 새로운 한일관계: '65년 체제'를 넘어서

1. 이른바 '65년 체제'는 무엇인가?

한일관계 연구자들은 '65년 체제'라는 말을 사용한다. 1965년 시점에 양국 관계가 외교적으로 셋팅되고 다시 출발했다는 의미다. 혹자들은 '98년 체제'라는 말에 특별히 애착을 가지기도 한다. 1998년 김대중-오부치 선언을 통해 '한일관계의 새 장을 열었다'는 것을 강조하기 위함이다. 시작부터 불안정하게 흔들렸던 65년 체제를 의미있게 보완했다는 측면에서 98년은 중요한 시점이기는 하다. 그러나 썩 보편적인 용어는 아니다. '98년 체제'는 65년 이후 한일관계 역사의 진행과정에서 보자면 절반은 성공했고, 절반은 결국 파행으로 얼룩졌다. 일본 내 일부 정치세력들이 고노담화(1993), 무라야마 담화(1995), 그리고 김대중-오부치 선언(1998)을 무색하게 만들면서 오히려 한일관계를 퇴행시키기도 했기 때문이다. 그런 의미에서 98년 체제는 65년 체제의 부속작품 쯤이다.

2019년 아베정부의 대한 수출규제로 한일갈등이 증폭되는 과정에 일본측에서 자주 언급하는 말이 '한국 대법원 판결이 65년 체제의 근간을 흔드는 행위'라는 표현이 있다. 그 맥락에서 한국을 '국제법을 위반하는 나라' '약속을 지키지 않는 나라'라며 비난 논조를 만들었다. 2019년 갈등을 경험하면서 특히 한국 내 일부 학자들 사이에서는 65년 체제를 대체하는 새로운 한일관계가 재구축되어야 한다는 논의가 제시되기 시작했다. '65년 체제'의 본질이 무엇인지를 재조명해야 하는 필요는 그것에 있다. 그리고 그것을 넘어서야 한다면 어떤 새로운 '체제'를 구축할 것인지 살펴보는 일도 65년 체제의 본질과 한계점을 직시하는 것에서 출발한다.[194]

1945년 일본이 패망하고 1948년 대한민국 정부가 수립되었다. 그 후 일본도 샌프란시스코 조약을 통해 1952년 주권을 회복하게 되자, 새로운 외교관계를 재설정해야 할 필요성이 대두되었다. 1950년대 이승만 정부의 대외정책 기조는 '반일반공'으로 요약된다. 반일(反日)은 식민지 역사를 청산하기 위해 당연히 제기되었던 국민적 요구였고, 역사발전의 경로상 당연히 제기되어야 할 주제이기도 했다. 그것이 외교

194 최희식, 『전후 한일 관계 70년』 (서울: 선인, 2016).

과제의 한 축이 된 것이다. 반면, 반공은 냉전 구조 속으로 한반도와 동북아가 편입되었던 당시의 국제환경으로부터 부여된 것이었다. 그것이 대외전략의 기초가 되었다.

'식민지 청산'과 '반공'이라는 두 가지 과제를 어떻게 전략적으로 결합하느냐가 한국 외교전략 구상에 핵심적 과제였던 셈이다. 그것은 일본에게도 마찬가지였다. 요시다 시게루(吉田茂)의 대외전략은 기본적으로 반공노선을 견지하면서 미국이 주도하는 진영에서 생존하는 것이었다. 이른바 '요시다 독트린'이 바로 그것이었다. 샌프란시스코 강화조약이 그 출발점이었다. 그러나 한일 양국에게 식민지 청산과 반공을 어떻게 결합할 것인가는 합의점을 수월하게 찾기 어려웠다. 반공을 통한 결합은 문제가 되지 않았다. 문제는 '식민지 청산' 혹은 '역사청산'의 방식이었다. 이승만 정부는 강경한 반일 노선을 견지했다. 이 와중에 "식민지는 일본이 한국에게 베푼 은혜였다"라는 구보다(久保田貫一郎)의 악명 높은 망언도 나왔다. 미국이나 일본의 입장에서 보자면 이승만 때문에, 혹은 식민지 청산 방식의 차이 때문에 한일 양국의 재출발이 17년이(샌프란시스코 조약으로부터는 13년)이나 지연된 것이었다.

5·16 군사쿠데타 이후 한국 리더십의 변화가 이 전략 구도를 변화시켰다. 박정희 정권은 친일적 성향도 있었고, 산업화 욕구도 강했다. 미국의 중재, 혹은 요구가 합의에 이르게 만든 주된 요인이었다. 1965년에 이르러 드디어 '식민지 청산'과 '반공'을 연결고리로 하는 결합 방식을 찾는 것에 '합의'하였다. 그런데 식민지 청산 방식에 대한 합의보다는 '반공'이 압도적으로 주된 동인으로 작동했다. 미국 입장이 그러했다. 미국 입장에서는 '식민지 청산'은 그다지 중요한 사안도 아니었다.

반공 전략을 중심으로(남방) 3각 구도의 진영을 구축하는 것에 저해요인 쯤으로 여겼다. 일본도 그 사실을 잘 꿰뚫고 있었다. 원래부터 식민지는 합법적이었다고 주장했던 일본이었으니 말이다. 더욱이 '반공'을 매개로 결합한다는 것의 의미는 자본주의 경제권(자유무역 경제권)으로 한국이 편입되는 것을 의미했다. 일본의 자본과 기술에 한국의 수출지향의 산업화를 결합하여 수직적 국제분업구조를 형성한다는 의미를 가지고 있었다.

65년 체제에서 '식민지 청산'은 처음부터 불완전했다. 과거에 대한 해석의 차이가 뚜렷했다. 역사에 대한 시각의 차이이기도 했다. 아울러 그것은 '역사 화해 방식'의 결핍을 방증했다. 당시 한일 양국 정부는 역사청산 문제를 해결하려고 했던 것이 아니라 그저 봉합하려 했다. '1910년 이전 양국사이에 체결된 조약은 이미 무효'라는 문구는 일종의 정치적 타협이었다. 해석은 각각 달랐다. 다르게 해석되도록 내버려 둔 셈이었다. 이른바 '동의하지 않음을 동의하는 것'(agree to disagree)이었다. 일본은 '한국에 탄생한 새로운 정부와 외교관계를 재설정하니 이전 것은 이미 무효'라는 입장이었고, 한국측은 을사늑약(1905년)과 강제병합조약(1910년)은 강압적이었고 조약 체결상의 절차가 준수되지 않았음으로 '불법'이었다는 논점이었다.[195] 핵심은 1945년 이전 일본의 식민지 지배가 '불법적'이었느냐에 대해 현저한 입장차이, 역사해석의 차이가 존재하고 있었다는 사실이다. 이 해석의 차이는 이후 두고두고 양국간 역사 분쟁의 원인이 되었다. 65년 체제가 역사 해결이 아니라 봉합으로

195 이태진, "한국병합은 성립하지 않았다," 이태진(편), 『한국병합, 성립하지 않았다』(서울: 태학사, 2001).

얼버무린 결과였다. '반공'이 '역사청산'을 압도한 결과이기도 했다. 미국에 의한 '중매(억지)결혼'의 파행이기도 했다.

2. 65년 체제에서 한일관계를 움직여 왔던 두 가지 동력

1965년 양국 정부는 새로이 외교관계를 설정하는 정치적 결정을 했다. 2000년이 넘는 긴 양국관계의 오랜 역사를 생각하면 그 역시 피할 수 없었던 과정이었다. 1965년 양국 정부는 『한일기본조약』(대한민국과 일본국 간의 기본관계에 관한 조약)을 체결했다. 1951년 이후부터 시작되었던 오랜 외교적 협상의 결과였다. 동시에 냉전기 동북아에서 미국을 정점으로 하는 한-미-일 삼각관계에서 '미완으로 남았던 한 변'(missing link)를 연결하는 결정이기도 했다. 냉전기 시대의 국제정치 원리에 한일 양국 정부가 순응했을 뿐 아니라, 적극적으로 그 구도 속으로 스스로 편입하려 했던 결과였다. 한일 양국정부는 기본조약 외에 『어업협정』, 『재일교포의 법적 지위 및 대우 협정』, 『재산 및 청구권에 관한 문제의 해결 및 경제 협력에 관한 협정』도 함께 체결했다. 36년 일본의 식민지 지배의 역사동안 파생되었던 제반 문제들을 어떤 방법으로, 또 어떤 역사 인식 속에서 해법을 찾고 새로운 국가간 관계를 설정하느냐가 당시의 고민이었다. 그러나 시선은 전혀 달랐다.

새로운 출발시점에서 합의했던 몇몇 제도들이 그 당시로서도 완성된 것이 아니었기 때문에, 1965년 양국의 정치적 결정은 향후 보다 나은 완결성을 지향하는 약속과 같은 것이기도 했다. 1965년의 제반 결정들이 여전히 미완이었다는 의미는 제국주의 시대와 식민지 지배에 관한 역사적 인식문제에 양국 사이에 여전히 간극이 있었기 때문이었다. 1965년 양국 정부는 협력을 위한 더 많은 노력들을 이후 정부들과 국민들에게 과제로 남겼다. 그리고 50여년, 미래를 위한 협력 노력들은 일정부분 성취되었다. 정부와 민간 영역에서 발휘되었던 그 동력은 실로 대단했고, 높게 평가할 만한 것들이었다. 이와 동시에 1965년 당시 잠복해 있었던 묵은 미완의 과제들도 표면 위로 드러나기 시작했다. 시대의 변화에 따라 새로운 도전, 새로운 해석들도 나타났다. 갈등의 요소들은 양국 정치사회에 전반적으로 잠복해 있었고 그것들이 간헐적으로 표면화되면서 양국관계를 몇 걸음 뒤로 후진시키기도 했다.

한일 외교정상화 이후 한국과 일본 사이에는 협력과 갈등의 이중주가 끊임없이 반복되었다. 협력은 전진(progress)의 동력을 만들었고, 갈등은 퇴보(regression)의 원인이 되었다. 전진의 동력은 화해를 위한 상호 이해의 노력, 미래지향적 비전, 협력과 안정 중심의 지역 미래상, 협력이 갈등보다는 국익추구에 도움이 될 것이라는 자유주의적 판단과 기대감, 시장영역에서 실제 이익의 공유, 시민사회간의 교류, 문화적 접촉과 대화 등이었다. 다양한 조약과 담화, 혹은 선언 형식으로 나타났던 역대 정부들의 미래를 향한 정치적 약속 등이 전진의 동력을 상징하였다. 반면, 퇴보의 동력은 양국관계의 협력의 진행 과정에 장애물로 작동했다. 때로는 퇴행을 낳았다. 이것에는 장기적 비전보다는 '정치적 현실'이라는 이름의 단기적 판단, 그것에 기반한 정치적 망언(妄言), 배타적 민족주의, 국가간 갈등의 설정으로 국내정치적 이익을 확대하려는 정치적 셈법과 욕망, 역사에 대한 상이한 해석과 인식, 증오와 폄하를 부추기는 황색 저널리즘, 적대적 균형논리에서 기인한 진영화의 대결논리 등이다. 이 상반된 두 가지 동력들이 지난 50여년 한일관계를 움직여 왔다. 앞으로 진전시키기도 했고, 몇 발짝 퇴보시키기도 하면서 양국관계의 역사를 만들어 왔다.[196]

외교정상화 이후 한일 양국관계를 구성하는 다양한 영역들이 확대되어 왔다. 행위자(주체)와 영역의 관점에서 살펴보면 한일관계는 ① 정부간 영역(한일 양국 정부간 외교관계), ② 민간관계 영역(한일 양국의 시민사회간 관계), ③ 국내정치 영역(정부–사회의 구조적 관계), ④ 공공외교 영역(정부와 타국 시민사회의 관계), 그리고 ⑤ 국제정치 영역(한일 양국에 영향을 미치는 제3국과의 관계 및 동북아 지역질서) 등의 영역이 만들어졌다. 이들 영역이 복합적으로 상호작용해 왔음은 주지의 사실이다.

정부간 영역에서 두 정부(정권)는 양국관계의 현상과 미래를 결정하는 가장 핵심적 주체이다. 정부간 외교관계는 다른 영역으로부터 영향을 받아 움직이기도 하지만 두 정부간 관계가 다른 영역의 조건들을 주도적으로 조형(造形)하기도 했다. 이를테면 정부간 외교적 결정이 민간관계 영역 및 공공외교 영역에 큰 영향을 미치는 구도다. 다만, 한일관계에서 특별히 지적해야 할 점은 정부간 관계가 양국간 관계 전체를 '독점'할 수 없는 구조라는 사실이다. 정부가 국가를 대표하긴 하지만, 다른 영역의 양자관계도 정부간 관계로부터 일정정도 자율적 성격을 갖고 있다. 기업–기업관계를 비롯 경제관계가 그러하고, 민간영역이 그러하다. 정부관계가 악화되어갈 때라도 민간수준의 교류, 특히 관

196 김기정, "한일 국교정상화 50년 역사가 던지는 학문적 의미들," 김기정 외, 『한일관계 50년의 성찰』 (서울: 오래, 2017).

광을 통한 상호방문은 일방적으로 영향을 받지는 않는다. 물론, 경제나 민간 수준의 상호관계가 정부관계로부터 어느 정도의 영향을 받는가는 한국과 일본이 동일하지는 않다. 사회적 분위기(일본식 표현으로는 공기(空氣)가 상대적으로 지배적 동력을 가지는 쪽은 일본이다. 정부간 관계에서 가장 중요한 요소는 양국 정치지도자 요인이다. 정치지도자들의 리더십과 비전, 역사관이 어긋날 경우, 정부간 관계는 노골적으로 불편해지기도 한다.

민간관계 영역은 시민단체, 학계, 개인 등 다양한 주체들간의 관계다. 학술교류, 문화 및 스포츠 교류, 시민단체간 대화, 관광 등 다양한 영역을 포괄한다. 한일 두 국가들의 민간영역 교류는 사실 외교적 관계가 설정되었던 1965년보다 훨씬 오랜 역사를 가진다. 민간영역에 영향을 미치는 요소는 집단기억, 상호인식(우호/혐오의 감정), 소통의 방식과 빈도 등이다. 한편, 감정(sentiment) 요소는 지속성과 관성의 속성이 있어서 특히 혐한/반일 정서가 형성되어 여론의 수면위로 드러나면 그것이 다른 감정으로 변화하기까지 속도가 상대적으로 느리다.

국내정치 영역과 한일 양국관계가 연결되어 있는 방식은 국내정치의 목적과 동기가 외교관계를 이용하거나 악용하여 외교관계에 영향을 미치는 경우다. 이른바 외교문제가 국내정치적 틀 속에서 방향을 잃어버리는 경우다. (domestic consumption of diplomacy) 정치지도자나 정치세력이 자신들의 국내정치적 입지를 강화하기 위하여 한일간 관계를 정략적으로 악용하는 경우가 있다. 이른바 '망언(妄言)'은 이런 구조에서 나타나고 반복되어 왔다. 국내정치의 지지 세력을 결집시키기 위한 목적으로 한일 외교관계를 이용하는 경우에 부정적 효과가 지속되는 구조를 가지고 있다. 적대감 강화로 어이지기 때문이다. 헌법개정을 통해 일본 군사적 역할 강화를 노리는 아베 정권의 행동이 이러한 예에 속한다. 한국의 경우에도 없지 않았다. 2012년 국내의 정치적 지지가 곤두박질치자 갑자기 독도를 방문했던 이명박 전(前)대통령의 정치적 계산이 이러한 예에 속한다고 볼 수 있다. 이 과정에 동원되는 기제는 양국의 민족주의 정서다. 대개의 민족주의는 배타적 성향을 내재하고 있기 때문이다. 국내 민족주의가 의도적으로 자극되고 정치적, 외교적 아젠다로 변모되는 과정에 미디어도 중요한 역할을 한다. 민족주의는 '기억의 정치학'(역사적 기억의 재생 메커니즘)과 깊이 관련되어 있다.

한일 양국관계에서 작동하는 공공외교의 영역은 정책공공외교와 문화공공외교 영역으로 나누어 볼 수 있다. 문화공공외교 영역은 양국의 오랜 역사적 관계를 증명하듯 상당부분 제도화되어 있고 정례화되어 있다. 지속력이 있다. 일본의 한국 식민지 지배의 역사도 이러한 문화적 근접성에 알게 모르게 영향을 미쳤던 요소다. 1.5트랙 방식의 정책공공외교 영역은 대부분 정부간 관계에 부속되어 있다. 그러나 양국 외교 경색국면이 되면 돌파구 모색의 계기로 작동한다는 점에서 의미가 있다. 한일 관계를 장기적으로 재구축 혹은 재조정해야할 필요가 있을 때는 전문가들간의 대화는 필수적이다.

한일관계에 존재하는 국제정치 영역은 글로벌 권력구조, 동북아 지역질서, 한반도 상황 등의 요인들로 나눠 생각해볼 수 있다. 앞서 언급했던 바와 같이 '65년 체제'를 조형했던 국제정치적 영역의 조건은 '냉전'이었고 그것에 따라 '반공 연합'의 전략적 이익이 공유되었다. 주목해 봐야 하는 점은 한일 양국이 맺고 있는 제3국과 관계성이다. 이

틀테면 미국이 미–일–한의 3각 구도에 결합중재의지가 강한 시기와(e.g., 냉전기)와 약한 시기가 있다. 중국이 한–중–일 3각 협력구도에 관심을 가지는 상황과 중국 자신의 전략적 이익 때문에 한일관계를 분리(decoupling)시키려는 의도를 가지는 상황은 한일 양국관계에 매우 상이한 조건이 된다. 제3국로서의 북한이 한일 양국관계에 변수가 되는 경우는 한반도 내부의 남북한 관계에 따라 달라질 것이다. 남북한이 대립구도를 유지하고 있을 때 일본은 한반도는 '분리하여 통제'(divide and rule)하려는 관점을 쉽게 가질 수 있다. 드물지만, 1998년 김대중–오부치 선언의 경우처럼 '한반도의 평화와 안정을 위해서는 북한이 개혁과 개방을 지향하는 동시에, 대화를 통한 보다 건설적인 자세를 취하는 것이 매우 중요하다는 인식을 공유'할 때도 있다. 중요한 점은 남–북–일의 삼각구도가 악순환 구도가 되느냐, 아니면 선순환 구도가 되느냐에 달려 있다.

그런 관점에서 보면, 65년 체제에서 한일간 특별히 우호적 관계를 가능하게했던 김대중–오부치 선언을 주목할 필요가 있다. 당시 언론보도들도 "획기적 개선" "협력적 태도" "전향적 자세" "하나의 획을 긋는 사건" "한일 두 정상간 합의 중 가장 획기적 내용" "한일협력의 실천적 규범" 등으로 묘사한 바 있다. 그 주된 이유는 65년 이후 "삐걱거렸던 한일관계"가 거의 일상사였기 때문이다. 그런 조건 속에서 그나마 미래 지향의 공동선언이 가능했던 것은 김대중–오부치 시대선언이 '전진'을 결정했던 '리더십'의 결과였다. 결국 한일 관계에서 전진 동력과 퇴보 동력의 방향을 결정해 왔던 가장 주된 요인은 양국 정치지도자들의 정치적 판단이었다. 이 선언은 양국 역사가 걸어왔던 길, 지역의 미래에 대한 지도자들의 비전이 공유되어야 담대한 전진을 위한 정치적 결정이 가능해진다는 것을 예증한다. 그렇지 않으면 단기적 정치셈법이나 국내정치적 이익에 매몰되기 쉬운 구도가 한일 양국관계다.[197]

3. '65년 체제'에서 '반공'이 사라지다

65년 이후 역사 청산 과제는 서서히 그리고 더디게 진행되었다. 65년 체제 밖에도 역사 청산 의제가 존재한다고 양국이 합의하기도 했다. 위안부문제, 원폭한국인 피해문제, 사할린 교포문제 등 세 가지 의제가 그것이다. 일본은 고노담화(1993년) 무라야마 담화(1995년), 김대중-오부치 선언(1998년), 그리고 간 담화(2010년)로 태도가 조금씩 변해왔다. 일본의 입장에서 보면 소위 '전후청산'의 과제이기도 했다. 그 와중에 아베 신조(安倍晉三)정권이 일본 정치 전면에 부상하면서 역사청산은 순행이 아니라 역행이 시작되었다. 한국에 대한 '사과 피로감' 표현도 공공연히 사용했다. '한국이 골대를 옮긴다'고 비난하기도 했다. 일본 내 사회분위기, 즉 공기(空氣)를 만들어 왔다. 아베는 일본 제국주의 논법을 21세기 국제정치에 부활시키고 싶어 하는 인물로 묘사되기도 했

197 김대중-오부치 선언에도 국가, 정부, 정상, 국민 등 다양한 주체가 등장하고 있음에 주목할 필요가 있다. 양국 정부는 양국을 대표하지만, 양국간 모든 문제에 대한 해결사는 아니다. 이를테면 정부는 문화생산의 주체가 아니며, 화해의 모든 과정을 통제할 수는 없다는 의미다. 정부가 역사문제에 최종 해결사가 될 수 없다는 점은 문재인 정부의 '투트랙 접근' 방식에도 전제되어 있다. 김대중-오부치 공동선언 20주년 기념행사위원회, 『김대중-오부치 게이조 공동선언 20주년과 동아시아 미래비전』 (트리펍, 2018) 참조.

다. 그런 경향은 일찍이 감지되었다. 야스쿠니 신사 참배가 그런 성향을 보여줬던 사례였다.

그렇게 유지되어 왔던 65년 체제에 변화를 야기했던 것은 80년대 후반 탈냉전 시대가 시작되면서였다. '반공'이 사라진 것이다. 이후 반공을 대체할 전략적 기조, 즉 공동의 '적'을 찾는 것에 합의하기 어려웠다. 일본은 중국을 공동의 적으로 삼자고 은근히 요청했으나, 한국경제에게 중국은 매우 중요한 시장이었다. 경제발전의 기회이기도 했다. 일본은 '초승달 연합'(중국을 견제하는 국가들로 초승달처럼 둘러싸자는 전략), '민주주의 vs. 반(反)민주주주의'의 대립구도 등의 전략개념을 꾸준하게 제안했으나 한국에게 그다지 설득력을 갖지 못했다. 한국으로서는 냉전기와 같은 진영화 구도가 만들어 질 것을 염려했기 때문이다. 동북아 지역에서 '반중(反中) 연합전선'과 같은 진영구도가 현실화되면 한반도가 다시 격랑에 휩싸일 것이라는 우려가 핵심이었다. 한반도 위에 다시 대립전선이 만들어진다면 그 대립의 비용은 고스란히 한국이 지불해야 하는 몫이다. 냉전기가 그랬다.

북한을 공동의 적으로 삼고 싶다는 일본의 입장도 분단의 이원적 구조 때문에 수용하기 어려운 제안이었다. 한반도에서 남북한 관계는 국가 대 국가, 군사 대립 관계만이 유일한 관계가 아니기 때문이다. 민족내부적 관계도 한반도 분단의 한 구성요소다. 한때 북한이 도발적 행동을 하면 일시적 전략적 협력관계가 만들어지는 듯 했다. 북한 미사일 발사를 이유로 한일 군사정보보호협정(GSOMIA)가 체결되었던 것이 대표적 예다. 그러나 문재인 정부에 들어 한반도 평화공존 질서가 시작되자 한국과 일본은 냉전기와 같은 전략 협력의 초점을 찾기 어렵게 되었다. 양국 전략의 지향점이 다르게 드러났던 것이다. 요컨대 65년 체제를 만들었던 당시, '반공'을 대체할 만한 전략적 공통분모가 없다는 것이 탈냉전기 한일관계의 핵심이다. 그것이 한일 양국을 둘러싼 탈냉전기 국제환경의 특징이고, 양국관계가 표류하고 있는 배경이다. 한국 입장에서 보면 한반도 평화공존과 그것에 바탕하여 만들어질 동북아 평화질서 속에서 한국과 일본이 공통으로 추진해야 할 전략적 이익을 충분히 설득해야 했다. 그 전략적 흡인은 어려운 과제였다. 한반도 평화가 아직 견고한 상태가 아니었기 때문이다. 아베의 일본정부도 쉽게 움직이려는 의도가 없었다.

2012년 다시 등장한 아베신조(安倍晋三) 2차 정권은 냉전기 진영화 구도 재현에 주된 목표를 두고 있다. 헌법 개정을 통해 일본 군사력 사용 범위를 확대하려는 계획을 실행에 옮기기 시작했다. 더 나아가 그들은 일본 제국주의 영광에 향수를 가지고 그것을 부활시키고 싶은 세력이다. 사실 일본 보수 세력은 탈냉전기 초반, 미국에의 경사(傾斜)를 결정하고 이를 기본 전략으로 삼아왔다. 96년 미일 신안보공동선언이 이를 상징한다. 미국에 경사하면서 중국 부상을 견제하려는 냉전기적 전략사고다. 이 과정을 가장 거칠게 진행시키려는 집단이 아베정권이다. 반중(反中)을 전략구도의 핵심에 둔다. 최근 미국이 노골적으로 중국 때리기를 표면화 하자, 아베가 '공동의 적, 중국'을 중심으로 전략구도 형성을 서둘렀다. 볼턴(John Bolton) 당시 미국 안보보좌관과 같은 미국내 반중 강경파 그룹과 전략적 보조를 맞추려는 의도였다. 이 과정에서 한국 때리기에 나섰던 것이다. 그러데 그 방법이 거칠고 설득력도 없었고, 서두르고 있었다. 국제법 위반, 강제징용 배상판결과 결부된 보복,

안보상 한국을 신뢰하기 힘들다는 이유 등 내놓은 논변들이 일관성이 없었다. 그래서 국내정치용이라는 비판을 면하기 어려웠다.

2019년 8월, 아베정부가 한국에 대한 수출규제를 본격 결정하자, 한국도 강경한 태도를 견지하며 대응했다. 일본의 결정을 무모한 도발로 규정했다. 문재인 대통령은 '다시는 일본에 지지 않겠다'며 '흔들지 지 않는 나라'로 거듭나겠다는 강한 의지를 밝히기에 이르렀다. 한국 국민들은 '사지 않겠다' '가지 않겠다'며 전국적인 불매운동으로 정부 대응책을 지지했다. 2019년 한일 전략 갈등을 통해 65년 체제의 불완전성이 드러났을 뿐 아니라, 문재인 정부와 아베 정부 간에 전략적 시각 차이가 뚜렷하게 노정되었다. 양국 지도자의 상이한 세계관, 역사관이 드러나게 되었던 것이다. 이를테면 아베총리의 전략이 갈등중심의 세계관, 냉전형 진영화를 촉진시키려는 전략을 여실히 드러낸 것이었다면, 문재인 대통령의 전략은 협력에 기반한 세계관, 동북아의 복합형 네트워크 형성에 기대하는 세계관이다. 특히 한반도에 대한 전략적 시선이 매우 상이했다. 한반도 분단을 상수로 간주하여 '분리하여 관리'(divide and rule)하는 방안을 선호하는 것이 아베의 전략이라면, 한반도 평화공존으로의 재편성 의도를 더욱 확고히 가지려는 것이 문재인 정부이 한반도 전략임이 드러났다. 여기에 더하여 역사전쟁이라는 특징도 보여준 것이 2019년 한일갈등이었다. 이 갈등은 19세기 역사관과 21세기 역사관의 대립이기도 했다.[198]

탈냉전기에 들어 한국 정부는 역사 청산문제를 때로는 전략적으

198 Ki-jung Kim, "Shinzo Abe's Underhanded Trade War Against South Korea," (2019).

로 때로는 국민정서에 따라 활용하였다. '전략적'이라는 것은 미흡한 역사청산 의제를 활용하여 신냉전체제 형성을 막아보려는 전략적 판단이 있었다는 의미다. 이를 '전략적 긴장성'이라고도 부를 수 있다. 그 정도까지 전략적 사고가 미치지 못했던 정권들도 있었다. '일본 버르장머리 고치겠다'는 김영삼 대통령의 발언, 독도 접안시설 공사 개시(김영삼 정부), 독도 방문(이명박 정부) 등이 그러한 사례에 해당된다. 박근혜 정부는 위안부 문제를 집권 초기 3년 내내 한일관계의 입구에 두었다가 2015년 말 기괴한 합의서에 동의했다. 미국의 강제적 중재 개입이라는 설이 유력했다. 그런 배경에서 문재인 정부 들어 강제징용 피해자 배상 판결을 문제삼아 경제보복조치를 일본측이 단행한 것이다. 따지고 보면 65년 체제의 불완전했던 식민지 청산을 이행해 나가는 과정에는 정부보다는 되레 한국 국민들이 주된 행위자였다. 그들이 피해당사들이기 때문이다. 65년 체제의 불완전한 역사청산, 그 정부간 합의에 문제를 제기해 왔던 측은 피해자들이었다. '피해자 중심주의' 원칙은 국가중심주의 시대를 넘어서겠다는 가치다. 역사는 인권의 시대로 향해가기 때문이다. 국가 폭력의 시대를 '어쩔 수 없었다'라는 논리로 수용했던 논리는 이미 역사의 저편으로 사라졌다. 2018년 한국 대법원의 판결은 65년 협정이 불완전했다는 사실에 대한 법적 해석이었다. 그 해석의 근거는 '피해자 중심주의' '식민지 불법'이었다.

4. '65년 체제'를 넘어: post-1965 framework

전후 현대사에서 한국과 일본이 다시 만났던 방식은 '반공'과 '식민지 청산'의 두 가지 목표 사이를 매개로 맺어진 인위적 결합이었다. 그런데 역사청산은 불완전했고, 반공은 사라졌다. 역사청산이 불완전했다는 것은 식민지 불법성에 대한 해석 차이로 표면에 드러난 것이지만, 더 객관적으로 그리고 더 근원적 관점에서 이를 표현하자면 "한국과 일본, 두 국가는 아직 역사화해의 길을 찾지 못하고 있다"라고 표현할 수도 있다. 65년 체제가 불완전했던 이유는 65년의 정부간 합의가 화해가 아니라 봉합이었기 때문이었다. 화해(reconciliation)는 단순히 용서가 아니다. 화해는 갈등을 경험한 두 국가(혹은 집단)가 그것을 극복하기 위해 진행하는 정치적 과정이다. 그런 의미에서 국제정치 과정을 간략하게 표현하자면 갈등→화해→평화로 진행되는 과정이 화해는 그러므로 물질적 화해(보상, 배상, 경제지원 등), 제도적(혹은 절차적) 화해(평화협정, 외교정상화 등), 그리고 인식적 화해로 나뉜다. 인식적 화해가 가장 어려운 단계다. 가해자-피해자가 갈등의 원인에 대해 공감하고 해법을 공유하자는 것이 인식적 화해다. 그 대목에 가서야 용서는 비로소 의미를 가진다. 한국과 일본은 아직 그 수준에 미치지 못하고 있다. 제대로 된 역사화해의 길을 찾는 것, 그것이 미래 세대가 대면해야 할 숙명같은 목표이기도 하다.

반공은 사라졌는데, 그것을 대체할 공통의 전략적 이익을 찾지 못하고 있다. 대신, 역사청산, 즉 역사화해 필요성이 한일관계의 전면에 부상했다. 그럴 수밖에 없는 구조였기 때문이다. 물론, 경제협력, 국민간 상호방문, 문화교류 등의 분야들이 한일관계에 존재하고 그 중요성이 커져 온 것도 사실이다. 그러나 경제협력방식은 수직적 국제분업구조 속에 부여받았던 일방적 기술종속 관계를 극복하고 상호호혜적이고 수평적 협력으로 재구성되어야 한 정도로 한국 경제가 성장하였다. 65년 이후 일본경제의 하부구조 속에서 비약적으로 성장해 왔던 한국 경제능력은 이러한 재구조화를 가능하게 한다. 이것도 65년 체제 재구축의 과제다. 문화적 대화는 앞으로도 더 확대되어야 한다. 보편가치를 중심으로 의미의 공감대(a sphere of meaning)를 확대하자는 것이 문화적 대화다. 그런 단계에 이르러야 이번 아베 수출규제 사태에서 보듯이, 일본 시민사회가 정부 결정의 종속적 변수가 아니라 자율적 동력을 가지게 될 것이다.

65년 체제를 넘어서 새로운 한일관계를 구축해야 한다면 '전략적 공통이익의 모색'은 어떻게 할 것인가. 50~60년대 '반공'을 대체할 만한 국제정치적 흡인동력은 아직 강하게 작동하지 않는다. 반중(反中)은 시장적 이익에 대한 고려 때문에 공감대 확장이 어렵다. 전략구도의 시각에서 볼 때, 지금은 양국 관계를 재조정해야 할 전환기다. '진영주의적 적대질서 vs. 평화공존 질서'가 서로 팽팽하게 경합하는 시기다. 한-미-일 군사삼각동맹으로 가자는 판단도 있으나, 그 제안에 한국이 동의하는 순간, 동북아는 신냉전질서가 재현될 수 있다. 우리에겐 최악의 시나리오다. 외교적 기동력의 제한은 말할 것도 없고, 한반도에서 치러야 할 대립과 분단의 비용이 너무 커진다. 그러므로 한반도 평화공존 질서 구축을 더욱 빠르고 견고하게 만들어야 한다. 물론, 북한이 여기에 얼마나 협력적으로 우리 전략을 수용할 지가 관건이다. 그것은 북한과 우리가 공동으로 만들어야 할 이익범위의 확대, 그것에 대한 예측가능성, 기대감이 북한의 전략을 결정할 것이다. 만에 하나, 한반도 평화공존 질서가 견고해지기 전에 북한이 우리 전략과 다르게 움직이는 상황이 되면 우리의 입지가 대폭 위축될 위험성이 있다. 이른바 '외교적 고립' 국면을 면치못할 가능성도 생긴다. 이러한 상황이 전개되는 것은 가급적 피해야 하지만, 단기적으로 대비책이 필요한 상상이기도 하다.

반면, 인도-태평양 전략, 중국의 일대일로 전략에 모두 느슨하게 관여하는 것, 이해관계가 복합적으로 엮이게 만들어 '적대감' 형성을 어렵게 만드는 '소다자주의 전략' 등이 지금 우리에 필요한 전략이다. 그것도 외교적 명분과 가치를 잘 드러내야 성공할 수 있다. '공동의 발전' '공동의 평화'가 그것이다. 갈등이 증폭되는 메커니즘을 최대한 비판하는 것도 우리의 전략이어야 한다. 65년의 '반공'을 대체할 전략적 협력의 주제는 '평화'다. 대립중심의 갈등보다는 평화 질서에서 더 확장된 이익을 함께 나누자는 것이다. 특정한 세력을 견제하고 봉쇄하기보다는 관여(engagement)를 통해서 안정적 질서를 추구하는 편이 비용을 줄일 수 있다. 편을 나누는 진영화 구도보다는 이익 공유범위를 확대할 수 있는 네트워크를 만들자는 것이다. 한반도 평화공존의 필요성을 함께 공감하고, 동북아 평화질서 구축 과정에서 한국과 일본이 협력해야 전략적 이익을 공유할 수 있게 된다. 그것이 일본 시민사회를 설득하는 논리여야 하고, 한일간 갈등 구조에 개입하려는 미국에게도 들려주어야 논리여야 한다.

향후 한일관계에서 미완의 역사청산 문제는 어떻게 해야 하는가? 정부간 협의 의제의 입구(入口)에 세워두지 않는 것도 방법이다. 어차

피 역사문제는 정부간 합의로 청산하기에 한계가 있다. 65년 체제가 그것을 증명한다. 대신, 역사청산이라는 단어대신, '역사화해'라는 개념이 우리에겐 더 유리하다. 앞서 언급했듯이 화해가 곧 용서를 의미하지 않는다. 화해 요구는 피해자만이 가지는 권리다. 화해는 화해를 요청하는 측을 도덕적 우위에 서게 만든다. 역사화해는 시간이 걸리는 작업이다. 그러나 식민지 청산의 종결점이 역사화해 단계다. 한일 모두 다음 집권 세력, 미래 세대의 몫일지도 모른다. 역사화해의 새로운 윤곽을 잡는 것이 65년 체제 이후의 새로운 체제다. 그 과정은 한국이 주도해야 할 필요가 있다. 역사청산이건 역사화해건 우리가 발신하고 만들어 내는 구조여야 한다.

정리하자면 새로운 한일관계, 즉 포스트 65년 체제의 핵심은 '한반도/동북아 평화공존질서', 그리고 '동북아 역사화해'다. 그런 의미에서 보면 2019년의 역사적 좌표는 65년 체제를 넘어 새로운 이행기가 시작된 전환기의 시작지점이라고 볼 수 있다. 외교적으로도, 국내 정치사회적으로도 그 같은 의미가 주어져 있다. 큰 그림으로 과거를 보고 미래를 상상해야 지금의 좌표가 뚜렷해진다. 역사가 나아가는 방향, 그래서 우리가 갖추어야 할 무기로서의 전략 담론은 평화, '함께 번영'(포용적 번영), 인권(사람), 정의, 그리고 화해다. 한일관계 재구축도 그런 방향에서 모색되어야 한다. 그것이 국제사회에서 우리 외교 전략이 무게감을 가지는 길이기도 하다.

6장

한반도 평화공존과 동북아 평화질서

1. 동북아 질서와 공동체 담론

평화로운 지역질서 속에서 함께 번영할 방도를 찾아보자는 한국의 주장은 아주 오래된 염원과 같은 것이다. 강대국 틈에 끼어있는 지리적 조건을 벗어나기 어려운 국가로서 당연한 외침이었고 희망이기도 했다. 역대 한국 정부들을 예외없이 지역 정책구상을 발표해왔다. 경우에 따라 동북아 지역을 대상으로 했던 경우도 있었고 좀 더 공간적 범위를 넓혀 동아시아 지역, 더 넓게는 유라시아 구상을 밝힐 때도 있었다. 대부분 협력, 평화, 공존 등의 미래 구상을 이것에 담고 있다. 문재인 정부는 유라시아 지역을 대상으로 하는 신북방정책, 동남아 및 인도와 남아시아 지역을 정책 대상으로 하는 신남방정책, 그리고 여기에 더하여 동북아 평화협력플랫폼 구상을 제안했다. 동북아 평화협력플랫폼 구상이 등장한 배경에는 한국 외교전략 역사에서 중요한 의미가 숨어 있다. 책임공동체 개념을 지역질서 구축의 핵심 원리로 선언한 것이다. 동북아 평화협력플랫폼은 책임공동체 원리를 실천하기 위한 전략의 토대라고 할 수 있다.

우선, 국제정치 역사에서 '지역 공동체'는 낯설지 않은 실천 개념이다. 유럽지역이 가장 대표적이다. 전후 유럽지역에서 협력이 확대되어 왔던 과정은 몇몇 국가들간 관세동맹에서 시작하여 경제부분의 공동체 구상으로 점점 확대되어 갔던 과정이었다. 석탄·철강 공동체에서 시작하여 유럽 경제공동체(EEC)로 확장되었고(1972년), 그리고 경제영역에서 시작된 공동체 개념은 유럽 지역수준의 공동체(EC)로 확대되었다. 유럽공동체가 오늘날 유럽연합(EU)의 전(前)단계였다는 사실과 그리고 사실상 정치경제적 토대가 되었다는 점은 명백하다.

지역 영역에서 공동체를 구상하고 실천한다는 것은 개별 국가별로 이기적으로 국가이익을 추구할 때 필연적으로 생기는 문제들을 해결하기 위한 것이다. 사실 국익이란 개념 자체가 이기적 속성을 띠고 있어서, 국익 개념에 지나치게 함몰되면 국가 행위가 배타적이고 파괴적이 된다는 지적들이 있어 왔다.[199] 그러한 현상은 안보딜레마와 같이 근대 국제정치에 내재된 딜레마이기도 했다. 국익이란 개념을 대신하여 거론되어 왔던 지구적 이익(global interests), 개별 인간의 이익(individual interests)이란 개념과 더불어 공동체 이익(community interests)이란 개념이 제시되었던 것도 그러한 배경에서였다. 지역 국가들이 협력적 행위

199 Rourke (1997), pp. 180-189.

를 통해 갈등을 해결하는 것은 물론, 함께 번영을 누릴 수 있다는 기대감이 공동체 원리를 국제정치에 착근시킨 배경이었다. 요컨대 '공통의 문제를 협력을 통해 해결'하고자 하는 것이다. 그 과정에서 연대감이 형성되고, 협력과 소통은 더욱 확대된다. 나눌 수 있는 이익의 범위도 커지게 된다. 이러한 공동체 개념은 국제정치의 무정부성(anarchy)을 투쟁적 속성으로 해석하는 홉스주의적 무정부성(Hobbesian anarchy)이 아니라 협력적 속성을 강조하는 칸트주의적 무정부성(Kantian anarchy)의 구성주의적 해석과도 맞물려 있다.[200]

동북아 지역, 더 넓게는 동아시아에서 공동체 개념의 실현은 오래된 미완의 꿈이었다. 동남아국가연합(ASEAN)도 공동체 형성을 지향하려는 방향성은 가지고 있다. 그러나 동북아에서는 여전히 단위중심(unit-centric)의 국가행위가 지배적이다. 군사력 증강이라는 개별 국가 단위의 안보 추구 방식, 배타적 민족주의가 외교 전면에 작동하는 배경도 개별 단위 중심의 국제정치 양식과 관련이 있다. 이 지역의 국제정치가 불안정의 지속(sustained insecurity)이라는 특징을 보인다는 지적은 공동체 구상을 착근시키기 어려운 조건이라는 사실과 관련이 있다.

동북아 지역에서 배태되어 왔던 역사적 유산을 비판적으로 성찰하면서, 동시에 21세기 국제정치가 진행되는 추세를 감안할 때 한국은 어떤 전략으로 대응해 나갈 것인가? 2017년 한국 문재인 정부가 발신했던 지역정책의 기조는 '동북아 책임공동체'였다. 역내 국가들이 지역의 공동번영, 평화공존에 다함께 '책임을 공유하자는 것'이 책임공동체의

200 Wendt (1999).

기본 원리다. 그러므로 책임공동체는 평화(안보)공동체와 경제(번영)공동체 구축을 관통하는 핵심 원리라 할 수 있다. 함께 책임을 나누려는 태도와 의도 위에 공동번영, 평화질서가 가능하다는 것이다. 그러므로 '책임공동체' 발상은 공동체로 이행되기 위한 제반 조건의 입구에 걸린 문패와 같다. 개별 국가 중심의 이기적 국익추구라는 이전 시대의 인식을 조금이라도 극복하고 싶다는 의지가 담겨 있다.

책임공동체 원리는 경제공동체, 안보공동체 형성의 개념적 토대다. 우선, 한국이 선창하는 경제공동체 구축에는 한반도신경제구상과 신북방정책, 그리고 신남방정책이 결합되어 있다. 그 맥락에서 '동아시아 철도공동체'를 제안한 바 있다.[201] 신남방정책은 '3개의 P'(peace, prosperity, people)를 기본 정신으로 추진하자고 제안했다. 국경을 뛰어넘는 시장 이익을 확대하고 공유하자는 것이다. 안보공동체는 지역평화를 지향하는 공동체 발상이다. 앞서 언급한 바와 같이 한반도 평화공존 질서를 기반으로 평화체제가 구축될 수 있고, 이러한 방향은 동북아 지역에서 평화질서를 가능하게 하는 안보공동체 형성이 가능하다는 것이다. 새로이 구상되어야 할 지역수준의 안보공동체는 기존 양자동맹 메커니즘 만으로는 지역 평화가 여전히 불안정하게 남게될 가능성이 높다는 판단 위에서 성립한다. 안보와 평화를 지역의 공공재적 관점에서 접근하고 해법을 찾자는 것이니만큼 미국을 포함한 역내 국가들이 공히 참여하는 다자간 안보협의체가 기존 양자동맹 체제와 함께 병렬적으로 추진되어야 한다는 의미다. 주지하다시피 다자간 안보협의체

201 권도연, "다자간 협력프로세스와 철도협력: 유럽과 동아시아 비교 연구" (연세대학교 석사학위 논문 2019).

는 예방외교 방식을 중심으로 역내 갈등을 사전에 통제하려는 것에 초점이 두어져있다.

한국은 왜 안보평화공동체, 경제번영공동체의 제안을 선창하려는 것인가? 우선, 동북아 지역에서 냉전의 오랜 유산, 특히 진영화 논리를 극복하고 싶기 때문이다. 동북아 냉전구도가 한반도 분단과 대립을 매개(媒介)로 유지되어 왔다는 것은 주지의 사실이다. 지역수준의 진영화, 즉 편 가르기의 세력균형 질서는 한반도 내 남북한 사이의 분단과 적대관계와 불가결하게 상관되어 있다. 이 논리가 재생산되고 증폭되면 분단을 극복하기가 어렵게 된다. 한반도 분단은 국제정치 영역의 결정이었지만, 이것의 극복을 위한 발신은 한반도를 관리하는 우리의 책임이다.

편 가르기와 진영화 논리는 오랜 지정학 이론과도 관련이 있다. 이른바, 세계를 대륙세력과 해양세력으로 구분해서 인식하는 지정학적 패러다임이 그것이다. 단순히 구분이 아니라 국제정치의 본질을 두 세력권 간의 갈등과 경쟁으로 설명해왔다. 그러한 불완전한 이론체계를 비판적으로 넘어서지 않으면 반도(半島)는 두 세력이 부딪히는 접점으로 인식될 수밖에 없다. 한반도를 자국 안보에 '민감한' 지역으로 간주해왔던 주변국들의 국제정치 인식에 이러한 지정학 인식이 작동해왔다. 일본의 '비수론'(한반도의 지정학적 조건이 일본의 심장부에 비수(sword)를 겨눈 것과 같다고 봤던 19세기 말 야마가타 아리토모(山縣有朋)의 인식), 그리고 그것에 기초하여 만들어진 일본의 주권선과 이익선의 개념도 지정학적 인식과 무관하지 않다. 중국이 한반도의 지정학적 조건을 입술과 이빨의 관계(脣亡齒寒)로 봤던 것도 마찬가지였다. 북방삼각구도과 남방삼각구도의 구분이건, 대륙세력과 해양세력의 구분이건, 혹은 인도-태평양 전략과 일대일로로 대비시키건 간에 모두 갈등과 대결을 전제로 한 것이고, 더욱이 그 대결구도가 동북아에 재연될 때 한반도는 그 대립의 비용을 부담해야 하는 지역이 된다는 것이 한국의 오랜 고민이다. 과거에도 그랬고, 만약 국제정치의 패러다임이 바뀌지 않는다면 미래에도 마찬가지 일 것이다. 한반도에 부과되어 온 협착(狹窄)구도를 벗어나려는 일이 한국 외교전략의 핵심이다. 공동체 전략은 그런 배경에서 제안되었다. 공동체를 형성해 가는 과정에서 한국 외교가 훨신 더 광범위한 외교적 기동성을 발휘할 수 있을 것이라는 기대감도 있다.

주변 국가들의 국제정치 인식을 바꾸는 일은 굉장히 어려운 문제다. 그러나 시간이 걸릴지라도 전혀 불가능하다고 쉽게 결론내릴 일은 아니다. 한국이라도 담론의 발신과 실천을 통해서, 그리고 주변국 전략구상가들 및 전문가들과의 지속적인 대화를 통해서 조금씩 변경시켜보자는 것이 한국의 공동체 전략의 시작이다. 우리 스스로 희생과 부담을 자초할 수는 없기 때문이다. 더욱이 21세기 국제정치의 진행방향이 평화와 번영이라는 보편가치를 향해 나아가고 있다는 점이 한국이 제안하는 지역 공동체 전략의 시대적 정당성을 증명한다. 그런 의미에서 공공외교를 통해 공동체 형성의 시대적 필요성을 주변국들과 공유하는 것이 매우 중요한 전략적 과제다.

2. 동북아 평화협력플랫폼과 소다자주의 전략

동북아 평화협력플랫폼은 책임공동체 원리를 실천하기 위한 전략적 토대로서의 의미가 주어져 있다. 한국 외교부의 정책구상의 대외적 지속성이라는 관점에서는 박근혜 정부의 동북아평화협력구상(Northeast Asia Peace and Cooperation Initiative: NAPCI)를 잇고 있는 전략구상이다. 플랫폼(platform)의 사전적 의미는 연단(演壇)이나 받침대를 의미한다. 기차가 정지하고 오가는 공간도 플랫폼이라 불린다. 정치적 의미로서의 플랫폼은 어떤 사상이나 이념을 실천하기 위한 기반과 토대를 뜻한다. 플랫폼이 갖는 기능을 염두에 두면, 그 속에는 발신, 상호작용, 교차, 공유, 유도, 혹은 합의 형성(consensus building) 등의 의미가 내포되어 있다. 이러한 기능을 원활하게 수행하기 위해서 플랫폼은 폐쇄되어 있어야 하는 것이 아니라 개방되어 있어야 하고, 단절이 목표가 아니라 연결과 소통의 원리가 작동해야 한다는 뜻이다. 그런 의미에서 한국 외교가 동북아 지역에서 평화와 협력의 플랫폼을 지향한다는 의미는 다양한 형태의 협력 클러스트(cluster)를 만들어 내자는 것이다. 그만큼 유연하고 창의적이며 역동적이어야 한다.

열려 있는, 그리고 소통 확대를 위한 평화협력플랫폼을 외교 전략의 측면에서 적극 활용한다면 어떤 전략이 적절할까? 한 가지 생각해 볼 수 있는 것은 '소다자주의'(minilateralism)전략이다. 소다자주의는 양자주의와 다자주의의 중간쯤 위치해 있는 전략구상이다. 보통 3~5개국들 간의 네트워크를 지칭하며 이슈별로 다양한 조합이 가능하다. 이를테면 환경문제와 관련해서는 지리적으로 인접한 국가들이 특정이슈

(예컨대 미세먼지, 오염확산 등)를 두고 공통의 해법을 위해 협력을 모색할 수 있다. 동북아 지역의 경우, 소다자주의 클러스트로 묶일 수 있는 이슈들은 실로 다양하다. 에너지 협력, 재난과 안전, 관광네트워크, 마약문제, 인권, 물류망 확대 등 다양하게 협력 방식을 확대해야 할 필요가 있다. 한국 외교가 그 이슈영역에서 소다자주의 협력을 창출하고 운영해 나가는 과정에 핵심적 역할을 하자는 뜻이다. 제안자 역할도 바람직하고, 촉진자적 외교도 기대할 수 있다.

한국에게 왜 소다자주의 전략이 필요한가? 우선, 관련 국가들간 관련 이슈에서 이익을 공유하고 확장하는 기회를 늘려보자는 것이다. 기업이 관여해야 할 사안도 있을 것이고, 정부 역할도 있을 것이다. 정부의 역할은 대개 협력의 제도화 부분이다. 소다자주의 전략은 협력을 확대하려는 목적 외에 사실 더 중요한 이유가 있다. 그것은 동북아에서 오랫동안 유지되어 왔던 진영주의 적대감을 해소하자는 것이다. 진영화, 진영주의는 오랜 역사를 가지고 있다. 대륙세력과 해양세력의 이분법으로 구분하는 것도 일종의 진영주의 패러다임이다. 그것이 극대화되었던 시기가 냉전기였다. 북방삼각구도(소련-중국-북한)와 남방삼각구도(미국-일본-한국)의 대립구도가 대표적 인식이었다. 이념으로 진영을 나누고 적대감을 재생산해 왔다. 그 대립구도의 긴장성이 한반도에 집중되었다. 분단도, 적대적 대립도 그런 가운데 강화되어 왔다. 양자동맹 체제도 그런 심리적 환경 속에서 더 강화되어 왔다. 동북아에서 진영화 구도는 중소분쟁으로 흔들리기 시작했고, 1970년대 초 상해공동성명으로 1차적으로 초기구도가 이완되었다. 탈냉전이 시작되면서 해체기에 접어 들었으나, 최근 미중 갈등으로 다시 부활할 조짐을 보이고 있다. 이 과정에 적극 편승하여 신(新)냉전 구도를 만들고자 하는 세력도 있다. 아베신조와 같은 일본 내 극우 보수정권이 대표적 예다. 그 같은 동력에 저항하지 못하거나 이겨내지 못하면 한반도에 비용부담 구조가 다시 강제될 수 있다는 것이다.

소규모 클러스트로 형성을 통해 협력해야 할 의제가 지역내에 다양하게 편성되면, 우호감정(혹은 충성의 정서 loyalty)과 적대감정이 혼성화되는 부수효과가 있다. 적과 우리편을 구분하려는 속성을 가진 기존 안보 이슈가 국가간 관계를 전횡적으로 압도하는 것을 막을 수 있게 된다는 뜻이다. 소다자주의 네트워크를 통해 다양한 협력 구도를 만들어 상호작용을 확대해 나가면 특정 국가(군)에 대한 적대감을 완화시킬 수 있게 될 것이다. 이익때문에라도 가능하다. 공유하는 이익, 혹은 이익에 대한 기대감이 이항구획적 적대감을 완화시킬 수 있다. 글로벌 차원에서 전개되는 미국과 중국의 갈등구조가 동북아지역에서 곧이곧대로 재현되는 것을 막을 수 있게 된다. 글로벌 갈등구조의 지역 분산화, 혹은 지역적 이완화라고 부를 수 있을 것이다. 그렇게 되어야 한국 외교에 숨 쉴 수 있는 공간(breathing space)이 생기게 될 것이다. 한국외교의 유연성과 기동성은 소다자주의 복합 네트워크 속에서 진정한 의미를 가지게 될 것이다. 이런 토대위에서 기존 국제정치와 역사 패러다임을 진지하게 성찰하고 미래 비전을 고민하는 창의적 발상이 끊임없이 고민되어야 한다.

3. 외교 유연성과 피봇팅(pivoting) 전략

외교 유연성과 관련하여 생각해 둘 일이 있다. 한국의 전략적 좌표를 흔히 중추국가(pivot state)라고 부른다. 주변 국가들에 비해 힘은 상대적으로 약하지만, 어느 한편으로 기울기로 결정하면 지역 전체의 판이 기울어지는 결과를 만들어 낼 수 있는 국가가 중추국가다. 중추국가가 전략을 구상할 때 고려해야 하는 점은 지역 균형을 변경하는 시점이 언제여야 할까, 그리고 그 변경이 자국의 생존과 번영에 이익이 될 것인가의 판단이다. 아울러, 그 결정적 시점 이전까지의 전략은 무엇이어야 할까의 문제도 고민해야 한다.[202] 한국으로서는 글로벌 권력구조의 변동, 그것이 지역적 권력구조의 변동 과정에 미치는 영향을 예의주시해야 '결정점 시점'에 대한 전략적 판단을 할 수 있다. 미–중 권력구조 변화를 면밀히 독해해야 한다는 뜻이다. 아울러 일본, 러시아, 북한이 그같은 권력구조 변동기에 어떻게 대처하느냐를 판독해야 한다.

2019년, 미중갈등은 무역갈등, 환율전쟁을 넘어 안보영역에 이르기까지 전면전으로 전개되기 시작했다. 트럼프 행정부의 미국은 예상보다 이르게, 그리고 더 거친 방법으로 대중 견제를 표면화했다. 이에 호응하여 일본의 아베정부는 동북아 진영화를 작심한 듯 한국에 대한 무역규제 조치를 결정했다. 2017년 북한에 대한 적대감을 총선에 이용했듯이, 한국에 대한 적대감을 이용하여 평화헌법 개정 수순을 밟겠다는 의도였다. 헌법 개정이 목적하는 바가 일본의 군사 역할 강화에 있

202 전봉근, "중소 중추국 외교전략과 한국 외교" 정책연구시리즈 2018-04 (국립외교원 외교안보연구소, 2018) 참조.

다는 것은 명백하다. 이에 따라 한일간에 외교 긴장의 지수가 전례없이 높아졌다. 그렇다면 2019년 현 시점이 중추국가 한국이 스텝을 옮겨야 하는 결정적 시점일까? 아직은 아니라고 보인다. 미중간 권력구조 변동은 장기적 추세의 관점에서 봐야 한다. 그렇다면 이제 막 갈등 구조 형성의 초입에 들어선 형국이라고 판단하는 것이 보다 현실적이다.

동북아 권력 구도의 판을 변형시킬 수 있는 결정적 시점이 오기 전에 중추국가가 취해야 할 외교 전략은 무엇일까? 스텝을 옮길 수도 있고, 혹은 옮기지 않을 수도 있다는 스탠스를 수시로 발신하는 것이 핵심이다. 그 페인트 모션이 중추국가의 전략적 자산이다. 유연성은 그런 판단과 인식 속에서 만들어 내는 것이다. 유연성을 잃어버리거나 피봇팅(pivoting; 한쪽 발은 고정시켜두고 다른 한발은 계속 움직여 드리블과 슛을 준비하는 농구동작)의 자세를 보이지 않으면, 협착구도 속에서 국 외교가 움직일 수 있는 공간이 축소된다. 그런 관점에서 고(故) 김대중 대통령이 주창했던 '1동맹 3우호체제'가 당분간 외교전략 가이드라인이 될 수 있을 것이다.

피봇팅 전략에서 고려해야 하는 것이 한반도 전략, 즉 대북관계의 설정이다. 남북관계가 악화되면 한국 외교는 냉전형 대립구도 속에 쉽게 묶인다. 야심차게 주창했던 박근혜 정부의 균형외교 전략이 효과를 발휘하지 못했던 것도 남북관계의 악화에 원인이 있었다. 사실, 균형외교 전략은 2010년대 한국 외교에게 주어졌던 시대적 요청이기도 했다. 2012년 대선 당시, 대선 후보 두 사람(문재인, 박근혜) 모두 외교전략 공약으로 '균형외교'를 주장했다. 한국이 진영화 구도 속으로 무기력하게 흡인되면, 외교 공간이 위축되어 버릴 것이고 한반도 적대적 분단이 영속화될 가능성이 높기 때문이다. 진영화 구도는 대립의 최전선에서 부담해야 할 한국의 비용이기도 하다. 따라서 남북한 관계를 이완시키거나 적대적 대립에서 평화공존으로 패러다임을 바꿔야 비로소 균형외교를 실천할 공간이 생긴다. 박근혜 정부는 외교전략으로 '균형외교'를 주장하면서 북한에 대해서는 '한반도 신뢰 프로세스'를 앞세웠다. 신뢰는 상호적(reciprocal) 절차여서 상호작용을 통해 증진된다는 것이 이론적으로나 실천적으로 합당한 이치다. 그러나 박근혜 정부의 '한반도 신뢰프로세스'는 북한에게 신뢰할만한 행동을 먼저 보일 것을 주문하면서 북한 코트 쪽으로 공을 던져둔 채 기다리는 것으로 일관했다. 그렇게 되자 신뢰가 상호적 과정이 아니라 일종의 '조건'이 되는 논리적 구조 속에 빠지게 되었다. 이는 마치 이명박 정부의 대북정책 '비핵개방3000'과도 같은 논리였다. '비핵'을 조건으로 하여 입구에 세워뒀던 것이다. '한반도 신뢰프로세스'는 제대로 작동도 하지 못한 채 박근혜 정부는 '통일대박론'으로 전략 구상을 변경하였다. 통일대박론은 북한붕괴론의 다른 표현에 지나지 않았다. 그런 구도에서 남북관계가 경색되었고, 균형외교도 힘을 잃게 되었던 것이다. 한반도 평화공존 질서를 안착시키고 남북관계에서 일정정도 자율 공간을 가지게 된다면 그것이 한국 외교 유연성의 중요한 자산이 된다. 남-북-미의 선순환삼각 구도 뿐 아니라, 남-북-중 혹은 남-북-일의 삼각구도를 활성화 시킬 때 한국 외교 전략은 더 많은 자산과 역할을 가지게 된다.

한국 외교가 피봇팅 전략을 구사하려면 창의력과 순발력이 겸비되어야 한다 국제정세 흐름에 대한 고정된 시선으로는 현상유지만 반복하게 된다. 새로운 시선으로 한반도의 미래를 구상하는 것이 무엇보다 중요하다. 한국에서 발신(發信)하는 새로운 담론과 생각들이 동북아 미래구상의 토대가 될 수 있다. 이것이 제안자 혹은 창안자(initiator)로서의 역할이다. 창의력 못지않게 중요한 자산은 순발력이어야 한다. 물론, 일관성을 장착한 외교 전략이 갖는 장점도 없지 않다. 그러나 외교 담론의 가치가 보편성을 유지하면서 일관성을 가진다는 것과 외교 행위의 범위를 넓게 고려하여 선택지를 유연하게 모색하는 일은 반드시 논리적으로 배치되는 일은 아니다. 가치의 영역은 포괄적이고, 행위의 영역은 구체적이다. 국제 정세의 상황변화에 따라 유연한 대응태세를 가지고 대응하려는 순발력이 비폿국가의 외교전략의 핵심이다. 한국이 약소국으로 살아왔던 경험을 회상하면 분노의 감정이 생기는 것도 당연하다. 특정 국가에 대해 미움의 감정도 생길 수 있다. 그러나 외교는 분노와 증오의 감성만으로 해결할 수 없다. 두려움도 생길 수 있으나 두려움을 외교 현장에 있는 그대로 드러낼 수는 없다. 주권을 '조직화된 위선'이라고 부르듯, 분노와 증오를 '선(善)으로 가장하여' 숨기는 것이 외교다. 게다가 한국 외교는 다른 국가가 대신할 수 없다. 동맹이 한국 외교영역 이익을 다 대변할 수는 없다. 오랜 기간 한미동맹이라는 제도 속에서 한국이 미국에 의존하고 있는 영역이 있다. 정보자산이 대표적이다. 의존은 동맹 메커니즘의 구조 속에서 운용되어 왔던 일종의 협업 패턴이라고 간주해야 한다. 의존이 심리상태로 전이되어 무제한적 무기력함을 의미하는 것으로 해석되어서는 곤란하다는 의미다. 분노와 증오, 의존관계 모두를 전략적으로 감춰야 유연함의 공간이 생긴다. 정부가 다양한 선택을 대안으로 고려하고 행동 범위를 확대해 나가려 할 때, 국민들의 의사결집은 굉장히 중요한 외교력의 자산이 될 것이다. 어떤 정부라도 외교 전략과 관련하여 국민들과 '소통'하기를 멈추지 말아야 하는 이유이기도 하다.

미중 권력관계의 변화추이를 면밀히 독해하는 것도 중추국가, 한국에게 운명적으로 주어진 일이다. 20년 혹은 그 이상 걸릴지도 모르는 미중관계 권력구도의 변화가 확연해 지는 시점이 오면, 그래서 중추국가 한국이 스텝을 옮겨야 하는 시점이 오면 한국은 그야말로 역사적인 결정을 해야 할지도 모른다. 그리되면 한국의 결정이 동북아 전체의 판을 변동시키게 될 것이다. 한국의 국력도 그 시점에 이르면 더 성장할 것임에 틀림없다. 편승동맹과 균형동맹 중에서 선택할 것인지, 동맹전략과 다자간 안보협의체 구상을 결합할 것인지, 혹은 개입회피의 중립화 전략이 더 유리할 것인지, 아직 어떤 결정도 속단하기 어렵다. 그 무렵 정치지도자의 비전과 혜안, 무엇보다도 역사와 미래를 읽어내는 보통사람의 의지가 더 중요한 요인이 될 것이다.

7장
한반도 평화를 위한 외교 전략

1. 학문과 현실, 지식과 정책 사이

꽤 오래된 질문을 다시 던져본다. 이 시대를 살아가는 한국의 지식인, 국제정치학자들에게 어떤 역할이 주어져 있을까? 이 시대 국제정치는 어떤 동력에 의해 움직이고 있을까? 한국의 대외관계는 어떤 역사의 길을 걸어왔고, 어떤 시대로 향하고 있을까? 한 두 문장으로 결론내기는 결코 쉽지 않다. 일국사(一國史) 관점에서도 그러하고, 국가간 관계 영역에서는 더욱 복잡하다. 학자들은 그 복잡성을 사유하고 성찰한다. 한국의 국제정치학자도 예외가 아니다. 세계 곳곳에서 벌어지는 국제정치적 현상의 분석이 주된 일이라는 것에 이견이 있을 수 없다. 현 시점에 벌어지는 현상들만도 아니다. 역사 속에 존재했던 다양한 국제정치 현상들도 탐구대상이다. 전쟁도 있었고, 평화시기의 국제정치도 있었다. 역사서술 형식의 나레이션(narration)으로 문제를 파헤치기도 하고, 수학공식을 만들어 답을 찾기도 한다. 패턴과 법칙을 찾아 헤매기도 하고 이론탐구도 치열하게 고민한다. 서구에서 생성된 국제정치학 이론체계들을 비판적으로 관찰하면서 한국적 패러다임이 무엇일까 고민하기도 한다.

다른 한편, 분단된 한반도에 태어나, 이 공간 속에서 한국 외교의 현재와 미래를 걱정해야 하는 업보(業報)도 있다. 강대국에 둘러싸인 한국의 생존과 번영에 학문적 관심을 집중해야 하는 일은 한국 국제정치학자들에게 주어진 모진 업보이기도 하다. 동북아 국제 정세는 어떤 시대이건 늘 '격변'하는 것으로 묘사되었고, 한국은 그 속에서 취약하게 노출되어 '대응책'을 강구해 왔다. 동북아 코너에 위치한 조그마한 반도(半島)에게 숙명처럼 짐 지어진 것이 지정학적 조건이다. 그것으로 인해 한국의 국제정치학자들은 더욱 치열한 고민들을 요구받는다. 무엇을 분석 대상으로 삼아야 하며, 그 분석을 통해 이 시대를 살아가는 한국인들에게 어떤 전략과 지혜로 답해야 할 것인가의 고민이다. 한반도의 미래상(未來像)에 관한 사유다.

학문과 현실 사이에는 간극이 놓여 있다고들 말한다. 실제 간극은 존재한다. 현상을 만드는 메커니즘은 실로 복잡하고, 더욱이 그 중심에는 아직도 본질이 다 간파되지 않은 인간(human)이라는 존재가 있다. 인간들이 만들어내는 복잡한 현실세계를 추상성으로 사유하려는 작업이 학문이다. 현실의 복잡성을 간결한 개념으로 통찰해보려는 노력이다. 그러므로 현실의 복잡성이 이론으로 축약될 때 생략될 수밖에 없는 것들이 있다. 그것이 현실과 학문사이의 간극을 만든다. 간극이 필연적으로 존재한다고 해서 학문과 현실 사이에 연결고리가 없는 것은 아니다. 현실이란 것은 수많은 결정들과 정책들이 만들어 내지만, 그것은 이론과 동떨어져서 존재하지 않는다.

국제정치 현장을 예를 들면 대략 이런 방식이다. 국가의 외교정책은 국제현상, 더 나아가 국제정치 본질에 대한 동시대 지식(知識)의 표현이기도 하다. 정책은 국제정치적 관념(ideation)의 정향을 반영하고 있기 때문이다. 요컨대 현실(reality)이란 정책들의 경합으로 만들어 지는 것이지만, 정책은 동시대 지식(인)의 지적 결과물이다. 동시에 지식은 정책으로 드러난 현실에 대해 끝없는 분석과 비판을 추구한다. 그러므로 지식과 정책(그리고 그것의 결과물로서 현실) 사이에는 상호순환적 구조를 내포하고 있다고 볼 수 있다. 더 중요하게 지적되어야 할 점도 있다. 사회에서 지식의 역할은 비단 현상에 대한 설명과 분석에 그치는 것이 아니라 미완의 현실에 대한 성찰과 새로운 가치의 실현이라는 규범성의 과제를 안고 있다는 점이다. 그러므로 국제정치의 장(場)에서 성찰과 비평을 통해 진보를 이루어야 한다면 외교정책 현장의 정책결정자들(practitioners)과 이론을 다루는 학자들(academic scholars) 간의 끊임없는 대화는 필수적이다.[203]

학문과 현실 사이의 간극은 간혹 정책결정자들과 학자들 간에 존재하는 간극으로 표현되기도 한다. 정책결정자들은 지적(知的) 탐구를 업으로 하는 학계에 대해 실제 정치적 현실에 대해 무지하거나 '분석적 합리성을 지적 도구로 과도하게 사용하는 경향'(over-intellectualization

203 Alexander L. George, *Bridging the Gap: Theory & Practice in Foreign Policy* (Washington D.C.: United States Peace Institute, 1993, 2001).

of analytical rationality)이 있다고 비판한다.[204] 반면, 학자들은 정책결정자들이 국제정치학 연구를 지나치게 단순하게 이해하려는 경향이 있으며, 지적(知的) 성찰보다는 단지 정책결정을 개인과 집단의 경험에 의존하려는 경향이 있다고 비판한다. 이 지식과 행위 사이에 놓인 간극을 어떻게 메우느냐는 매우 중요한 일이다. 어떤 국가이든, 어떤 시대를 살 건 말이다. 이러한 사실은 오늘날 분단된 한반도에서 살아가는 한국 국제정치학자들에게도 결코 예외가 아니다.

일반적으로 이론과 지식의 역할은 국제정치적 상황에 대한 진단(diagnosis)에 있다. 처방(prescriptions)은 정책결정자들의 몫이다. 다만, 올바른 처방은 올바른 진단에서 나온다는 사실에 대해서는 이의를 제기할 수 없을 것이다. 따라서 학자들에게는 어떤 지식과 관념을 정책결정자들에게 현실 대응을 위한 진단서(診斷書)로 제공하느냐가 매우 중요하다. 더 중요한 것은 그 진단서에 미래를 향한 시대적 규범성이 내포되어야 한다는 점이다. 그런 의미에서 오늘날 한반도와 한국 외교 전략의 미래를 생각하는 지적 작업은 이론적 정향과 전제들에 대한 비판적 성찰은 물론, 미래상에 내재된 가치문제를 함께 고민해야 한다.

2. 한반도를 생각한다

한반도 땅. 동북아의 코너, 세계의 코너에 위치한 이곳에 근대 국

204 George (1993, 2001).

제정치의 역사가 영욕의 상처를 깊게 남겼다. 제국주의 시대의 폭력을 온 몸으로 받아냈으나, 일본의 강압적 병합을 피하지 못했다. 1945년 해방이 되었으나 분단과 전쟁, 대립이 이 땅을 지배했다. 세계 정치사에서 냉전은 이미 종언을 고했지만, 한반도는 여전히 망령같은 냉전의 기억 속에 갇혀있다. 1953년 휴전 이래 한반도는 전쟁을 하지 않아도 전쟁이 지배하는 시대를 살았다. 전쟁이 발발하지 않았다고 다 평화가 아니다. 한반도는 여전히 불완전한 평화상태다. 한국 외교가 지향해야 하는 방향은 한반도에서 어떻게 지속가능한 평화를 강구하느냐에 있다. 한반도와 동북아 대립과 갈등의 정체가 무엇인가를 독해하고, 그 토대 위에 협착구도를 어떻게 타개해 나갈 것인가가 한국 외교 전략의 목표일 것이다.

따지고 보면 한국 외교를 포박하고 있는 협착구도는 최근 갑자기 생겨난 것도 아니다. 한국이 1876년 근대 국제정치 질서에 통합된 이래 주변 열강들이 한반도의 지정학적 조건을 해석하는 것에서 시작된 숙명과도 같은 것이다. 주변의 열강들은 한반도를 동북아의 전략적 요충지라고 간주해 왔다. 지정학 이론을 적용하여 동북아 국제정치를 바라볼 때 한반도는 대륙세력과 해양세력이 경합하는 접점에 위치하고 있다는 판단 때문이었다. 이에 따라 주변 열강들에게 한반도는 이익투사의 접점지역이 되기도 하고 그들 국가 안보에 직접적 영향을 미치는 사활적 지역으로 인식되기도 했다. 그 같은 지정학적 해석은 지금도 크게 다르지 않다. 오늘날 한국은 미국이 주도하는 '인도-태평양 전략'과 중국 주도의 '일대일로'(一帶一路) 사이에 끼어있다고 묘사되는 것도 같은 맥락이다. 그런 의미에서 한반도에 부여된 지정학적 조건은 동북아 국제관계에서 변수(variable)가 아니라 거의 상수(constant)에 가깝다.

19세기 중엽 이래 일본은 한반도의 지정학 위치를 "일본의 심장부에 비수를 겨누는 형상"이라고 인식했고, 중국은 "순망치한"(脣亡齒寒)의 관계 속에서 한반도를 바라봤다. 그러한 인식은 표현만 미묘하게 달라질 뿐 여전히 살아 있다. 이에 따라 한반도는 동북아 열강들의 이해관계를 반영해 왔던 지역이 되어버렸다. 열강들에 있어 전략적 이해관계의 민감성(sensitivity)은 한반도에 가해지는 외압의 강도를 결정한다. 그러므로 한국에게 주어지는 외교적 협착구도는 지리적 근접성에서 연유하는 것일 뿐 아니라, 열강들간 이익 경합의 민감성을 의미한다. 그런 연유로 한반도가 겪어야 했던 것은 전쟁과 식민지화, 남북한 분단과 적대적 균형관계, 불안정한 평화 등이었다. 요컨대 분단 이후 지속되어 온 한반도의 불안정한 평화는 한반도의 협착구도를 한국 외교 전략이, 더 나아가 남북한이 용이하게 풀어내지 못하고 있었다는 사실을 의미하기도 한다.

한국 외교 전략이 지속가능한 한반도 평화를 모색해야 한다면 한반도에 덧씌워진 한반도의 지정학적 인식으로부터 스스로 벗어나려는 시도가 우선 필요하다. 한국 외교를 압박하는 국제정치적 구도 속에서 벗어나 해결책을 찾아야 한다면, 그리고 협착의 압박 속에서 기동성 있는 외교적 기회를 모색해야 하다면, 지금까지 열강들이 한반도에게 부여해왔던 인식을 한국 스스로 되풀이해서는 해법이 찾아지지 않는다. 대륙국가와 해양국가 사이에 낀 반도국가라는 지정학적 인식, 그래서 주변 국가들은 한반도 상황이 자신들의 안보에 대단히 민감하게 작용한다는 그런 류의 인식이다. 주변 국가들이 오랜동안 가져왔던 그런 지정학적 인식을 한국조차 스스럼없이 수용한다면 결국 그렇게 부여된 인식 틀 속에 묶여 버리고 만다. 한반도의 상황이 동북아 지역질서의 특징을 반영하는 리트머스 시험지와 같은 곳이지만, 그 논변을 바꾸어 생각하면 한반도 상황은 동북아 지역질서의 향방을 결정하는 풍향계와 같다는 의미이기도 하다. 동북아 지역질서가 평화적이고 협력적 질서로 이행되어야 한다면 그것의 시작이 한반도 평화여야 한다. 요컨대 한반도 평화 없이는 동북아 평화를 상상하기 힘들다는 인식으로 전환해야 한다.

3. 국제정치학 연구와 한국 외교전략 구상

한국 외교가 협착구도 속에서 돌파구를 찾고 기동성 있는 외교전선을 구축해 나가기 위해서는 국제정치와 외교를 바라보는 우리의 인식부터 바꿀 필요가 있다. 물론 우리의 인식전환이 동북아 관련 국가들의 국제정치적 인식을 일시에 바꿀 수 있을까라는 것에 의문의 여지가 있다. 국제질서를 작동시키는 관념(ideation)요인은 어느 일순간에 변화하지는 않는다. 그렇다고 항상 정태적인 것으로 남아 있어 불변하는 것도 아니다. 식민지 경영 원리에 기반한 제국주의 시대의 인식과 탈식민지 시대의 인식은 질적으로 상이한 인식이다. 한때 맹위를 떨쳤던 사회진화론이라는 제국주의 시대의 이론적 기반은 그런 배경에서 역사의 뒤안길로 사라졌다. 협력을 넘어 통합을 추진했던 유럽 국가들의 국제정치적 인식은 갈등과 경쟁의 시각에서 국제정치를 바라보는 동북아

질서의 인식과 결코 동일하지 않다.

한 국가로부터 제기된 인식변화의 필요성이 지역 국제질서 전반의 변화로 이행되는 과정은 꽤 시간이 소요되는 과정이겠으나, 어느 시점에 누군가로부터의 제안은 필요하다. 그 제안이 행위(정책)로 반영되고, 간주간적(inter-subjective) 상호작용을 거쳐 점차 지역질서의 인식토대로 변화할 수 있다. 국제정치 질서에서 특정한 규범의 확산은 그런 방식으로 가능하다. 협착구도가 불편한 그 무엇이라면, 그래서 변화가 필요하다고 생각한다면 국제정치 인식 변화를 제기할 수 있어야 한다. 그러지 않으면 종래 협착구도를 만들어낸 기존 질서를 단순히 소비하고 수용하는 것에 그치고 말 것이다. 그 시작점은 제안자 스스로 인식을 전환하는 일부터다.

1) 국제정치학 구조론을 넘어야 한다

국제정치 현상을 이해하고 설명하는 지적 작업에는 다양한 시각이 존재하고 있다. 국제정치학 교과서를 대략 훑어봐도 현실주의, 자유주의, 세계체제론, 구성주의, 비판이론 등 다양한 시각과 패러다임이 존재한다. 이들 중 현실주의 시각이 20세기 후반기부터 학계 및 정책 영역의 주류적 시각으로 자리 잡아 왔던 것도 사실이다. 그러나 현상에 대한 '주류적' 해석이 반드시 유일한 해석이라는 의미는 아니다. 다양한 해석과 이론들이 경합하고 있다는 점을 염두에 둬야 한다. 예컨대 자유주의 패러다임을 한 번 살펴보자. 전후 유럽이 갈등을 딛고 협력과 공동체, 더 나아가 통합을 이루어나갔던 과정을 설명할 때 현실주의 시각보다는 상대적으로 더 설득력을 갖추었다고 평가한다. 무정부성, 자조체제(self-help)의 속성, 국제적 갈등의 불가피성, 힘에 의한 평화 등을 내세우는 현실주의 시각은 국가들이 국가 주권의 범위를 넘어 공동체와 통합에 이르는 길을 충분히 설명하지 못한다.[205] 자유주의는 국가의 능력(capability)도 중요한 요인이지만, 이에 못지않게 국가의 정책적 의도(intentions)가 국제적 현상을 야기하는 중요한 요인으로 간주한다.[206] 정책적 의도는 간혹 정치지도자들에 의해 비전, 구상(initiatives) 등으로 표현된다.

한국 학계는 어떤 시각들을 주로 수용해 왔는가? 더 나아가 한국의 외교정책결정자들의 인식세계에서는 국제정치학에 존재하는 시각의 다양한 차이를 어떻게 인식하고 있을까? 한국에서는 국제정치를 상당부분 현실주의 담론에 경사된 시선으로 바라보는 경향이 있다. 학계만의 이야기가 아니다. 정치인들, 언론의 논조에도 현실주의가 여지없이 묻어난다. 심지어 보통사람들의 국제정치관에도 현실주의가 맹위를 떨친다. 힘의 강약이나 힘의 배분구조를 강조하는 현실주의 패러다임의 특징 때문에 자연스럽게 세력배분의 담론, 즉 세력균형론, 세력전이론, 패권안정론 등 구조결정론적 설명틀이 자연스럽게 수용되어 왔다. 어쩌면 한국에서 국제정치학의 인식을 상당부분 장악해 왔다고 해도 과언이 아니다. 이에 비해 자유주의 패러다임은 쉽게 수용되지 못한

205 김기정, "국제정치 분쟁의 역사와 갈림길에 선 21세기," 김균진 외, 연세대학교 대학원 학술위원회 『경쟁과 공존』 (서울, 오래, 2011).

206 Charles W. Kegley Jr., "The Neoliberal Challenge to Realist Theories of World Politics: An Introduction," in Charles W. Kegley Jr., *Controversies in International Relations Theory* (New York: St. Martin's Press, 1995).

다. 이들 두 시각이 지적 세계에서 오랫동안 경합해왔기 때문에 연구자들과 정책결정자들에게 배타적 선택을 강요하기 때문일지도 모른다.

그러나 염두에 둬야 하는 점은 국제정치학의 특정 시각 하나가 도그마가 되어버리는 경우에 생기는 부작용이다. 한국 학계에서 현실주의의 압도적 우위가 이런 위험을 안고 있다고 보인다. 동북아 국제정치의 미래를 전망하고 이에 대응하는 한국의 외교 정책적 대안을 제시하는 작업을 진행할 때 자칫 세력배분의 담론이나 구조결정론적 전제에 지나치게 경도되어 있으면 대립과 갈등 중심의 인식이 지배담론이 되기 쉽다. 특히 지역 내 상대적 약소국인 한국의 외교정책을 분석하고외교 전략을 구상함에 있어 대립과 갈등중심의 질서, 힘에 의한 평화담론만을 전제로 삼게 되면 전략 대안의 범위가 "순응"(compliance)이나 "적응"(adaptation)으로 국한되기 쉽고, 약소국들은 행위적 수동성을 강제받을 위험이 있다.[207]

편향된 국제정치관이 만들어내는 일종의 무력감이 있다. 인식적 무력감은 한국의 외교적 기동범위나 대안들을 스스로 위축시킬 수 있다. 약소국으로서는 어떤 전략을 구상하고 전개하더라도 힘의 우열이 만들어 내는 구조적 제약 때문에 별반 효과가 없을 것이라는 패배주의 논리에 쉽게 지배당하게 된다. 실제, 지난 시기 한국 외교 전략의 인식적 토대에 이러한 무력감이 도사리고 있었다는 것을 부인하기 어렵다. 무력감은 의존적 심리상태와 맞물려 있다. 앞서 설명했던 바와 같이, 이를테면 한미동맹에 관한 일부 한국인들의 인식도 이와 관련이 있

207 James N. Rosenau, *The Scientific Study of Foreign Policy* (New York: Nicholas Publishing Company, 1980), ch. 9.

다. 지금까지 한미동맹이 한국 생존의 기축이 되어왔다는 점에 크게 이의를 달 사람은 없다. 그럼에도 불구하고 어떤 제도적 장치나 방식(mechanism)을 통해 동맹이 유지되어야하는 것인가에 관하여 소위 '안보-자주 교환동맹'(security-autonomy trade-off)이라는 이론이 효과적 동맹 관계를 (재)조정하는 것에 일종의 심리적 저해요소가 되어 왔던 것도 부인할 수 없다.[208] 더 나아가 지금까지 한국의 외교 전략이 주로 순응이나 적응(adaptation) 개념을 중심으로 전개되었던 이유도 이러한 무력감 재생산의 인식적 관성과 무관하지 않다. 국제정치 현상을 오로지 힘의 관계에서만 파악하려는 인식적 경직성은 한국의 새로운 외교 담론을 구상하는 과정에서 냉철하게 성찰해야 할 주제다.

한국 외교전략 구상에서 동북아에서 어떻게 협력적 질서를 구축할 것인가는 검토하는 일은 매우 중요하다. 지역에서 갈등질서가 압도적인 상황이 만들어지면 자연스럽게 힘의 논리가 압도하게 된다. 그리되면 상대적 약소국인 한국의 외교전략은 매우 위축될 가능성이 높아질 것이다. 따라서 지역 협력질서를 지향하려는 국가의 정책적 의도의 중요성에 주목하고, 정책적 조율을 통한 국가간 협력 창출, 지역수준의 제도적 장치를 통한 역내 협력의 증진 등의 주제는 국제정치학 구조결정론의 한계를 벗어나고자 하는 의미가 있다. 이러한 점은 특히 동북아 각국의 외교정책 구상과 전망에서 매우 중요한 탐구 주제가 된다. 동북아 지역 국제정치를 조망할 때 세력배분의 구조적 요소 뿐 아니라 어떠

208 노무현 정부에 들어 재조정기간을 거쳤던 한미동맹을 두고 '자주 vs. 동맹' 프레임을 적용한 심리도 이와 무관하지 않다. 김기정, "전환기의 한미동맹: 이론과 현상," (2008); 홍성민, (2008).

한 정책적 의도를 가지고 있는가를 살피는 일도 구조적 요인 독해 못지 않게 중요하다. 지적(知的) 조망은 정책적 담론으로 나타날 수 있기 때문이다.

구조론적 설명이 국제정치학 연구에 하나의 축을 형성하고는 있지만, 이제 못지않게 중요한 접근법은 외교정책론 연구다. "국가는 왜 행위하는가?"(Why Nations Act?)의 질문은 외교정책론 연구의 출발점이자 종착역이다.[209] 외교정책론은 현실주의 담론이나 구조론에 입각한 국제체제론적 접근과 비교할 때 많은 점이 대비된다. 요컨대 국제정치 현상을 만들어내는 하나의 단위(unit)로서의 국가의 속성은 무엇이며 국가의 행위에 관한 전제는 무엇인가, 국가 행위의 합리성을 어떻게 간주해야 하는가 등의 질문에 대해 외교정책론은 현실주의 패러다임과 구조론적 국제체제론과 차이점을 보인다. 특히 한국 외교 전략의 미래담론과 방향성을 염두에 두면서 외교정책 연구에 종사하는 학자들이 현실주의 구조론적 담론에 지나치게 압박당하게 되면 외교정책론 연구의 영역을 스스로 축소시키는 결과를 낳게 될 것이다.

구조론을 넘어서야 할 주제 영역은 또 하나 있다. 한반도를 둘러싼 동북아 국제환경에 대한 설명할 때 선택해야 하는 개념에 관한 문제다. 우리는 한국 외교환경을 묘사할 때 글로벌 수준의 '권력 구조', (동북아) 지역체제, 지역적 수준의 '세력균형' 등의 개념을 자주 언급한다. 우리에게 모두 익숙한 개념들이지만 사실 따지고 보면 이들 개념들은 구조론적 담론을 내포하고 있다. 이에 비해 '질서'(order)라는 개념을 접근한

---

209 East, Salmore, Hermann (eds.), *Why Nations Act* (California: Sage Publications INC, 1978).

다면 조금 다른 시각이 보인다. 이른바 지역질서 담론이다. (국제) 질서라는 개념은 권력구조 뿐 아니라 인식(관념 ideation)의 요인, 행위적 특징, 제도적 장치 등의 복합적 요인들이 상호작용하여 운용되는 패턴이라고 정의할 수 있다.[210] 가장 중요한 점은 국제정치 현상을 '질서'라는 개념을 통해 접근하고 설명할 때 그 현상들이 단순히 권력구조 만의 결과물만은 아니라고 간주한다는 점이다. 체제이론(system theory)이나 구조론적 전제를 극복하려는 시도다.

국제정치가 작동하고 변동하는 것에는 권력(힘) 요소 못지않게 관념과 인식 요인이 매우 중요하다고 간주하는 것이 (국제)질서론이다. 예컨대 19세기 후반기의 국제정치 현상을 "식민주의 질서"라고 개념화하고 설명한다면 권력구조 만이 아니라 당시 제국주의 국가들이 공유하고 실천했던 '식민주의 원리'라는 관념의 역할에 주목하게 된다. 지역질서론에 대한 최근 연구경향에는 지역 국제정치현상을 설명함에 있어 구성주의적 접근도 포함된다. 구조와 개체(행위자)의 상호순환성, 문화(연성권력)와 인식적 공감대(행위의 간주관성 문제), 정체성 등의 논제가 거론될 수 있기 때문이다. 한국 외교정책 연구가 단순히 지역수준의 세력배분이나 구조에 대응하는 형태가 아니라 평화와 안정이라는 정책적 의도와 그것의 외교적 실천이라는 전략까지도 포함할 때, 연구 패러다임 선택의 문제, 개념의 선택문제는 그래서 매우 중요한 문제가 된다.

따라서 우리의 국제정치 인식이 지나치게 권력(힘), 구조(힘의 배분)에 필요이상으로 포박되어있는 것은 아닌가 자문하고 성찰할 필요가

---

210 T.V. Paul, John A. Hall (eds.), *International Order and The Future of World Politics* (Cambridge: Cambridge University Press, 1999).

있다. 이러한 성찰을 통해 우리의 인식을 오랫동안 지배해 왔던 약소국 인식(small power mentality)을 극복할 수 있을 것이다. 많은 사람들은 19세기 말, 약소국이었던 한국(대한제국)이 국력이 부족했기 때문에 망국의 비운을 겪었다고 판단해버린다. 국제정치 진행의 복합성을 오로지 힘(국력)의 관점에서만 이해하려는 태도다. 그래서 그런지 생존과 발전을 위한 해법도 힘의 추구(자강론), 그리고 힘이 강력한 국가에 대한 의존(편승동맹)이 핵심 수단이라는 인식이 유산으로 남게 되었다. 힘의 논리를 맹신하게 되면 결국 힘을 가진 자들(국가들)에 대한 맹종심리가 싹트게 된다. 그것이 약소국 멘털리티다. 힘의 강약만으로 국제정치를 바라보게 되면 힘을 단숨에 증가시키지 못하는 국가에게는 그 인식자체가 협착구도 속에 스스로를 가두는 원인이 된다.

국가의 능력이 결과를 결정하는 요소의 하나로 작용하지 않는 것은 아니지만, 그게 못지않게 국제적 규범이나 윤리, 국제여론, 개별 국가의 정책적 의지도 마찬가지로 중요한 요소가 된다. 근대 이후 진행되어 온 국제정치의 역사를 보더라도 이런 점이 두드러진다.[211] 경우에 따라 특정 국가의 정책적 비전이나 의도가 다른 국가들의 정책에 영향을 미치게 되는데, 그것은 힘의 배열관계와 반드시 일치하지 않는 경우도 있다. 어떤 국가가 주창하는 정책적 의도가 상대국들의 의도를 변화시키기도 하고 그것을 중심으로 국제관계의 의제(agenda)가 형성되기도 한다. 그 정책 의도가 보편적 가치를 내포하고 있을 때 더욱 큰 동력을 만들어 내기도 한다. 상대적 약소국의 입장에서 중장기 외교 전략을

211 김기정 (2011).

구상할 때 특별히 어떠한 정책적 의도를 표명할 것인지, 나아가 그것이 자의적 판단이나 이기적 이익의 발로가 아니라 국제관계의 보편성에 기반하고 있는 정책인지를 고민해야 하는 이유도 거기에 있다. 요컨대 한국 미래전략에 관한 담론을 구상할 때 힘에 관한 논변에 내재된 인식적 경직성을 극복할 필요가 있다. 한국의 정책적 의도와 그것의 실천이 국제 질서변화에 하나의 요인으로 작동할 수 있다고 전제하는 것이 필요하다.

2) 외교 전략과 평화담론

평화담론은 한국 외교 전략 구상이 시작되어 야 하는 철학적 토대다. 외교전략 구상은 그 시대 담론의 표현이다. 담론이란 가치나 규범을 내포한 사유양식이고, 사회 구성원들이 공유하는 인식체계다. 그러한 사회적 요청 속에서 전략가들은 전략을 구상하고 정책결정자들은 정책을 결정하고 집행한다. 사회적으로 21세기 초, 한반도를 둘러싸고 진행되는 국제정치의 영역에 '평화'는 분명 하나의 핵심적 화두다. 한반도 평화협력 프로세스가 제안되고, 그것에 근거하여 동북아 평화협력 공동체를 언급하기 시작했다. 물론 평화의 구체적 실행방법이나 내용은 다소 차이가 있을 것이다. 그럼에도 불구하고 평화라는 용어는 오늘날 시대적 추세를 표현하는 하나의 담론으로 자리 잡았다는 부정하기 어렵다. 평화는 이미 어느 특정 행위자의 전유물이 아니라 이 지역 국제정치에 참여하고 있는 모든 행위자들의 공통 인식영역이 되고 있다. 평화는 안보보다 상위 개념이며, 사실 어떤 가치보다도 우선시되는 총론적 가치일지도 모른다. 그만큼 이 시대 국제정치에서 평화는 핵심 가치로 다루어 지고 있다.

이 시대 평화담론은 마치 19세기 제국주의 침탈의 역사 속에서 "독립" "자주" 등의 용어가 외교적 공방에 자주 등장했던 사실을 떠올리게 한다.[212] 만국공법 질서가 동북아에 착근되어 가고 있었던 시대에 국가의 주권과 독립의 담론이 국제정치 최고의 가치로 자리 잡아 나갔던 것은 어찌 보면 당연한 일이었을 것이다. 그 시대가 지향하는 목표가 국가의 외교적 언술에 표현되면서 다른 국가들의 인식체계와 상호작용하여 하나의 담론체계를 형성하고, 그러한 구성적 변화에 따라 국가간 관계가 변동되어 왔다고 간주하는 것도 전혀 터무니없는 관찰은 아닐 것이다.[213] 그것이 국제질서의 관념(ideation)의 영역이며, 특히 간주관적(intersubjective) 관념은 국가간 공유의 영역을 넓혀 가면서 국제질서 변동의 방향타 같은 역할을 한다. 이러한 점을 고려할 때 이 시대 한반도를 둘러싼 국제정치의 역동 속에 등장하고 있는 '평화'의 담론은 매우 중요한 미래예시적 함의를 담고 있다고 볼 수 있다.

동북아 평화질서는 다른 지점이 아니라 한반도에서 출발해야 한다. 동북아 지역 국제정치사의 역사적 흐름에서 한반도는 역내 갈등구도의 직접적 피해자였다. 동북아 근대성이 내재하고 있는 갈등양식은

212 예를 들어 조선에 대한 독점적 지배권을 두고 전쟁을 벌였던 청일전쟁이 종결되면서 그 강화조약(下關條約)에는 조선의 '독립'을 청일 양국이 존중한다고 명기되어 있다.

213 국제관계의 변동이 단순히 구조적 요인에서만 비롯되는 것이 아니라 구조와 개체의 끊임없는 상호순환성에 바탕하고 있다는 지적은 이미 국제정치의 구성주의(constructivism) 시각에서 제시되어 왔다. 국제정치의 구성주의 패러다임에 대하여는 Wendt, (1999).

가장 처연한 형태로 한반도에 상처를 입혔고, 그 유산이 아직도 강하게 남겨져 있기 때문이기도 하다. 따라서 21세기 동북아 평화와 협력질서의 구축은 한반도에서 시작되어야 하는 필연성을 지닌다. 필연성은 갈등과 반목의 지역 국제정치의 역사적 유산 정리라는 차원에서 뿐 아니라, 동북아 지역의 지정학적 조건에서 비롯되는 필연성이기도 하다.[214]

지역열강들의 이해관계가 교차되는 지점에 위치하고 있는 한반도는 동북아 갈등구조가 표면화되는 현장이 되어왔다. 왜 한반도에 국제적 영향력, 열강들의 의도가 강하게 작동했던가? 지난 한 세기 동안 한반도 상황은 동북아 국제질서의 방향타 같은 역할을 해왔기 때문이다. 한반도에는 주변열강들의 권력게임의 이해득실이 과감없이 투영되어 왔으며, 한반도는 그들의 이해관계의 계산을 몸으로 받으며 역사의 길을 걸어 왔다. 19세기 말과 20세기 초, 한반도는 첨예한 국제적 대립구도가 표현되는 장소였다. 세계적 차원의 영-러 대립구도가 청일간 무력대결과 중첩되어 나타났던 곳이 한반도였다. 나중에는 일본과 러시아의 대립구도 또한 한반도에서 전쟁의 참화를 남겼다. 냉전기에 접어들어 전세계가 두 편으로 갈려 대립할 때 그 양편 가르기 구도도 한반도를 비켜가지 않았다. 오히려 한반도는 가장 치열한 대결현장임을 보여주었다. 사실 냉전기간동안 한반도를 매개로 한 대립적 균형상태는 열강들 공통된 이해관계이기도 하였다. 이제 한반도는 긴장과 대립의 현장이 아니라 평화와 지역 협력창출의 리트머스 시험지로 기능해야 한다. 그것이 한반도 평화 담론이 제기되고 심도있게 논의되어야 중요

214 김기정, "생존전략으로서의 지역협력질서 구축," 『새 천년, 새 세기를 말한다: 세계와 한국』 (서울: 한겨레 신문사, 1999), pp. 247-49.

한 이유이기도 하다.

한반도의 평화 공존질서가 갖는 또 하나의 중요성은 한반도의 드리워진 냉전의 그늘을 극복하는 것과 직접적으로 관련되어 있다. 탈냉전의 시대적 조류가 세계의 곳곳을 변화시켰지만, 한반도는 여전히 냉전의 유산으로부터 자유롭지 못하다. 냉전적 틀을 벗어나기 위한 제도적 장치들도 아직 불충분하다. 더욱이 한국 사회의 많은 영역이 아직도 냉전적 중압감에서 해방되지 못하고 있다. 특히 사고의 틀과 인식의 범위에서 그러하다. 이것에는 한국의 학계 또한 예외가 아니다. 분단현실이 장기간 지속되면서 한국에서의 평화와 통일에 관한 회의주의가 팽배해 있고 비관적 현실주의가 주류를 이루고 있다.[215] 이에 따라 한반도 평화 정착에 관한 학문적 논의조차 군사 안보정책론의 범주에서 크게 벗어나지 못했다. 한반도 평화 질서의 형성을 단지 군사안보의 틀 안에서만 묶지 말고 새로운 시각에서 조명해 보는 일이야말로 과거의 냉전적 사고를 극복할 수 있는 지름길이 될 것이다.

215 함택영, "한반도 평화체제 수립방안: 경제협력 및 군축을 통한 민족공동체 모색," 세종연구소 편 『남북정상회담과 한반도 평화』 (성남: 세종연구소, 2001), p. 201.

에필로그

평화의 미래를 향하여

한반도의 정치적 공간에서 이제 평화는 하나의 염원이 되었다. 한반도에서 군사적 대결, 전쟁의 일상화를 종식하고 평화를 정착시키는 것이 어떤 다른 가치보다도 우선되어야 한다. '평화의 일상화'를 전략적으로 모색하고 지속적으로 실천해 보자는 것이다. 또한 냉전적 사고에 함몰되어 있던 우리 자신의 인식적 지평을 탈냉전과 평화를 향한 방향으로 확대시켜야 한다. 냉전시대를 통해 우리의 사고를 고정시켰던 비관적 현실주의를 극복하고 평화에 관한 새로운 사유체계를 가져야 한다. 평화추구의 방법은 지금까지 인류의 실험 속에서 다양한 방법이 제시되고 시도되어 왔으나, 어느 것 하나 완결된 형태의 해법은 존재하지 않았다. 이제는 그 전통적 방법들에 더하여 대안적 방법도 혼용하는 창의적 접근법도 생각해야 할 만큼 우리에게 평화는 긴급한 문제가 되었다. 과거로의 회귀적 태도나 현실론 중심의 고정된 인식으로는 변화는 약속되지 않는다. 유명한 시인, 로버트 프로스트(Robert Frost)의 시구(詩句)대로 다른 사람이 "덜 걸어 간 길"(the road less traveled by)을 선택할 때 변화가 가능하기 때문이다.[216] "평화를 원하면 전쟁을 준비하라"는 믿음 속에서 인류 5500년 문명사 전체가 끊임없이 전쟁의 고통으로 신음해 왔었다는 사실을 새삼스럽게 성찰해 볼 필요가 있다. "평화를 원하면 평화를 위한 교육을 하라"는 경구 속에 담긴 의미를 우리 나름으로 해석해 봐야 한다. 평화는 평화로운 미래가 어떤 것인지 상상 속에서 창안해내고 그것을 다른 사람들에게 널리 전파하는 과정을 통해 가능해진다.[217] 한반도의 평화 또한 결코 예외가 아니다. 미래는 늘 가능성을 향해 열려 있으며, 따라서 가장 확실한 미래 예측의 방법은 미래를 창조하는 길이라는 주장도 단순히 낭만적 어구로 폄하할 일은 아니다. 한반도의 평화로운 미래를 원한다면 한반도의 평화로운 미래상을 창조하고 실천에 나가야 한다는 의미다.

한반도 지도 위에 벌어졌던 국제정치적 영향, 그 쓰라린 기억들은 미래를 향한 디딤돌이 되었다. 한국인들은 강권주의 시대가 남긴 유산을 극복하고 싶어 한다. 약소국으로서 감내해야 했던 고통들을 넘어서고 싶어 한다. 그런 시대적 소명을 외교 전략에 반영하여 평화와 공동번영의 공동체 구축을 향해 나아가야 하는 것이 미래 한국 외교 전략의 과제다. 적대적 대립이 지배했던 한반도를 평화공존 질서로 전환하여

216 (전략) I shall be telling this with a sigh / Somewhere ages and ages hence: / Two roads diverged in a wood, and I -- / I took the one less traveled by / And that has made all the difference. Robert Frost의 시, "가지 않은 길 (The Road Not Taken)이 주는 국제정치적 함의에 관하여는 Rourke (1997), pp. 14-15.

217 "An essential task in achieving peace is the creation, and propagation to a wide audience, of a credible image of a peaceful future." Smoke and Harman (1987), p. 77.

평화체제의 제도화로 이행하는 일이다. 한반도 땅에 다시는 전쟁 위기가 일상이 되지 않도록 단단하게 비(非)가역적 구도를 만드는 것이다. 그래야 폭력의 시대적 상흔을 벗겨내고 평화와 비폭력의 새로운 시대가 가능해진다. 증오가 난무했던 시대를 넘어 화해와 관용의 시대로 진입하게 만드는 일이 외교 전략의 과제다. 대립과 단절은 증오심의 토대였다. 이것을 넘어서서 소통과 연결의 시대로 진입해야 한국에게 살 길이 열린다. 열강들의 정치적 결정을 수용하고 소비했던 시대를 벗어나 한반도가 새로운 시대의 발신기지가 되어야 한다. 한국 외교 전략이 그 희망의 출발을 알리는 역할을 해야 된다는 뜻이다.

한국은 외교 전략 패러다임 전환의 시대다. 한국 안팎의 요소들이 새로운 패러다임을 요구하는 시대다. 지금까지 한국의 외교 전략이 주로 국제환경에 변화에 대해 수세적 대응이 주종을 이루었다면, 이제는 동북아 질서 변화를 선도하고 한국에게 유리한 지역 환경을 조성해 나가는 능동적 전략으로 변모시킬 필요가 있다. 지금까지의 '순응과 적응'의 수동적 자세를 극복하고 '타개와 조성'이라는 전략 개념을 수용하는 것에서 시작할 수 있다. '타개와 조성'이란 의미는 기존 외교안보 전략의 지형 속에서 개선이 필요한 부분은 과감하게 타개해 나가며, 아울러 동북아 지역질서를 협력과 상생의 구도로 변화시킴으로써 한국에게 유리한 환경을 조성해 나가자는 의미다. 타개와 조성이라는 전략구상의 기본 원칙은 고립보다는 개방, 갈등이나 배타적 대립보다는 협력적 관계로의 방향이어야 한다. 동북아에서 한국의 외교적 입지를 위축시키고 인접 국가들과의 외교적 관계에서 한국이 스스로 소외를 자초하는 것이 아니라, 외교 안보관계의 영역과 범위를 확대시킴으로써 개방형의 외교 전략을 전개해 나가야 한다.

한국이 동북아의 모든 사안을 선도하거나 조형(造形)할 수 있다는 뜻은 결코 아니다. 한국으로서는 동북아 지역질서가 앞으로도 갈등과 협력이라는 두 가지 요인이 패러독스처럼 교차되면서 진행될 것이라는 현실적 측면을 염두에 두면서 유연하게 구상되고 실천되어야 한다는 의미다. 진영화를 지향하는 동북아 구조 변동과 비전통적 안보위협 확대의 문제는 분쟁과 갈등의 증대 가능성을 의미한다. 반면, 한반도 평화체제 구축과 동북아 지역협력 구축문제는 협력적 상황으로의 전개를 의미한다. 분쟁과 대립 상황에 대해서는 가능한 한 한국이 분쟁에 연루되는 상황을 회피하고 최소화 하는 전략, 즉 연루회피 전략이어야 한다. 반면, 협력과 통합의 상황전개에 대해서는 동북아 지역의 협력질서와 지역적 공동체 형성을 촉진시켜 나가는 촉진자 역할에 기초하고 있어야 한다.

동북아 갈등 상황이 대결형 진영화나 분쟁국면으로 치닫는 최악의 시나리오로 전개되는 경우를 염두에 두면 기존 한미동맹을 통한 안보의 확보, 즉 편승전략의 기제는 일종의 최후의 안전장치와 같은 것이다. 그러나 한미동맹 강화만이 한국에게 허용된 유일한 전략이라고 믿게 되면 전략적 대안이 축소되기 쉽다. 한미동맹을 근간으로 하면서도 동북아 협력안보의 강화와 제도화 노력을 병행하는 전략이 필요하다는 뜻이다. 그것을 통해 동북아 협력질서 형성에 한국이 촉진자, 창안자의 역할을 수행할 수 있음을 고려해야 한다. 보다 안정적이고 협력적 지역질서 속에서 한국의 외교적 공간이 더욱 확대될 수 있고, 그것이 장기적으로 한국 외교의 지평을 넓혀가는 길이기 때문이다.

동북아 지역질서에 대응하는 한국의 구상은 복합적이고 중층적이어야 한다. 타개와 조성의 기조를 유지하면서 동북아 질서의 상황변화에 따라 유연한 전략들이 병행되어야 한다. 이를테면 질서의 관념적 토대인 인식 영역과 관련해서는 한국은 역내 평화와 조화를 도모하자는 보편가치의 선창 전략이 필요하다. 외교적 수사(rhetoric) 영역에서 보편적 가치를 내세우는 것은 국제적 규범과 여론 경쟁에서 도덕적 우위를 선점할 수 있기 때문이다. 또한 외교적으로 해결책을 모색할 수 있는 갈등 사안이 대두하는 경우, 한국은 예방외교를 강조하고 중재역할을 자임하는 균형외교 전략에도 보편가치가 중요한 자산이 된다.

국력증대의 노력은 앞으로도 지속되어야 한다. 약소국으로서 감내해야 했던 고통을 되풀이 하지 않기 위해서라도 경제능력과 군사력의 증대는 꼭 필요하다. 통상국가로 발전을 지속하기 위한 산업능력 강화는 특히 중요하다. 미래 전장(戰場)에 대비하는 군사력의 과학화, 첨단화는 필수적이다. 그러나 군사력과 경제산업 능력 증강을 통해 국력을 키워나갈 때라도 유의해야 할 점은 바로 인식의 문제다. 국력 증대의 논리에 맹목적으로 함몰되면 안된다는 의미다. '힘의 논리'에 스스로의 인식을 가두게 되면 자칫 '힘에 대한 숭배의 심리' '힘을 가진 국가에 대한 의존 심리' 등의 오류에 빠질 수 있음도 경계해야 한다. 더욱이 군사력의 증대를 추구하는 과정이 지나치게 노골적이면 동북아 주변국들에게 위협으로 인식될 수 있다. 이는 이미 북한 핵문제로 증명된 바 있다. 따라서 국력증대 프로젝트는 반드시 대외적으로는 평화와 협력의 외교전략과 병렬적으로 추진되어야 한다. 대외적으로는 평화지향의 가치를 위해 유연한 외교안보전략을 추구한다는 기조를 강조하면서, 동시에 대내적으로는 스스로 힘을 키워 나가는 노력이 국가전략의 핵심이다. 그것이 이율배반적이고 '위선'이라고 비칠 수 있으나, 위선도 전략적이어야 한다. 그런 의미에서 '외유내강(外柔內剛)'의 전략이 오늘날 한국에게 요구되는 지혜일 것이다.

결국 평화가 한국 외교 전략의 핵심가치다. 국제정치의 역사에 있어서나 한국 외교에 있어 안정적 평화가 단지 요원한 꿈으로 간주되었던 시대가 있었다. 국제정치사에서 평화보다는 전쟁과 폭력이 지배적 양식이었던 점도 사실(史實)로서 부인하기 힘들다. 때론 폭력의 광기 앞에 평화 기원의 꿈과 희망은 쉽게 좌절되기도 했다. 그러나 돌이켜 보면 전쟁과 폭력, 두려움이 지배했던 시대일수록 오히려 평화의 기원은 더 강렬한 희망으로 남았다. 역사를 현실(전쟁의 기록)과 반(反)현실(희망과 기원)의 공존으로 이해해야 하는 것도 그런 이유일 것이다.

평화의 개념이 한국 외교 전략판 위에서 다소 외교적 수사(rhetoric)만으로 사용되었거나, 때론 군사안보의 협의적 관점에서 해석되어 왔던 경향도 없지 않았다. 평화를 말하되 그것이 군사력의 증강을 통해서 해결될 것이라는 군사안보 논리가 지배해 왔던 적도 있었다. 외교 전략이 군사안보에 압도되면서 상대적으로 위축되었던 시대였다. 그러나 개체중심의 군사안보론이 낳는 본질적 모순의 문제(안보딜레마)는 이론적 영역에서나 실제 현실정치에서 극명하게 증명되어 왔다. 두려움에 기반하고 있는, 그래서 두려움을 재생산하는 국제정치의 관념적 포박으로부터 벗어날 때 평화 추구의 해법은 다양하게 열려 있다. 21세기 한국 외교 전략에 있어 평화는 미래를 향한 이상(理想)의 문제이기도 하지만, 동시에 현실적 문제이기도 하다. 동북아 지역질서에서 위기가 증가하거나 갈등과 대립 중심의 질서로 진행되면 한국이 지불해야 하는 현실적 비용은 더 높아질 수밖에 없다. 그리되면 한국 외교는 또다시 순응 외의 다른 대안을 강구하기 힘들게 될 것이다. 협력과 갈등, 안정과 불안정의 갈림길에 서 있는 동북아 21세기 국제정치에서 한국 외교가 창의적이고 능동적인 역할을 자임해야 하는 이유도 그것에 있다. 대립과 갈등 질서로 회귀하자고 부추기는 전략이어서는 안된다는 뜻이다. 평화적이고 협력적 질서 속에서 한국 외교가 움직일 수 있는 공간은 더 넓어진다. 그런 환경 속에서 한국의 창의적 외교력이 발휘될 수 있다.

갈등보다는 평화를, 무한경쟁 논리보다는 공생과 공존의 논리를, 대립보다는 협력의 논리가 한국 외교 미래전략의 기본 원리여야 한다. 그러한 관념들을 기반으로 한국 외교의 새로운 패러다임을 만들어 가야 할 것이다. 그와 같은 인식 전환을 통해 오랜 시기 한국 외교를 압박했던 약소국 무력감이나 의존심리, 패배주의, '어쩔 수 없다'는 상황론의 인식구조를 극복할 수 있을 것이다. 보편적 가치를 외교적 영역에서 추구하고 그것을 통해 국제사회의 발전에 공헌하고자 하는 책임을 가진 국가로 국제적 위상을 정립해야 한다. 공공외교를 비롯한 연성권력적 수단을 적극 활용하면서 문화적 대화를 통해 보편 가치와 규범을 국가 간 소통의 중심에 두는 그런 외교, 그런 국가여야 한다. 그것이 한국이 궁극적으로 생존하는 방법이고, 협력을 통한 공생발전을 도모할 수 있는 길이기도 하다. 그런 의미에서 "한국의 미래는 외교에 달려 있다"는 말을 진정한 시대적 의미가 담긴 선언으로 되새겨야 할 것이다.

참고 문헌

강광식. 1989. 『중립화 정치론: 한반도 적용 가능성 탐색』 (서울: 인간사랑).

강만길. 1978. "유길준의 한반도 중립화론." 『분단시대 역사인식』 (서울: 창작과비평사).

강봉구. 2006. "차가워진 피: 21세기 한미 동맹정치 시론." 『한국과 국제정치』 제22권 (4)호.

강천석. 2005. "동북아 균형자론의 꿈과 현실." 「조선일보」 (4월 16일).

국가안전보장회의. 2004. 『평화번영과 국가안보』 (국가안전보장회의 사무처).

권도연. 2019. "다자간 협력프로세스와 철도협력: 유럽과 동아시아 비교 연구." (연세대학교 석사학위 논문).

김대중-오부치 공동선언 20주년 기념행사위원회. 『김대중-오부치 게이조 공동선언 20주년과 동아시아 미래비전』 (서울: 트리펍).

길정우. 2003. "韓美동맹의 진혼곡", 「중앙일보」 (11월17일).

김근식. 2011. 『대북포용정책의 진화를 위하여』 (파주: 도서출판 한울).

김기정. 1990. "연미에서 반미까지," 『진리 · 자유』.

———. 1995. "국제체제 하에서의 외교정책의 목표와 수단." 김계동 외. 『세계외교정책론』 (서울: 을유문화사).

———. 1998. "21세기 동북아 국제질서와 한국의 전략적 선택: 비교검토." 정진위 외,『새로운 동북아 질서와 한반도』 서울: 법문사.

———. 1998. "전쟁직전 미국의 대한반도정책." 한국정신문화연구원 현대사연구소 (편), 『한국현대사의 재인식3: 한국전쟁 직전의 한국사회연구』 (서울: 오름).

———. 1999. "21세기 동북아 안보환경의 전략적 조망: 냉전구조 해체인가, 신냉전의 해체인가?" 『한반도 군비통제』 (서울: 국방부).

———. 2003. 『미국의 동아시아 개입의 역사적 원형과 20세기 초 한미 관계 연구』 (서울: 문학과지성사).

———. 2004a. "제9차 FOTA 회의와 한국 외교의 과제." 『정세와 정책』 (성

남: 세종연구소).
———. 2004b. “국민 안보의식 변화와 한반도 평화.” 문정인, 김기정, 이성훈 (편), 『협력적 자주 국방과 국방개혁 』(서울: 오름).
———. 2005a. “21세기 한국 외교의 좌표와 과제: 동북아 균형자론의 국제정치학적 의미를 중심으로.” 『국가전략』 제11권 (4)호.
———. 2005b. “가쓰라-태프트 밀약의 진실.” 『신동아』 554호.
———. 2005c. “노무현대통령의 외교 딜레마: 국내정치 갈등구조와 외교정책.” 양승함(편). 『노무현 정 부의 국가관리 성과와 과제』 (서울: 연세대학교 출판부).
———. 2008a. “한국 외교정책 연구의 과제.” 하용출(편). 『한국적 국제정치학의 발전과 전망』 (서울: 서울대학교 출판부).
———. 2008b. “전환기의 한미동맹: 이론과 현상,” 『한국과 국제정치』 제24권(1)호 (2008년, 봄).
———. 2011. 『1800자의 시대 스케치』 (서울: 오래).
———. 2017. “한일 국교정상화 50년 역사가 던지는 학문적 의미들.” 김기정 외, 『한일관계 50년의 성찰』 (서울: 오래).
김기정, 김근식, 최종건 외. 2014. 『인천: 삶, 도전, 그리고 미래』 (서울: 책나무).
김기정, 김상준 외. 2017. 『한미관계 50년의 성찰』 (서울: 오래).
김기정, 김창호 외. 2013. 『21세기 한국의 미래 구상: 도전과 선택』 (서울: 한국미래발전연구원).
김기정, 박한규. 2000. “21세기 통일한국의 안보환경과 전략적 선택.” 한국정치학회(편), 『21세기남북관계론』 (서울: 법문사).
김기정, 이행. 1992, “민주화와 한국외교정책,” 『국제정치논총』 제32집 (2)호.
김기정, 천자현. 2016. “광복 70년 한국 현대사: 국제정치 환경변화와 한반도.” 조원빈, 박인휘 외, 『현대 동아시아 국가의 형성과 발전』 (서울: 대한민국역사박물관).
김기혁. 2007. 『근대 한 · 중 · 일 관계사』 (서울: 연세대학교 출판부).
김 덕. 1992. 『약소국 외교론』 (서울: 탐구당).
김도종. 2000. “햇볕정책과 국내정치적 함의.” 『국가전략』 제6권 (1)호.
김동택. 2017. “근대 한국 주권 개념 연구.” 『21세기 정치학회보』 제27집 (2)호.
김순태. 2003. “한미동맹의 성격변화에 관한 연구: 주권에 대한 정체성을 중심으로.” (연세대학교 석사 학위논문).

김영호. 2005a. "동북아 균형자론 비판과 실용주의적 국가전략의 모색." http://www.cfe.org/etc/?cid=190100&idx=&fk_bid=110600&fk_idx=1032&pid=2&pn=1&sp=1(검색일: 2005.7.13.)

김영호. 2005b. "공허한 외침일 뿐, 현실을 보라."『넥스트』(6월호)

김영희. 2005. "미국 독주에 도전장 낸 중 · 러 동맹."『중앙일보』(7월 8일).

김용구. 2001.『세계관 충돌과 한말 외교사, 1866~1882』(서울: 문학과지성사).

김용구, 하영선 편. 1996.『한국 외교사 연구: 기본사료 · 문헌해제』(서울: 나남출판).

김우상. 2004. "한미 동맹의 이론적 재고."『한국과 국제정치』제20권 (1)호.

김일영. 2004. "주한미군 재조정: 왜, 어디까지, 그리고 어디로," 심지연, 김일영 편,『한미동맹 50년: 법적 쟁점과 미래의 전망』(서울: 백산서당).

김정섭. 2017.『외교상상력: 지나간 백년 다가올 미래』(서울: 교학사).

김학성. 2007. "남북관계와 한미관계: 한국의 국민의식을 중심으로."『한반도와 동북아 평화: 참여정부 출범 4주년 기념 심포지움』통일연구원.

남기정. 2004. "한미지위협정 체결의 정치과정." 심지연, 김일영 (편),『한미동맹 50년』(서울: 백산서당)

뉴스위크(한국어판). 2007, "아시아에 확산되는 신냉전기류." (09.12)

대통령 비서실. 2005. "노무현 대통령 취임 2주년 국회 국정연설," 2005년 2월 25일.

――――. 2004. "노무현 대통령 미국 국제협의회 주최 오찬 연설." 2004년 11월 12일.

――――. 2003a. "참여정부 12대 국정과제-한반도 평화체제 구축." http://ww.president.go.kr/cwd/kr/government/agenda-01.php?m=1 (검색일: 2005년 7월 13일)

――――. 2003b. 노무현 대통령 취임연설,『노무현 대통령 연설문집』제1권 http://www.president.go.kr/cwd/kr/president/speech/president_speech.pdf (검색일: 2005년 7월 13일)

데이비드 레이놀즈 저, 이종인 역. 2009.『정상회담: 세계를 바꾼 6번의 만남』(서울: 책과함께).

문정인. 1992. "남북한 신뢰구축: 그 가능성과 한계," 함택영(편),『한반도 비경쟁과 군축』(서울: 경남대 극동문제연구소).

――. 1999. "김대중 정부와 한반도 평화체제 구축."『국가전략』제5권 (2)

호.
———. 2005a. "美, '진짜 리비아 모델' 제시하라."『프레시안』2005년 3월 14일.
———. 2005b. "소프트 파워의 예방적 외교라면"『넥스트』(6월호).
박철희. 2005. "한 · 일 관계 발전전략." 세종연구소 제 13차 국가전략 포럼. 서울. 6월.
박명림, 지상현. 2009. "탈냉전기 한국의 동아시아 인식과 구상: 김대중 사례 연구."『한국정치학회보』제43권 (4)호.
박인휘. 2010. "박정희, 김대중의 국가이익과 한미관계: 동맹-자주의 분절 혹은 통합." 양승함 (편),『한국 국가관리와 대통령 리더십의 비전과 모델』(서울: 연세대학교 국가관리 연구원)
박홍서. 2006. "북핵위기시 중국의 대북 동맹안보딜레마 관리 연구."『국제정치논총』제46집 (1)호.
배기찬. 2017.『코리아 생존 전략』(고양: 위즈덤하우스).
배양일. 2006. "한미동맹과 자주." (연세대학교 정치학과 박사학위 논문).
서보혁. 2003. "정체성 정치와 국제안보의 재구성: 이론, 실제 그리고 시사점."『국가전략』, 제9권 (2)호.
성경륭. 2013. "진보적 민주주의의 비전과 새로운 사회설계." 김기정 외 (편),『21세기 한국의 미래구상』(한국미래발전연구원).
세종연구소. 1996.『21세기를 향한 한국의 국가전략』(성남: 세종연구소).
송호근. 2004. "파괴와 해체, 중산층 붕괴, 지적 헤게모닌 상실."『신동아』2월.
신욱희. 2001. "한미동맹의 내부적 역동성: 분석틀의 모색."『국가전략』제7권 (2)호.
———. 2002 "민주적 평화론과 미국의 21세기 전략."『미국학』제25권.
———. 2006. "비대칭동맹에서의 역할설정과 위협인식의 문제."『안보학술논집』. 제17권 (1)호.
안병준. 1993.『탈냉전기의 국제정치와 한반도통일』(서울: 법문사).
———. 1993. "한국 외교의 역사적 전개." 정일영(편),『한국 외교 반세기의 재조명』(서울: 나남).
얀 멜리센 저. 박종일, 박선영 역. 2008.『신공공외교』(고양: 인간사랑)
앤드루 바세비치 저, 박인규 역. 2013.『워싱턴룰: 미국은 왜 전쟁을 멈추지 못하는가』(파주: 오월의봄).
연세대학교 대학원 학술위원회. 2011.『경쟁과 공존』(서울: 오래).

요한 갈퉁 저, 이재봉 외 역. 2000.『평화적 수단에 의한 평화』(서울: 들녘).

윌리엄 스툭 저, 김형인 외 공역. 2001.『한국전쟁의 국제사』(서울: 푸른역사).

이근, 전재성. 2001. “안보론에 있어 구성주의와 현실주의의 만남.”『한국과 국제정치』제 17권 (1)호: 163−98.

이내영, 정한울. 2003. “반미여론과 한미동맹: 2002년 12월과 2003년 6월의 여론조사 자료의 분석을 중심으로.”『국가전략』제9권 3호.

이민룡. 2003. “한미동맹의 이론과 현실.” 우암평화연구원 (편),『정치적 현실주의의 역사와 이론』(서울: 화평사): 389−434.

이배용. 1990. “열강의 이권 침탈과 조선의 대응.”『한국사 시민 강좌』제7집 (서울: 일조각)

이상호. 2009.『변화하는 미국의 공공외교 전략과 한미관계』, 김형인 외 공역. 2001.(서울: 시대의창).

임동원. 2008.『피스메이커』(서울: 중앙북스).

이상철. 2004.『안보와 자주성의 딜레마: 비대칭동맹이론과 한미동맹』(서울: 연경).

이상현. 2003. “한미동맹 50년의 성찰과 한미관계의 미래.”『국가전략』제9권 (1)호.

이수형. 1999. “동맹안보딜레마와 포기−연구의 순환.”『국제정치논총』제39집 (1)호.

이완범. 1995. “미국의 38도선 획정과정과 그 정치적 의도: 1945년 8월 10일 ~15일.”『한국정치학회보』제29권 (1)호.

이장희. 2004. “한반도의 자주적 평화정착을 위한 국제법적 과제와 정책방안.”『한반도안보관련 조약의 법적 재조명』(서울: 백산서당).

이태진. 2001.『한국병합, 성립하지 않았다』(서울: 태학사).

이표재. 2003. “지역 안보질서의 형성과 변화−유럽, 동북아지역 사례 비교.” (연세대학교 박사학위 논문).

이호재. 1973.『약소국외교정책론』(서울: 법문사).

———. 2000.『한국 외교정책의 이상과 현실』(서울: 법문사).

장인성. 2004. “근대 한국의 세력균형 개념: ‘균세’와 ‘정립’.”『세계정치』제25집 (2)호.

전재성. 2000. “구성주의 국제정치이론과 남북관계.” 한국정치학회 추계학술회의.

———. 2002. "'국제정치적으로 옳은' 반외세감정." 미래전략연구원 http://www.kifs.org/new/ Dbview.html?no=1285.
———. 2004a. "국가주권의 재성찰."『세계정치』제25권 (1)호.
———. 2004b. "미국의 세계전략 변화와 한반도 정책." 문정인, 김기정, 이성훈 (편),『협력적 자주 국방 과 국방개혁』(서울: 오름).
———. 2005. "국력으로 협력으로 동맹으로."『넥스트』(6월호)
———. 2011.『동아시아 국제정치: 역사에서 이론으로』(서울: 동아시아연구원).
정용화. 2004.『문명의 정치사상: 유길준과 근대 한국』(서울: 문학과지성사).
———. 2005. "대한제국의 외교정책." 연세대학교 국학연구원 제346회 국학연구발표회, 서울. 5월.
조명현. 1996. "탈냉전시대 한반도의 안보환경의 변화와 안보전략의 변화."『국제정치논총』제36집 (2)호.
조성렬. 2004. "한미 상호방위조약과 한미동맹 50년의 평가." 심지연, 김일영 (편),『한미동맹 50년』(서울: 백산서당, 2004).
———. 2007. "21세기 한미관계의 재조정 방향: 한미동맹의 과거, 현재, 미래."『한반도와 동북아 평화: 참여정부 출범 4주년기념 심포지움』통일연구원.
———. 2019.『한반도 비핵화 리포트: 포괄적 안보 – 안보 교환론』(서울: 백산서당).
지효근. 2007. "동맹난보문화와 동맹결속력 변화: 한미동맹 사례연구, 1968–2005." (연세대학교 정치학과 박사학위 논문).
찰머스 존슨 저, 안병진 역. 2004.『제국의 슬픔』(서울: 삼우반).
천자현. 2013. "화해의 국제정치."『국제정치논총』제53집 (2)호.
최문형. 2004.『국제관계로 본 러일전쟁과 일본의 한국 병합』(서울: 지식산업사).
최종건, 김용철. 2006. "비대칭적 한미동맹관계와 한국인의 대미태도: 변화와 분화."『한국정치외교사논총』제28권 (1)호.
최희식. 2016.『전후 한일 관계 70년』(서울: 선인).
하영선, 김영호, 김명섭. 2005.『한국외교사와 국제정치학』(서울: 성신여자대학교 출판부).
홍성민. 2008.『지식과 국제정치: 학문 속에 스며있는 정치권력』(서울: 한울아카데미).

함택영. 2001. "한반도 평화체제 수립방안: 경제협력 및 군축을 통한 민족공동체 모색." 세종연구소 (편), 『남북정상회담과 한반도 평화』 (성남: 세종연구소, 2001).
황준헌 저, 조일문 역. 2001. 『朝鮮策略』 (서울: 건국대학교 출판부).
후나바시 요이치 저, 오영환 역. 2007. 『김정일 최후의 도박』 (서울: 중앙일보 시사미디어).
O. N. Denny 저, 최수근, 신복룡, Robert R. Swartout 역. 1999. 『청한론(淸韓論)』 (서울: 집문당)

Armitage, Richard, and Nye, Joseph. 2007, *The U.S.-Japan Alliance: Getting Asia Right Through 2020*. CSIS Report.
Baldwin, David(ed.). 1993. *Neorealism and Neoliberalism: The Contemporary Debate*. (New York: Columbia University Press).
Bartlett, Charles J. 1993. *Defense and Diplomacy: Britain and Great Powers 1815-1914*. (Manchester: Manchester University Press).
Berstein, Richard, and Munro, Ross. 1998. *The Coming Conflict with China.* (New York: Vintage Books)
Brown, Michael et. al. eds. 1995. *The Perils of Anarchy*. Cambridge: MIT Press
Buzan, Barry. 1991. *People, States, and Fear: An Agenda for International Security Studies in the Post-Cold War Era* (Boulder: Lynne Rienner).
Buzan, Barry, Ole Wæver, Jaap de Vilde. 1998. *Security: A New Framework for Analysis* (Boulder: Lynne Rienner).
Choi, Jangho Choi and Jae-young Lee. 2019. "Making Transformative Peace: The Bold Vision for a Peace-Driven Economy." *Global Asia* 14-2.
Connetta, Carl. 2003. "9/11 and the Meanings of Military Transformation." *Project on Defense Alternatives*.
Department of State. 1972. *Treaties and Other International Agreements of the United States of America, 1776-1949* 9. (Washington D.C.: Government Printing Office).
Evans, Graham and Jeffrey Newnham. 1998, *Dictionary of International Relations*. (New York: Penguin).
Fox, Annette Baker. 1959. *The Power of Small State* (Chicago: University Chicago

Press).

George, Alexander. 1993. *Bridging the Gap: Theory & Practice in Foreign Policy*. (Washington: United State Institute of Peace).

Handel, Michael. 1981. *Weak States in the International System*. (London: Frank Cass.)

Hwang, In K. 1987. *One Korea Via Permanent Neutrality: Peaceful Management of Korean Unification*. (Cambridge, Massachusetts: Schenkman Books).

Jensen, Lloyd. 1982. *Explaining Foreign Policy*. (Englewood Cliffs: Prentice-Hall).

Katzenstein, Peter. 1996. *Cultural Norms and National Security*. (Ithaca: Cornell Univ. Press).

Kegley, Charles. 1995. "The Neoliberal Challenge to Realist Theories." in Charles Kegley (ed.), *Controversies in International Relations Theory*, (New York: St. Martin's Press).

Kennedy, Paul. 1987. *The Rise and Fall of the Great Powers*. (New York: Random House).

Keohane, Robert. 1988. "Alliances, Threats, and the Uses of Neorealism." *International Security* 13:1.

Kim, Ki-Jung. 2004. "Studying International Relations in Korea: Things that Are Korean." *Participation* 28-2.

——————. 2019. "Shinzo Abe's Underhanded Trade War Against South Korea." *National Interest* July 23.

Kim, Ki-Jung and Duk-Ryong Yoon. 1999. "Beyond Mt. Kumkang: Social and Economic Implications." in Chung-in Moon and David I. Steinberg, (eds.), *Kim Dae-jung Government and Sunshine Policy* (Seoul: Yonsei University Press).

Kim, Ki-Jung and Jaemin Park. 2001. "Paradox of Dismantling the Cold War Structure: Domestic Barriers after the Summit Talk." in Moon Chung-in, Odd Arne Westad and Kahng Gyoo-hyoung (eds.), *Ending the Cold War in Korea: Theoretical and Historical Perspectives* (Seoul: Yonsei University Press).

Kim, Ki-jung and Bo-hyuk Suh. 2019. "How to Move from Confrontation to

Military Confidence-Building." *Global Asia* 14-2.

Kim, Joon Hyung. 2018. "Deterrence, Alliance and Peace-Keeping: An Ambivalent Peace Initiative." *Global Asia* 14-2.

Krasner, Stephen D. 1999. *Sovereignty: Organized Hypocrisy*. (Princeton: Princeton University Press).

Langer, William L. 1939. *European Alliances and Alignment, 1871-1890*. (New York: Knopf).

Liska, George. 1968, *Alliances and the Third World*. (Baltimore: Johns Hopkins Univ. Press).

McCormick, Thomas. 1995. *America's Half-Century*. 2nd (ed.) (Baltimore: Johns Hopkins Univ. Press).

McKenzie, F. A.. 1908. *The Tragedy of Korea*. (New York: E. P. Dutton & Co.)

Morrow, James. D. 1991. "Alliances and Asymmetry: An Alternative to the Capability Aggregation Model of Alliances." *American Journal of Political Science* 35-4.

Moulder, Frances. 1977. *Japan, China, and the World Economy*. (Cambridge: Cambridge University Press).

Neack, Laura. 1995. "Linking State type with Foreign Policy Behavior." in Laura Neack, Jeanne Hey and Patrick Haney(eds.). *Foreign Policy Analysis: Continuity and Change in Its Second Generation*. (Englewood Cliffs: Prentice Hall).

————. 2003. *The New Foreign Policy: U.S. and Comparative Foreign Policy in the 21st Century*. (Lanham, Nd.: Rowman and Littlefield).

Norman, E. H.. 1940. *Japan's Emergence as a Modern State*. (New York: Institute of Pacific Relations)

Nye, Joseph. (2015) *Is American Century Over*. (Malden, MA.: Polity Press).

Palme Commission. 1982. *Common Security: A Blueprint for Survival*. (New York: Simon & Schuster).

Papadakis, Maria and Harvey Starr. 1987. "Opportunity, Willingness, and Small States: The Relationship Between Environment and Foreign Policy." in Charles F. Hermann, Charles, W. Kegley Jr. and James N. Rosenau (eds.), *New Directions in the Study of Foreign Policy*. (Winchester: Allen&

Unwin).

Paul, T.V. and John A. Hall. 1999. *International Order and the Futurue of World Politics.* (Cambridge: Cambridge University Press).

Pollack, Jonathan, and Cha, Young Koo, et al. 1995. *A New Alliance for the Next Century: The Future of the U.S.-Korean Security Cooperation.* (Santa Monica: RAND).

Reiter, Erich. 1965. *Small States and Alliance.* (Austria: Physica Verlag).

Rosenau, James N. 1992. "Governance, order, and change in world politics", *James Rosenau and Ernst-Otto Czempiel, Governance Without Government: Orders and Change in World Politics.* (New York: Cambridge University Press).

Russet, Bruce and John Oneal. 2001. *Triangulating Peace.* (New York: W.W. Norton & Company).

Rourke, John T. 1997. *International Politics on the World Stage* 6th ed. (Guilford, CT: Dushkin/McGraw–Hill).

————————. 2003. *International Politics on the World Stage* 9th ed. (Guilford, CT: McGraw–Hill).

Snyder, Glenn. 1997. *Alliance Politics* (Ithaca: Cornell University Press).

Schweller, Randall L. 1994. "Bandwagoning for Profit: Bringing the Revisionist State Back In." *International Security* 19–1.

Shin, Wookhee. 1993. *Dynamics Of Patron-Client State Relations: The United States and Korean Political Economy In The Cold War.* (Seoul: Seoul National University Press).

Singer, Marshall. 1972. *Weak States in the World of Powers.* (New York: Free Press).

The White House. 2002. "The National Security Strategy of the United States of America." www.whitehouse.gov/nsc.

U.S. Department of Defense. 2006. *Quadrennial Defense Review Report.*

Walt, Stephen. 1987. *The Origins of Alliances.* (Ithaca: Cornell University Press)

—————————. 1997. "Why Alliances Endure or Collapse." *Survival* 39–1.

Waltz, Kenneth N. 1979. *Theory of International Politics.* (Reading: Addison–Wesley).

Weede, Erich. 1996. *Economic development, social order, and world politics.* (Boulder, CO: Lynne Rienner Publishers, Inc.)

Wendt, Alexander. 1999, *Social Theory of International Politics.* (Cambridge: Cambridge University Press).

White House. 1995, 2017. *National Security Strategy of Engagement and Enlargement.*

Wilz, John E. 1993. "Encountering Korea: American Perceptions and Policies to 25 June 1950." in William J. Williams (ed.), *A Revolutionary War: Korea and the Transformation of the Postwar World* (Chicago: Imprint Publications, 1993).

Williams, Chris. 2004. *A Companion to Nineteenth-Century Britain.* (London: Blackwell Publishing Press).

Williamson, David G. 1998. *Bismarck and Germany 1862-1890.* (London: Longman).

참고 문헌

ㅊ

ㅋ

ㅌ

ㅍ